창계집

한국고전번역원 한국문집번역총서

창계집 7

滄溪集

임영 지음
林泳

허벽 옮김

일러두기

1. 이 책의 번역 대본은 한국고전번역원에서 간행한 한국문집총간 159집 소재《창계집(滄溪集)》으로 하였다. 번역 대본의 원문 텍스트와 원문 이미지는 한국고전종합DB(http://db.itkc.or.kr)에서 확인할 수 있다.
2. 내용이 간단한 역주는 간주(間註)로, 긴 역주는 각주(脚註)로 처리하였다.
3. 한자는 필요한 경우 이해를 돕기 위하여 넣었으며, 운문(韻文)은 원문을 병기하였다.
4. 맞춤법과 띄어쓰기는 한글 맞춤법과 표준어 규정을 따랐다.
5. 이 책에서 사용한 부호는 다음과 같다.
   - : : 제시어와 내용 사이에, 각주에서 각주 표제어와 내용을 구분할 때 사용한다.
   - ( ) : 번역문과 음이 같은 한자, 이두, 외국어를 묶어서 보일 때 사용한다.
   - 〔 〕: 번역문과 뜻은 같으나 음이 다른 한자를 묶어서 보일 때 사용한다.
   - " " : 글 안에서 대화를 표시할 때, 남의 말이나 서책 또는 시문 등의 문장을 인용할 때 사용한다.
   - ' ' : " " 안의 재인용, 강조 부분을 나타낼 때 사용한다.
   - 「 」: ' ' 안의 재인용을 나타낼 때 사용한다.
   - 『 』: 「 」 안의 재인용을 나타낼 때 사용한다.
   - 《 》: 책명 및 각주의 전거(典據)를 나타낼 때 사용한다.
   - 〈 〉: 편명, 작품명, 논문 제목을 나타낼 때 사용한다.
   - ~ : 인명의 생년과 몰년 사이에 사용한다.
   - …… : 번역문에서 원문의 '云云'을 처리할 때, 각주에서 긴 인용문을 처리할 때, 각주 표제어가 네 어절 이상일 경우 생략되는 말을 처리할 때 사용한다.
   - - - : 본문에서 소자(小字) 원문 주(註)의 처음과 끝에 사용한다.

차례

창계집 제25권

일록 日錄

창계집 제26권

일록 日錄

창계집

제23권

독서차록 讀書箚錄

독서차록 讀書箚錄

《성리대전》
性理大全

〈태극도설(太極圖說)〉의 "조화의 추뉴이고 품휘의 근저이다〔造化樞紐品彙根柢〕"[1]에 대하여

이 한마디는 바로 주자(朱子)가 곧바로 태극(太極)을 풀이한 곳이니 '추뉴'와 '근저'라는 글자를 모두 완미해야 한다.

"태극의 동정〔太極動靜〕"에 대하여

동(動)의 이(理)가 있어야 비로소 동할 수 있고 정(靜)의 이가 있어야 비로소 정할 수 있다. 이가 동하기 때문에 기(氣)가 동하고 이가 정하기 때문에 기가 정하니, 이른바 '동하는 것도 태극이 동하는 것이고 정하는 것도 태극이 정하는 것'이라는 것이 이와 같다. 그러나 이(理)는 형상이 없으니 다만 동하게 하고 정하게 할 뿐인 것이 바로 이것이다. 저 동하고 정하는 것이라는 것은 음양(陰陽)일 뿐이니, 이른바 '동정이

1 조화의……근저이다 : 태극이 조화의 중심 역할을 하며 만물의 뿌리가 된다는 뜻이다. 추뉴(樞紐)는 사물의 핵심 또는 중심을 말한다.

태극이 아닌 것'[2]이 이와 같다.

"동하여 양을 낳고 정하여 음을 낳는다.〔動而生陽 靜而生陰〕"라는 것은 대대(對待)와 유행(流行)을 겸하여 말하였고 "동이 극에 달하면 다시 정하고 정이 극에 달하면 다시 동한다.〔動極復靜 靜極復動〕"라는 것은 유행하는 것으로써 말하였다.

동과 정은 서로 그 뿌리가 되어 양과 음이 확립되기에 이르기까지는 모두 태극이 하는 바이다. 그러나 동하여 양을 낳는 곳부터는 그 처음 동하는 데 해당되니, 곧 기가 동하는 것이다. 그러므로 동정을 태극의 동정이라고 하더라도 가하고, 태극이 탄 바의 기틀[3]이라고 하더라도 또한 가하니, 이(理)와 기(氣)의 정상(情狀)과 작용(作用)이 여기에서 다 드러난 것이다. 또 동정과 음양이 처음부터 끝까지 모두 태극이 하는 바일 뿐만 아니라, 양이 변하고 음이 합하여 오행(五行)을 낳고 사시(四時)가 행해지는 데에 이르기까지[4] 모두 태극이 하는 바이고,

2 동정이……것 : 《주자어류(朱子語類)》 권94 〈주자지서(周子之書) 태극도(太極圖)〉에 "태극은 방소도 없고 형체도 없고 안치할 만한 위치도 없다. 미발했을 때로써 말한다면 미발이 도리어 정일 뿐이고, 동정과 음양은 모두 형이하일 뿐이다. 그러나 동하는 것도 태극이 동하는 것이고 정하는 것도 태극이 정하는 것이나 동정은 태극이 아닐 뿐이다.〔太極無方所, 無形體, 無地位可頓放. 若以未發時言之, 未發却只是靜, 動靜陰陽, 皆只是形而下者. 然動亦太極之動, 靜亦太極之靜, 但動靜非太極耳.〕"라고 한 것을 말하는 듯하다.

3 태극이……기틀 : 태극은 스스로 동하고 정하지 못하고 기의 동과 정을 타고서 동하고 정하기 때문에 이렇게 표현한 것이다.

4 양이……이르기까지 : 〈태극도설〉에 "양이 변하고 음이 합하여 수, 화, 목, 금, 토를

수컷을 이루고 암컷을 이루며 만물을 변화 생성하는 데에 이르기까지[5]도 이 하나의 태극일 뿐이며, 사람이 가장 영특하게 되고 오성(五性)이 감동하여 만사(萬事)가 나오는 데에 이르기까지[6]도 역시 모두 태극이 하는 바이다. 이치가 본디 이와 같은데 〈태극도설〉의 분명함이 또 이와 같으니, 지극히 보편적이고 더 이상 유감이 없으며 참으로 도를 실은 글이라고 이를 만하다. 소 강절(邵康節 소옹(邵雍))은 매양 동정이 서로 접하는 곳만을 말하였는데, 동정이 서로 접하는 곳은 진실로 천기(天機)가 가장 잘 드러나는 곳이니, 그의 견해 역시 오묘하다. 그러나 결국 이 〈태극도설〉처럼 보편적이지는 못하다.-오행이 반드시 양과 음이 확립된 뒤에 생겨난다면 이른바 "용(用)은 천지 이전에 일어난다."[7]라는 것은 무슨 뜻이며, 이른바 "수(水)가 천지의 근원이 된다."[8]라는 설은 또 무슨 뜻인가? 차분히 다시

낳으니, 오행의 기운이 순차적으로 퍼져 사시가 행해진다.〔陽變陰合而生水火木金土, 五氣順布, 四時行焉.〕"라고 하였다.

5 수컷을……이르기까지 : 〈태극도설〉에 "무극의 진리와 이기・오행의 정기가 묘하게 합하고 엉기어, 하늘의 도는 수컷을 이루고 땅의 도는 암컷을 이루어 두 기운이 교감하여 만물을 변화 생성하니, 만물이 낳고 낳아 변화가 무궁하게 된다.〔無極之眞, 二五之精, 妙合而凝, 乾道成男, 坤道成女, 二氣交感, 化生萬物, 萬物生生而變化無窮焉.〕"라고 하였다.

6 사람이……이르기까지 : 〈태극도설〉에 "오직 사람만이 빼어난 기운을 얻어 가장 영명하니, 형기가 이미 생기매 정신이 지각을 일으킨다. 오성이 감동하여 선과 악이 나누어지고 만사가 나오는 것이다.〔惟人也得其秀而最靈, 形氣生矣, 神發知矣. 五性感動而善惡分萬事出矣.〕"라고 하였다.

7 용(用)은……일어난다 : 음양과 동정의 이치를 논한 소옹(邵雍)의 〈관물음(觀物吟)〉에 있는 "체질(體質)은 천지 이후에 확립되나, 용은 천지 이전에 일어나네.〔體在天地後, 用起天地先.〕"라는 구절을 가지고 말한 것이다.

8 수(水)가……된다 : 소옹이 수가 천지의 근원이 된다고 직접적으로 말한 내용은

생각해 보아야 한다.-

"귀신과 더불어 길흉이 합한다〔鬼神合其吉凶〕"[9]에 대하여

율곡(栗谷)이 "길흉을 아는 것이 귀신과 같이 밝은 것이다.〔知吉凶如鬼神〕"라고 한 것[10]이 그 의미를 제대로 파악하였으나, 반드시 '지(知)' 자를 쓴 뒤에야 비로소 어의(語意)가 통하기 때문에, 어떤 이는 이것을 위복(威福)의 설[11]로 바꾸기도 한다. 그러나 율곡의 뜻은 본래 귀신이 길하게 여기는 것을 성인 또한 길하게 여기고 귀신이 흉하게 여기는 것을 성인 또한 흉하게 여긴다는 것으로, 바로 이른바 '지성(至誠)은 신과 같다.'[12]라는 것이니, 비록 '지' 자를 쓰지 않더라도 의미는 또한

보이지 않으나 오행(五行)이 수, 화, 목, 금, 토의 순서로 생성하기 때문에 수가 천지만물의 근원이라는 뜻으로 말한 내용이 있는 듯하다.

9 귀신과……합한다 : 〈태극도설〉에 "그러므로 성인은 천지와 더불어 덕이 합하며 일월과 더불어 밝음이 합하며 사시와 더불어 순서가 합하며 귀신과 더불어 길흉이 합하는 것이다.〔故聖人與天地合其德, 日月合其明, 四時合其序, 鬼神合其吉凶.〕"라고 하였다.

10 율곡(栗谷)이……것 : 율곡 이이(李珥)가 "네 개의 '기(其)' 자는 천지와 일월과 사시와 귀신을 가리켜 말한 것이다. 귀신과 길흉이 합한다는 것은 성인이 일의 길흉을 아는 것이 귀신과 같이 밝은 것이다.〔四其字, 天地、日月、四時、鬼神而言也. 鬼神合其吉凶者, 聖人知事之吉凶, 如鬼神之明也.〕"라고 한 것을 말한다. 《栗谷全書 卷32》

11 위복(威福)의 설 : 위복은 위력으로 억압하기도 하고 복덕을 베풀기도 하는 것을 말한다. 《서경》 〈홍범(洪範)〉에 "오직 군주만이 복을 짓고 오직 군주만이 위엄을 지을 수 있다.〔惟辟作福, 惟辟作威.〕"라고 하여 신하가 위복을 부리면 군권(君權)을 침범하는 행위로 보았는데, 여기서는 이에 비유하여 사람이 귀신의 권능을 행하는 것으로 보는 것을 말한다.

12 지성(至誠)은 신과 같다 : 《중용장구(中庸章句)》 제23장에 "지성의 도는 일이 닥쳐오기 전에 미리 알 수 있으니, 국가가 장차 일어나려면 반드시 상서로운 조짐이 있으

통할 것이다. 그렇다면 길흉을 아는 것 또한 밝은 것이니, 위에서 이미 일월과 더불어 밝음이 합한다고 하였는데 무엇 때문에 다시 길흉을 안다고 말하였는가? 이것은 또 같지 않다. 성인이 인륜에 통달하고 사물의 이치에 밝은 것은 일월 같고 선과 불선을 먼저 아는 것은 귀신 같은데, 대개 해와 달은 빛을 용납하는 곳에 반드시 비치나[13] 오는 일을 알지 못하고 귀신은 온갖 은미한 일에 영묘하게 통하나 광휘가 드러나지 않아서 그 공용(功用)이 각각 다르다. 오직 성인의 덕이라야 이를 겸하여 체현하고 이에 온전히 합한다.

"성인이 중, 정, 인, 의로써 정하되 정을 주장하여 사람의 극을 세우셨다〔聖人定之以中正仁義而主靜 立人極焉〕"에 대하여

아래의 자주(自註)에 "성인의 도는 중, 정, 인, 의이다.〔聖人之道 中正仁義〕"라고 하였으니, 이 몇 마디는 모두 성인의 도를 말한 것이다. '입극(立極)'은 '건극(建極)'이라고 하는 것과 같으니, 극이 세워지면 뭇사람 또한 따라서 극에 돌아오게 된다. 만약 '정(定)' 자를 가지고 곧바로 뭇사람이 욕심이 동하여 정(情)에 치우치는 것을 정(定)하는

며, 국가가 장차 망하려면 반드시 요괴스러운 일이 있어, 시초점과 거북점에 나타나며, 사체에 동한다. 그리하여 화와 복이 장차 이를 경우 좋을 것을 반드시 먼저 알며, 좋지 못할 것을 반드시 먼저 안다. 그러므로 지성은 신과 같은 것이다.〔至誠之道, 可以前知, 國家將興, 必有禎祥; 國家將亡, 必有妖孽, 見乎蓍龜, 動乎四體. 禍福將至, 善必先知之, 不善必先知之. 故至誠如神.〕"라고 한 것을 말한다.

13 해와……비치나 : 맹자가 말하기를 "물을 관찰하는 데에 방법이 있으니 반드시 여울목을 보아야 한다. 해와 달은 밝음이 있으니 빛을 용납하는 곳에는 반드시 비치는 것이다.〔觀水有術, 必觀其瀾. 日月有明, 容光必照焉.〕"라고 하였다. 《孟子 盡心上》

것으로 풀이한다면, 그 아래 '주정(主靜)' 또한 사람으로 하여금 정(靜)을 주장하게 하는 것이 되고 '입인극(立人極)'은 바로 뭇사람에게 사람의 극을 세우게 하는 것이니, 이는 매우 의심스럽다. 여기에서 말한 것은 바로 성인이 도를 체득하여 극을 세우는 일이니, 《중용(中庸)》 1장에서 곧장 '교(敎)' 자를 말한 것[14]과는 어의(語意)가 같지 않다. 이런 의미를 버려두고 굳이 뭇사람 쪽으로 미루어 나가서는 안 될 듯하다. 또 생각건대 모든 사물은 정해지지 않은 뒤에 바야흐로 정할 수 있으니, 성인의 분수라면 애초부터 정해지지 않음이 없는데 어찌 꼭 '정(定)'을 말할 필요가 있겠는가. 아마도 뭇사람을 정하는 것으로 풀이한 것은 이 때문인 듯하다. 그러나 성인은 비록 정해지지 않은 때가 없더라도 인심은 원래부터 정해지기 어려운 이치가 있으니, 비록 마음이 하고자 하는 바를 따르는 지위[15]에 이르렀더라도 또한 '정(定)'으로써 말하는 것이 해로울 것이 없다.

'삼극(三極)의 도'[16]는 상하를 꿰뚫어 말한 것이니, 조화(造化)와 품휘

14 교(敎)……것 : 《중용장구》 제1장에 "하늘이 명한 것을 성이라 이르고, 성을 따르는 것을 도라 이르고, 도를 닦는 것을 교라 이른다.〔天命之謂性, 率性之謂道, 修道之謂敎.〕"라고 하였다.

15 마음이……지위 : 편안히 행하여 힘쓰지 않아도 저절로 도에 맞는 성인의 경지를 말한다. 공자가 말하기를 "일흔 살에 마음에 하고자 하는 바를 좇아도 저절로 법도를 넘지 않았다.〔七十而從心所欲, 不踰矩.〕"라고 하였다. 《論語 爲政》

16 삼극(三極)의 도 : 하늘과 땅과 사람의 도를 말한다. 〈태극도설〉에 "하늘의 도를 세워 음과 양이라 하고, 땅의 도를 세워 유와 강이라 하고, 사람의 도를 세워 인과 의라고 하였다.〔立天之道, 曰陰與陽; 立地之道, 曰柔與剛; 立人之道, 曰仁與義.〕"라고 하였다.

(品彙)가 모두 그 가운데 있다. '원시반종(原始反終)'[17]은 전후를 꿰뚫어서 말한 것이니, 유행(流行)과 순환(循環)이 바로 그 체현이다. 우주 사이에는 오직 이 두 가지 단서가 있을 뿐이다.

소주(小註)에 있는 면재(勉齋)의 오행설(五行說)에서 〈태극도해〉의 한 곳이 잘못되었다고 의심하였으나,[18] 면재의 설이 도리어 잘못되었다. 대개 〈태극도해〉에서 "수(水)는 음(陰)이 왕성하고 화(火)는 양(陽)이 왕성하며, 목(木)은 양이 어리고 금(金)은 음이 어리다."라고 한 것은 다만 노음(老陰)과 노양(老陽), 소양(少陽)과 소음(少陰)의 자리로써 말한 것일 뿐이다. 면재가 이에 대해 도리어 "이는 오행이

17 원시반종(原始反終) : 〈태극도설〉에 "처음을 궁구해 보고 끝을 돌이켜 본다. 그러므로 사생의 이치를 안다.〔原始反終, 故知死生之說.〕"라고 하였다.

18 면재(勉齋)의……의심하였으나 : 면재 황간(黃榦)이 말하기를 "〈태극도해〉에는 의심스러운 곳이 한 곳 있다. 〈태극도〉에서 수는 음이 왕성하기 때문에 오른쪽에 자리 잡았고 화는 양이 왕성하기 때문에 왼쪽에 자리 잡았으며, 금은 음이 어리기 때문에 수 아래에 두었고, 목은 양이 어리기 때문에 화 아래에 두었으니, 이는 생겨나는 순서를 말한 것이다. 그러나 아랫글에서는 도리어 수와 목은 양이고 화와 금은 음이라고 말하였으니, 도리어 이것을 양으로 여기고 저것을 음으로 여긴 것이다. 논해 보건대 사물이 처음 생길 때는 본래 연약하다. 예컨대 양이 처음 생겨서 수가 되었을 때는 아직 유약하지만 목을 낳게 되면 이미 강성해지며, 음이 처음 생겨서 화가 되었을 때는 아직 미약하지만 금을 낳게 되면 이미 형질을 이룬다. 이와 같다면 수는 양이 어린 것이 되고 목은 양이 왕성한 것이 되며, 화는 음이 어린 것이 되고 금은 음이 왕성한 것이 된다. 〈태극도해〉가 무엇을 가리키는지 모르겠다.〔太極圖解有一處可疑. 圖以水陰盛, 故居右, 火陽盛, 故居左; 金陰穉, 故次水, 木陽穉, 故次火, 此是說生之序. 下文却說水木陽也火金陰也, 却以此爲陽彼爲陰. 論來物之初生, 自是幼嫩. 如陽始生爲水尙柔弱, 到生木已强盛; 陰始生爲火尙微, 到生金已成質. 如此則水爲陽穉, 木爲陽盛; 火爲陰穉, 金爲陰盛. 不知圖解所指是如何.〕"라고 한 것을 말한다.

생겨나는 순서를 말한 것이다."라고 하여, 마침내 아랫글의 "형질(形質)로써 오행이 생겨나는 순서를 말하면 수와 목은 양이고 화와 금은 음이다."라는 주자의 말[19]과 전후로 서로 어긋난다고 의심하였다. 이는 수와 화를 먼저 말하고 목과 금을 뒤에 말한 것이 비록 생겨나는 순서라고 하더라도 화와 목이 왼쪽에 있고 수와 금이 오른쪽에 있는 것은 또 도리어 유행하는 분수이므로, 애초에 오행이 생겨나는 순서를 말한 것이라고 한정해서는 안 된다는 것을 전혀 알지 못한 것이다.

대개 〈태극도〉의 분석은 다만 오행이 형질을 이룸과 음양과 노소의 구분으로 그 위치가 이렇게 된 까닭을 말한 것일 뿐이지, 애초에 천일(天一)과 지이(地二)[20]의 순서로 음과 양을 나눈 것이 아니다. 그런데도 면재가 이를 살피지 못하고 아랫글과 어긋났다고 의심하였으니, 의심할 만한 점이 면재에게 있지 〈태극도해〉에 있는 것이 아니다. 대개 〈태극도〉의 분석은 그림을 구성한 위차(位次)를 총괄해서 논한 것이고 아랫글은 오행이 음양에 배속되는 조리를 나누어 말한 것이니, 마땅히 분석을 위주로 하고 아랫글까지 겸하여 이해하도록 해야 할 것이다.

19 아랫글의……말 : 주희가 말하기를 "오행이란 것은 형질은 땅에 갖추어지고 기운은 하늘에 유행하는 것이니, 형질로써 생겨나는 순서를 말하면 수, 화, 목, 금, 토인데 수와 목은 양이고 화와 금은 음이며, 기운으로써 유행하는 순서를 말하면 목, 화, 토, 금, 수인데 목과 화는 양이고 금과 수는 음이다.〔五行者, 質具於地而氣行於天者也. 以質而語其生之序, 則曰水火木金土, 而水木陽也火金陰也; 以氣而語其行之序, 則曰木火土金水, 而木火陽也金水陰也.〕"라고 한 것을 말한다.

20 천일(天一)과 지이(地二) : 《주역》의 수리에 의하면, 하늘은 홀수이고 땅은 짝수이다. 주희가 오행 생성의 이치를 말하면서 "하늘은 1로 수를 낳고, 땅은 2로 화를 낳고, 하늘은 3으로 목을 낳고, 땅은 4로 금을 낳고, 하늘은 5로 토를 낳는다.〔天一生水, 地二生火, 天三生木, 地四生金, 天五生土.〕"라고 하였다. 《近思錄集解 卷1 太極圖說註》

분석에서 비록 화는 양이 왕성하기 때문에 왼쪽에 자리 잡았고 수는 음이 왕성하기 때문에 오른쪽에 자리 잡았다고 하였으나, 그 위로 교차하여 이어진 것이 수의 음은 양에 뿌리를 두고 화의 양은 음에 뿌리를 두었으며 금의 어린 음은 또 화에 뿌리를 두고 목의 어린 양은 또 수에 뿌리를 두었으니, 곧 수와 목은 양이고 화와 금은 음으로서 형질을 생성하는 순서가 이미 절로 그 가운데에 있음을 볼 수 있으며, 목으로부터 화가 되고 화가 토가 되고 토가 금이 되고 금이 수가 되니, 또 목과 화는 양이고 금과 수는 음으로, 상생(相生)하는 순서 역시 절로 그 가운데 있음을 볼 수 있다. 그러므로 그 뜻이 포함하지 않는 것이 없는 것이다.

또 면재의 뜻은 수를 양이 어린 것으로, 목을 양이 왕성한 것으로, 화를 음이 어린 것으로 금을 음이 왕성한 것으로 고치려고 하였다. 이는 곧 생겨나는 순서 한 방면을 주장하여 설을 세운 것으로, 곧 화가 태양(太陽)이 되고 수가 태음(太陰)이 되며 목이 소양(少陽)이 되고 금이 소음(少陰)이 되는 것이 바로 오행이 형질을 생성하는 자연스러운 체계임을 알지 못하였으니, 역시 깊이 생각하지 못한 것이다. 면재가 "수는 음이 왕성하고 화는 양이 왕성하다."라고 한 아래에 "수와 목은 양이고 화와 금은 음이다."라고 한 것을 의심한 것은 건자(建子)[21]로써 오행이 유행하는 순서를 살펴보아도 수, 목, 화, 금일 뿐이고, 음을 나누고 양을 나누어서 생겨나는 차례를 살펴보아도 역시 수, 목,

21 건자(建子) : 주(周)나라의 역법(曆法)에서 북두성의 자루가 자방(子方)을 가리키는 자월(子月)로 1월을 정한 것을 말한다. 여기서는 일반적인 월력(月曆) 또는 계절을 가리켜 말한 듯하다.

화, 금일 뿐이라는 것이다. 내가 생각건대 건자로써 유행하는 순서를 헤아리는 것은 수는 대동(大冬)이라 음이 될 수 없고 화는 성하(盛夏)라 양이 될 수 없으니 불가하고, 음을 나누고 양을 나누어서 오행이 생겨난 순서를 말하는 것은 천삼(天三)의 목을 먼저 하고 지이(地二)의 화를 뒤에 하게 되니 또 불가하다.[22]

이렇게 보아도 생겨난 차례에 합당하지 않고 저렇게 보아도 유행하는 순서에 합당하지 않아서 두 가지 중에 하나도 옳은 것이 없으니, 수, 화, 목, 금, 토로 생겨난 차례를 말하고 목, 화, 토, 금, 수로 유행하는 순서를 말하는 것이 명백하고 온당한 것만 하겠는가. 비록 그러하나 두 가지의 순서가 비록 다르다 해도 그 실제는 다만 착언(錯言)과 별언(別言)의 차이일 뿐이니, 그 차서(次序)에서는 또한 마찬가지이다. 무엇을 착언이라고 하는가? 생겨난 차례를 말하면 형질이 생겨난 초기에 음과 양이 모두 갖추어져 있으나 가볍고 맑은 것이 먼저가 되고 무겁고 탁한 것이 나중이 된다. 그러므로 음과 양의 가볍고 맑은 것을 먼저 말하고 음과 양의 무겁고 탁한 것을 나중에 말하였으니, 이른바 '1수(水), 2화(火), 3목(木), 4금(金), 5토(土)'가 바로 이것이다. 무엇을 별언이라고 하는가? 유행하는 순서를 말하면 기운이 유행할 때에 양을 먼저 하고 음을 나중에 한다. 그러므로 양의 어리고 늙은 것을 먼저 말하고 음의 어리고 늙은 것을 나중에 말하였으니, 이른바 '목, 화,

22 오행이……불가하다 : 오행의 생성 순서로 볼 때 화가 목에 앞선다는 것이다. 《주역》 〈계사전 상(繫辭傳上)〉에 "천일 지이, 천삼 지사, 천오 지육, 천칠 지팔, 천구 지십(天一地二天三地四天五地六天七地八天九地十)"이라고 하였는데, 《근사록집해(近思錄集解)》 〈태극도설〉 주(註)에 주희가 오행 생성의 순서를 말한 것이 있다. 18쪽 주20 참조.

토, 금, 수'가 바로 이것이다. 여기에 이르러서는 이 둘이 마찬가지임을 볼 수 있다. 면재가 그 사이에 나아가 저것을 펴고 이것을 위축시켜 합하여 한 가지 설을 만들려고 하였으니, 잘못된 것이다.

또 살펴보건대 "수는 음이 왕성하고 화는 양이 왕성하다."라는 것은 이미 이루어진 체질(體質)로써 말한 것이고 "수와 목은 양이고 화와 금은 음이다."라는 것은 하늘이 낳고 땅이 낳는 것으로써 나눈 것으로, 요컨대 각각 나름대로의 뜻이 있으니 어느 한쪽을 폐해서는 안 된다. 다만 "수는 음이 왕성하고 화는 양이 왕성하다."라는 것이 더욱 분명하니 이미 이루어진 체질을 위주로 하여야 할 것이다. 그런데 면재가 이것을 고쳐 저것을 이루고자 하여 말하기를 "수는 양의 어린 것이고 화는 음의 어린 것이다."라고 하였으나, 그렇지 않은 듯하다. 수, 목, 화, 금에 대한 설이 앞에 이미 드러났는데도 단지 연약하고 처음 생겨난 것을 어린 것으로 삼고 견고하고 광대한 것을 왕성한 것으로 삼아서 드디어 수와 화를 어린 것으로 삼은 것은 곧 새로운 생각이지만, 생각건대 그렇지 않은 점이 있다. 모든 사물은 먼저 생겨난 것이 늙은 것이 되고 왕성한 것이 되며, 나중에 생겨난 것이 어린 것이 되고 젊은 것이 된다. 수와 화가 아직 생겨나기 전에 이미 금과 목이 있었다면 금과 목은 늙은 것이 되고 수와 화는 어린 것이 될 것이다. 지금 천지가 생성한 순서로써 면재가 논한 '오행과 사시의 차례'를 말하면 수와 화가 모두 앞에 있는데, 바로 수와 화를 어린 것으로 삼은 것은 유독 어째서인가? 음과 양이 처음 생겨날 적에는 진실로 매우 미약하다. 그러나 이는 다만 한 가지 사물의 측면에서 말한 것일 뿐이니, 수와 화로 말하자면 처음 생겨났을 때에 진실로 매우 미약하지만, 이들이 하늘을 띄우고 땅을 실으며 만물을 건조시키는 데 이르러서도 미약하다고 할 수 있겠는가. 수와 화에 대해서 단지 처음 생겨날 때의 형상만을 말하고 음과 양이 점점 성대해져서 목과 금을 낳는 때를 전혀 알지 못하였으니, 앞서 처음 생겨났던 수와 화는 유독 더 왕성해져서 늙은 것이 되지 않는 것인가. 또 수와 화의 형질(形質)이 비록 가볍고 맑으나, 차고 더우며 움직이고 고요한 성질은 본래 음과 양으로 지극히 왕성하니, 어찌 목과 금이 무겁고 탁한 것만을 보고서 곧 목과 금이 왕성한 것이라고 할 수 있겠는가.-다시 상고해 보건대 면재의 제3설[23]이 가장 합당한데 무슨 까닭으로 다시 이 설을 만들었는지 알지 못하겠다. 어쩌면 너무 깊이 구하다 그렇게 된 것이 아니겠는가.-

수와 화가 음과 양이 되는 것은 서로를 바꾸어도 각각 타당한 바가 있다. 형질로써 오행이 생겨난 순서를 말한다면 하늘은 1로 수를 낳고 땅은 2로 화를 낳기 때문에[24] 수는 양이고 화는 음이며, 기운으로써 오행이 운행하는 순서를 말한다면 여름의 양이 화가 되고 겨울의 음이 수가 되기 때문에 화는 양이고 수는 음이다. 만약 기운과 형질을 합해서 그 체성(體性)을 총괄해서 말한다면 화는 본디 양이고 수는 본디

23 면재의 제3설 : 소주에서 면재 황간이 "하(夏)나라의 역법으로 보면 목과 화가 양이고 금과 수가 음이니, 이는 유행의 순서로써 논한 것이다. 주(周)나라의 역법으로 보면 수와 목이 양이고 화와 금이 음이니, 이는 생겨나는 순서로써 논한 것이다.〔如作建寅看時, 則木火是陽, 金水是陰, 此以行之序論. 如作建子看時, 則水木是陽, 火金是陰, 此以生之序論.〕"라고 한 것을 가리키는 듯하다.

24 하늘은……때문에 : 주희가 "하늘은 1로 수를 낳고, 땅은 2로 화를 낳는다.〔天一生水, 地二生火.〕"라고 한 말을 취한 것이다. 18쪽 주20 참조.

음이니, 추위와 더위 및 건조함과 축축함을 보면 곧 이를 알 수 있다.-기운뿐만 아니라 비록 형질이라 하더라도 또한 그러하다.- 그러므로 염계(濂溪 주돈이(周敦頤))의 〈태극도(太極圖)〉에 수를 음 쪽에 두었고 화를 양 쪽에 두었으니, 이는 수와 화의 기운이 겨울과 여름에 운행한다고 해서 이렇게 그 자리를 배열한 것이 아니라, 수와 화의 체성이 스스로 그러함에 근거하여 나눈 것일 뿐이다. 그렇다면 주자가 〈태극도〉를 해석할 적에 "수는 음이 왕성하기 때문에 오른쪽에 두고 화는 양이 왕성하기 때문에 왼쪽에 두었다."라고 어찌 말하지 않을 수 있었겠는가.

대개 수는 음이 되지 않으면 그만이지만 음이 되면 반드시 음의 왕성한 것이 되고, 화는 양이 되지 않으면 그만이지만 양이 되면 반드시 양의 왕성한 것이 된다. 다만 천지가 생성하는 순서로 말한 뒤에 수가 어린 양이 될 수 있고 화가 어린 음이 될 수 있을 뿐이다. 수가 비록 음의 왕성한 것으로 오른쪽 자리에 있으나 수의 뿌리는 양에 근원하였고 화가 비록 양의 왕성한 것으로 왼쪽 자리에 있으나 화의 뿌리는 음에 근원하였다. 그러므로 〈태극도〉에서 수와 화의 위쪽에 또 서로 뿌리가 되는 묘함을 드러냈고, 주자의 해석 중에도 이러한 뜻을 밝혔으니, 수와 화가 번갈아 음과 양이 되는 것은 그 근원이 진실로 여기에 있는 것이다. 그리고 만약 그 체성이 스스로 그러함을 논한다면 수는 본디 음의 왕성한 것이 되고 화는 본디 양의 왕성한 것이 되며, 그 위치의 당연함을 논한다면 수는 본디 오른쪽에 있어야 하고 화는 본디 왼쪽에 있어야 한다.

염계의 〈태극도〉와 주자의 〈태극도해(太極圖解)〉를 반복해서 자세히 관찰하면 본래 의심할 만한 것이 없다. 그런데 유독 면재는 일찍이 운행하는 순서와 생겨나는 순서가 같지 않음을 매우 의심하여 반드시 운행하는 순서를 생겨나는 순서에 합치하게 하려고 생각하였다. 그래서 단연코 하나로 정하고자 수를 양의 어린 것으로 삼고 화를 음의 어린 것으로 삼았으니, 이것은 바로 그의 주견(主見)으로, 천지에서의 오행의 운용은 그 대대(對待)하고 유행(流行)하는 단서에 본디 하나로 정할 수 없는 점이 있음을 전혀 생각하지 않은 것이다. 〈하도(河圖)〉와 〈낙서(洛書)〉에서부터 천지자연(天地自然)의 문채에 이미 이렇게 차이가 나는 단서가 있었는지라[25] 애초에 획일적인 견해로 대번에 똑같게 할 수 없었으니, 그 견해가 진실로 이미 한쪽으로 치우친 것이다. 또 그 단서가 비록 차이가 나는 것 같으면서도 저절로 서로 통하는 묘리가 있는데, 어찌 각각 그 자연스러운 순서를 따라서 서로 통하는 묘리를 천천히 완미하지 않고 도리어 귀일(歸一)시키는 데 급급하여 한 가지를 고집하여 백 가지를 폐하는 논의를 가볍게 하였단 말인가.

25 하도(河圖)와……있었는지라 : 〈하도〉와 〈낙서(洛書)〉에 기록된 숫자의 배열이 서로 달랐다는 것을 말한다. 〈하도〉는 복희씨(伏羲氏) 때 황하(黃河)에서 용마(龍馬)가 나왔는데 그 등에 1에서부터 10까지 그려져 있었던 그림으로, 복희씨가 이것을 보고 《주역》의 8괘를 그었다고 한다. 〈낙서〉는 하우씨(夏禹氏)가 9년 동안의 홍수를 다스릴 때 낙수(洛水)에서 신귀(神龜)가 나왔는데 그 등에 박힌 무늬로, 하우씨가 이것을 보고 〈홍범구주(洪範九疇)〉의 내용을 썼다고 한다. 〈하도〉와 〈낙서〉에서 숫자의 배열이 각각 다른 데 대하여 혹자가 "하도, 낙서의 위치와 수가 같지 않은 것은 어째서인가?〔河圖落書之位與數, 所以不同, 何也?〕"라고 묻자, 주희가 "〈하도〉는 다섯 개의 생수로 다섯 개의 성수를 통솔하여 함께 같은 방위에 있으니, 전체를 게시하여 사람들에게 보여 주어 상수의 체를 말한 것이고, 〈낙서〉는 다섯 개의 기수로 네 개의 우수를 통솔하여 각각 그 방소에 있으니, 양으로 음을 통솔함을 주장하여 변수의 운용을 시작한 것이다.〔河圖, 以五生數, 統五成數, 而同處其方, 蓋揭其全以示人, 而道其常數之體也. 洛書, 以五奇數, 統四偶數, 而各居其所, 蓋主於陽以統陰, 而肇其變數之用也.〕"라고 답하였다. 《周易傳義 易本義圖》

대개 형질이 생겨나는 순서를 수, 화, 목, 금, 토라고 하는데 수와 목은 양이 되고 화와 금은 음이 되니, 비록 기의 운행이라 하더라도 양이 생기고 음이 생기는 처음을 가지고 말한다면, 수는 실로 양의 어린 것이 될 수 있고 화는 실로 음의 어린 것이 될 수 있다. 다만 저 기운으로써 말한 것은 그 발현되는 것이 연약하고 왕성한 측면에서 말한 것이므로, 목은 비로소 양이 되고 화는 양의 왕성한 것이 되며, 금은 비로소 음이 되고 수는 음의 왕성한 것이 될 뿐이다. 기운이 운행하는 순서를 목, 화, 토, 금, 수라고 하는데 목과 화는 양이 되고 금과 수는 음이 되니, 비록 그 형질의 체성(體性)이라 하더라도 화는 실로 양의 왕성한 것이 될 수 있고 수는 실로 음의 왕성한 것이 될 수 있다. 다만 저 형질로써 말한 것은 그 본래 생겨나는 차례의 측면에서 말한 것이므로, 수가 양이 되고 나서 목이 그다음의 양이 되며 화가 음이 되고 나서 금이 그다음의 음이 될 뿐이다. 이와 같으면 유행(流行)의 기운, 대대(對待)의 형질, 생겨나고 운행하는 차례, 음과 양의 나뉨이 본래 각각 자연히 조리가 있으니, 진실로 하나를 보존하고 둘을 폐기하며 저것을 끌어다 여기에 합쳐서는 안 된다. 그리고 그 조리가 각각 이루어지매 본래 서로 도모하지 않는 중에 또 자연히 서로 통하는 묘리가 있는 것이 이와 같으니, 또한 어찌 군이 저것을 끌어다 여기에 합친 뒤에야 일치하겠는가.

면재가 유행하는 순서를 생겨나는 순서와 합치하게 하려고 한 것이 이미 매우 구차스러운 데다 "수는 다만 양의 어린 것만 될 수 있고 화는 다만 음의 어린 것만 될 수 있다."라고 한 것은 그 잘못이 더 심하니, 이는 의심할 만한 것이 자신에게 있음을 알지 못하고 도리어 스승의 설을 의심한 것이다. 애석하도다. 지혜로운 자의 천려일실(千

慮一失)[26]을 면하지 못하였도다. 게다가 정밀하고 자세하며 주자를 돈독하게 믿은 퇴계(退溪 이황(李滉))도 면재의 설을 따라 의심하였으니 이는 또 어떻게 된 것인가? 살펴보건대 퇴계의 뜻 또한 유행하는 순서로 본다면 그래도 가하지만 생겨나는 순서를 말한 것이라면 면재의 설처럼 불가하다고 여긴 것이다.[27] 지금 살펴보건대 〈태극도〉에서 수

26 천려일실(千慮一失) : 안영(晏嬰)이 "성인도 천 가지 생각 가운데 반드시 한 가지 실수는 있고, 어리석은 사람도 천 가지 생각 가운데 반드시 한 가지 취할 점은 있다.〔聖人千慮, 必有一失; 愚人千慮, 必有一得.〕"라고 하였다. 《晏子春秋 卷6 內篇 雜下》

27 게다가……것이다 : 이양중(李養中)이 퇴계 이황(李滉)에게 "'양이 왕성하고 음이 왕성하며 양이 어리고 음이 어린 것'은 만물이 형체를 이룰 적에 은미하게 드러남으로 점점 나아갔고, 오행이 생겨나는 순서도 은미하게 드러나는 것을 차례로 삼았습니다. 하늘이 1로 수를 낳았을 적에 수가 아직 약하나 목을 낳기에 이르러서는 그 형체가 이미 튼실하고, 땅이 2로 화를 낳았을 적에 화가 아직 약하나 금을 낳기에 이르러서는 그 체질이 이미 견고한 것입니다. 이와 같다면 수가 양의 어린 것이 되고 목이 양의 왕성한 것이 되며 화가 음의 어린 것이 되고 금이 음의 성대한 것이 됩니다. 그런데 〈태극도해〉에서 가리킨 바가 도리어 저와 같은 것은 무슨 뜻입니까? 황면재 또한 일찍이 이를 의심하였으니 지금 어떤 설로 확정하여야 합니까?〔陽盛陰盛, 陽穉陰穉, 萬物成形, 以微著爲漸; 五行生序, 亦以微著爲次. 天一生水尙弱, 到那生木, 其形已實; 地二生火尙微, 到那生金, 其體已固. 如此則水爲陽穉, 木爲陽盛, 火爲陰穉, 金爲陰盛. 而圖解所指顧如彼者, 何義? 黃勉齋亦嘗有此疑, 今當以何說爲定?〕"라고 묻자, 이황이 대답하기를 "생겨나는 것으로 말하자면 수는 양의 어린 것이고 목은 양의 왕성한 것이고 화는 음의 어린 것이고 금은 음의 왕성한 것이며, 운행하는 것으로 말하자면 목은 양의 어린 것이고 화는 양의 성대한 것이며 금은 음의 어린 것이고 수는 음의 성대한 것이니, 각각 나름대로의 뜻이 있다. 그런데 지금 〈태극도해〉에서 가리킨 바는 생겨나는 묘함으로 운운한 듯하다. 그러므로 면재가 의심할 만하다고 여긴 것이다. 만약 운행하는 순서로 바꾸어 본다면 의심할 만한 것이 없을 것이다.〔以生出言, 水陽穉, 木陽盛, 火陰穉, 金陰盛也; 以運行言, 木陽穉, 火陽盛, 金陰穉, 水陰盛, 各有一義. 今圖解所指, 似是生出之妙而云云, 故勉齋以爲可疑. 若轉作行之序看, 則無可疑矣.〕"라고 하였다. 《退溪集 卷39 答李公浩》

는 음이면서 양에 뿌리를 두고 화는 양이면서 음에 뿌리를 두며 수와 화를 먼저 말하고 금과 목을 나중에 말한 다음 토에 미친 것은 이것이 바로 생겨나는 순서가 되기 때문이고, 수가 오른쪽에 있고 화가 왼쪽에 있는 것은 바로 생성된 뒤의 음이 왕성하고 양이 왕성한 체질로써 나눈 것으로, 자연히 더불어 유행하는 순서와 음양의 연약하고 왕성한 나뉨이 기약하지 않고도 합치하는 것이다. 대개 수와 화를 먼저 말하는 것은 생겨나는 순서이고, 수를 오른쪽에 두고 화를 왼쪽에 둔 것은 음과 양의 자리이다. 만약 수가 본래 음이 아니고 화가 본래 양이 아니라면 화가 어찌 왼쪽에 있을 수 있겠으며 수가 어찌 오른쪽에 있을 수 있겠는가. 수와 화의 체성(體性)이 이미 이와 같기 때문에 주자(周子)가 〈태극도〉를 그린 것이 이와 같고, 주자의 〈태극도〉가 이와 같기 때문에 주자(朱子)의 해석 또한 이와 같은 것이다. 주자의 해석에서 "수는 음이고 화는 양이다."라고 말하는 데 그치지 않고 굳이 "수는 음이 왕성하고 화는 양이 왕성하다."라고 말한 것은 수와 화가 반드시 왼쪽과 오른쪽으로 나뉘어야 하고 또 반드시 앞에 있어야 하는 뜻을 드러내어 밝힌 것이다.

대개 수와 목을 양으로 여기면 수의 양이 목의 양보다 연약하니 수가 양의 어린 것이 될 수 있으나, 수를 음으로 여기면 음은 수보다 왕성한 것이 없다. 화와 금을 음으로 여기면 화의 음이 금의 음보다 연약하니 화가 음의 어린 것이 될 수 있으나, 화를 양으로 여기면 양은 화보다 왕성한 것이 없다. 이것은 비단 기운이 운행하는 순서일 뿐만 아니라 그 질성(質性)이 본시 이와 같은 것이다. 수와 화가 이미 음과 양의 왕성한 것이 되었다면 목과 금은 자연 음과 양의 어린 것이 되니, 대개 연약함과 왕성함으로 말한다면 연약한 것이 진실로 어린 것이 된다.

퇴계가 또 왕성한 것을 앞에 두고 어린 것을 뒤에 둔 것을 앞뒤가 뒤바뀐 도설(倒說)이라고 하였는데,[28] 이는 또 그렇지 않다. 만약 한 사물이 어리고 왕성한 것으로 말한다면 어린 것이 진실로 앞에 있고 왕성한 것이 진실로 뒤에 있을 것이다. 그러나 여기에 두 가지 사물이 있다면 마땅히 왕성한 것을 앞에 두어야 하겠는가, 어린 것을 앞에 두어야 하겠는가? 천지가 오행을 낳는 것은 한 가지 사물이 아니라 바로 다섯 가지 사물이니, 부모가 다섯 자녀를 낳는 것과 같다. 먼저 태어나 건장한 자녀를 앞에 두고 뒤에 태어나 연약한 자녀를 뒤에 두는 것이 어찌 앞뒤가 바뀐 것이겠는가. 수와 화는 먼저 태어나 건장하고 금과 목은 나중에 태어나 연약하니, 앞에 두고 뒤에 둔 순서가 맞지 뒤바뀐 것이 아니다.-《주역》 중의 태음(太陰)과 태양(太陽)은 또 이와 같지 않으니,[29] 의심스럽다. 살펴보건대 《역학계몽(易學啓蒙)》의 옥재 호씨(玉齋胡氏) 주에 "〈태극도〉에서 음과 양, 어림과 왕성함으로 나눈 것은 《주역》과 다 합치하지 않으나, 우선 그 설을 빌려서 수, 화, 목, 금이 사상(四象)이 되는 것을 밝힌 것이다."라고 하였으니,[30] 이로써 위의

28 퇴계가……하였는데 : 퇴계 이황이 이러한 뜻으로 말한 내용을 창계가 요약해서 말한 듯하다. 이황이 직접적으로 이렇게 언급한 말은 《퇴계집》에 보이지 않는다.

29 태음(太陰)과……않으니 : 《주역전의(周易傳義)》 〈역본의도(易本義圖)〉에서 주희가 "양과 음의 위에 각각 하나의 기와 하나의 우를 낳아서 2획이 된 것이 넷이면 이것을 사상이라 하니, 그 위치는 태양이 1이고 소음이 2이고 소양이 3이고 태음이 4이며, 그 수는 태양이 9이고 소음이 8이고 소양이 7이고 태음이 6이다.〔兩儀之上, 各生一奇一偶而爲二畫者四, 是謂四象, 其位則太陽一, 少陰二, 少陽三, 太陰四, 其數則太陽九, 少陰八, 少陽七, 太陰六.〕"라고 한 말을 가리키는 듯하다.

30 옥재 호씨(玉齋胡氏)……하였으니 : 옥재 호씨는 송말 원초의 역학자인 호방평(胡方平)으로, 호가 옥재이다. 옥재 호씨가 말하기를 "〈태극도〉에서는 수의 음이 왕성함을 태음으로 삼고 화의 양이 왕성함을 태양으로 삼고 목의 양이 어림을 소양으로 삼고

의문을 풀 수 있다.-

《통서(通書)》의 "성의 근원이다〔誠之源也〕"[31]에 대하여

이것은 건원(乾元)이 곧 성(誠)의 근원이 되어 성이 이로부터 나오는 것을 말한 것이 아니라, 건원이 바로 성의 근원임을 말한 것이다. "위대하도다, 건원이여.〔大哉乾元〕"라는 것 역시 다만 성(誠)일 뿐이다. 주해(註解)에서 말한 "물〔水〕에 근원이 있는 것과 같다."[32]라는 것 또한 이 뜻으로 통하니 근원은 역시 물이다.

'계(繼)'라는 것은 조화(造化)가 그치지 않는 측면이고 '성(成)'이라는 것은 품휘(品彙)가 형질을 이루는 측면이다. 두 가지를 모두 조화의 관점에서 보면 한 번 수렴(收斂)한 뒤에 또 한 번 개발(開發)하는 것이 바로 '계'이고 이미 개발한 뒤에 또다시 수렴하는 것이 바로 '성'이다. 두 가지를 모두 품휘의 관점에서 보면 이미 사물을 낳고 또 사물을

금의 음이 어림을 소음으로 삼았다. 그 태소와 음양으로 나눈 것이 비록 이 《주역》과 다 합치하지 않으나 우선 그 설을 빌려서 수, 화, 목, 금이 사상이 되는 것을 밝혔을 뿐이다.〔太極圖, 以水陰盛爲太陰, 火陽盛爲太陽, 木陽穉爲少陽, 金陰穉爲少陰. 其分太少陰陽, 雖與此不盡合, 姑借其說, 以明水火木金爲四象耳.〕"라고 하였다. 《易學啓蒙通釋 卷上》

31 성(誠)의 근원이다 : 《통서(通書)》 〈성상(誠上)〉에 "위대하도다, 건원이여. 만물이 의뢰하여 시작되니, 성의 근원이다.〔大哉乾元! 萬物資始, 誠之源也.〕"라고 하였다.

32 물에……같다 : 이 부분에 대한 주희의 주에 "건도의 원은 만물이 자뢰하여 시작하는 것이 바로 실리가 흘러나와 사람에게 부여한 근본임을 말한 것이다. 이는 물에 근원이 있는 것과 같으니 바로 〈태극도〉의 양이 움직이는 것이다.〔言乾道之元, 萬物所取以爲始者, 乃實理流出, 以賦於人之本, 如水之有源, 卽圖之陽動也.〕"라고 하였다.

낳기를 그치지 않는 것이 바로 '계'이고 사물이 생겨서 형질을 이루는 것이 바로 '성'이다.-주에서 면재는 다만 춘, 하, 추, 동의 관점에서만 이 장을 논단(論斷)하였다.[33]-

"위대하도다, 역이여. 성명의 근원이로다〔大哉易也 性命之源〕"에 대하여 이것은 윗글을 총괄하여 결론짓는 말이다. 윗글의 건원건도(乾元乾道), 일음일양(一陰一陽), 계지성지(繼之成之), 원형이정(元亨利貞)은 모두 이른바 '역(易)으로서 실리(實理)가 아님이 없는 것'으로 바로 성명의 근원이니, 이는 "천지 사이에서 음양의 변역이 실로 사람과 사물의 성명의 근원이다."라고 말한 것이다. 주해(註解) 중에서 괘효(卦爻)의 성립을 실리의 주고받음과 대칭하여 '또한 이와 같다.〔亦猶是也〕'라고 하여[34] 도리어 역과 성명을 두 사물이면서 서로 비슷한 것으로

33 면재는……논단(論斷)하였다 : 어떤 사람이 묻기를 "'도를 이어 가는 것은 선이고 도를 갖추어 놓은 것은 성이라는 것'에 대해 주 선생이 선은 이가 막 행하는 것이기 때문에 양의 등속이 되고 성은 사물이 이미 이루어진 것이기 때문에 음의 등속이 된다고 하였는데, 이르는 바를 알지 못하겠다.〔繼善成性, 朱先生以善者理之方行爲陽之屬, 成則物之已成爲陰之屬, 不知所謂.〕"라고 하자, 면재 황간이 대답하기를 "다만 네 절서로 보면 알 수 있다. '위대하도다, 건원이여. 만물이 의뢰하여 시작된다.'라는 것은 춘하를 이르고 '건도가 변화하여 각각 성명을 바르게 한다.'라는 것은 추동을 이른다. 춘하는 이가 막 생겨났기 때문에 양의 등속이 되고 추동은 사물이 이미 이루어졌기 때문에 음의 등속이 된다.〔但以四序觀之則可見, 大哉乾元! 萬物資始, 春夏之謂也; 乾道變化, 各正性命, 秋冬之謂也. 春夏理之方生, 故爲陽之屬; 秋冬物之已成, 故爲陰之屬.〕"라고 한 것을 말한다.

34 괘효(卦爻)의……하여 : 주희의 주(註)에서 "역이라는 것은 교차하고 교환하는 명칭이니, 괘효의 성립은 이로 말미암을 뿐이다. 천지 사이에 음양이 교차하고 실리가 유행하여 그 사이에 한 번 주고 한 번 받는 것 또한 이와 같다.〔易者, 交錯代換之名,

만들었으니, 글을 쓰면서 조금 착오가 생긴 듯하다. 혹자가 의심하기를 "성(性)은 본시 사람과 사물을 위주로 말한 것이니 역을 성의 근원이라고 하는 것은 괜찮겠지만, 저 명(命)의 경우는 바로 천명이니 어찌 역을 천명의 근원이라고 할 수 있겠는가."라고 하기에, 대답하기를 "'명(命)'이 비록 하늘을 가지고 말한 것이기는 하지만, 이미 '명'이라고 하였으니, 이는 역시 사물이 있는 것에 의거하여 이름 지은 것이다. 이것이 한 번 음하게 하고 한 번 양하게 하는 천도(天道)와 이름의 의미가 조금 차이가 있기 때문에 《주역》에서도 '건도가 변화하여 각각 성명을 바르게 한다.〔乾道變化 各正性命〕'라고 하였으니, 역을 성명의 근원이라고 하는 것은 본시 불가할 것이 없다. 그러나 성과 명으로 이름 지은 것에 비록 하늘을 가지고 말하고 사물을 가지고 말한 점에서 차이가 있더라도 단지 하나의 이(理)일 뿐이니 분리해서 보아서는 안 된다. 더구나 이 천명과 천도가 어찌 참으로 등급이 있겠는가. 원류를 이해할 수 있으면 글에 집착해서 지나치게 따져서는 안 된다."라고 하였다.

채씨(蔡氏)가 〈홍범(洪範)〉을 부연하여 설명할 적에[35] 이(理)를 말한 내용은 모두 공자의 〈계사(繫辭)〉와 주자(周子 주돈이(周敦頤)), 정자(程子 정호(程顥)와 정이(程頤)), 장자(張子 장재(張載)), 주자(朱子 주희(朱

卦爻之立, 由是而已. 天地之間, 陰陽交錯, 而實理流行, 一賦一受於其中, 亦猶是也.〕" 라고 하였다.

35 채씨(蔡氏)가……적에 : 송대의 학자 채침(蔡沈)이 《주역》의 수리(數理)를 《서경》 〈홍범〉의 내용과 맞추어 〈홍범황극내편(洪範皇極內篇)〉을 저술한 일을 가리킨다.

熹)) 같은 몇 분 군자의 서언(緖言)에 바탕을 두었으니 다시 논할 것이 없다. 다만 그중에 수(數)를 말한 곳은 바로 그가 자득한 뜻이면서 이 책이 지어진 까닭이다. 예를 들면 그가 "이(理)의 수(數)를 알면 이치를 거의 깨닫게 될 것이다.〔知理之數 則幾矣〕"[36]라고 한 말과 "수는 형체가 없는 데에서 묘하다.〔數妙無形〕"[37]라고 한 말 같은 것은 지극한 의론이다. 그런데 혹자는 "이(理)가 있은 뒤에 상(象)이 있고 상이 있은 뒤에 수(數)가 있으니 이(理)에 어찌 수가 있겠으며 수에 어찌 형(形)이 없겠는가. 이것은 채씨가 수학(數學)을 너무 지나치게 주장한 잘못인 듯하다."라고 하였다. 이 말은 옳지 않다. 그가 '이의 수〔理之數〕'라고 했을 때의 '수(數)'는 셈할 수 없는 수이니, 바로 수의 이(理)를 가리켜서 말한 것이다. 이(理)는 본래 형상이 없으니 비록 셈할 수 있는 수가 없더라도 수의 이는 이미 그 가운데 또렷하게 있는 것이다. 그러므로 또 말하기를 "수는 형체가 없는 데에서 묘하다."라고 하였으니, 이는 정자(程子)의 "텅 비고 고요하여 조짐이 없을 적에 만상이

36 이(理)의……것이다 : 〈홍범황극내편 1〉에 "이가 있으면 이에 기가 있는데 기는 드러나고 이는 은미하며, 기가 있으면 이에 형이 있는데 형은 드러나고 기는 은미하다. 사람들이 형의 수만 알고 기의 수를 알지 못하며 사람들이 기의 수만 알고 이의 수는 알지 못한다. 이의 수를 알면 이치를 거의 깨닫게 될 것이다.〔有理斯有氣, 氣著而理隱; 有氣斯有形, 形著而氣隱. 人知形之數, 而不知氣之數; 人知氣之數, 而不知理之數. 知理之數, 則幾矣.〕"라고 하였다. 《性理大全 卷24》

37 수는……묘하다 : 〈홍범황극내편 1〉에 "수는 처음에 은미하여 형체가 없는 데에서 묘하니 체도 아니고 용도 아니며 정도 아니고 동도 아니다. 동이 실제 그 기틀이고 용이 인하여 따르며 동이 극에 달하면 정하고 청탁이 바르게 된다.〔數始冥冥, 妙于無形, 非體非用, 非靜非動. 動實其機, 用因以隨. 動極而靜, 淸濁體正.〕"라고 하였다. 《性理大全 卷24》

빼곡히 이미 갖추어져 있다.〔沖漠無朕 萬象森然已具〕"라는 것과 합치한다. 텅 비고 고요하여 조짐이 없는 가운데 어찌 볼 수 있는 상이 있겠는가. 이른바 '만상(萬象)'이라는 것은 바로 보이는 상(象)이 아닌 상이니, 보이는 상이 아닌 상은 상의 이(理)이다. 그렇다면 여기에 이른바 '수(數)'라는 것 역시 세는 수가 아닌 수로서 수의 이(理)인 것이다. 이(理)가 어찌 다르겠는가. 다만 각각의 관점에 따라 말하여 상(象)과 수(數)의 구별이 생겼을 뿐이다.

《근사록》
近思錄

〈표문(表文)〉에 "선유가 도를 주창하매 이것이 모여서 성대의 한 경전이 되었다.〔先儒鳴道 萃爲聖代之一經〕"라고 한 것은 선유가 도를 주창한 말이 합해져서 성대(聖代)의 한 경전이 되었음을 말한다. 만약 이것을 아랫글과 대구를 이루는 것으로 보아서 '선유는 도를 주창하여 모아서 한 경전을 만들었고, 훌륭한 군주는 문을 숭상하여 집전(集傳)을 아울러 취하였다.'라고 말한 것으로 여긴다면 조금 의미가 통하지 않는 점이 있으니,[38] 모아서 합한 것을 가지고 도를 주창한 것이라고 한다면 애초에 모은 것이 어떤 것이란 말인가. 이는 문의(文義) 중에 지극히 작은 것이지만 살피지 않아서는 안 된다.

'생각건대〔竊惟〕' 아래에 먼저 도리(道理)의 근원과 학치(學治)의 개요를 말하고 이어서 학문이 끊어지고 경전이 없어진 피폐한 상황을 언급하여야 비로소 차서가 이루어질 듯하다. 그런데 지금 곧장 '추 땅의 맹가가 별세한 일〔鄒軻歿〕'로부터 글을 시작하였으니[39] 번잡한 말에

38 만약……있으니 : 송나라 섭채(葉采)의 〈진근사록표(進近思錄表)〉에 "선유가 도를 주창하매 이것이 모여서 성대의 한 경전이 되었고, 훌륭한 군주가 문을 숭상하매 미천한 신하의 집전을 겸하여 취하였습니다.〔先儒鳴道, 萃爲聖代之一經, 元后崇文, 兼取微臣之集傳.〕"라고 하였는데, 앞 구절을 '선유들이 도를 주창하여 무엇인가를 모아서 경전을 만들었다.'라는 뜻으로 읽어서는 안 된다고 한 것이다.

39 생각건대……시작하였으니 : 〈진근사록표〉에 "생각건대 추 땅의 맹가가 이미 별세

가까운 듯하다.

여기에서 한나라와 당나라 풍속의 피폐를 유자의 학업과 선비의 습속 측면에서만 말한 것이 〈대학장구서(大學章句序)〉에서 도술(道術)의 피폐를 낱낱이 지적한 것과 다르지만, 이는 학문이 끊어지고 경전이 없어진 대략을 논하였을 뿐이니 역시 문제가 되지는 않는다. '훈고학이 겨우 남았다.〔訓詁僅存〕'라는 말은 경전이 없어진 데 붙인 듯하고 '문장만 익혀 더욱 천박해졌다.〔藻繪彌薄〕'라는 말은 학문이 끊어진 데 붙인 듯하다. 그러나 경전이 없어졌다면 학문이 끊어진 것을 알 수 있고 학문이 끊어졌다면 경전이 없어진 것도 그 가운데 있어서 본시 서로 겹치니, 다시 살펴야 한다. 이는 모두 학문이 밝아지지 않은 피폐한 상황을 말한 듯하지만 이와 같다면 윗글의 '경전이 사라졌다.〔經熄〕'라는 한 구절이 결속되는 곳이 없어서 미진하게 되니, 다시 살펴야 한다. 네 조목이 각각 한 가지의 뜻을 가진 듯하나, 한나라 때 훈고학이 겨우 남았다면 학문은 진실로 밝아지지 않았지만 경전은 그래도 지켜졌고, 당나라 때 문장이 더욱 천박해졌다면 경전 역시 다시는 지켜지지 못하고 학문의 도는 더욱 없어졌을 것이다. 이는 안배하고 소속시킨 것이 아니라 세도의 변화가 실로 본시 이와 같다. 그러므로 이 네 문구는 본디 각각 한 가지 일을 말하였으나 일부러 위에서 일으키고 아래에서

하매 성리학이 밝혀지지 못하였고, 진나라 이사가 책을 불태우매 경전이 거의 없어졌습니다. 한나라는 장구를 전문으로 하여 훈고학이 겨우 남아 있고, 당나라는 문장으로 선비를 취하여 문장만 익혀 더욱 천박해졌습니다.〔竊惟鄒軻旣沒, 而理學不明; 秦斯所焚, 而經籍幾息. 漢專門之章句, 訓詁僅存; 唐造士以詞華, 藻繪彌薄.〕"라고 하였다.

이으려고 한 것이 아니며, 또한 딱 잘라서 각각 한 가지 일이 되어 서로 관계되지 않는 것은 아니다.

"여러 성군이 서로 계승하여 다스림을 순전히 왕도에 맡겼다.〔列聖相承治純任於王道〕"라고 하였는데, 송나라의 다스림을 순전히 왕도에 맡겼다고 할 수는 없으나 오로지 공리(功利)만을 숭상한 한나라와 당나라와 비교하면 조금 차이가 있다. 또 이것은 송나라 신하의 말이기 때문에 말이 그렇지 않을 수 없으니, 뜻을 살려서 보는 것이 마땅할 듯하다.

'계작(繼作)'[40]의 '작(作)' 자를 '일어남〔作興〕'으로 말하면, 주자가 뒤이어 일어난 것이 오로지 '순희 1년〔淳熙之初元〕'[41]에만 속할 수 없으니, 아마도 술작(述作)의 '작'으로 말한 것이 아니겠는가.

'무릇 단서를 찾는 것과 처신하는 것〔凡求端暨處己〕'[42]이라는 한 구절은 문세로 보아 결속되는 곳이 없다.

'대학의 문을 열었다.〔闢大學之戶庭〕'[43]라는 문구는 '끝으로 성현을 논

40 계작(繼作) : 〈진근사록표〉에 "순희 1년에 이르러 주희가 뒤이어 '글을 지어' 〈하도(河圖)〉와 〈낙서(洛書)〉 및 《집전》의 정수를 상고하고 염, 낙, 관섬의 연원을 거슬러 올라가, 훈계하신 말씀을 뽑고 《근사록》이라고 명명하였습니다.〔逮淳熙之初元, 有朱熹之繼作, 考圖書傳集之精粹, 溯濂洛關陝之淵源, 摭其訓辭, 名近思錄.〕"라고 하였다.

41 순희(淳熙) 1년 : 1174년으로, 순희는 송 효종(宋孝宗)의 연호이다.

42 무릇……것 : 〈진근사록표〉에 "무릇 단서를 찾고 힘을 쓰는 방법과 처신하고 치인하는 도입니다.〔凡求端用力之方, 暨處己治人之道.〕"라고 한 구절을 줄여서 말한 것이다.

한 한 권을 엮었다.〔終編論聖賢一卷〕'라는 문구를 여기에 붙였어야 하는데, 그렇게 하지 않아 말이 대응하지 않는다. 당시에 어찌 '성학(聖學)' 등의 글자를 쓰지 않아 앞뒤 호응을 소략하게 하였는지 의아하다.

'체용(體用)'은 이(理)와 일을 가지고 말한 듯하고 '본말(本末)'은 남과 자신을 가지고 말한 듯하다.

'옛날 지학의 나이에〔昔在志學〕'부터 '을야의 예람〔乙夜之睿覽〕'[44]까지 섭채(葉采)의 《근사록집해(近思錄集解)》에서 애쓰고 고생한 곳을 알 수 있으니, 독자들은 진실로 소홀히 보아서는 안 된다. 다만 이것은 본래 스스로 겸양하는 말이지만, 당시 편집과 윤색의 측면에서 성취한 것이 대부분이라고 생각되고 깊이 이해하고 환히 관통한 실제가 있는 것은 보이지 않는다. 독자들은 더욱 깊이 완미하고 실제로 징험하여 정밀하게 가려야지 전적으로 믿어서는 안 된다.

'중고 이래로〔粤自中古以來〕' 한 구절은 윗글의 '무릇 단서를 구하였다.〔凡求端〕'라는 구절과 서로 비슷하다.[45]

43 대학의 문을 열었다 : 〈진근사록표〉에 "이단의 문과 자물쇠를 부수고 대학의 문정을 열어 체용이 서로 포함하고 본말이 관통되었습니다.〔破異端之扃鐍, 闢大學之戶庭, 體用相涵, 本末洞貫.〕"라고 하였다.

44 을야의 예람 : 임금이 정무를 마치고 자기 전인 을야에 독서를 하는 데서 유래한 말이다. 을야는 밤 9시부터 11시 사이이다.

45 중고……비슷하다 : '오자중고이래(奧自中古以來)' 구절은 당시의 송 황제 이종(理宗)의 업적을 칭송한 말인데, 윗글의 '범구단(凡求端)'으로 시작되는 구절로써 주희의 업적을 칭송한 것과 그 수준이 비슷하다는 말인 듯하다.

'오천의 글자와 십만의 말〔五千文十萬說〕'에서 '십만의 말'은 무엇을 가리키는지 알 수 없다.

〈서문(序文)〉에 있는 '규모(規模)', '진수(進修)', '강령(綱領)', '절목(節目)'[46]은 그 하나하나와 맞아떨어지는 곳을 볼 수 없다. 내가 추측하건대 '규모가 크다.'라는 것은 1권에서 "성명(性命)의 근원과 도덕(道德)의 온축이 갖추어지지 않은 바가 없다."라고 한 것 같은 것이고 '진수함에 차례가 있다.'라는 것은 2편 이하의 학문하는 차례와 같은 것이며 '강령이 요긴하다.'라는 것은 처신(處身)하고 치인(治人)하는 조목이니 모두 마땅히 해야 할 직분으로 내 몸에 절실하지 않음이 없는 것을 이르고 '절목이 상세하다.'라는 것은 그 사이에 조리와 차례가 상세하지 않음이 없는 것을 이르니, 위의 문구[47]는 단서를 찾고 힘을 쓰는 측면에서 말한 듯하고 아래의 문구[48]는 처신하고 치인하는 측면에서 말한 듯하다. 대개 이와 같지만 역시 움직일 수 없는 확실한 뜻을 알 수 없으니, 감히 자신할 수는 없다. 일설에는 "'규모가 크다.'라는 것은 단서를 구하고 힘을 쓰며 처신하고 치인하는 것이 갖추어졌음을 말하고 '진수함에 차례가 있다.'라는 것은 그 공정과 차례를 어지럽힐

46 규모(規模)……절목(節目) : 〈근사록집해서(近思錄集解序)〉에 "규모가 크면서도 진수함에 차례가 있고 강령이 요긴하면서도 절목이 상세하고 밝다.〔規模之大而進修有序, 綱領之要而節目詳明.〕"라고 하였다.

47 위의 문구 : '규모가 크면서도 진수함에 차례가 있다.〔規模之大而進修有序〕'를 가리킨다.

48 아래의 문구 : '강령이 요긴하면서도 절목이 상세하고 밝다.〔綱領之要而節目詳明〕'를 가리킨다.

수 없음을 말하고 '강령이 요긴하다.'라는 것은 편목이 모두 내 몸에 절실함을 말하고 '절목이 상세하다.'라는 것은 그 가운데 곡절이 상세하지 않음이 없음을 말한다."라고 하였는데, 어느 쪽이 옳은지 잘 알지 못하겠다.-뒤의 설이 옳은 듯하다.-

"《근사록》은 사자(四子)로 올라가는 사다리이다.〔近思 四子之階梯〕"[49]라는 것은 주자(朱子)가 분명히 일찍이 이 말을 하였으나, 또 '일찍이……〔嘗云云〕'라는 말을 다시 살펴야 한다. 그러니 학자가 오로지 이 설에 의거하여 이것을 도에 나아가는 절차로 여겨서는 안 될 듯하다. 만약 정해진 법도를 논한다면, 《소학》을 읽은 뒤에는 모름지기 곧 《대학》을 읽어 먼저 학문하는 규모와 차서에 통하고 이어서 《논어》와 《맹자》, 《중용》을 읽어 배운 것을 충실히 하고 발휘한 뒤에 《근사록》을 참고하여 그 요체를 깨닫고, 네 군자(君子)[50]의 전서(全書)로 미루어 나아가서 그 폭을 넓히는 것이야말로 바꿀 수 없는 바른길이다. 만약 어떤 사람의 자질과 학문이 여기에 가깝기 때문에 먼저 이 책을 읽는다면 이 역시 실로 한 가지 방법이겠지만, 굳이 이 책이 사서(四書)로 가는 사다리가 되므로 사서를 읽는 자는 이로부터 나아가지 않을 수 없다고 여긴다면 이것은 역시 그렇지 않은 듯하다. 내 생각이 어떨지 모르겠다.

49 근사록은……사다리이다 : 《주자전서(朱子全書)》에 주희가 "사자는 육경으로 올라가는 사다리이고 《근사록》은 사자로 올라가는 사다리이다.〔四子, 六經之階梯, 近思錄, 四子之階梯.〕"라고 한 말이 나와 있다. 사자(四子)는 사자서(四子書), 즉 《대학》, 《논어》, 《맹자》, 《중용》을 가리킨다.

50 네 군자(君子) : 염계(濂溪) 주돈이(周敦頤), 명도(明道) 정호(程顥), 이천(伊川) 정이(程頤), 횡거(橫渠) 장재(張載)를 말한다.

'승당기문(升堂記聞)'[51]이라는 것은 어록(語錄)이다.

"또한 근사의 뜻일 것이다.〔亦近思之意云〕"라고 한 것은 유추하여 살펴본다는 것이었는데,[52] 《주자전서》에서 또한 "가까이 생각하는 뜻이다."[53]라고 하였으니 '근사'의 의미가 이 한 가지만이 아닌 것이다. 주자가 당초에 이 책을 명명한 뜻이 과연 어디에 있는가? 이 책을 읽은 지 오래인데도 아직 제목의 뜻을 이해하지 못하였는데, 하물며 이 책 중의 정미한 뜻의 경우이겠는가.-《근사록》이라고 명명한 것은 《자경편(自警編)》[54]과 서로 비슷하니 대개 이 책을 읽는 자의 처지에서 말한 것일 뿐이다.-

주자가 기록한 〈근사록서제(近思錄書題)〉는 말은 간략하면서도 뜻이

51 승당기문(升堂記聞) : 《근사록석의(近思錄釋疑)》 서문에 "주자의 문인이 선생이 말씀한 것을 기록한 것인 듯하다."라고 하였다.

52 또한……것이었는데 : 〈근사록집해서〉의 끝부분에 "그런 뒤에 유추하여 네 선생의 대전을 살펴보는 것 또한 근사의 뜻일 것이다.〔然後以類而推, 以觀四先生之大全, 亦近思之意云.〕"라고 한 말에서 발췌하여 옮긴 것이다.

53 가까이 생각하는 뜻이다 : 《주자전서》 권42 〈답여자약(答呂子約)〉에 "생각건대 현자께서 이 일에 힘쓴 지가 오래되지 않은 것이 아니고 절실히 묻고 가까이 생각하는 뜻이 독실하지 않은 것이 아닙니다. 그러나 근래에 보니 강론한 바와 여러 편지에서 서술한 곳에 앞뒤를 살펴 단서가 너무 많음을 느꼈습니다.〔竊意賢者用力於此, 不爲不久, 其切問近思之意, 不爲不篤, 而比觀所講與累書自叙說處, 覺得瞻前顧後, 頭緒太多.〕"라고 하였다. 자약은 여조겸(呂祖謙)의 아우인 여조검(呂祖儉)의 자이다.

54 자경편(自警編) : 송나라의 종실 조선료(趙善璙)가 《언행록(言行錄)》의 체제를 본받아 자기 자신을 경계하는 데에 도움이 되는 송대의 명신(名臣)과 대유(大儒)의 아름다운 말 및 착한 행실을 기록한 책이다. 제1책 학문류(學問類)부터 제5책 정사류(政事類)까지 총 5책으로 구성되어 있다. 《欽定四庫全書摠目》

갖추어지지 않음이 없으니, 숙독해 보면 참으로 깊은 맛이 있다.

"대체에 관계되고 일용에 간절하다.〔關於大體而切於日用〕"[55]라고 하였는데, 이는 이 책을 수집한 기준(基準)과 규례(規例)이다. 대체에 관계되기도 하고 일용에 절실하기도 하며 대체에 관계되면서 또 일용에 절실하기도 하지만, 모두 취해질 당시에 어느 쪽으로 지정되고 분류되어 있지는 않았다.

'구단(求端)', '용력(用力)', '처기(處己)', '치인(治人)' 아래에 섭채(葉采)의 주(註)로 각각에 해당하는 내용을 분속(分屬)한 것[56]은 대체로

55 대체(大體)에……간절하다 : 주희의 〈근사록서제(近思錄書題)〉에 "순희 을미년(1175) 여름에 동래 여백공이 동양에서 와서 한천정사로 나를 방문하였다. 열흘 동안 머물면서 서로 주자, 정자, 장자의 책을 읽고는 내용이 광대하고 굉박하여 끝이 없는 듯한 데에 감탄하였으며, 또한 초학자가 입문할 곳을 알지 못할까 두려워하였다. 인하여 함께 대체에 관계되고 일용에 간절한 것들을 뽑아 이 편을 만드니, 총 622조이다.〔淳熙乙未之夏, 東萊呂伯恭來自東陽, 過予寒泉精舍. 留止旬日, 相與讀周子程子張子之書. 歎其廣大閎博, 若無津涯, 而懼夫初學者不知所入也. 因共掇取其關於大體而切於日用者, 以爲此編, 總六百二十二條.〕"라고 한 것을 말한다.

56 섭채(葉采)의……것 : 〈근사록서제〉의 이 구절에 주를 붙여 "무릇 배우는 자가 단서를 구하고-도체를 논한 권수를 가리킨다.- 힘을 쓰며,-학문하는 대요를 총론한 권2, 치지를 논한 권3, 존양을 논한 권4를 가리킨다.- 처신하고-극기를 논한 권5, 가도를 논한 권6, 출처의 의리를 논한 권7을 가리킨다.- 사람을 다스리는 것-치체를 논한 권8, 치법을 논한 권9, 정사를 논한 권10, 교학을 논한 권11, 경계를 논한 권12를 가리킨다.-과 이단을 분별하고-권13을 가리킨다.- 성현을 관찰하는-권14를 가리킨다.- 대략에 대해 모두 그 내용의 대강을 볼 수 있다.〔蓋凡學者所以求端【首卷論道體】、用力【二卷總論爲學大要, 三卷論致知, 四卷論存養】、處己【五卷論克己, 六卷論家道, 七卷論出處義利】、治人【八卷論治體, 九卷論治法, 十卷論政事, 十一卷論教學, 十二卷論警戒】與夫

그럴듯하다. 다만 권5에서 논한 천선개과(遷善改過)와 극기복례(克己復禮)의 일을 '용력'에 분속하지 않고 굳이 '처기'의 아래에 분속한 것이 원래 의심할 만한 데다, 또 권12에서 논한 '경계(警戒)'를 오로지 '치인'에 분속한 것은 더욱 마땅하지 않다. 이처럼 통하지 않는 곳이 많아 본의를 제대로 파악한 것이 아닌 듯한 이 말에 대해서, 지금 이것을 버리고 다시 바로잡고자 한다면 또 절목이 뒤섞여 들어가고 한계가 정리되지 않아서 끝내 자연스러운 순서가 아니게 될까 걱정된다. 생각건대 주자가 말한 '구단, 용력, 처기, 치인'이라는 것은 그 대체를 총괄해 말한 것일 뿐 그 안에 있는 조목들은 자연히 분속되는 바가 있으니, 굳이 획일적인 법을 적용하여 상하로 잘라서 붙일 필요가 없다. 비록 잘라서 붙이지 않아도 권11 이전은 저절로 차서가 이루어지고 권12에서 논한 내용 또한 원래 섞여 들어가는 데에 문제가 없는데, 잘라서 붙이게 되면 끝내 통할 수 없을 것이다.

또 살펴보건대 주자가 일찍이 말하기를 "이 책은 기록한 것이 뒤섞여서 권마다 한 가지 일로 명명할 수 없다."[57]라고 하였으니, 이 책의 편목(編目)은 진실로 섭채의 주석에서 일컬은 것처럼 두 글자로 단정하기 어려

所以辨異端【十三卷】、觀聖賢【十四卷】之大略, 皆粗見其梗槪.〕"라고 하였는데, 주에 해당하는 부분이 바로 섭채가 분속한 것이다.

57 이……없다 : 《주자어류(朱子語類)》 권105에 "《근사록》은 대체로 기록한 바가 뒤섞여서 권마다 한 가지 일로 명명할 수 없다. 예컨대 권10은 또한 '임금을 섬기는 것'으로 일컬을 수 없으니, 그 가운데 '사람이 아이를 가르친다.'라는 한 단락이 있기 때문이다.〔近思錄大率所錄雜, 逐卷不可以一事名. 如第十卷亦不可以事君目之, 以其有人敎小童在一段.〕"라고 한 것을 말한다.

울 것이다. 주자가 스스로 강목(綱目)을 말한 것을 보면, 이것이 섭채의 주와 다 같지는 않고, 그중에 이처럼 일고여덟 자로 명명한 것이 있으며 그러고도 한 가지 일을 가리키는 말로 명명할 수 없는 곳이 있다.[58] 그렇다면 이 책의 편목은 대체적인 뜻으로 보는 것이 마땅하며, 만약 《대학》의 '격물(格物), 치지(致知), 성의(誠意), 정심(正心)'의 순서처럼 보아서 포함하지 않는 바가 없다고 굳이 말한다면 통하지 않을 것이다.

'완심(玩心)'[59]은 마음으로 깊이 생각하는 것이지 그 마음을 깊이 생각하는 것이 아니다.

이 책을 편찬한 것이 본래 초학자가 입문할 곳을 알지 못할까 두려워서라고 하였는데, 편찬하고 나서 또 만학이 이 책을 얻으면 문(門)을 찾아 들어갈 수 있을 것이라고 하였으니, 또다시 오로지 이 책을 초학자가 도를 찾는 사다리로 여긴 듯하다. 그렇다면 지난번에 반드시 《대학》을 먼저 공부해야 한다고 한 말 또한 거리낌이 없겠는가? 내가 생각건대 이 책은 사서와 체제가 조금 다르니 본래 굳이 사서와 결부해

58 그중에……있다 : 《근사록》 권1의 서두에 "이 권은 성의 본원과 도의 체통을 논하였으니, 학문의 강령이다.〔此卷論性之本原、道之體統, 蓋學問之綱領也.〕"라고 하였고, 권14의 서두에 "이 권은 성현이 서로 전해 온 도통을 논하고 제자를 붙였다.〔此卷論聖賢相傳之統而諸子附焉.〕"라고 한 것을 가리킨다.

59 완심(玩心) : 주희의 〈근사록서제〉에 "진실로 이 책을 얻어 마음으로 깊이 생각한다면 또한 문을 찾아 들어갈 수 있을 것이다. 〔誠得此而玩心焉, 亦足以得其門而入矣.〕"라고 한 구절에 있는 말이다.

서 비교하고 선후를 확정할 필요가 없다. 이 책으로 사서의 계제를 삼는다고 한 까닭은 이 책의 말이 매우 긴요하고 유익하기 때문이고 반드시 《대학》, 《논어》, 《맹자》를 먼저 읽어야 한다고 이른 것은 그 책들이 원래 쉽고 충실해서 폐단이 없기 때문으로, 그 절차를 나눈 것이 원래 각각 합당한 점이 있으니, 그렇다면 두 가지 모두 그럴 만한 이유가 있어서 말한 것이다. 이 〈근사록서제〉 글에서 단지 초학자들이 도에 들어가는 문호라고만 하고서 네 군자(君子)의 전서(全書)로 이은 것[60]이 가장 바르고 타당하니, 편중되지 않으면서도 다 말하지 않은 깊은 뜻이 있다. 만약 반드시 선후를 확정해야만 한다면 주자가 〈근사록서제〉의 글 중에서 이미 말하였을 것이다.

동래(東萊)[61]의 〈근사록서제〉는 반드시 권후(卷後)로 옮겨져야 할 듯하다.

60 단지……것 : 주희의 〈근사록서제〉에서 "생각하건대 궁벽한 시골의 만학으로서 학문에 뜻은 있으나 앞뒤에서 인도해 주는 밝은 스승과 좋은 벗이 없는 자가 진실로 이 책을 얻어 마음으로 깊이 생각한다면 또한 문을 찾아 들어갈 수 있을 것이다. 이와 같이 한 뒤에 네 군자의 전서를 구하여 침잠하고 반복하며 차분히 탐구해서 그 넓음을 지극히 한 다음 요약해 간다면 아름다운 종묘와 많은 백관을 거의 다 얻을 수 있을 것이다.〔以爲窮鄕晩進, 有志於學, 而無明師良友以先後之者, 誠得此而玩心焉, 亦足以得其門而入矣. 如此然後, 求諸四君子之全書, 沈潛反覆, 優柔厭飫, 以致其博, 而反諸約焉, 則其宗廟之美、百官之富, 庶乎其有以盡得之.〕"라고만 하고, 《근사록》과 사서(四書)의 선후 관계에 대해서는 확정하여 말하지 않은 것을 가리킨다.

61 동래(東萊) : 여조겸(呂祖謙, 1137～1181)의 호이다. 남송의 유학자이며 사학자로 자는 백공(伯恭)이다. 비서랑(秘書郞), 저작랑(著作郞), 태상 박사(太常博士), 국사원 편수관(國史院編修官) 등을 역임하였다. 주희와 함께 《근사록》을 편찬하였으며, 이 밖의 저서로 《대사기(大事記)》, 《동래좌씨박의(東萊左氏博議)》, 《춘추좌씨전설(春秋左氏傳說)》 등이 있다.

동래의 이 〈근사록서제〉의 설은 본래 당초에 차례로 엮은 뜻을 가지고 말한 것이고, 주자 또한 일찍이 이르기를 "《근사록》 수권(首卷)은 보기가 어려운지라 내가 이 때문에 백공(伯恭)과 상의하여 그로 하여금 몇 마디의 말을 《근사록》 뒤에 싣게 하였다."[62]라고 하였으니, 이것은 필시 당시 두 분이 깊고 자세하게 의논한 말이지 오로지 동래에게서 나온 것이 절대로 아니다. 그러나 그 언어와 기상을 살펴보면 그대로 동래의 품격에 걸맞으니, 〈소학집주총론(小學集註總論)〉 중의 동래의 설[63]을 참고하여 깊이 살피고 충분히 음미하면 그 뜻을 알 수 있을 것이다.

오래전부터 매양 이 책의 첫머리에 나열된 내용[64]이 단지 '명분과 의리

62 근사록 수권(首卷)은……하였다 : 《주자어류》 권105에 "《근사록》 수권은 보기가 어려운지라 내가 백공과 상의하여 그로 하여금 몇 마디 말을 지어 《근사록》 뒤에 싣게 하였으니 바로 이것을 이른다. 만약 이 책만 읽는다면 도리가 고립되어 견고한 성의 아래에 병사를 주둔시키는 것과 같을 것이니, 《논어》, 《맹자》가 평탄하게 말함으로써 마음을 머물게 하는 것만 못하다.〔近思錄首卷難看, 某所以與伯恭商量, 教他做數語以載於後, 正謂此也. 若只讀此, 則道理孤單, 如頓兵堅城之下, 却不如語孟只是平鋪說去可以游心.〕"라고 하였다.

63 소학집주총론(小學集註總論)……설 : 여조겸이 〈소학집주총론〉에서 "후생의 어린이가 학문할 때에는 우선 모름지기 〈곡례〉, 〈소의〉, 《의례》 등을 이해하여, 물 뿌리고 쓸며 응하고 대답하며 나아가고 물러나는 일을 배우고, 또 먼저 《이아》와 훈고 등의 문자를 이해하여야 한다. 그런 뒤에 상등의 것을 말할 수 있다. 아래로 인사를 배워 위로 천리를 통달하여 이로부터 활연히 깨달음이 있을 것이다. 이렇게 하지 않으면 이는 등급을 뛰어넘는 것이니, 끝내 성공할 수 없을 것이다.〔後生小兒學問, 且須理會曲禮、少儀、儀禮等, 學灑掃應對進退之事, 及先理會爾雅、訓詁等文字. 然後可以語上, 下學而上達, 自此脫然有得. 不如此, 則是躐等, 終不得成也.〕"라고 한 것을 가리킨다.

를 알아서 향하고 바라는 바가 있게 하는 데 도움이 될 뿐'[65]이라고 이를 수는 없다고 의심하였고, 또 나머지 권에 실려 있는 내용[66] 또한 고원(高遠)한 곳이 있으니 다 비근(卑近)한 등급이라고 이를 수는 없다고 의심하였다. 이 두 가지에 대해 끝내 이해하지 못하고 대의를 대략 볼 수 있을 뿐이었는데, 체험한 지 오래되자 대략이나마 통하는 바가 있게 되었다. 대개 수권(首卷)에 실려 있는 내용 또한 사람이 힘을 쓰는 것이 민첩한지 노둔한지에 따라 얻는 바에 얕고 깊은 차이가 있기 마련인데, 본디 잠깐 동안에 쉽게 통하기 어렵기는 하나 또한 어찌 그 대개를 알면 그만이라고 단정할 수 있겠는가. 언뜻 보면 진실로 천협(淺狹)한 듯하지만 신화(神化)와 성명(性命)의 정미(精微)함은 덕이 훌륭한 사람이 아니면 끝내 참으로 알고 밝게 깨닫지 못하는

64 이……내용 : 《근사록》 권1에 실린 이른바 '음양의 변화와 성명에 관한 설〔陰陽變化性命之說〕'을 말한다.

65 명분과……뿐 : 여조겸의 〈근사록서제〉에 "《근사록》이 이미 이루어지자, 혹자는 수권의 음양 변화와 성명에 대한 말은 대체로 초학자의 일이 아니라고 의심하였다. 내가 일찍이 책을 차례로 엮은 뜻을 들었으니, 뒤에 나온 만학이 의리의 본원에 대하여 비록 갑자기 말할 수 없으나 만일 아득히 그 대개를 모른다면 또한 어디에 이르겠는가. 이것을 첫머리에 나열하여 다만 그 명분과 의리를 알아서 향하고 바라는 바가 있게 할 뿐이다.〔近思錄旣成, 或疑首卷陰陽變化性命之說, 大抵非始學者之事. 祖謙竊嘗聞次緝之意, 後出晩進, 於義理之本原, 雖未容驟語, 苟茫然不識其梗槪, 則亦何所底止? 列之篇端, 特使之知其名義, 有所嚮望而已.〕"라고 하였다.

66 나머지……내용 : 여조겸의 〈근사록서제〉에 "나머지 권에 실려 있는 강학하는 방법과 일상생활에 몸소 행하는 실제로 말하면 모두 등급이 있으니, 이를 따라 나아가 낮은 데로부터 높은 곳에 오르고 가까운 데로부터 먼 곳에 이른다면 거의 이 책을 찬집한 본지를 잃지 않을 것이다.〔至於餘卷所載, 講學之方, 日用躬行之實, 具有科級. 循是而進, 自卑升高, 自近及遠, 庶幾不失纂集之指.〕"라고 하였다.

것이니, 나아가 이치를 궁구할 즈음에 누가 기꺼이 그 대개를 아는 것을 한계로 삼을 것이며, 대략 얻은 바가 있는 경지에 이르렀을 적에 또한 어찌 항상 그 명분과 의리만 알았을 뿐이라고 여기겠는가. 그러나 그 실제의 목적을 살펴보면 결국은 대개와 명분, 의리를 알게 하기 위해서일 뿐이니, 이 책이 초학자가 문호를 얻게 하기 위하여 만들어진 것이고 보면, 거기에 '다만 그 명분과 의리를 알게 할 뿐이다.'라고 한 것이 차례로 엮은 뜻에 부합하지 못하였다고 말할 수 없다. 비유하자면 익숙히 아는 사람에게 비록 신기한 의론이 없다 하더라도 결국은 실제의 일이 헤아린 데에서 벗어나지 않아 진실로 함부로 비방할 수 없는 것과 같다. 나머지 권에 실려 있는 내용들로 말하자면, 덕을 향상하고 학업을 닦는 방도와 집안을 가지런히 하고 나라를 다스리는 법도로, 역시 참으로 정미하고 광활한 점이 있다. 그러나 이것은 모두 하학(下學)[67]의 실제이고 그 사이에 또 절차가 있어서 곧바로 절실하게 보고 민첩하고 용감하게 행해야 하는 것으로, 드높은 무형의 이치에 대해 곧장 말하는 것이 용납되지 않는 것과는 같지 않으니, 이것을 비근한 등급이라고 하더라도 애초에 안 될 것이 없다. 이전에 의심한 바는 그 내력을 따져 보건대 대개 상달처(上達處)에 대해서는 늘 간단명료하게 속히 하려는 마음이 있었고 하학처(下學處)에 대해서는 도리어 머뭇거리며 두렵고 어렵게 여기는 뜻이 있었다. 이 때문에 이러한 의심을 쏟아 냈으니, 일은 미세한 것 같아도 병통은 실로 크므로 통렬히

67 하학(下學) : 인간이 행해야 할 도리를 배우는 것으로, 《논어》 〈헌문(憲問)〉에 "하늘을 원망하지 않으며 사람을 탓하지 않고, 아래로 인간의 일을 배우면서 위로 천리를 통달한다.〔不怨天, 不尤人, 下學而上達.〕"라고 한 데서 온 말이다.

반성하지 않아서는 안 된다. 그러나 동래의 이 말은 배우기를 잘하지 못하는 자가 볼 때 스스로 한계를 짓고 구차히 만족하는 마음이 반드시 생기지 않는다고 할 수가 없고, 또 그 아래의 한 단락[68]을 전체적으로 보면 포함한 내용이 미진한 점이 있으니, 모르겠지만 당시에 주자로 하여금 말을 하게 하였더라도 또한 과연 이와 같이 하였겠는가.-'나머지 권에 실린 것〔餘卷所載〕'은 단지 강학에 절실하고 가까운 것만을 가지고 말한 듯하니, 본래 총괄해서 말한 것은 아닌 것 같다.-

다시 잘 살펴보건대, 수편(首編)을 공부하는 사람이 결국 참으로 그 명분과 의리를 아는 수준을 넘지 못한다 해도 당초에 차례로 엮은 뜻이 단지 명분과 의리를 알게 하기 위해서일 뿐이라고 말한 것은 또 너무 한계를 지은 듯해서 의아하다. 그러나 결국 반드시 이와 같을 뿐이라면, 차례로 엮을 때 곧바로 이처럼 지나치게 바라는 말을 하는 것 또한 어찌 상관이 없었겠는가. 다만 책을 처음 펴서 바로 이 말을 읽게 되어 사람들로 하여금 다시 분발하여 깊이 나아가려는 뜻이 없게 하기보다는, 우선 이 말을 일단 책의 끝에 둠으로써 한결같이 현묘한 데로 마음을 치달리는 자의 병통을 바로잡으면서 순서가 있고 체계가 갖추어지게 되는 것이 낫다. 그렇게 하지 않으면 이것은 두 진영이 서로 맞닥뜨려 병장기가 맞부딪치려 할 때 부하들에게 죽여서는 안 된다고 곧바로 명령하는 것과 꼭 같으니, 어찌 잘못된 것이 아니겠는가. 주자가 말한 "그로 하여금 몇 마디 말을 써서 책 뒤에 싣게 하였다."라는 것은 아마도

68 한 단락 : 여조겸의 〈근사록서제〉에서 수권(首卷)의 내용에 대해 언급한 글 아래의 '지어여권소재(至於餘卷所載)'로 시작하는 단락을 가리키는 듯하다.

폐단을 바로잡는 말을 소홀히 해서는 안 되기 때문이었을 것이다. 또 하단의 이른바 '비근한 등급'이 과연 여러 권(卷)[69]에서 논한 바를 총괄하여 말한 것이며, 수권(首卷)의 성명(性命)에 관한 설을 고원하다고 한다면, 이른바 "이로부터 나아가 낮은 데로부터 높은 곳에 오르고 가까운 데로부터 먼 곳에 이른다."라는 것이 또 너무 억지스럽다. 대개 하학과 상달은 진실로 완급과 선후의 차서가 있지만, 어찌 반드시 하학을 다 하여야 비로소 상달로 갈 리가 있겠는가. 하물며 이 하학 안에 이미 성인이 되고 세상을 다스리는 방도를 포함하고 있는 경우이겠는가.-자주(自註)에 "이상 논한 바는 구하는 것이 너무 깊어서 도리어 본지(本旨)를 흐렸으니, 다시 자세히 살펴야겠다."라고 하였다.-

앞의 한 단락[70]에 대하여

이 책이 본래 초학자들이 입문할 곳을 알지 못할까 두려워서 지어졌으니, 〈도체(道體)〉를 책의 첫머리에 둔 것이 또한 어찌 여기에 깊이 나아가서 바로 궁구하기를 대뜸 바라서였겠는가. 그러므로 이 단락에서 "단지 그 명분과 의리를 알게 하기 위해서일 뿐이다."라고 한 것은 참으로 무난하지만 내 생각에 끝내 석연치 못한 점이 있고, 이 단락의 어의(語意)가 결국에는 매끄럽지 못하여 상하에 모두 통하는 뜻이 아닌 듯하니, 이 책의 가장 중요한 의의가 될 수 없을 것 같다.

69 여러 권(卷) : 《근사록》의 권1을 제외한 권2 이하의 모든 권을 말한다.

70 앞의 한 단락 : 여조겸의 〈근사록서제〉에서 처음부터 '유소향망이이(有所嚮望而已)'까지의 글을 가리킨다.

뒤의 한 단락[71]에 대하여

이 단락은 단지 나머지 권 중의 강학에 절실하고 긴요한 것을 가지고 말을 한 듯한데, 정미한 공정(功程)과 광활한 사업을 모두 비근한 등급으로 돌린 것 같은 것은 또 너무 심하다. 그 본의를 헤아려 보건대, 이것은 단지 나머지 권 중에 자연 착실하게 진보할 곳이 있으니 이를 따라 위로 천리에 통달해야 등급을 뛰어넘을 근심이 없게 된다고 이른 것이라 생각된다. 그러나 여기에 또한 진선(盡善)하지 않은 점이 있으니, 두루 포함하지 못하는 병통이 또 도리어 그대로 남아 있는 것이다.

성무위장(誠無爲章)의 성(誠)이라는 것은 그 본체를 말하고, 기(幾)라는 것은 그 단서를 말하고, 덕(德)이라는 것은 그 실제로 얻음을 말한다. 성현(聖賢)이 성(性)대로 하고 편안히 하며 회복하고 지키는 것[72]은 모두 덕의 측면에서 보아 성(誠)과 기(幾)를 겸하여 포함한 것이니, 더욱 실제가 있어 근거할 만하다. 이미 실제로 이 덕을 소유하였다면 본체인 성이 동(動)과 정(靜)에 유행하여 나타나지 않음이 없을 것이고, 미세한 기가 순선무악(純善無惡)하여 밝혀지지 않음이 없을 것이다.

'덕(德)' 자를 어떤 사람은 체(體)라고 생각하고 어떤 사람은 용(用)이라고 생각하고 어떤 사람은 체와 용을 겸하였다고 생각한다. 내 생각에

71 뒤의 한 단락 : 여조겸의 〈근사록서제〉에서 '지어여권소재(至於餘卷所載)' 이하의 글을 가리킨다.

72 성현(聖賢)이……것 : 《근사록》 권1의 성무위장(誠無爲章)에서 "성대로 하고 편안히 하는 사람을 성인이라 이르고 회복하고 지키는 사람을 현인이라 이른다.〔性焉安焉之謂聖, 復焉執焉之謂賢.〕"라고 하였다.

는 체를 가리켜서 말하면서도 그 속에 용을 포함한 듯하다. 그러나 다시 잘 살펴야 할 것이다.

"도를 몸에 얻은 것을 덕이라고 이른다.〔道之得於己者 謂之德〕"[73]라는 말에서 도라는 것은 천리가 유행함을 이르고 몸에 얻었다는 것은 나에게 부여되었다는 것을 말한 것으로, 이는 "성이라는 것은 도의 형체이다.〔性者 道之形體〕"[74]라는 말과 의미가 같지 도를 행하여 얻음이 있는 것을 이르는 것이 아니다.

'성대로 한다〔性焉〕'는 것은 근본이 온전하여 흠결이 없음을 말하고, '회복한다〔復焉〕'는 것은 힘을 써서 처음을 회복함을 말한다.

"성대로 하고 회복한다.〔性焉復焉〕"라는 것은 그 본원을 미루어서 말한 것으로 그 덕을 말하였고 "편안히 하고 지킨다.〔安焉執焉〕"라는 것은 그 처신을 가리켜서 말한 것으로 그 행위를 말하였다.

"성은 홀로 하늘에서 얻은 것이다.〔性者獨得於天〕"라는 말은 뜻이 분명치 않다. 만약에 "성(性)은 하늘에서 받은 바를 홀로 온전히 하는 것이고, 안(安)은 힘쓰지 않고서도 행하는 것이다."라고 하였다면 의심이 없었을 것이다.

73 도를……이른다 : 《근사록》 권1의 성무위장에서 주희가 덕(德)을 풀이한 말이다.

74 성이라는……형체이다 : 소옹(邵雍)의 《격양집(擊壤集)》 〈자서(自序)〉에 나오는 말이다.

"발함이 은미하여 볼 수 없고 채움이 두루 미쳐 다함이 없음을 신이라 이른다.〔發微不可見 充周不可窮之謂神〕"라는 것은 대체로 인심의 묘용(妙用)을 관찰하매 이와 같지 않음이 없는데도 지금 유독 성인의 묘용만을 여기에 해당시켰다. 처음에 이를 매우 의심하여 "이 '신(神)' 자가 만약에 단지 성인의 성분(性分)에 대하여 온화하고 치밀하여 단서를 엿볼 수 없고 두루 미치고 광대하여 끝이 없음을 말한 것일 뿐이라면, 현인(賢人)으로부터 중인(衆人)에 이르기까지 또한 지극히 신묘한 용(用)이 없는 사람이 없는데, 이른바 '고요히 움직이지 않다가 감응하면 마침내 천하의 일에 통한다.'[75] 같은 말을 유독 빠뜨리고 말하지 않은 것은 무엇 때문인가?"라고 하였다. 그 뒤에 다시 생각해 보니, 사람은 누구나 모두 이 신(神)이 있으나 중인은 골몰하여 이루지 못하고 현인은 지키지만 화하지 못하고 오직 성인(聖人)만이 그 본체를 온전히 하여 신묘하지 않음이 없는 것이다. 그러므로 단지 성인의 묘용으로써 말을 하였으나 현인 이하 또한 묘용이 없지 않음을 말 밖에서 스스로 터득할 수 있다. 대체로 성인은 이 신(神)을 만들어 낸 사람이 아니고 단지 그 원래 있던 것을 간직하여 해치지 않았던 사람일 뿐이니, 이와 같다면 어찌 중인에게는 유독 이 신이 없다고 이를 수 있겠는가. 처음에 또 이미 성인과 현인을 낱낱이 말해 놓고 끝에 성인만 집어낸 것은 문세에도 미진한 점이 있다고 의심하였는데, 이와 같이 본다면 비록 성인만 말하더라도 현인 또한 여기에 가까운 것이 따라서 명백해지니,

75 고요히……통한다 : 심성의 본체를 형용한 것이다. 《주역》〈계사전 상(繫辭傳上)〉 10장에 "역은 사려가 없고 작위가 없어 고요히 움직이지 않다가 감응하면 마침내 천하의 일에 통한다.〔易, 无思也, 无爲也, 寂然不動, 感而遂通天下之故.〕"라고 하였다.

전혀 의심할 것이 없다.

섭채(葉采)의 주에서 '성대로 하는 것과 회복하는 것〔性焉復焉〕'을 성(誠)에 분속시키고 '편안히 하는 것과 지키는 것〔安焉執焉〕'을 기(幾)에 분속시킨 것[76]이 너무 구애되었을 뿐만 아니라 '다섯 가지를 겸한 덕'[77]은 다시 낙착되는 곳이 없으니, 더욱 그 설이 사리에 어긋남을 볼 수 있다.

"모든 일에는 본과 말이 있다.〔凡物有本末〕"라고 한 말은 권11에 있는 "먼저라 하여 전수해 주고 나중이라 하여 게을리한다.〔先傳後倦〕"라고 한 말[78]을 참고해 보아야 한다.

76 섭채(葉采)의……것 : 섭채가 "성대로 하는 것과 회복하는 것은 성으로써 말하였고 편안히 하는 것과 지키는 것은 기로써 말하였고 발함이 은미한 것과 채움이 두루 미치는 것은 기가 동하여 신묘한 것이니, 바로 《통서》의 다음 장에 나오는 성, 기, 신의 뜻이다.〔性焉復焉, 以誠而言也; 安焉執焉, 以幾而言也, 發微充周, 則幾之動而神也, 卽通書次章誠幾神之義.〕"라고 한 것을 말한다. 《近思錄 卷1 道體》

77 다섯……덕 : 《근사록》 권1의 성무위장(誠無爲章)에서 "덕은 사랑함을 인이라 하고 마땅함을 의라 하고 다스림을 예라 하고 통함을 지라 하고 지킴을 신이라 한다.〔德: 愛曰仁, 宜曰義, 理曰禮, 通曰智, 守曰信.〕"라고 한 것을 말한다.

78 권11에……말 : 《근사록》 권11에 있는 정호(程顥)의 "'먼저라 하여 전수하고 나중이라 하여 게을리한다.'라는 것은 군자가 사람을 가르치는 데에 순서가 있으니, 먼저 작고 가까운 것을 전수하고 나중에 크고 먼 것을 가르쳐 주는 것이요, 먼저 가깝고 작은 것을 전수하고 나중에 멀고 큰 것을 가르쳐 주지 않는 것은 아니다.〔先傳後倦, 君子教人有序, 先傳以小者近者, 而後教以大者遠者. 非是先傳以近小, 而後不教以遠大也.〕"라는 말을 가리킨다.

여기에는 대개 두 가지 설이 있다. 한 가지 설은 '물유본말(物有本末)'에서 '본(本)'은 '그렇게 되는 까닭〔所以然〕'이고 '말(末)'은 '그러한 것〔其然〕'이다. 이것으로 미루어 보면 이른바 "모든 일에는 본과 말이 있다."라는 것은 모든 일에는 이치와 일이 있다는 것이며 "본과 말을 나누어서 두 가지 일로 삼아서는 안 된다."라는 것은 '위로 천리를 통달하는 것'과 '아래로 사람의 일을 배우는 것'이 애초에 다른 이치가 없으므로 이것을 두 가지 일로 나누어서는 안 된다는 것이다. "물 뿌리고 청소하고 응대하는 것은 '그러한 것'으로, 여기에는 반드시 '그렇게 되는 까닭'이 있다.〔灑掃應對是其然 必有所以然〕"라는 것은 곧 일상적인 일을 예로 들어서 어떤 것이 일에 해당하고 어떤 것이 이치에 해당하는지 분별해 준 것이다. 이것으로 다시 미루어 보면 자하(子夏)의 이른바 "군자의 도가 무엇을 먼저라 하여 전수해 주고 무엇을 나중이라 하여 게을리하겠는가."라는 것은, 군자의 도는 드러나고 은미한 것에 차이가 없고 동시에 존재하고 한 몸에 같이 있으니 어찌 먼저와 나중, 전수하고 게을리함을 말할 것이 있겠느냐는 것이다. 이것이 요씨(饒氏)[79]가 정자(程子)의 말을 풀이한 뜻이다. 다른 한 가지 설은 '물유본말(物有本末)'이라고 할 때의 '본(本)'은 '의를 정밀히 하여 신묘한 경지에 들어가는 것〔精義入神〕'[80]과 '뜻을 성실히 하고 마음을 바르게 하는 것〔誠意正心〕'[81] 등과 같고 '말(末)'은 '물 뿌리고 청소하고 응대하는 것' 등과

79 요씨(饒氏) : 남송(南宋)의 성리학자 요로(饒魯)이다. 흔히 쌍봉 요씨(雙峯饒氏)라고 불린다.

80 의를……것 : 《주역》 〈계사전(繫辭傳)〉에 "의를 정밀히 하여 신묘한 경지에 들어가는 것은 쓰임을 지극히 하기 위해서이다.〔精義入神, 以致用也.〕"라고 하였다.

같으며 "모든 일에는 본과 말이 있다."라는 것은 모든 일에는 일마다 본원에 해당하는 정미한 곳이 있고 또한 일마다 말초에 해당하는 질박한 곳이 있다는 것이고 "본과 말을 나누어서 두 가지 일로 삼아서는 안 된다."라는 것은 정조(精粗)와 본말(本末)에 이 이치가 일관되므로 마땅히 각각에 노력을 다하여야 하지, 이것을 두 가지 일로 나누어 이것과 저것이라는 구별을 두어서는 안 된다는 것이다. "물 뿌리고 청소하고 응대하는 것은 '그러한 것'이고 여기에는 반드시 '그렇게 되는 까닭'이 있다."라는 것은 '물 뿌리고 청소하고 응대하는 것'은 '말(末)'이지만 '그렇게 되는 까닭'의 이치가 혹시라도 없었던 적이 없다는 것으로, 이것은 본과 말이 실제로 나누어질 수 없다는 것을 나타낸 것이다. "무엇을 먼저라 하여 전수해 주고 무엇을 나중이라 하여 게을리하겠는가."라는 것은 군자의 가르침에 원래 선후와 본말의 차례가 있기는 하지만, 또한 어찌 먼저에 해당한다고 하여 유독 전수해 주고 나중에 해당한다고 하여 마침내 게을리하여 전수해 주지 않은 적이 있겠느냐는 것이다. 앞뒤의 두 가지 설 모두 뜻이 통하는 듯하다. 그러나 세밀하게 살펴보면, 앞의 설은 비록 간단하고 빨리 와닿아서 좋기는 하지만 '단지 이 물 뿌리고 청소하고 응대하는 일에도 본과 말이 아울러 갖추어져 있어서 곧바로 위로 천덕(天德)에 통달할 수 있다.'라는 말 같은 것은 너무 궁색하면서 장황하니, 장황한 것은 본시 궁색하기 때문이다. 사람이 배우는 데에는 원래 정밀한 공부가 있고 소략한 공부가 있는데, 단지 물 뿌리고 청소하고 응대하는 가장 소략한 일에서 곧바로 위로

81 뜻을……것 : 《대학장구》 경1장에서 군자의 학문하는 단계와 방법인 '뜻을 성실히 하는 것〔誠其意〕'과 '마음을 바르게 하는 것〔正其心〕'을 함께 말한 것이다.

천리에 통달할 수 있다면 그 밖의 허다한 진성지명(盡性至命)[82]하는 일들은 또 쓸데없는 일이 될 듯하니, 이 어찌 궁색하지 않은가. 물 뿌리고 청소하고 응대하는 데에도 원래 지극한 이치가 있지만, 이 일을 깨달아 아는 것은 보통의 공부이고 이 이치를 깨달아 아는 것 또한 보통의 공부로, 단지 물 뿌리고 청소하는 일을 배우는 것이 바로 위로 천리에 통달하는 것이라고는 할 수 없으니, 이 어찌 장황하지 않은가. 내가 생각건대 성인 문하의 뛰어난 제자의 말은 반드시 착실하고 느긋하여 응당 후세의 선가(禪家)에서 말하는 운수반시(運水搬柴)의 설[83] 같이 급박하고 지나치게 고원하지 않으니, 그렇다면 앞의 설은 절대로 자하나 정자의 본뜻이 아닐 것이다. 뒤 단락의 주자의 설[84]은 처음 볼 때는 비록 번거롭고 뒤섞인 듯하지만 착실하게 음미해 보면 너그럽고 공정하며 두루 원만한 뜻이 깊으니, 배우는 사람들이 신기한 것을 좋아하여 문득 다른 생각을 해서는 안 될 것이다. 호운봉(胡雲峯)[85]이 단지

82 진성지명(盡性至命) : 성을 다하여 천명에 이른다는 뜻으로, 《주역》〈설괘전(說卦傳)〉에 "이치를 궁구하고 성을 다하여 천명에 이른다.〔窮理盡性, 以至於命.〕"라고 하였다.

83 운수반시(運水搬柴)의 설 : 물 긷고 땔나무하는 일상적인 일이 곧 신통(神通)이며 묘용(妙用)이라는 것이다. 당나라 때의 사람으로 선종(禪宗)에 통달한 방온(龐蘊)의 게송(偈頌)에 나오는 말이다.

84 뒤……설 : 주희가 "마음을 다스리고 몸을 닦는 것은 본이요 물 뿌리고 청소하고 응대하는 것은 말이니, 모두 '그러한 일'이다. '그렇게 되는 까닭'은 이치이니, 이치에는 정조와 본말이 없다.〔治心修身是本, 灑掃應對是末, 皆其然之事也. 至於所以然則理也, 理無精粗本末.〕"라고 한 것을 가리킨다.

85 호운봉(胡雲峯) : 원(元)나라 때의 학자 호병문(胡炳文, 1250～1333)이다. 자는 중호(仲虎)이며, 호가 운봉이다.

주자의 설과 요씨의 설의 다른 점을 판별하지 않을 수 없다고만 하고 끝내 그 옳고 그름에 대해서는 말하지 않았다. 그러므로 문득 나의 소견을 기록하여 뜻을 같이하는 선비들이 살펴 주기를 기다린다.

'호학론(好學論)'[86]에 "그 근본은 참되고 고요하며, 아직 발하지 않았을 때에 오성이 여기에 갖추어져 있다.〔其本也眞而靜 其未發也五性具焉〕"라고 하였다. 이에 대해 주자가 이미 "발하지 않은 것이 바로 정(靜)이고 오성(五性)이 바로 진(眞)이니, 이 두 문구는 각자 동등한 수준의 의미를 가지는 것이 아니고 단지 한 가지 이치에 대해 상세히 반복하여 말하였을 뿐이다."라고 하였는데, 섭채(葉采)의 주석에서는 '본(本)'을 그 품부(稟賦)받은 처음이라고 하고 '미발(未發)'을 아직 사물과 접하지 않았을 때라고 하였다. 만약 이것이 두 가지의 다른 일로 나눈 것이라면 주자의 뜻과 어긋났고, 만약 아직 사물과 접하지 않았다는 것이 또한 품부받은 처음을 가리킨다고 한다면 이 이치가 지금 바로 내면에 모두 갖추어져 있는데 어찌 굳이 품부받은 처음을 가지고 말하였겠는가. 주자가 "'본(本)'은 본체이다."라고 하였으니, 마땅히 이것을 정설로 삼아야 할 듯하다. 또 '형체가 이미 생겼다.〔形旣生矣〕'라는 구절 아래의 주에서 "이것은 형체가 생긴 뒤에 사물에 응접하는 때를 말한 것이다."라고 한 것은 또 '오성이 갖추어짐〔五性具焉〕' 이전을 '형체가 생기기 전'으로 여기고 그 이후를 '형체가 생긴 후'로 여긴 듯하니, 더욱 옳지 않은 것 같다. 이 두 구절에서는 단지 성(性), 정(情)과 체(體),

86 호학론(好學論) : 《근사록》 권2 〈위학〉에서 정호(程顥)가 '안자호학(顔子好學)'에 대해 논한 부분을 말한다.

용(用)을 말하였을 뿐이니, 어찌 '형체가 생기기 전〔未生〕'과 '형체가 생긴 후〔已生〕'에 대한 일을 말하였겠는가. '생기는 일이 없을 것이다.〔無自生〕'[87] 아래의 주에 있는 '지(知), 인(仁), 용(勇)을 나누어 배속하는 설'에 대해 《석의(釋疑)》에서 따진 것[88]이 매우 좋다. 그러나 단지 '도를 믿기를 독실히 하는 것〔信道篤〕'을 '지(知)' 자의 뜻을 가졌다고 말하고 곧장 '굳게 지키는 일〔守固之事〕'을 '성실하게 하는 공부〔誠之之功〕'라고 말하여, 중간에 있는 '과단성 있게 행하는 것〔行之果〕' 한 구절이 '지(知)'와 '성(誠)' 사이에 그대로 떨어져 있어서 소속될 곳이 없으니, 이 점이 매우 미흡하다. 대체로 '과단성 있게 행하는 것' 역시 '성(誠)의 일'로, 다만 '굳게 지키는 것'에 비하여 단지 선후(先後)와 천심(淺深)의 차이가 있을 뿐이다.

횡거(橫渠 장재(張載))가 "마음을 정할 적에 움직이지 않을 수 없어서 외물에 얽매이는 것이 병통이다.〔以定性之未能不動而累於外物爲病〕" 라고 하였는데, 내가 그 말을 자세히 살펴보건대 이것은 대체로 움직이면서도 움직임이 없어서 외물에 접하여도 얽매이지 않는 것에 뜻을

87 생기는……것이다 : 《근사록》 권2 〈위학〉의 '성지지도……무자생의(誠之之道……無自生矣)' 단락에 나오는 '무자생(無自生)'을 가리킨다.

88 지(知)……것 : 섭채의 주에서 "그 대강이 세 가지가 있으니, 마음을 밝혀서 갈 바를 아는 것은 지의 일이고, 힘써 행하여 이르기를 구하는 것은 인의 일이고, 도를 독실히 믿는 것 이하는 용의 일이다.〔其大綱有三焉, 明諸心知所往者智之事也, 力行以求至者仁之事也, 信道篤以下勇之事也.〕"라고 하였는데, 이에 대해 《석의(釋疑)》에서 '성실히 하는 방도〔誠之之道〕'를 나누어서 굳이 지(智), 인(仁), 용(勇)에 배속한 것을 비판한 것을 가리킨다. 《석의》는 조선 중기의 학자 정엽(鄭曄)이 편찬한 《근사록》의 주석서인 《근사록석의》를 말한다.

둔 것이지 항상 고요하고 움직이지 않아서 전혀 외물과 접하지 않고자 한 것이 절대 아니다. 다만 그 말뜻에는 결국 움직임을 좋아하지 않고 외물과 접하기를 싫어하는 점이 있으니, 이것은 움직임과 고요함이 함께 정해지고 안과 밖을 모두 잊어서 '일이 없는 바를 행하는 것〔行其所無事〕'[89]이 되는 것보다 못하다. 이 때문에 명도(明道 정호(程顥))의 대답에서 미세한 부분에 대한 분석이 이와 같았으니, 만약 횡거의 뜻이 단지 항상 고요하고 움직이지 않아서 전혀 외물과 접하지 않기를 바란 것이라면 명도가 그를 깨우쳐 주는 것이 또한 어찌 이처럼 세심하였겠는가.

"보내고 맞이함이 없고 안과 밖이 없다.〔無將迎 無內外〕"라는 구절에 대해 섭채의 주에서 "어찌 보내고 맞이함이 있겠는가.〔何有乎將迎〕"라는 말로 위의 구[90]를 풀이하고 "어찌 안과 밖의 간격이 있겠는가.〔何間乎內外〕"라는 말로 아래의 구[91]를 풀이하였는데, '어찌 있겠는가.〔何有〕'라는 것은 본래 보내고 맞이함이 없음을 말하고 '어찌 간격이 있겠는가.〔何間〕'라는 것은 비록 안과 밖이 있기는 하나 이 성(性)이 안정되면 안과 밖의 간격이 없어짐을 말한다. 그 뜻에 동의하지 않는 점이 있었기 때문에 근래에 우재(尤齋 송시열(宋時烈))가 "보내고 맞이하는

89 일이……것 : 물 흐르듯 자연스러운 이치대로 일을 처리하기 때문에 일이 없는 것과 같다는 의미이다. 《맹자》 〈이루 하(離婁下)〉에 "우 임금이 물을 흘러가게 한 것은 일이 없는 바를 행한 것이다.〔禹之行水也, 行其所無事也.〕"라는 말이 나온다.

90 위의 구 : '보내고 맞이함이 없다.〔無將迎〕'를 가리킨다.

91 아래의 구 : '안과 밖이 없다.〔無內外〕'를 가리킨다.

것도 본래 없는 것이 아니라 역시 이 성(性)이 안정되면 보내고 맞이하는 데에 간격이 없어짐을 말한 것이다."라고 하였으니, 글의 뜻을 살핀 것이 역시 정밀하다. 그러나 나는 처음 이 말을 들을 때부터 바로 합당치 않다고 생각하였다. 대개 섭채의 주가 원래 미진하기는 하지만 그 미진한 점은 '보내고 맞이하는 것〔將迎〕'에 대한 풀이에 있지 않고 '안과 밖〔內外〕'에 대한 풀이에 있으니, 이는 비단 본래 보내고 맞이함이 없을 뿐만 아니라 본래 안과 밖도 없기 때문이다. 단절이 있은 뒤에야 안과 밖을 말할 수 있는데 본래 단절이 없는 자신의 성(性)으로 말하면 또 어찌 안과 밖이 있겠는가. 명도(明道)의 아랫글의 뜻을 살펴보면 곧바로 안과 밖이 있다는 견해를 그르다고 하고 안과 밖이 없다는 견해를 옳다고 한 것임이 실로 명백하다. 그렇다면 "어찌 안과 밖의 간격이 있겠는가."라는 말은 그 뜻이 실로 미진하다. 그런데 지금 도리어 '안과 밖의 간격이 없다.'라는 말을 옳게 여기고 '본래 보내고 맞이함이 없다.'라는 말을 의심한 나머지, 마침내 위의 구를 새로 풀이하여 아래 구의 미진한 점을 따르려고 하였으니, 그 잘못이 어찌 더욱 크지 않은가. 그리고 '보내고 맞이함'이라는 본래의 말은 외가서(外家書)에서 나온 것으로, 그 본래의 말은 "밝은 거울은 사물을 보내지도 않고 맞이하지도 않는다.〔明鏡不將不迎〕"라는 것이었다. 이는 실로 명백한 것인데, 당시에 우장(尤丈 송시열)께 보여 드렸건만 우장이 살펴보지 못하신 것이 한스러울 뿐이다.

'안으로 충신을 쌓는 것〔內積忠信〕'은 진실한 마음이고 '말을 가려서 하고 뜻을 독실히 하는 것〔擇言篤志〕'은 진실한 일이니, 모두 '성지(誠之)'의 일이다. '이를 데를 알아서 이르는 것〔知至至之〕'은 아는 것을 우선으로 하니 '치지(致知)'의 일이고 '마칠 데를 알아서 마치는 것〔知終終之〕'은 마치는 것을 중시하니 '역행(力行)'의 일이다. '덕을 진전시키는 것〔進德〕'과 '업을 보유하는 것〔居業〕'은 비록 마음을 위주로 하고 일을 위주로 하는 구별이 있지만, 요컨대 모두 '역행'의 일이다. 치지의 경우는 비록 명(明)과 성(誠) 사이에 틈이 없다고 하지만,[92] 명은 원래 명이고 성은 원래 성이어서 끝내 치지를 충신(忠信)이라고 할 수는 없다. 그렇다면 주자가 《주역본의(周易本義)》에서 '이를 데를 알아서 이르는 것'을 덕을 진전시키는 일로 삼고 '마칠 데를 알아서 마치는 것'을 업을 보유하는 일로 삼은 것은 어째서인가? 생각해 보건대 충신이 비록 치지는 아니더라도 지(知)가 아니고는 충신이 생기지 않으니, 이처럼 서로 밀접하게 의존한다는 점에서 본래 동일한 것이며, 또 충신이 마음을 위주로 말한 것인데 지 또한 마음을 위주로 한 것이고 충신이 진보의 방도인데 지 또한 진보의 방도이니, '치지'를 '충신'에 붙인 것이 원래 불가하지 않다. 더구나 '이를 데를 알아서 이르는 것'이라는 말이 비록 아는 것을 근본으로 삼지만 오로지 아는 것만을 말하지는 않았으니, 이것이 어찌 바로 진보하여 앞으로 나아가기를 구하는 일을 말한 것이 아니겠는가. 그렇다면 이것을 '진덕'에 붙인 것이 저절로 사리에 들어맞으니, 주자가 이 부분을 처리한 것이 주의 깊다. 대체로 '이를 데를 알아서 이르는 것'은 앞으로 나아간다는 뜻이 있고 '마칠 데를 알아서 마치는 것'은 굳게 지킨다는 뜻이 있으니, 이것을 각각 '진덕'과

92 치지의……하지만 : '앎을 지극히 함〔致知〕'으로써 앎에 밝아지게 되면 곧 성실함의 경지에 이른다는 뜻인 듯하다. 《중용장구》 제21장에서 "밝음으로 말미암아 성실해진다.〔自明誠〕"라고 하였다.

'거업'에 분속시킨 것은 그 올바른 뜻에 부합한다. '이를 데를 아는 것〔知至〕'에서는 '아는 것〔知〕'을 근본으로 삼고 '마칠 데를 아는 것〔知終〕'에서는 '마칠 데〔終〕'를 요점으로 삼는 것은 또 그 자체로 하나의 뜻이다.

"앎의 일이다.〔知之事也〕"라는 구절에 대한 섭채의 주에 대하여 《석의(釋疑)》에서 판별한 내용이 매우 타당하다. 대체로 '앎〔知〕'에 대해서는 선후를 가지고 말하는 것이 마땅하고 '마침〔終〕'에 대해서는 경중을 가지고 말하는 것이 마땅하니, 이것은 역시 정밀하게 살핀 것이다. 또 섭채 주의 "일의 기미를 안다.〔得乎事之幾微〕"라는 구절의 '득(得)' 자는 타당하지 않고 "일의 법칙과 의를 세운다.〔立乎事之則義〕"라는 구절의 '입(立)' 자 역시 타당하지 않다.[93]

'경(敬)'과 '의(義)'에 대한 주에서 '경'을 풀이하여 '마음에 계구(戒懼)와 근독(謹獨)[94]을 보존하는 것〔心存戒謹〕'이라고 하고 '의'를 풀이하여 '일이 법칙에 합당한 것〔事當其則〕'이라고 하였다. 《석의》에서 이것을

93 섭채……않다 : 원문의 '가여기(可與幾)'와 '가여존의(可與存義)'가 대체로 가능성과 희망의 뜻으로 쓰인 데에 비하여, 섭채의 주에서 '득(得)' 자와 '입(立)' 자는 너무 강하고 확정적인 의미로 원문의 뜻을 올바르게 드러내지 못한 것이라고 본 듯하다.

94 계구(戒懼)와 근독(謹獨) : 계신공구(戒愼恐懼)와 신독(愼獨)을 가리킨다. 《중용장구》 제1장에 "도라는 것은 잠시도 떠날 수 없으니, 떠날 수 있으면 도가 아니다. 이런 까닭으로 군자는 보지 않는 것도 경계하고 삼가며 듣지 않는 것도 두려워한다. 숨은 것보다 드러나는 것이 없으며 작은 것보다 나타나는 것이 없으니, 그러므로 군자는 그 홀로를 삼간다.〔道也者, 不可須臾離也, 可離非道也. 是故君子戒愼乎其所不睹, 恐懼乎其所不聞. 莫見乎隱, 莫顯乎微, 故君子愼其獨也.〕"라고 하였다.

그르다고 하여 "근독은 의에 관한 일인데도 경에 붙였고, 의는 마음이 일을 결단하는 것인데도 단지 일이 법칙에 합당한 것으로만 말하였으니, 의가 밖에 있는 것으로 여기는 병통이 있음을 면치 못하였다.……" 라고 하였으니, 이 설이 정밀하다. 그러나 어떻게 말을 해야 그 올바른 구분을 나타낼 수 있을지 모르겠다.-'경' 자에 대해서 단지 '계구'라고만 하고 '계근(戒謹)'이라고는 하지 않는 것이 나을 듯하다.-

정길회망장(貞吉悔亡章)에서 주자가 "이천(伊川)의 말이 미비하다. '왕래(往來)'에는 원래 스스로 그러한 이치가 있다."라고 하고 '동동(憧憧)'을 '왕래'에 함께 붙이지 않았다. 지금 이천의 말을 살펴보건대 곧바로 '왕래동동(往來憧憧)'의 병통을 말하고 다시 이 둘을 구별하지 않았으니, 이 때문에 주자의 주장이 이와 같은 듯하다. 이천의 말에 "얽매임이 있는 사심을 가지고서 한쪽과 한 가지 일을 주장한다면, 어찌 확연(廓然)하여 모든 일에 통할 수 있겠는가."라고 한 부분이 있는데, 이것은 사심이 있으면서 또 한 측면을 주장하는 것을 말한 듯하다. 이것을 가지고 말하면 '동동'은 '얽매임이 있는 사심'이고 '왕래'는 '한쪽과 한 가지 일을 주장하는 것'이며, 그 뜻은 대체로 '사람의 마음이 확연하고 허명(虛明)하여 치우치게 주장하는 바가 없게 된 다음에야 이로써 남을 감동시킴에 통하지 않는 바가 없을 것이고, 만약 사사로운 마음의 얽매임이 있어 한 부분을 주장하게 되면, 주장하는 부분이 간혹 남을 감동시킬 수 있다 하더라도 감동시키지 못하는 경우가 많을 것이다.'라는 것이다. 이것은 《대학》에서 '사유(四有)'[95]를 경계한 뜻과 대략 같고

95 사유(四有) : 마음이 올바름을 얻지 못하는 네 가지 원인으로, 마음에 분치(忿懥),

명도(明道)의 "확연하고 크게 공정하여 사물이 이르면 순응한다.〔廓然而大公 物來而順應〕"라는 말과 "마음에는 한 가지 일도 두어서는 안 된다.〔心不可有一事〕"라는 말[96]과 저절로 서로 부합한다. 이것으로 감응(感應)하는 도리를 말해도 안 될 것이 없는 듯한데도 주자가 굳이 '왕래'는 원래 문제가 없다고 하고 오직 '동동'의 병통을 말한 것은 또 어째서인가? 내가 생각건대 정자(程子)의 의도는 사람의 마음에 왕래가 전혀 없어야 한다고 말하려는 것이 아니라, 다만 느끼기도 전에 마음의 왕래가 있어서는 안 된다고 말하려 한 것일 뿐이다. 대개 반드시 적연부동(寂然不動)을 한 다음에 감이수통(感而遂通)을 하는 것이니,[97] 만약 먼저 한 가지 일을 주장하게 되면, 주장하지 않는 일에 대해서는 응함이 반드시 올바를 수가 없을 것이며 남들 역시 감동하지 않는 경우가 있을 것이니, 정자의 의도는 이러한 뜻을 말한 듯하다. 만약 사람 마음의 작용을 통틀어서 말한다면 한 번 느끼고 한 번 응하는 것이

공구(恐懼), 호요(好樂), 우환(憂患)이 있는 것을 말한다. 《대학장구》 전(傳) 7장에 "이른바 수신은 그 마음을 올바로 하는 데에 있다. 마음에 노여움이 있으면 그 올바름을 얻지 못하고, 두려움이 있으면 그 올바름을 얻지 못하고, 좋아함이 있으면 그 올바름을 얻지 못하고, 근심이 있으면 그 올바름을 얻지 못한다.〔所謂修身在正其心者, 身有所忿懥則不得其正, 有所恐懼則不得其正, 有所好樂則不得其正, 有所憂患則不得其正.〕"라고 하였다.

96 명도(明道)의……말 : 앞뒤의 말이 각각 《정성서(定性書)》와 《이정유서(二程遺書)》 권3에 나온다.

97 반드시……것이니 : 《주역》 〈계사전 상(繫辭傳上)〉의 "역은 생각도 없고 하는 것도 없다. 하지만 고요히 움직이지 않고 있다가, 일단 느끼게 되면 마침내 천하의 일을 통하게 된다.〔易, 无思也, 无爲也. 寂然不動, 感而遂通天下之故.〕"라는 구절을 인용한 것이다.

바로 '왕래'이니, 정자가 어찌 이것을 있어서는 안 되는 것이라고 여겼겠는가. 이 부분에서 논쟁하는 내용은 비록 미세하지만 관계되는 의미는 실로 크니, 주자의 주장이 과연 어떠한지 알지 못하겠다. '방도보(方道輔)의 수첩'의 글[98] 아래 주에서 오로지 독실히 행하고 힘써 실천한다는 의미로 "경전에서 도를 찾되 힘쓰고 또 힘쓰라.〔由經求道 勉之又勉〕"라는 구절을 풀이하였는데, 타당하지 않은 듯하다.

수사입성장(修辭立誠章)에서 어떤 이가 '수업(修業)'과 '거업(居業)'의 다른 점을 물으니,[99] 주자가 말하기를 "'수업'과 '거업'은 같은 뜻일 뿐이다. '업(業)'은 집과 같아서, 수리되지 않았으면 마땅히 수리해야 하고 수리되면 그곳에 거처하니 '수업'은 바로 그곳에 거처하기를 구하는 것이다." 하였다. 여기서 주장한 바를 자세히 살펴보면, 비록 '같은 뜻일 뿐이다.'라고는 하였지만 '수업' 이후에야 '거업'을 할 수 있다는 데 요점을 둔 것이다. 그런데 지금 명도(明道)의 설을 살펴보면, 거처할 수 있는 곳이 있어야 '수업'을 할 수 있다고 여겼으니, 이것은 '거업' 이후에 '수업'을 할 수 있다는 것이다. 그렇다면 두 가지의 설이 서로

98 방도보(方道輔)의 수첩의 글 : 도보(道輔)는 북송의 학자 방원채(方元寀)의 자이다. 《근사록》에 실린 글이 바로 정이(程頤)가 방원채에게 준 수첩에 있었던 글이라고 보고 이렇게 말한 것이다. 《회암집(晦庵集)》 권81에 〈발이천여방도보첩(跋伊川與方道輔帖)〉이 실려 있다.

99 수업(修業)과……물으니 : 《주역》 〈건괘〉에 있는 "군자는 덕을 진취시키고 학업을 닦나니, 충과 신이 덕을 진취시키는 것이요, 말을 할 때 그 성실함을 세움이 학업을 보유하는 것이다.〔君子進德修業, 忠信, 所以進德也, 修辭立其誠, 所以居業也.〕"라는 글에서, 끝에 있는 '소이거업(所以居業)'의 '거업'이 앞에 나온 '진덕수업(進德修業)'의 '수업'과 뜻이 어떻게 다른지를 물은 것이다.

모순되는 듯하니 의아스럽다. 그래서 내가 시험 삼아 이에 대해 해석하기를 "'닦는 것〔修〕'과 '거처하는 것〔居〕'은 원래 딱 잘라진 두 가지의 일이 아니다. 만약 그 내용에 들어가서 의미를 상세히 알아보면 '수(修)'는 닦아서 다스리는 일이고 '거(居)'는 머물러서 지키는 뜻이므로, 닦지 않고서는 거처할 데가 없을 것이고 거처하지 않으면 닦을 방법이 없으니, 이것은 닦기 전에는 거처할 수 없고 이미 거처한 뒤에는 닦을 수 없다는 뜻이 아닌 것이다. 주자와 명도의 이 두 가지 설을 서로 참고하면 그 뜻이 더욱 완비된다."라고 하였다. '뜻을 성실히 하는 것〔立誠〕'을 '거짓을 행하는 것〔爲僞〕'과 서로 대비시키고 '수사(修辭)'와 '입성(立誠)'을 '경(敬)'과 '의(義)'를 체행하는 것이라고 한 것[100]이 매우 좋다. 이 장의 뜻을 깊이 체득하기에 섭채의 주는 모두 좋지 않으니, 이는 분문의 뜻을 따르지 않았고 말에도 원래 병폐가 있기 때문이다.

지도간절장(志道懇切章)에서 "도리어 성실하지 못함이 된다.〔反爲不誠〕"라는 문구가 바로 이 단락의 긴요한 곳인데, 주(註)의 설에서 이것을 단지 '도리어 진실한 이치를 해치는 것'으로 말하였으니, 적절하지 못하다.

학자식득인체장(學者識得仁體章)의 주에 "안으로 자기 몸에 돌이켜서

100 수사(修辭)와……것 : 수사입성장(修辭立誠章)에서 정호(程顥)가 "언사를 닦는 것으로 말하면 바로 자신의 성의를 세우는 것이니, 이것은 바로 자신의 '경이직내'와 '의이방외'를 체행하는 진실한 일이다.〔若修其言辭, 正爲立己之誠意, 乃是體當自家敬以直內、義以方外之實事.〕"라고 한 것을 가리킨다.

정밀하게 살피고 두터이 배양한다."라고 하였는데, 이것은 알기 이전의 단계에 있는 사람에게는 이미 학문 진전의 순서가 아니다. 또 "인(仁)의 체(體)를 알아서 실제로 자기 몸에 소유한다."라고 말한 것 역시 본문의 뜻이 아닌 듯하다.

"붕우 간의 강습은 또 서로 살펴보고 선하게 하는 공부만큼 좋은 것이 없다.〔朋友講習 更莫如相觀而善工夫多〕"라고 하였는데, 이는 살펴보고 느끼는 유익함이 강습하는 효과보다 더 크다는 것을 말한 것이다. 여기에서는 긴요한 점이 '또 공부만큼 좋은 것이 없다.〔更莫如工夫多〕'라고 한 부분에 있는데, 주(註)의 풀이는 단지 평범하게만 말하여 매우 허술하게 되었다. 대체로 이러한 풀이는 종종 그 본문에서 중요한 의미가 있는 부분을 놓치는 경우가 매우 많으니, 유독 여기에서만 그런 것은 아니다.

"공부가 이 안에 지극하면 이러한 응답이 있다.〔工夫到這裏則有此應〕"라는 것은 한편으로는 이 이치가 실제로 있음을 보이고, 한편으로는 반드시 공부가 지극해진 다음에야 이러한 응답이 있음을 보이고, 한편으로는 공부가 지극해지면 저절로 응답이 있는 것이지 요행을 바라고 분에 넘치는 것을 바라서 얻을 수 있는 것이 아님을 보인 것이다. 이 말을 가지고 깊이 생각해 보니 그 뜻이 매우 좋다.

충서(忠恕)를 하면 본시 남 보기를 자신을 보듯이 할 수 있다. 그러나 충(忠)은 자신의 마음을 다하는 것이고 서(恕)는 이것으로 남에게까지 미치는 것이며, 공(公)은 바로 충의 징험이고 평(平)은 바로 서의 효험이니, 이것을 단지 '남 보기를 자신을 보듯이 하는 것〔視人如己〕'으로 뭉뚱그려 말해서는 안 된다. 주의 설은 정밀하지 못한 듯하다.

"군자는 성으로 여기지 않는다.〔君子有不性者焉〕"라고 하였는데, 기질지성(氣質之性)을 군자가 성(性)으로 여기지 않는 것은 그것이 기질에 따라 저절로 이루어지는 것으로 성(性)의 본체가 아니며, 또한 사람에 따라 다르게 작용하는 것으로 변하고 바뀌는 것이 일정하지 않기 때문이다. 천지지성(天地之性)은 밖에서 찾을 필요가 없이 스스로 회복하는 것이다. 섭채의 주에서 "기질의 편벽됨을 따르지 않고 반드시 그 본연의 선을 회복하고자 한다.〔不徇乎氣質之偏而必欲復其本然之善〕"라고 한 것은 바로 남은 뜻을 미루어 말한 것이지 본래의 뜻을 올바르게 해설한 것이 아니다. 대개 '군자는 성으로 여기지 않는다.'라는 것은 보는 측면을 위주로 말하였는데 '따르지 않는다.〔不徇〕'라는 것과 '회복하고자 한다.〔欲復〕'라는 것은 행하는 측면을 가지고 말하였기 때문이다.

"덕이 기질을 이기면 성이 덕에게 명령을 받는다.〔德勝其氣 性命於德〕"라는 구절에서, 위의 '덕(德)' 자와 아래의 '덕' 자는 같은 뜻이니, 위의 '덕' 자가 도를 행하여 얻는 것을 말하였다면 아래의 '덕' 자 또한 당연히 도를 행하여 얻는 것을 말하였고, 아래의 '덕' 자가 덕성을 온전히 이룬 것을 말하였다면 위의 '덕' 자 또한 덕성을 온전히 이룬 것을 말하였으리라. 어세(語勢)를 자세히 살펴보건대 당연히 두 '덕' 자 모두 덕성을 온전히 이룬 것을 말한 듯하다. 그러나 그 덕성이 온전히 이루어지는 것은 나면서부터 아는 자질을 가진 자가 아니면 모두 도를 행함으로써 얻으니, 이 또한 두 가지 뜻이 있는 것이 아니다.

"천리가 아닌 것이 없다.〔莫非天也〕"라는 말은 정자(程子)가 말한 "보고 듣고 생각하고 움직이는 것이 모두 천리이다.〔視聽思慮動作皆天也〕"라는 뜻과 꼭 같으니, 이것은 사람의 마음이 행하는 것에 대하여 전체적으로 말한 것이다. 섭채의 주에서 이것을 "사람의 기질은 같지 않으나 모두 하늘에서 받은 것이다."라고 풀이한 것은 옳지 않은 듯하다.

대기심장(大其心章)의 주(註)에서 섭채가 풀이한 것은 오로지 인(仁)을 말한 것인 듯하니, 보고 듣는 데에 그치는 것을 사의(私意)에 굳게 가려진 것이라고 하고 성(性)을 다 발휘하는 것을 만물을 체인(體認)하여 빠트림이 없는 것이라고 하여 철두철미 인을 말하지 않은 것이 없다. 그런데 주자의 '체인구견(體認究見)'의 설[101]은 앎의 측면에서 말한 듯하니, 본뜻이 과연 어떠한지 모르겠다. 내가 생각건대 이 단락은 단지 '이 마음의 본체는 드넓어서 애초부터 한계 짓는 뜻이 없고 인의예지(仁義禮智)가 본래 그 안에 있다.'라고 말한 것으로, 역시 오로지 한 가지 뜻만을 말한 것이 아니다. 그렇지만 아랫글이 곧바로 "성을 알고 천리를 안다.〔知性知天〕"라고 이어지니,[102] 이것은 앎을 위주로 말한 듯하다. 대개 오로지 심(心)을 말할 때는 으레 허령지각(虛靈知

101 체인구견(體認究見)의 설 : 대기심장(大其心章)의 "마음을 크게 하면 천하의 사물을 체인할 수 있다.〔大其心則能體天下之物.〕"라는 구절의 '체(體)'에 대한 풀이로, 주희가 "체는 체인의 체와 같으니, 스스로 사물 속으로 들어가서 그 이치를 연구해 보는 것이다.〔體猶體認之體, 將自身入事物之中, 究見其理.〕"라고 말한 것을 가리킨다.
102 아랫글이……이어지니 : 대기심장의 후반부에 "맹자가 '마음을 다하면 성을 알고 하늘을 안다.'라고 한 것이 이 때문이다.〔孟子謂盡心則知性知天以此.〕"라고 한 구절이 있는 것을 말한다.

覺)[103]을 가지고 말하는데, 여기서 말한 '진심(盡心)'의 심(心) 역시 반드시 이와 같을 것이니, 주자의 설이 대체로 그 뜻을 잘 파악하였다. 다만 인(仁)은 이 심의 온전한 덕이니, 심의 능력이 이목(耳目)에 국한되어 이목으로 듣고 보는 것 이외에는 막연하여 알지 못하는 것이 불인(不仁)이고, 듣고 보는 데에만 국한되지 않고 능히 그 성을 다 발휘하는 것이 인(仁)이다. 이처럼 그 이치가 본래 스스로 맞닿는 곳이 있으니, 섭씨의 설 역시 터무니없지는 않다. 그러나 이 글의 본뜻이 인을 말하는 데 있지 않은데도 처음부터 끝까지 단지 인만을 말하였으니, 지언(知言)하지 못하였다. 만약 인을 위주로 말하였다면 보고 듣는 것을 가지고 말하지 않았어야 하니, 불인한 사람은 보고 듣는 가운데에서도 울타리처럼 굳게 가리는 사의(私意)가 있는데, 어찌 굳이 보고 듣는 것 외의 것을 곧장 말하였는가. 비록 '안다〔知〕'고 말하는 것이 원래부터 매우 넓은 뜻이 있어서 그렇다고 하더라도, 사람의 지식은 매양 듣고 보는 것에 국한되어 듣고 보는 것 외에도 도리가 있음을 알지 못하니, 이 뜻을 또 몰라서는 안 된다.

"단지 분수가 밝았기 때문이다.〔只是分數明〕"[104]라고 하였는데, 분수

103 허령지각(虛靈知覺) : 대체로 '허령'과 '지각'은 각각 마음의 본체와 작용을 가리키는 용어로 풀이되고 있다. 주희의 〈중용장구서(中庸章句序)〉에 "마음의 허령지각이 하나일 뿐인데, 인심과 도심이 있다는 것은 혹은 형기의 사사로움에서 나오고 혹은 성명의 올바름에 근원하여 지각을 하는 것이 동일하지 않기 때문이다.〔心之虛靈知覺, 一而已矣, 而以爲有人心道心之異者, 則以其或生於形氣之私, 或原於性命之正, 而所以爲知覺者不同.〕"라고 하였다.

104 단지……때문이다 : 《근사록》 권9 〈치법(治法)〉에 "한신이 군사가 많을수록 잘 다스린 것은 단지 분수가 밝았기 때문이다.〔韓信多多益辦, 只是分數明.〕"라는 말이 나온다.

(分數)는 천하의 대법(大法)이니, 성왕(聖王)이 다스림을 행하고 정사를 펴는 것이 또한 여기에 말미암았을 뿐이다. 사해(四海)는 지극히 넓어서 1인이 홀로 다스릴 수 없으므로 땅을 나누고 나라를 세워, 그것을 공(公), 후(侯), 백(伯), 자(子), 남(男)으로 등급을 구분하고 방백(方伯)과 연수(連帥)를 두어 통솔하였으니, 이렇게 땅을 나누고 작위를 정한 것은 분(分)이다. 사방에 백(伯)을 두고 10국을 연(連)으로 하여 수(帥)를 두며, 100리의 나라에는 공(公)을 두고 70리의 나라에는 후(侯)나 백(伯)을 두고 50리의 나라에는 자(子)나 남(男)을 두는 데서부터 한 마을에는 사(師)를 두고 5가(家)에는 장(長)을 두는 데 이르기까지, 모두 뚜렷이 조리가 있고 질서 정연하게 서로 역할을 담당하게 한 것은 수(數)이다. 제후는 그 신하들을 통솔하여 자기 나라를 다스리고, 연수는 제후들을 통솔하고 방백은 연수들을 통솔하여 천자의 정사에 따라서 천자의 다스림을 이루며, 천자는 대체(大體)를 통제하면서 그들에게 상을 내리거나 벌을 가하니, 이것은 분수가 밝은 것이다. 온갖 업무가 지극히 번잡하여 1인이 홀로 할 수 없으므로 이를 위하여 공경(公卿)과 여러 직책을 두고 서로 배정하여 다스리게 하니, 벼슬을 나누고 직무를 할당하는 것은 분이다. 삼공(三公), 육경(六卿), 백사(百司), 서관(庶官)의 높고 낮은 관직이 이어져서 크고 작은 일을 관할하는 것은 수이다. 육경은 각각 그 소속 관원들을 통솔하여 여러 가지 임무를 달성하고, 삼공은 육경을 통솔하여 나라를 잘 다스리며, 천자는 몸가짐을 공손히 하여 그들을 감독하고 바로잡으니, 이것은 분수가 밝은 것이다. 비록 성왕의 치세가 아닐 때에도 역시 이러한 분수를 갖추었으나, 오직 성왕만이 능히 그 분수를 밝힐 수 있었을 뿐이다. 장수가 군대를 다스리는 것 역시 그러하니, 5인 이상에서 100인, 1000

인, 1만 인에 이르기까지 나누어 편성하는 데에 법도가 있고 계급을 기준으로 역할을 담당하니, 이것이 분수이다. 이것은 비록 평범한 장수라도 폐지한 적이 없지만, 오직 말단까지 엄정하게 다스려지고 호령이 명백하며 종횡으로 모이고 흩어지는 것이 천만 가지로 변화하는데도 한 사람도 헷갈리지 않게 하는 것이야말로 이른바 분수를 밝히는 것이니, 한신(韓信)이 능하였다. 이것은 모두 자연적인 형세이고 필연적인 제도로 사람의 생각으로 마련한 것이 아니니, 한신 역시 억지로 행하지 않으면서 아무도 혼란스럽게 하지 않았을 뿐이다. 어떤 이는 분수가 밝다는 것이 한신의 능력을 다 나타내기에 부족하다고 의심하는데, 이 역시 분문을 제대로 보지 못한 것이다. 또 이 구절은 역시 '군사가 많을수록 더욱 잘 다스리는 까닭〔多多益辦之故〕'을 말하였을 뿐 한신의 지혜와 능력을 말한 것이 아니다.

"사람을 관할하는 데도 반드시 법이 있어야 한다.〔管轄人亦須有法〕"라는 구절의 '할(轄)' 자는 뜻을 잘 모르겠다. 법(法)이 곧 분수이고 분수가 원래 법이다. 그러나 여기에서 '법이 있다.〔有法〕'라고 한 것은 속어에 '묘리가 있다.〔有妙理〕'라고 하는 것과 같으니, 이는 단지 '방편이 있어야 한다.〔當有方便〕'라고 말한 것이다. 분수라면 원래 밝게 하지 않을 수 없지만, 이 말을 한 본뜻이 오로지 '분수를 밝게 해야 한다'는 것을 가리킨 것은 아닌 듯하다.

종자법(宗子法)은 자세히 아는 것이 매우 중요하니, 나라로서는 풍속을 후하게 하는 근본의 일이고 집안으로서는 친족을 친하게 하는 긴요한 방법으로, 실로 천리(天理)로 보아 당연하고 인도(人道)로 보아

없앨 수 없는 것이다. 종자법이 무너지면 사람들이 자신이 온 곳을 알지 못하고 흘러 다니고 흩어져서 종종 친함이 끊어지기도 전에 얼굴을 알아보지 못하여, 친족을 친하게 하는 도리를 시행할 데가 없게 되고 조상을 높이고 근본을 소중히 여기는 의리를 볼 수 없게 될 것이니, 금수(禽獸)와의 차이가 그 얼마나 되겠는가. 지금 종자법을 세우고자 하면, 먼저 보계(譜系)를 분명히 하고 세족(世族)을 거두어 사람들로 하여금 모두 자신이 온 곳을 알아서 각지로 흩어지는 데에 이르지 않게 함으로써 그들을 관리하고 모을 수 있어야 하니, 그리하면 아마도 바로 함께 살 수는 없더라도 그들의 마음에 틀림없이 함께 모이는 곳이 있게 될 것이다. 종법을 세우는 데에는 또 근본을 두터이 하는 것을 위주로 해야 하니, 만약 묘원(廟院 사당)을 세우고 이어서 조상의 유산을 분할하지 않는다면 근본이 두터워질 것이다. 서자(庶子)와 서손(庶孫)들로서는 조상의 유산을 나누지 않는 것이 우선은 비록 공평하지 않은 듯하겠지만, 만약에 유산을 분할한다면 몇 세대가 지나지 않아 종가의 재산이 없어질 것이고, 종가의 재산이 없어지는 것은 이른바 '그 뿌리를 해치는 것'이니, 그렇게 되면 가지와 줄기가 홀로 살 수 있겠는가. 종법을 세우고 나서 또 매달 반드시 한 차례 모여서 종회(宗會)를 열고 또 족인(族人)이 멀리서 오거나 길흉사와 혼인이 있을 때는 다시 더불어 예를 행하되 종자(宗子)로 하여금 주관하게 하면, 혼연히 화합하는 가운데 또 정연히 흐트러짐이 없는 법도가 있게 될 것이니, 이것이 위로 천리를 따르고 아래로 인도를 바르게 하여, 오랜 세월이 지나도 없어지지 않을 수 있는 방법이다. 또 반드시 종약(宗約)을 세우기를 향약(鄕約) 제도처럼 하여 종자가 그것을 주장하고 족인 중에서 현명한 자를 뽑아 그 일을 관장하게 하면, 집안을 바르게 하는 지극한 공효가 여기에서 다 이루어지며, 조정의 근본이 무궁하게 되는 이로움 또한 여기에서 다 이루어질 것이다. 조정이 반드시 이 법을 시행하려 한다면, 마땅히 종실(宗室)과 공경(公卿)의 집안에서부터 먼저 시행해야 하고, 그것을 시행하는 방법도 마땅히 점진적으로 하여 서두르지 말아야 하며, 차근차근하게 하되 건너뛰지 않아야 하며, 그 조야한 것을 먼저 하고 정미한 것을 나중에 하며, 그 천근한 것을 먼저 하고 원대한 것을 나중에 해야 한다. 그렇게 하면 아마도 1, 2년 동안에 차차 단서가 나타나서 국가가 백성을 교화하고 풍속을 이루는 방도가 얻어질 것이다. 대체로 왕자(王者)가 천하의 인심을 모으는 방법이 이것에 지나지 않으니, 천하의 인심이 모이면 조정이 저절로 높아질 것이다.

"어찌 반드시 책을 읽은 뒤에야 학문을 하겠는가.〔何必讀書然後爲學〕"[105] 라고 하였는데, 내가 생각건대 자로(子路)는 굳이 책을 읽지 않고 곧바로 백성과 사직의 일에 나아가도 학문을 할 수 있다고 생각하였으니, 이는 '학문이 넉넉해진 뒤에 벼슬에 나아간다.〔學優入仕〕'[106]라는 의리를 잃은 데다 또 '책은 굳이 읽지 않아도 된다.'라는 생각이 있는 것이다. 정자의 설은 단지 "배우는 자는 마땅히 일에 따라서 배워야 하니, 책을 읽을 때만이 학문을 하는 것이 아니다."라고 말한 것이니, 그 뜻은

105 어찌……하겠는가 : 《논어》 〈선진(先進)〉에 나오는 자로의 원래 말은 "백성이 있고 사직이 있는데, 어찌 굳이 책을 읽은 뒤에야 학문을 하겠습니까.〔有民人焉, 有社稷焉, 何必讀書然後爲學?〕"이다.

106 학문이……나아간다 : 《논어》 〈자장(子張)〉에 자하의 말로 나와 있는 "벼슬이 넉넉해지면 학문을 하고 학문이 넉넉해지면 벼슬을 한다.〔仕而優則學, 學而優則仕.〕"라는 구절의 뜻을 가지고 말한 것이다.

'책을 읽는 것 이외에도 학문을 할 수 있다.'라는 것으로, 원래 책 읽기를 버리지 않은 것이다. 그 말이 비록 비슷하기는 하지만 그 가리키는 것은 원래부터 다르다. 더구나 "아는 바가 있은 뒤에야 비로소 이와 같을 수 있다."[107]라고 하였으니 지(知)와 행(行)의 선후 차례가 저절로 밝게 갖추어졌고, 이른바 '책을 읽는 것'이 참으로 이미 그 안에 있는 것이다. 섭채의 주의 뜻 역시 단지 이와 같을 뿐이지만, 그가 자로에 대해 논한 부분은 분명하지 못한 듯하다.-또 섭채의 주의 '지지지(知之至)'와 '행지지(行之至)'의 '지(至)'는 '이른다〔及至〕'라고 할 때의 '지(至)'인가, '지극하다〔極至〕'라고 할 때의 '지(至)'인가? 만약 이것이 '지극하다'의 뜻이라면, 말이 너무 심각하게 되니 아마도 원문의 본뜻이 아닐 듯하다.-

'국자감(國子監)과 전운사(轉運使)의 일'[108]에 대해서는 국자감의 서열은 낮고 전운사의 품계는 높은데도 내직(內職)과 외직(外職)의 일의 체통을 주장하여 보고하는 글을 올리지 않아야 하는지 모르겠다. 지금의 국가 제도에는 아문(衙門)에 등급을 매겨 경아문(京衙門)의 소각사(小各司)[109] 같은 관청에서 으레 관찰사에게 보고하는 글을 올리니,

107 아는……있다 : 《근사록》 권10 〈정사(政事)〉에 "고는 백성을 진작하고 덕을 기르나, 아는 바가 있은 뒤에야 비로소 이와 같을 수 있다.〔蠱, 振民育德, 然有所知後, 方能如此.〕"라고 한 구절이 있다.

108 국자감(國子監)과 전운사(轉運使)의 일 : 《근사록》 권10 〈정사(政事)〉에 정이(程頤)의 말로 수록된 이야기로, 정이가 국자감에 있을 때 품등이 국자감보다 높은 전운사에 보고하는 글을 올리기를 거부하였다는 내용이다.

109 소각사(小各司) : 각 조(曹)에 딸린 이른바 육시칠감(六寺七監)으로, 사복시(司僕寺), 관상감(觀象監) 등이 여기에 속한다.

이 또한 바로잡아야 하는가? 《춘추(春秋)》의 의리로 말하면, 왕인(王人 천자국의 관리)은 비록 미천하지만 본시 당연히 서열이 제후의 위였다. 그러나 지금의 소각사가 반대로 외방의 감사로 하여금 보고하게 하는 것은 도리어 일의 체통을 해치고 인정에 어긋나지 않겠는가. 그렇다면 소각사가 보고서를 자기가 소속된 상급 관청으로 보내 그 상급 관청으로 하여금 외방으로 명령을 내려보내게 하는 것이 마땅한가? 이렇게 되면 내직과 외직의 체통을 잃지 않으면서도 존비(尊卑)의 차서를 문란하게 하지 않을 것이니, 합당할 듯하다. 그러나 이것은 단지 일의 체통의 관점에서 상황을 분별한 것일 뿐이다. 이 단락 전체의 요지로는 반드시 선생(先生 정이(程頤))이 일찍이 보고서에 서명하지 않았다는 부분을 살펴보아야 하니, 그리하면 곧 성현은 한 가지 일이라도 구차히 지나치지 않는다는 것을 알게 되고, 또한 명분이 바르지 않으면 만사가 순조롭지 못하고 예악이 일어나지 못한다는 것을 알게 된다. 내 생각이 어떨지 정말 모르겠다.

"육근[110]의 미세함은 천지에 인연한 것이다.〔六根之微 因緣天地〕"라고 하였는데, 육근의 허망함에 기인하여 천지의 허망함을 추측한 것인지, 아니면 이목(耳目)의 작은 인식을 가지고 천지가 허망할 것이라고 함부로 생각한 것인지 모르겠다. 이것은 본설(本說)[111]을 살펴보면 대략

110 육근(六根) : 불가의 용어로, 육식(六識)을 낳는 여섯 개의 뿌리 즉 안(眼), 이(耳), 비(鼻), 설(舌), 신(身), 의(意)를 말한다.

111 본설(本說) : 《정몽(正蒙)》〈대심(大心)〉에 기술된 장재(張載)의 설을 가리키는 듯하다.

판단할 수 있는데, 앞의 말이 깨치기 쉬울 듯하다.

횡거(橫渠 장재(張載))의 뜻은 대개 '석씨(釋氏)가 망녕되이 천성(天性 하늘의 본성)의 체(體)에 뜻을 두었으나 천용(天用 하늘의 작용)의 도(道)의 범위를 파악할 줄 모르고, 도리어 자신의 몸으로부터 생각을 일으켜 천지와 일월을 허망한 것이라고 철저히 무함하였으며, 이 때문에 일체의 형체가 있는 사물을 모두 가합(假合)[112]으로 여겨, 천용을 살피지 못하고 범위를 생각하지 못하였다.'라는 것이니, 이것이 이른바 '천성에 뜻을 둔 것 또한 망녕된 것일 뿐이다.'라는 것이다. 지극히 가까운 한 몸에 대해서도 이해하지 못하였으니 이것이 '그 작용을 작은 한 몸에 가둔 것'이고, 지극히 큰 천지를 거품이나 먼지처럼 보았으니 이것이 '그 뜻을 큰 허공에 빠뜨린 것'이다. 그리하여 작게는 한 몸을 살피지 못하고 크게는 만물을 모두 버렸으니, 이것이 '방황하여 중도를 잃은 것'이 아니겠는가. 또 "큰 것에 지나쳐서는 육합(六合)[113]을 티끌로 여기고 작은 것에 가려서는 인간 세상을 꿈같은 환상으로 여기니, 이와 같은 것을 궁리진성(窮理盡性)[114]하여 알지 못하는 것이 없는 것이라고 이를 수 있겠는가."라고 말한 것은 기필코 그렇지 않음을 분명히 한

112 가합(假合) : 잠시 합쳐졌다는 뜻으로 본체가 아니라는 말이다. 불가에서 성(性)은 진상(眞常)이라 하고, 일체의 사물은 지(地), 수(水), 화(火), 풍(風)의 사대(四大)가 임시로 합쳐졌다고 여겨 이르는 말이다.

113 육합(六合) : 천지와 사방을 가리키는 말로, 거대한 우주를 의미한다.

114 궁리진성(窮理盡性) : 이치를 궁구하여 천성(天性)을 다한다는 뜻이다. 《주역》〈설괘전(說卦傳)〉에 "이치를 궁구하여 천성을 다함으로써 천명에 이른다.〔窮理盡性, 以至於命.〕"라는 말이 나온다.

것이다. 육합을 티끌로 여긴 것은 천지를 다함이 있는 것으로 여겨 천지의 이치를 알지 못하였으니, 이것은 큰 것에 지나친 잘못이며, 인간 세상을 꿈같은 환상으로 여긴 것은 인생의 일상생활이 하늘의 큰 법도에서 나오지 않은 것이 없음을 알지 못하였으니, 이것은 작은 것에 가린 잘못이다. 대체로 천성에 대해 망녕되이 생각하고 천용의 범위를 파악할 줄 몰랐다는 것을 골자로 삼아서, 큰 것에 지나치고 작은 것에 가린 것으로 그 잘못을 나누어 말하였다.

주(註)에서 "범위는 재성(裁成)과 같다."라고 한 것은 풀이가 정확하지 않다. '성인진성(聖人盡性)' 이하는 말이 분명하지 않다. "육근이 모두 천지에 근본을 둔다.〔六根悉本天地〕"라고 한 것은 육근이 천지에 인연한 것을 말한 것이 아닌 듯하다. "이 몸의 작음을 싫어한다.〔厭此身之小〕"라고 한 것 또한 본래의 뜻이 아니다. "허공의 큼을 말한 것이다.〔所以言虛空之大〕"라고 한 것과 "인간 세상의 작음을 말한 것이다.〔所以言人世之微〕"라고 한 것은 단지 석씨의 생각을 풀이하였을 뿐 '큰 것에 지나치고 작은 것에 가려짐〔過大蔽小〕'의 의미를 풀이하는 데 미치지 못하여 미진하다. "모두 이치를 궁구하고 천성을 다하지 못한 잘못이다."라고 한 것 역시 적절하지 못하다. '불씨위허공(佛氏謂虛空)' 이하의 말은 크게 본뜻을 벗어나서 전혀 마무리가 되지 않는다.

"《대역》[115]에서는 유와 무를 말하지 않았다.〔大易不言有無〕"라고 한 데 대하여, 내 생각으로 《역(易)》에서 도를 논하면서 유(有)와 무(無)를

115 대역(大易) : 《역경(易經)》을 높여서 말한 것이다.

가지고 논하지 않았던 것은 참으로 유라고 하자니 형체가 없고 무라고 하자니 이치가 있기 때문에 유라거나 무라거나 한쪽으로 말할 수 없어서였는데, 후세의 제자(諸子)가 도를 무라고 하기도 하고-석씨와 노씨(老氏)의 공허설(空虛說) 같은 것이다.- 유라고 하기도 하였으니,-열자(列子)의 불생불화설(不生不化說) 같은 것이다.- 바로 이 때문에 비루하다고 여긴 것이다. 지금 주(註)의 설을 살펴보면, 이제 도(道)와 기(器)를 유와 무로 말할 수 없다고 하였는데, 그렇지 않은 것 같다. 대개 도를 무라고 하고 기를 유라고 하여 이것을 둘로 쪼개기까지 하는 것은 본래 불가하고 또 유를 무에서 생기는 것이라고 하는 것은 더욱 불가하다. 그러나 만약 도를 무라고 하고 기를 유라고 한 것일 뿐이라면, 이것은 형체를 가지고 말한 것으로 본시 불가할 것이 없으니, 어찌 비루한 데에까지 이르겠는가. 주의 설 또한 찌꺼기와 현묘(玄妙) 등의 설명[116]을 끼워 넣은 뒤에야 말이 되는 것을 역시 볼 수 있다.

'앎이 있는 존재〔有識〕'란 모든 혈기와 지각이 있는 것이 모두 이에 해당하니, 석씨(釋氏 불가(佛家))의 설이 원래 이와 같다. 사계(沙溪)의 설[117]은 맞지 않는 것 같다. 그러나 주(註)의 설을 가지고 보면 오로지 사람을 가리키는 듯하니, 다시 자세히 살펴야 할 것이다.

116 찌꺼기와……설명 : 섭채의 주에서 "후세의 이단들은 도를 보는 것이 밝지 못하여 비로소 도를 무라고 하고 기를 유라고 하였으니, 유는 환망이고 찌꺼기요 무는 현묘이고 진공이라고 하여 유와 무를 나누어서 둘로 만들었다.〔後世異端見道不明, 始以道爲無, 以器爲有, 有者爲幻妄爲土苴, 無者爲玄妙爲眞空, 析有無而二之.〕"라고 한 것을 가리킨다.

117 사계(沙溪)의 설 : 《근사록석의(近思錄釋疑)》에서 사계 김장생(金長生)이 "유식은 사람을 말한 것이다.〔有識, 謂人也.〕"라고 한 것을 말한다.

'공맹소위천(孔孟所謂天)'부터 '오도가호(悟道可乎)'까지의 글은 뜻을 잘 알 수 없다.

'공맹이 말하는 천은 저들이 말하는 도이다.〔孔孟所謂天 彼所謂道〕'로 시작하는 단락에서, 유자(儒者)는 천덕(天德)을 알아서 귀신을 아는데 부처는 스스로 도를 깨달았다고 하면서도 귀신을 알지 못하니, 이것이 어찌 참으로 깨달은 것이겠는가.

섭채의 주에 있는 "닦을 필요도 없이 당장에 부처가 된다.〔不假修爲立地成佛〕"라는 말은 본문의 뜻을 설명하는 데에 좀 어긋나는 듯하다. 이것은 세유(世儒)들의 견식으로, 온전한 불법(佛法)은 아니다.

'그 폐단을 상고한다.〔稽其弊〕'라고 할 때의 '계(稽)'는 '상고하다〔稽考〕'라는 뜻으로 '문자를 상고하지 못한다.〔不考文〕'[118]라고 할 때의 '고(考)'와 같으니, 대체로 상고하여 바로잡는다는 뜻이 있다. 만약에 이것을 '머무르다〔稽止〕'의 뜻으로 본다면 타당하지 않다.

성현편(聖賢編)[119] 제1장의 주에 있는 '개역생지지성(蓋亦生知之性)'의 '성(性)' 자가 의심스러우니, 아마도 '성(聖)' 자가 아니겠는가. 혹은

118 문자를 상고하지 못한다 : 《중용장구》 제28장의 "천자가 아니면 예를 의논하지 못하며, 제도를 만들지 못하며, 문자를 상고하지 못한다.〔非天子, 不議禮, 不制度, 不考文.〕"라는 구절에서 인용하였다.

119 성현편(聖賢編) : 《근사록》 권14의 〈관성현(觀聖賢)〉을 말한다.

‘자(資)’가 되면 어떠한가?

“맹자는 가을의 살기까지 아울러 모두 나타냈다.〔孟子幷秋殺盡見〕”라고 한 구절에서, 맹자의 기상은 오롯이 가을의 살기인데, 지금 ‘가을의 살기까지 아울러 모두 나타냈다.’라고 한 것은 이미 봄의 생기의 기상이 있는 데다 가을의 살기를 아울러 나타냈다는 것이니, 어째서인가? 맹자가 재주를 다 드러내어 웅혼하게 말한 것은 참으로 가을의 살기의 기상이지만, 도를 행하여 세상을 구제한 것은 그 근본이 봄의 생기의 마음이 아닌 것이 없는데, 다만 이것이 안자(顏子)가 봄의 생기를 온전히 체현한 것과 같지 않았을 뿐이기 때문이다.

“시대가 그러했을 뿐이다.〔時然而已〕”라는 구절에 대해 주자의 정론(定論)에서 이미 시속(時俗)으로 말하였으니, 여기의 주(註)[120]도 고쳐야 하겠는가? 주자가 또 “공자가 맹자의 시대에 사셨다면 역시 조금 더 준열하게 말씀할 수밖에 없었을 것이다.”라고 하였는데, 그렇다면 이것은 또 시대 상황에 따랐다는 의미가 있으니 어찌된 것인가? 다시 생각해 보니 두 가지의 설이 서로 통하는 바가 있다.

“맹자는 그 자취가 드러났다.〔孟子其迹著〕”라는 구절에 대한 주에서

120 여기의 주(註) : 이 구절에 대한 섭채의 주에서 “전국 시대에 세도가 더욱 쇠하여 이단이 더욱 날뛰고 또 천자가 위에서 맹약을 주관함이 없었으므로, 도를 호위하는 엄격함과 변론의 분명함이 그러하지 않을 수 없었다.〔戰國之時, 世道益衰, 異端益熾, 又無天子主盟於其上, 故其衛道之嚴, 辯論之明, 不得不然也.〕”라고 하여 시대적 상황을 위주로 말한 것을 가리킨다.

'속에 쌓인 것을 드러내어 밝혔으므로 그 자취가 밝게 드러났다.'라고 풀이한 것은 합당하지 않다. 대개 중니(仲尼)는 온전히 천리에 따라 행하였으므로 다시 인위(人爲)의 자취가 나타나지 않았고, 안자(顏子)는 거의 성인에 가까우나 한 단계가 못 미치어 그 삼월불위(三月不違)[121] 및 벌선시로(伐善施勞)[122] 등의 설을 살펴보면 모두 힘을 써서 행한 자취가 조금 있다. 맹자는 비록 드러내어 밝히는 일을 담당하여 극진히 하지 않은 바가 없었지만 그의 공부와 기상은 안자에 비해서 거칠고 또 자취가 있는 편이니, 정자의 뜻은 대개 이것을 가리킨다. 섭채의 주는 대체로 '시연(時然)' 한 문구를 잘못 연결하여 이처럼 잘못 보았으니,[123] 그의 생각으로는 맹자를 거스르는 것을 염려한 듯하지만 이와 같아도 맹자에게 절대 흠이 되지 않음을 알지 못하였다.

"참으로 크게 분별한 분이다.〔儘雄辨〕"라는 구절에 대해 사계(沙溪)가 "변(辨)은 변(辯)이 되어야 한다."라고 한 것은 잘 이해하지 못하겠다.

121 삼월불위(三月不違) : 《논어》 〈옹야(雍也)〉에 "공자가 말하기를 '안회는 그 마음이 석 달 동안 인을 떠나지 않았고, 그 나머지 사람들은 하루나 한 달에 한 번 인에 이를 뿐이다.' 하였다.〔子曰: 回也, 其心三月不違仁, 其餘則日月至焉而已矣.〕"라고 한 구절에서 따온 말이다.

122 벌선시로(伐善施勞) : 《논어》 〈공야장(公冶長)〉의 "안연이 말하기를 '잘하는 것을 자랑하지 않고 공로를 떠벌리지 않고자 합니다.' 하였다.〔顏淵曰: 願無伐善, 無施勞.〕"라는 구절에서 따온 말이다.

123 시연(時然)……보았으니 : 섭채가 본문의 "역시 시대가 그러하였을 뿐이다.〔蓋亦時然而已.〕"라는 문구를 공자, 안자, 맹자 모두에게 연결하지 않고 단지 맹자의 일에만 연결한 것이 잘못이라고 본 듯하다.

"증자는 성인의 학문을 전하였다.〔曾子傳聖人學〕"에 대한 주는 자체로 한 구절의 말이 되기에는 결말이 부족하다.

'전경(傳經)'에 대한 주에서 《논어》를 증자, 자사, 맹자의 저술과 함께 열거한 것은 옳지 않다.

"양웅은 재주가 부족하여 허물이 적다.〔揚雄才短其過少〕"라는 구절에 대한 주의 말은 두루 갖추어지지 못하였다.

"순자는 지극히 편벽되고 잡박하니, 단지 '성악' 한 구절에서 큰 근본을 이미 잃었다.〔荀子極偏駁 只一句性惡 大本已失〕"라는 구절이 이미 순자를 다 말하였다.

"양자는 비록 과실이 적었으나 이미 성을 알지 못하였으니, 다시 무슨 도를 말하겠는가.〔揚子雖少過 然已不識性 更說甚道〕"라고 한 것은 처음부터 끝까지 양자에 대해 말한 것이다. 단지 '양자는 비록 과실이 적었으나〔揚子雖少過〕'라는 문구만을 오로지 양자를 말한 것으로 보아서, 그 아래의 '이미 성을 알지 못하였다.〔然已不識性〕'라는 구절 이하가 순자와 양자를 총론하게 한 것 같은 경우는 말이 되지 않으니, 섭채의 주는 잘못되었다. 만약 '다시 무슨 도를 말하겠는가.〔更說甚道〕'라는 문구를 총론으로 삼는다면[124] 오히려 괜찮을 것이다.

124 만약……삼는다면 : '다시 무슨 도를 말하겠는가.'라는 문구를 양자(揚子)뿐 아니라 순자(荀子)에 대해서도 아울러 말한 것으로 본다는 것이다.

"양웅은 규모가 또 좁다.〔揚雄規模又窄狹〕"라고 하였는데, 양웅의 규모가 좁은 점은 바로 어려운 글로 쉬운 말을 문식한 데에 있으니,[125] 그의 의도는 결국 공허한 글에 잠시 의탁하여 스스로를 드러내는 것에 불과할 뿐이다. 이것이 바로 이 사람의 규모가 좁은 점인데, 섭씨는 양웅이 청정(淸淨)과 적막(寂寞)을 도라고 여긴 것을 여기에 해당시켰으니 말이 되지 않는 것 같다.

"충양함에 방도가 있었다.〔充養有道〕"라는 구절의 주에 "충양함은 자신에게 있는 것이다.〔充養有於己〕"라고 하였는데, '유(有)' 자는 온당하지 못하다.[126]

"심오한 것을 끝까지 연구하고 은미한 것을 지극히 살핀다.〔窮深極微〕"라는 문구에 대해 《석의(釋疑)》에서 "윗글의 '자위(自謂)'[127]의 뜻은 이 문구 아래에서 끝난다."라고 한 것은 아마도 이 문장의 '언위(言爲)'를 '운위(云爲)'와 같은 것으로 생각한 듯한데, 이는 그렇지 않은 것 같다. 섭채의 주 역시 원만하지 못하다. 대개 '심오한 것을 끝까지 연구하고

125 양웅의……있으니 : 《동파문집(東坡文集)》에 실린 소식(蘇軾)의 편지글에 있는 "양웅은 몹시 어려운 글로 평이한 말을 문식하기를 좋아했으니, 만일 문식하지 않고 똑바르게 말하였다면 사람마다 알 수 있을 것이다.〔揚雄好爲艱深之詞, 以文淺易之說, 若正言之, 則人人知之矣.〕"라는 구절을 근거로 말한 듯하다.

126 유(有)……못하다 : '유(有)' 자를 빼서 '충양은 자신에게 하는 것이다.〔充養於己.〕'라고 하는 편이 낫다고 본 듯하다.

127 윗글의 자위(自謂) : '궁심극미(窮深極微)'가 들어 있는 문장의 첫 부분에 나오는 '자위지궁신지화(自謂之窮神知化)'에서의 '자위'를 가리킨다.

은미한 것을 지극히 살핀다.'에는 높이는 듯하면서 실제로는 억제하는 뜻이 있으니, 높이는 것은 문세(文勢)로 하였고 억제하는 것은 바른 이치로 하였다. 만약 섭채의 주에 따르게 되면 곧 '심오한 것을 끝까지 연구하고 은미한 것을 지극히 살핀다.'가 그대로 비난하는 말이 되어 미묘한 의미를 크게 잃게 될 것이며, 만약 《석의》와 같다면 이는 '심오한 것을 끝까지 연구하고 은미한 것을 지극히 살핀다.'를 석학(釋學 불학(佛學))을 일컫기에 합당하지 않다고 여겨 굳이 이 앞에 '자위' 두 글자를 놓으려 한 것이니, 이 역시 옳지 않다.

"창 앞의 풀을 제거하지 않았다.〔窓前草不除〕"라는 구절에 대하여 《석의》에서 "그것은 역시 단지 우연히 자신의 생각과 같음을 보았을 뿐이다."라고 하였다. 여기서의 '우연(偶然)'의 뜻은 생각하거나 안배할 겨를이 없이 자연히 서로 맞아떨어지는 점이 있다는 것이므로 그것을 '우연'이라고 했을 뿐이며, 우연히 한 번 보았으나 결국 다시 보지 않았다고 말한 것이 아니다. 이와 같다면 뜰에 난 풀을 제거하여도 될 것이다. 다시 아래의 조문[128]을 잘 살펴보면, 또 우연히 이러한 사물에서 이치를 터득하였다는 뜻이 있다.

128 아래의 조문 : 《근사록》 권14 〈관성현(觀聖賢)〉의 "본주에 자후가 나귀가 우는 것을 보았을 때에도 이와 같이 말씀하였다.〔本註, 子厚觀驢鳴, 亦謂如此.〕"라는 구절을 가리키는 듯하다.

《이정전서》
二程全書

《이정전서》〈서서(徐敍)〉[129] 제4판에 있는 '오류(吾類)'의 '유(類)'가 당본(唐本 중국책)에는 '원(顨)'으로 되어 있는데, 이것은 '원(願)' 자인 듯하다. 지금 '유(類)'로 되어 있는 것은 잘못인 듯하다.

《유서(遺書)》〈발문(跋文)〉 제6판에 있는 '지도(知道)'의 '도(道)'는 '진(進)'이 되어야 한다.

《이천문집(伊川文集)》〈목록〉 제7판에 있는 '효문(孝文)'의 '문(文)'은 '여(女)'가 되어야 한다.

《유문(遺文)》〈목록〉에 있는 '전문(傳文)'의 '문(文)'은 '문(聞)'이 되어야 한다.

〈단백전사설(端伯傳師說)〉 제1조의 "산하와 대지가 또 너와 무슨 상관이 있느냐〔山河大地 又干你 何事〕"에 대하여
살펴보건대 《정몽(正蒙)》에서는 "만일 만상(萬象)을 태허 가운데 나타나는 것이라고 말한다면 산하와 대지를 환상으로 간주하는 불가의 설

129 서서(徐敍) : 명나라 때 《이정전서》를 간행하면서 책머리에 붙인 서필달(徐必達)의 서문을 말한다.

에 빠지게 된다."라고 하였고, 《집석(集釋)》에서는 "불가에서 산하와 대지가 보이는 형상을 만들어 낸다는 생각을 잘못되었다고 여기는 것은 만상을 무(無)로 돌리고자 하는 것이다."라고 하였으니, 이것으로 미루어 보면 불가의 견해는 단지 성(性)이 허(虛)하다는 것만 알고 그것이 허하면서도 실하다는 것은 알지 못하였다. 이 때문에 산하와 대지에 실제로 형상이 있는 것을 보고는 이것이 성의 본체에 해가 된다고 의심하였고, 마침내 그것을 눈에 보이는 환상으로 간주하였다. 여기서 정자(程子)의 뜻은 "산하와 대지는 모두 이치상 자연히 있는 것인데, 또 너와 무슨 상관이 있어서 그것을 환상으로 여기는가."라고 말한 것과 같다. 대체로 선학(禪學)은 모두 이 도리를 알지 못하기 때문에 배우는 것이 우리 유학처럼 항상 간결하고 명백할 수 없어서 모두 억지를 부리는 것이다. '산하와 대지를 모두 환상으로 여기는 것' 역시 억지를 부리는 것이니, 이 때문에 정자가 특별히 지적하여 깨우쳐 주었다.

"선 또한 깨닫지 못한 설이 아님을 참으로 알 수 있지만, 이것이 실제로는 지향할 데가 없는 설이니, 이는 본래부터 두 가지의 이가 있을 수 없기 때문이다〔便信是會禪也非是未尋得 蓋實是無去處說 此理本無二故也〕"에 대하여

살펴보건대 이 일전어(一轉語)[130]는 이해하기가 어려우니, 지금 억지로 이것을 풀이하는 것이 옳은지 모르겠다. '편신시회(便信是會)'는 윗글에 붙여야 하고 여기서의 '회(會)'는 '지(知)'와 같다. "공자의 이 말씀

130 일전어(一轉語) : 선가(禪家)에서 유래한 말로, 깨달음의 계기를 제공해 주는 한마디 어구를 말한다.

에서 깨달을 수 있다.〔能於孔子此言看得破〕"[131]라고 한 것은 곧 능히 이 도를 알았음을 믿을 수 있다는 것이다. "선(禪) 또한 이러한 뜻을 깨치지 못한 것은 아니지만, 이것은 실로 지향할 데가 없는 설이다."라고 한 것은 '선학은 공부가 미치지 못하여 이 도를 알지 못하는 것이 아니라, 그 따라서 일삼는 바가 본래 치우치고 우매한 학설이라, 실로 위를 향해 찾아서 갈 데가 없기 때문이다.'라고 말한 것이다. 저 학설이 그 유래로 보면 또한 지향할 데가 없지는 않지만 그 지향하는 데가 이 도같이 올바른 곳이 아니므로, 도를 가지고 말한다면 그 학설은 실로 지향할 데가 없는 것이다. 이것은 무엇 때문인가? 도는 한 가지일 뿐이기 때문이다. 그러므로 정자가 총결하여 말하기를 "이것은 두 가지의 이(理)가 있을 수 없기 때문이다."라고 하였다.

"공자의 도는 해와 별의 밝음과 같다〔孔子之道 如日星之明〕"부터 "명백하다고 이를 수 있다〔可謂明白矣〕"까지에 대하여

공자의 도가 해와 별처럼 밝은데도 문인(門人)들이 다 깨닫지 못하는 것을 근심하였다면 더욱 상세히 설명했어야 한다. 그런데도 "나는 말을 하지 않으려 한다.〔予欲無言〕"[132]라고 한 것은 무엇 때문인가? 정자가 "문인들이 도를 다 깨닫지 못한 것이 바로 말에 구애되어 이 도의 본체를 꿰뚫어 볼 수 없었기 때문이므로 공자가 말을 하지 않으려 한 것이

131 공자의……있다 : 《이정유서》 권1에서 '편신시회(便信是會)' 바로 앞에 나오는 '능어차언간득파(能於此言看得破)'라는 문구를 인용한 것이다. 여기서의 '차언(此言)'이 바로 앞에 있는 공자의 '천하언재……가위명백의(天何言哉……可謂明白矣)'라는 말을 가리키기 때문에 '공자차언(孔子此言)'이라고 한 것이다.

132 나는……한다 : 《논어》 〈양화(陽貨)〉에 공자의 말로 나와 있다.

다."라고 하였으니, 이것이 바로 긴요하게 끌어서 일깨워 준 부분이다. 그런데 자공(子貢) 같은 사람도 안자(顔子)처럼 묵묵히 깨닫지 못하였으므로 의심하여 묻지 않을 수 없었고, 공자가 또 "하늘이 무슨 말을 하더냐. 그래도 사시(四時)가 운행하고 만물이 자라난다."[133]라는 말로 일러 주었으니, 그 온전한 본체를 가리켜 보여 준 것이 더욱 명백하다.

제3조의 "이 말이 비록 옳다 하더라도 사람은 반드시 스스로 선을 행해야 한다〔此言雖是 人須是自爲善〕"에 대하여

말의 맥락과 글의 흐름으로 보면 '인수시자위선(人須是自爲善)'이 '차언수시(此言雖是)'의 앞에 오는 것이 마땅할 듯하다. 당시의 기록이 비록 이와 같더라도 의미는 마찬가지일 뿐이니, 역시 깊이 의심할 것이 못 된다.

제4조의 '왕언림[134]과의 문답〔王彦霖問答〕'에 대하여

살펴보건대 왕언림이 물은 것은 그 뜻이 '도는 일심(一心)일 뿐인데, 어찌하여 인자(仁者)는 근심하지 않고, 지자(智者)는 의혹하지 않으며, 용자(勇者)는 두려워하지 않는다고 세 가지로 다르게 말합니까?'라고 한 것과 같다. 그 질문한 뜻이 이와 같은데, 정자가 답하기를 "이것은 단지 그 덕(德)에 붙인 이름일 뿐이며 그 이(理)는 하나이다. 이 도를 얻어서 근심하지 않는 것은 인자의 일이니, 근심하지 않기 때문에 이것을 인(仁)이라고 한 것이다. 지(智)와 용(勇) 역시 그러하

133 하늘이……자라난다 : 《논어》 〈양화〉에 공자의 말로 나와 있다.

134 왕언림 : 북송의 학자 왕암수(王巖叟, 1044~1094)로, 언림은 그의 자이다.

다." 하였으니, 이것은 이 도가 비록 하나의 이(理)라고 하더라도 사람이 그것을 얻어서 덕이 되고부터 곧 이 세 가지의 다른 이름이 있게 되었음을 말한 것이다. 이 이치는 덕의 의미를 밝힌 데서부터는 참으로 상세하고 구비되었다. 그러나 도가 하나의 이(理)인데도 사람이 그것을 얻으면 바로 여러 가지 덕의 이름을 가지게 되는 것은 또 어째서인가? 내가 생각건대, 인자가 보고서는 그것을 인(仁)이라고 하고 지자가 보고서는 그것을 지(知)라고 하는 것처럼 하나의 이(理) 안에 본래 이러한 덕의 의미가 모두 갖추어져 있는 것은 곧 이 이(理) 안에 원래부터 이러한 의미가 있지 인자와 지자가 자기들 생각에 따라 다르게 인식하는 것이 아니다. 이와 같다면 정자가 대답한 말에 이러한 뜻이 별로 없는 듯하니, 혹시 기록이 다 갖추어지지 않아서인지 모르겠다. 또 생각건대 이 세 가지의 덕은 곧 인도(人道)를 행하여 이룬 덕의 명칭으로, 바로 《중용》에서 '달덕(達德)'[135]이라고 일컬은 것이며, 정자가 말한 '인'과 '지' 역시 사덕(四德)[136]의 '인'과 '지'와는 같지 않으니, 이것을 일러 하나의 이(理) 안에 이미 갖추어진 것이라고 하는 것은 온당치 못한 것이 아니겠는가. 그러나 이 말 또한 통할 만한 점이 있으니, 사덕의 '인'과 '지'는 전적으로 이(理)를 가지고 말한 것인데 이 '지', '인', '용'이라는 세 가지 덕은 사람이 덕을 이룬 것을 가지고 말한 것으로 여기에는 본시 다른 점이 있다. 다만 사람이 이 덕을 이루는 것이

135 달덕(達德) : 지(智), 인(仁), 용(勇)을 말한다. 《중용장구》 제20장에 "지, 인, 용 세 가지는 천하의 달덕이니, 이것을 행하는 것은 하나이다.〔知仁勇三者, 天下之達德也, 所以行之者一也.〕"라고 하였다.

136 사덕(四德) : 사람의 본성(本性)에 간직되어 있는 네 가지 덕으로 인(仁), 의(義), 예(禮), 지(智)를 가리킨다.

애당초 역시 그것을 외부에서 얻는 것이 아니라 모두 반드시 타고난 본성에 원래 있었던 것에 바탕을 두고 있으므로, 그 '인'과 '지'를 일러 이(理) 안에 이미 갖추어진 것이라고 하는 것 역시 온당치 못할 것이 없을 듯하다.

《예기》
禮記

〈곡례(曲禮)〉의 '분쟁과 변송〔分爭辨訟〕'에 대하여
곡(曲)과 직(直)이 서로 부딪치는 것이 분쟁이니 부딪치지 않으면 다툼이 없을 것이고, 시(是)와 비(非)가 서로 맞서는 것이 변송이니 서로 맞서지 않으면 송사(訟事)가 그칠 것이다. 오직 부딪치지 말아야 하는데 부딪치고 맞서지 말아야 하는데 맞서므로 이에 분쟁과 변송이 생긴다. 주(註)에서 "곡과 직이 서로 부딪치지 않는 것이 분쟁이고 시와 비가 서로 맞서지 않는 것이 변송이다."[137]라고 하였는데, 무슨 말인지 모르겠다.

'분(分)'과 '변(辨)' 두 글자의 의미를 다시 자세히 헤아려 보면 바로 '결단(決斷)'의 뜻으로, 애초부터 의심할 것이 없다.

"가장 중요한 것은 덕에 힘쓰는 것이다〔太上務德〕"[138]에 대하여
예의 쓰임에서 근본은 덕을 귀하게 여기는 것이며 그다음이 베풀고 보답하기에 힘쓰는 것이다. 경문의 뜻을 자세히 살펴보건대, 이것은

137 곡과……변송이다 : 《예기집설》 권1에서 주씨(朱氏)가 "분쟁은 곡과 직이 서로 부딪치지 않는 것이고……변송은 시와 비가 서로 맞서지 않는 것이다.〔分爭則曲直不相交……辨訟則是非不相敵.〕"라고 한 말을 인용한 것이다.

138 가장……것이다 : 《예기》 경문에는 '태상귀덕(太上貴德)'으로 되어 있다.

'덕을 귀하게 여기는 것을 가장 높이고 베풀고 보답하는 것을 그다음으로 높인다.'라고 한 것과 같을 뿐이니, 어찌 '태상(太上)'을 오로지 삼황오제(三皇五帝)[139]의 시대로 돌리고 '기차(其次)'를 삼왕(三王)[140]으로 삼을 수 있겠는가. 주(註)의 설은 잘못인 듯하다.

"삼명(三命)[141]의 관직을 받더라도 수레와 말은 받지 않는다〔三賜不及車馬〕"에 대하여

수레와 말을 받지 않는 것은 자식 된 사람으로서의 한 가지 행실에 불과할 뿐인데, 효성스럽고 자애롭고 공손하고 어질고 미덥다는 칭송을 어찌 오로지 이 행실만을 가지고 허여하는가. 참으로 이해할 수가 없으니, 아마도 궐문이 있는 것이 아닌가 한다.

"아버지의 뒤를 이은 자는 순백색에 채색이 들어간 옷을 입지 않는다〔當室不純采〕"[142]에 대하여

고자(孤子)가 채색이 들어간 옷을 입지 않는 것은 아버지의 뒤를 잇지

139 삼황오제(三皇五帝) : 대체로 태호(太昊) 복희씨(伏羲氏), 염제(炎帝) 신농씨(神農氏), 황제(黃帝) 헌원씨(軒轅氏)를 삼황으로 보고, 소호(少昊) 금천씨(金天氏), 전욱(顓頊) 고양씨(高陽氏), 제곡(帝嚳) 고신씨(高辛氏), 제요(帝堯) 도당씨(陶唐氏), 제순(帝舜) 유우씨(有虞氏)를 오제로 본다.

140 삼왕(三王) : 하(夏), 은(殷), 주(周) 삼대(三代)의 성왕(聖王)인 우(禹), 탕(湯), 문왕(文王)을 말한다.

141 삼명(三命) : 공(公), 후(侯), 백(伯)의 경(卿) 벼슬에 해당한다. 주대(周代)에 관직을 9등으로 나누고 이를 구명(九命)이라 칭하였다.

142 아버지의……않는다 : 《예기》 경문은 "고아로서 아버지의 뒤를 이은 자는 순백색에 채색이 들어간 관과 의복을 착용하지 않는다.〔孤子當室, 冠衣不純采.〕"이다.

않은 경우라 할지라도 의당 그러하다. 순백색에 채색이 들어간 옷을 입지 않는 것이 천한 사람으로서 귀한 사람을 해친다는 혐의가 있어서가 아니니, 어찌 굳이 적자(嫡子)와 중자(衆子)에 차이를 두겠는가. 이는 예서(禮書)에서 단지 아버지의 뒤를 잇는 고자를 대충 거론한 것인데, 주(註)의 설에서 너무 깊이 추론한 것이 아닌가.[143]

‘업은 듯한 모습과 칼을 찬 듯한 모습〔負劍〕’에 대하여

‘부(負)’가 어른을 업는 것이고 ‘검(劍)’이 동자를 옆구리에 끼는 것이라면, 이는 ‘업는 것’은 동자의 행동으로 말하고 ‘칼을 차는 것’은 어른의 행동으로 말한 것이다. 그러나 이 두 글자의 뜻이 각각 이처럼 달라서는 안 되니 ‘부(負)’ 또한 동자를 업는 것인 듯하다. 《소학》의 주에서 “진왕이 칼을 차고 있었다.〔秦王負劍〕”라는 말을 인용하여 뜻을 풀이한 것[144]은 역시 새롭고 교묘하게 하려는 데에서 잘못된 것 같다.

“요구함에 고집을 부리지 않는다〔求無固〕”에 대하여

남의 집에 머물면서 어찌 반드시 요구하는 것이 있겠는가. 옛사람들은

143 주(註)의……아닌가 : 주에서 “이른바 ‘순백색에 채색이 들어간 옷을 입지 않는다.’라고 한 것은 비록 상이 끝났다 하더라도 여전히 순백색의 옷을 입기 때문이다. 이러한 규정은 오직 아버지의 뒤를 이은 자만이 행하는 것으로, 아버지의 뒤를 이은 자가 아니면 그렇게 하지 않는다.〔所謂不純采者, 雖除喪猶純素也. 惟當室者行之, 非當室者不然也.〕”라고 한 말을 가지고 비평한 것이다.

144 소학의……것 : 《소학》 〈명륜〉에 있는 ‘부검벽이조지(負劍辟咡詔之)’라는 문구에 대한 주에서, 여조겸(呂祖謙)이 ‘진왕부검(秦王負劍)’의 용례에 따라 “‘부검’은 바로 칼을 차는 것이다.”라고 풀이한 것을 말한다.

손님과 주인 사이에 예로 대하는 마음이 섬세하여, 손님이 요구할 것이 있도록 하는 것 자체가 이미 주인 된 도리가 아니고 손님 된 자 역시 구차하게 여겼다. 그러니 단지 고집을 부리지 않는 것만이라면 이것이 어찌 예를 지키는 것이겠는가. 또 아랫글과는 어구가 서로 연결되면서도 뜻과 순서가 전혀 이어지지 않으니, 아마도 역시 주(註)의 풀이에 잘못이 있는 듯하다.

'자리가 남향과 북향으로 되어 있는 경우〔席南鄉北向〕'에 대하여

주(註)의 설에서 단지 "동향과 남향으로 되어 있는 자리에서는 모두 오른쪽을 높이고, 서향이나 북향으로 되어 있는 자리에서는 모두 왼쪽을 높인다."라고만 하였을 뿐, 이처럼 오른쪽을 높이고 왼쪽을 높이게 된 까닭에 대해서는 언급하지 않았으니, 이 점은 참으로 분명히 알 수가 없다. 내가 추측건대 옛사람들은 앉을 때 모두 오른쪽을 높였고 남향과 동향이 존귀한 쪽이었으므로 그대로 오른쪽을 높인 것이며, 북향과 서향의 경우는 단지 존귀한 쪽이 높이는 방향[145]을 따랐으므로 어쩔 수 없이 왼쪽을 높인 것이 아닌가 한다.

"함께 밥을 먹을 때에는 손을 문지르지 않는다〔共飯不澤手〕"에 대하여

아래에 있는 "기장밥을 먹을 때에는 젓가락을 사용해서는 안 된다.〔飯黍戒其毋以箸〕"라는 구절에 대한 주에서 "숟가락을 사용하는 편리함을 귀하게 여겼다.〔貴其匙之便〕"라고 하였으니, 옛사람들이 밥을 먹을 때 이미 숟가락과 젓가락을 사용한 것이다. 그런데 여기의 주에서 바로

145 존귀한 쪽이……방향 : 북향과 서향의 맞은편인 남향과 동향의 오른쪽을 말한다.

"옛사람들은 밥을 손으로 떠서 먹었다.〔古人之飯以手〕"라고 한 것은 어째서인가? 비록 밥을 손으로 떠서 먹지 않는다 하더라도 손에 때가 끼어 있는 것을 사람들이 더럽게 여기니, 예서(禮書)에서 경계한 것은 아마도 이 때문일 뿐이 아니겠는가.

"활 아래쪽에 손을 대고 줌통을 받친다〔接下承弣〕"에 대하여

활을 주는 사람은 오른손으로 활고자를 잡고 왼손으로 줌통을 받친다. 활은 위아래에 모두 활고자가 있는데, 반드시 아래쪽을 잡은 다음에라야 주고받기에 편리하니, 이에 미리 아래쪽 활고자를 잡는 것이다. 주인이 활을 받을 때도 당연히 아래쪽 활고자에 손을 갖다 대니, 이것이 이른바 '활 아래쪽에 손을 대는 것〔接下〕'이다. 줌통을 받치는 것은 주는 사람과 받는 사람이 똑같이 하니, 이미 활고자를 잡고 있으면서도 또 줌통을 받친다. 주에서는 '활 아래쪽에 손을 대고 줌통을 받치는 것'을 왼손으로 하는 한 가지 일로 설명하고, 다시 오른손으로 활을 잡는 것을 별도로 설명하였다. 이것은 경문을 잘 살피지 않아서 경문 외에 한 가지 일을 덧붙여 넣은 것으로, 잘못인 듯하다.

"제복이 해지면 불에 태워 없앤다〔祭服弊則焚之〕"에 대하여

불에 태워 없애거나 땅에 묻어 버리는 것은 모두 그 편의성을 취한 것일 뿐인 것 같다. 주에서 여씨(呂氏)[146]가 음(陰)과 양(陽)으로 설명한 것이 꼭 그렇지는 않은 듯하다.

146 여씨(呂氏) : 북송의 학자 여대림(呂大臨)을 가리킨다. 남전 여씨(藍田呂氏)라고도 한다.

'부인에 대한 피휘〔夫人之諱〕'에 대하여

제후의 배(配)를 부인(夫人)이라고 한다. 부인에 대한 피휘(避諱)는 공적인 피휘이니, 군주의 앞에서 의당 피휘해도 될 것 같지만, 압존(壓尊)이 되기 때문에 하지 않는다. 주에서 "부인(夫人)에 대한 피휘와 부인(婦人)[147]에 대한 피휘는 모두 그들의 집안 선조들에 대해 피휘했던 글자들을 말한다."라고 하였는데, 아마도 그렇지 않은 것 같다. 그들의 집안 선조들에 대해 피휘하는 것은 원래 사적인 피휘로, 대부들의 집안에서도 하지 않는데, 하물며 군주의 앞에서 또 어찌 굳이 피휘할지 하지 않을지를 새삼 따지겠는가. 또 옛날에는 제후의 배(配)가 아니면 부인이라고 부를 수 없었다.

'옥을 잡았을 때, 깔개가 있는 경우와 깔개가 없는 경우〔執玉有藉無藉〕'에 대하여

옥에 깔개가 있으면 석(裼)[148]을 하고 깔개가 없으면 습(襲)[149]을 하는 것은 그 뜻이 어디에 있는가?

"예를 행함에 풍속을 바꾸고자 하지 않는다〔行禮不求變俗〕"에 대하여

147 부인(婦人) : 여기서는 제후의 정부인인 부인(夫人)과 구별되는 세부(世婦)를 가리키는 듯하다. 《예기》 〈곡례 하〉에 "공과 후는 부인을 두고 세부와 처와 첩을 둔다.〔公侯有夫人, 有世婦, 有妻, 有妾.〕"라고 하였다.

148 석(裼) : 의례를 시행하는 복식의 하나로, 왼쪽 소매를 걷어 올려서 안에 입고 있는 석의(裼衣)를 드러내는 것이다.

149 습(襲) : 의례를 시행하는 복식의 하나로, 안에 입고 있는 옷들을 겉옷으로 완전히 가리는 것이다.

여기서 말한 '속(俗)'과 '기국지고(其國之故)'는 모두 그 나라의 풍속을 두루 가리킨 것으로, 다른 나라로 옮겨 가 사는 사람을 두고 말한 것이 아닌 듯하다. 아래 구절[150]에서야 나라를 떠난 사람에 대해 말하였다.

"그다음으로 마구간과 창고를 짓는다〔廏庫爲次〕"에 대하여

마구간과 창고를 거처할 집보다 먼저 짓는 것은 사람을 귀하게 여기고 짐승을 천하게 여기는 도리가 아니어서, 의심할 만하다. 그러나 아래에 나오는 "그다음으로 희생을 바치는 기물을 만든다.〔犧賦爲次〕"라는 글[151]의 의미를 가지고 미루어 보면 희생 역시 마구간에서 기르고 창고 또한 제사에 올리는 곡식을 저장하는 장소이니, 이 때문에 거주하는 집보다 먼저가 되는 것이 아니겠는가. 주에서는 단지 "씀씀이를 궁핍하게 하지 않고자 하기 때문이다."라고 하였는데, 그 뜻이 미진한 듯하다.

"군주를 뵙는 경우가 아니면〔非見國君〕"에 대하여

조상(弔喪)할 때 답배하지 않는 것을 이미 조상하는 사람의 행동으로 말하였으니, 군주를 뵐 때 답배하지 않는 것 역시 뵙는 사람의 행동으로 말하는 것이 옳다. 주에서는 군주가 답배하지 않는 것으로 풀이하였다. 군주는 사(士)에게 원래 답배하지 않지만, 대부와 사가 군주를 뵐 때 군주가 이들을 맞이하여 절하면 대부와 사 역시 감히 답배하지

150 아래 구절 : 《예기》 〈곡례 하〉에 나오는 '거국삼세(去國三世)'로 시작하는 구절을 가리킨다.

151 아래에……글 : 《예기》 〈곡례 하〉에 "무릇 가재도구를 만들 때에는 제기가 우선이고, 그다음으로 희생을 바치는 기물을 만들며, 일반 식기는 마지막에 만든다.〔凡家造, 祭器爲先, 犧賦爲次, 養器爲後.〕"라는 글이 나온다.

않는다. 그러니 여기에서 '답배하지 않는다.'라고 한 것은 대부와 사를 가리켜 말한 것 같다. 이것을 어떻게 증명하는가? 구문의 의미가 순조로운 것으로 증명한다.

"사가 군주에게 헌상물을 올린 일이 있다〔士有獻〕"에 대하여

군주의 물음에, 어떤 경우에는 단지 "절한 다음에 대답한다.〔拜而後對〕"라고 하고,[152] 여기에서는 "재배하고 머리를 조아린 다음에 대답한다.〔再拜稽首而後對〕"라고 하였으니, 여기에는 필시 어떤 의미가 있을 것이다. 무릇 사(士)는 전지(田地)가 없어서 반드시 헌상물을 올려야 하는 것이 아니다. 그런데도 헌상물을 올렸고, 또 군주로부터 "어디서 저 물건을 취하였는가?〔安取彼〕"라는 질문을 받았으니, 이것은 마땅히 취할 곳이 아닌 데서 취하였다는 혐의가 있는 것이다. 이 때문에 재배하고 머리를 조아려서 사죄한 것이 아니겠는가.

"나라 밖에서는 공이라고 부르고, 나라 안에서는 군이라고 부른다〔於外曰公 國曰君〕"에 대하여

'공(公)'이라 부르고 '군(君)'이라 부르는 것은 모든 사신(使臣)의 말에서 그 나라의 군주에 대한 칭호가 의당 모두 그러하다. 주에서 위의 글을 답습하여 이것을 스스로를 일컫는 것으로 풀이하였는데, 아마도 그렇지 않은 것 같다.

152 어떤……하고 : 《예기》 〈곡례 하〉에 "군주가 그의 여행에 대해 물으면, 절을 한 다음에 대답한다.〔問其行, 拜而後對.〕"라는 글이 나온다.

"자기 나라 밖에서 자라고 부른다〔於外曰子〕"[153]에 대하여

열국의 대부가 자기 나라 밖에서 '자(子)'라고 부른다면, 여러 변방 나라의 작은 군주의 호칭과 구별이 없게 되고, 자기 나라에서 '과군의 노신〔寡君之老〕'이라고 부른다면, 사신으로 간 자가 다른 나라 제후에게 스스로를 일컫는 말과 구별이 없게 된다. 더구나 '과군'이라고 하는 것은 자기 나라 안에서 일컫는 말이 아니니, 이것은 모두 의아스러운 일이다. 혹시 뒤섞인 글이 있는가? "나라 밖에서는 스스로 일컫기를 '과군의 노신'이라고 하고, 자기 나라에서는 '자'라고 하고, 스스로 일컫기를 '아무개'라고 한다."라고 하면 타당할 듯하니, 우선 이것을 기록하여 한 가지의 설을 갖춘다.

"대부 아들의 나이를 묻는다〔問大夫之子〕"에 대하여

비단 대부뿐만이 아니니, 사(士)와 서인(庶人)에 이르기까지 모두 그 나이를 묻지 않고 그 아들의 나이를 묻는다. 주에서 "50세가 되면 대부로 임명되기 때문에 그 나이를 묻지 않는 것이다."라고 한 것은 헤아리지 못한 점이 있는 듯하다. 이것은 아마도 천자와 제후는 어릴 때 즉위하는 경우가 있으므로 그 나이를 묻지만, 대부와 사와 서인은 모두 성인이므로 그 나이를 묻지 않고 그 아들의 나이를 묻는 것이 아니겠는가.

"사는 신분이 미천하여 신하가 없다〔士賤無臣下〕"[154]에 대하여

153 자기……부른다 : 《예기》 〈곡례 하〉의 열국지대부장(列國之大夫章)에 나오는 말을 가리킨다.

154 사(士)는……없다 : 《예기》 〈곡례 하〉의 '문사지자(問士之子)'에 대한 《예기집설》의 주에 나오는 글이다.

여기의 '하(下)' 자는 '자(子)' 자가 아닌가 한다.[155]

"단궁이 문을 하였다〔檀弓免〕"에 대하여

단궁이 중자(仲子)에 대해서 그 우의와 정분이 어떠하였는지 상고할 수가 없으니, 그가 과연 문(免)을 할 사람이 아니었다는 것을 어찌 알겠는가. 문세를 가지고 살펴보면, 단궁이 문을 하고 가서 조문하였을 때, 서자(庶子)를 후계자로 세운 것을 보고 백자(伯子) 쪽으로 종종걸음으로 나아가서 그 까닭을 물었을 뿐이니, 만일 단궁이 서자를 세운 것 때문에 거기에 문을 하고 갔다면, 문세가 응당 이와 같지 않았을 것이다. 주의 설은 잘못인 듯하다. 이 글과 '자유위최(子游爲衰)'의 글[156]은 문세가 원래 다르니, 굳이 그 일이 서로 비슷하다고 해서 억지로 가져다 맞출 필요가 없다.

"상은 3년을 한도로 한다〔喪三年以爲極〕"에 대하여

이것은 위의 글을 이어서 말한 것이다. '극(極)'은 '한도로 한다.〔限〕'라고 말하는 것과 같으니, 이 글은 "상은 3년을 한도로 하지만, 부모가

155 여기의……한다 : 《예기집설》의 주에 "사는 신분이 미천하여 신하가 없으므로 스스로 아뢰는 일을 맡는다.〔士賤無臣下, 自典告.〕"라고 하였는데, 이보다는 '사는 신분이 미천하여 신하가 없으므로 아들이 스스로 아뢰는 일을 맡는다.〔士賤無臣, 子自典告.〕'라고 하는 것이 낫다고 본 것이다.

156 자유위최(子游爲衰)의 글 : 《예기》 〈단궁 상〉 사구혜자지상장(司寇惠子之喪章)의 '자유위지마최모마질(子游爲之麻衰牡麻絰)'이라는 구절을 가리킨다. 이 글에서 자유가 예에 맞지 않는 복장을 한 것은 혜자가 적자를 폐하고 서자를 후계자로 세운 것을 기롱하기 위해서라고 본 것이다.

돌아가시고 나면 끝내 잊을 수가 없다. 그러므로 군자에게는 종신토록 치르는 상이 있어서 부모의 기일(忌日)이 되면 음악을 연주하지 않는다."라고 한 것일 뿐이다. 만일 주의 설대로라면 이것은 단지 '상은 삼년상보다 더 무거운 것이 없다.'라고 말하는 것으로, 그 뜻이 범범하고 아랫글과도 제대로 이어지지 않게 된다.

"놀란 낯빛으로 '다시 크게 말해 보아라.'라고 하였다〔瞿然曰呼〕"에 대하여

그 말을 듣고 놀란 낯빛이 되었으니 아마도 이미 그 말을 대략 들었을 것이다. 그러나 아직 자세히 듣지 못하였기 때문에 '호(呼)!'라고 하였으니 '호!'라고 한 것은 그로 하여금 다시 큰 소리로 말하게 한 것이다. 자춘(子春)이 동자의 말을 막았으나 증자(曾子)가 "다시 크게 말해 보아라."라고 하였기 때문에 동자가 앞에 한 말을 거듭하였으니, 여기에서의 서로 응답하는 상황이 어찌 상세하고 순서에 맞지 않겠는가. 주(註)에서 '호(呼)'를 탄식하면서 숨을 내쉬는 소리라고 한 것은 증자가 동자의 말을 처음 듣고서 단지 스스로 놀란 낯빛을 하였을 뿐 자신의 처신에 대해 물을 생각이 별로 없이 그저 탄식만 하였다는 것이니, 어찌 그럴 리가 있겠는가. 더구나 동자가 이미 자춘에 의해 말을 저지당하였는데, 또한 어찌 까닭 없이 다시 말을 하였겠는가. 이것은 비록 한 글자의 의미에 불과하지만 관련되는 바가 중요한 듯하니 깊이 살피지 않을 수 없다. 또 '호(呼)'는 '규(叫)'와 같은 뜻이니, 이것이 큰 소리로 말하는 것이라는 것이 애초에 또한 억지로 통하게 한 해석이 아닌 것이다.

"주루에서 죽은 병사의 초혼에 화살을 사용하였다〔邾婁復之以矢〕"에

대하여

전쟁에서 죽은 사람에 대해 초혼을 하는 것이 원래 허황되지만, 《예기》를 쓴 사람은 이것을 논하려는 의도가 아니었다. 아래 구절의 방씨(方氏)의 설에 "인습하여 고치지 않은 것은 잘못이다."라고 한 것이 뜻에 맞는 듯하니, 이것은 대개 주(邾)나라 사람이 승형(升陘)의 전쟁[157]에서 화살로써 초혼을 한 뒤로부터 이를 따라 화살로써 초혼을 하였기 때문에, 《예기》를 쓴 사람이 그 시초를 따져서 잘못을 드러낸 것이다.

'설피(設披)'에 대하여

주에서 '피(披)' 자의 뜻을 분명하게 풀이하지 않았으니, 그 뜻이 매우 분명치 못하다. 주 가운데에서 '흰색 휘장〔素褚〕'이라고 한 것과 '새끼줄로 유지한다.〔以繩維持〕'라고 한 것은 경문(經文)에 없으니, 이것이 어찌 이른바 '설피'라는 것이겠는가.

"모여서 거상할 때는 질을 두르지만 외출할 때는 두르지 않는다〔群居則絰 出則否〕"에 대하여

주에서는 '군(群)'을 붕우끼리 서로 복을 입는 것이라고 하였는데, 아마도 견강부회인 것 같다. 내가 생각하기에 이것은 '모여서 거상할 때는 질을 두르지만 외출할 때는 두르지 않는 것이 바로 스승을 위한 심상(心喪)의 정상적인 예이지만, 공자의 제자들은 비록 외출을 할 때라도 역시 질을 둘렀다.'라고 한 것일 뿐이다. 이렇게 되면 문세가 더 순조롭

157 승형(升陘)의 전쟁 : 노(魯)나라가 주(邾)나라와 승형에서 전쟁을 벌인 일이 《춘추좌씨전》 희공(僖公) 2년 기사에 나온다.

고 스승을 높이는 뜻도 더 드러나게 된다.

'전지(塡池)'에 대하여

'전지'를 '제사상이 거두어진 것〔奠徹〕'이라고 한 것은 전혀 그럴듯하지 않다. 또 "제사상이 거두어지고 영구를 밀었다.〔奠徹推柩〕"라고 한 것은 문세 또한 순조롭지 않다. 내가 생각건대 '지(池)'는 '지시중류(池視重霤)'[158]라고 할 때의 '지'이다. '전(塡)' 자는 비록 억지로 풀이하기 어렵기는 하지만, 요컨대 이것은 영구 수레에 조전(祖奠)을 지내고 이미 지(池)를 설치하였다가 이제 되돌아 들이려고 하기 때문에 그 지를 메웠을 뿐이다. '전' 자를 단지 지금의 주(註)와 같이 보아도 뜻이 통하니,[159] 해체하여 치워 두는 것을 전(奠)이라고 할 수 있기 때문이다.

"숙손무숙이 시신이 문밖으로 나오자 단을 하고 괄발을 하였다〔叔孫武叔尸出戶而袒括〕"에 대하여

이 행위가 예에 거의 어긋나지 않는데, 이것을 가지고 황망한 때에 곧장 비난하는 말을 하는 것이 또한 어찌 예에 합당하겠는가. 내가 생각건대 자유(子游)의 말은 바로 숙손무숙의 행위를 허여하는 말인 듯하니, 대체로 슬프고 혼란스러운 상황을 당하여 이처럼 예절을 잘 지키기는 또한 어려운 일이기 때문이다. 다만 경문의 말을 정중히 살펴

158 지시중류(池視重霤) : 《예기》 〈단궁 상〉에 나오는 구절로, 영구 수레에 설치하는 '지(池)'의 수를 생전에 살던 집의 '빗물받이〔重霤〕'의 숫자에 견주어서 정한다는 뜻이다. '지'는 상여에 설치하는 물받이 장식을 말한다.

159 전……통하니 : '전지(塡池)'의 전(塡)을 집설의 주와 같이 전(奠)으로 보아 이것을 '전지(奠池)'로 풀이해도 뜻이 통한다고 한 것이다.

보면 예를 아는 사람이라고 허여한 것은 아닌 듯하니, 이 점을 다시 잘 살펴볼 필요가 있다.

'종모의 남편과 구의 처〔從母夫 舅之妻〕'[160]에 대하여

《예기집설》에서 '생질이 외가에 갔을 때〔甥至外家〕'로 풀이한 것은 잘못이니, 주자의 설[161]을 따라야 한다.

"증자가 빈객과 함께 서 있었다〔曾子與客立〕"에 대하여

소주(小註)의 오씨(吳氏) 설[162]은 잘못되었다. '왈(曰)'은 바로 증자의 제자가 말한 '왈'이니, 이것이 어찌 문 옆에 서 있던 빈객이 말한 '왈'이겠는가.

"숙부였기 때문이다〔其叔父也〕"에 대하여

이 말이 한 곳에서는 '자기에게 숙부가 된다.〔於己爲叔父〕'라는 뜻이고 한 곳에서는 '자기가 숙부가 된다.〔己爲叔父〕'라는 뜻인데도 모두 '기숙부야(其叔父也)'라고 하였으니, 정밀하지 못한 듯하다.

160 종모(從母)의……처 : 종모는 어머니의 자매들을 뜻하고 구(舅)는 어머니의 형제들을 뜻한다.

161 주자의 설 : 《예기집설》에서 주희는 어머니 자매들의 남편과 어머니 형제들의 처를 위하여 입는 상복에 대한 말이 없는 것은 모계 친족에 대한 은정이 어머니의 형제와 자매까지에만 미치기 때문이라고 하였다.

162 소주(小註)의 오씨(吳氏) 설 : 《예기집설》의 소주에서 임천 오씨(臨川吳氏)는 경문의 "우리 아버지가 돌아가셨습니다.〔吾父死.〕"라는 말을 문 옆에 서 있던 빈객이 한 것이라고 하였다.

"상에서 제사 음식을 덮지 않는 경우가 있는가〔喪不剝奠也與〕"에 대하여
주(註)의 설을 가지고 미루어 보아도 끝내 말이 통하지 않으니, 가운데에 탈자(脫字)나 오자(誤字)가 있는 듯하다.

"자기가 돌아온 것을 반드시 알게 한다〔使必知其反也〕"에 대하여
친상(親喪)의 소상(小祥)을 지낸 후에 임금에게 사신의 임무를 받는 것이 이미 예가 아닌데, 또 어찌 돌아와서 고하는 세세한 절차를 논하겠는가. 여기에는 반드시 다른 뜻이 있겠지만 지금은 그 뜻을 알아낼 수 없으니, 아는 사람에게 물어야 할 것이다.

"사슴 가죽 옷을 입는데, 폭이 길며 소매를 단다〔鹿裘 橫長 袪袪〕"[163]에 대하여
이 구절 역시 말이 통하지 않으니, 다른 사람에게 물어봐야 할 일이다.

163 사슴……단다 : 경문의 '鹿裘, 衡長, 袪袪, 裼之可也.'에서, 뒤의 '거(袪)'를 앞의 '거(袪)'와 떼어 '袪, 裼之可也.'로 보고 '소매를 달았으면 석의(裼衣)를 입어도 좋다.'라고 풀이하기도 한다.

《의례》
儀禮

관혼상제(冠婚喪祭)와 연사조빙(燕射朝聘)[164]은 원래 경례(經禮)[165]의 큰 절목들이다.

곡례(曲禮)는 예 중의 세세한 형식과 작은 절목들로, 어버이를 섬기고 어른을 받들고 행동하고 음식을 먹고 용모를 가꾸고 말을 하는 법도이며, 기물을 다루는 일과 물자를 갖추는 일과 종묘, 궁실, 의관, 거마에 대한 구분이다. 괄창(括蒼)이 말하기를 "경례는 제도의 대강이고 곡례는 형식의 절목이다. 선왕의 시대에는 이 두 가지에 대해 모두 책이 있어서 유사(有司)에게 간직하게 하였고, 제사나 조근이나 회동이 있으면 태사(太史)는 이 책을 가지고 행사에 임하고 소사(小史)는 이 책을 읽어서 사람들에게 일러 주었다. 경대부가 받아서 만민을 가르치고 보씨(保氏)가 관장하여 국자(國子)를 가르친 것 역시 이 책이었다." 하였다.[166]

164 연사조빙(燕射朝聘) : 연향(燕饗)과 활쏘기와 조근(朝覲)과 빙문(聘問)의 예를 함께 말한 것이다.

165 경례(經禮) : 예(禮)에서 강령이 되는 것을 말한다. 《예기》〈예기(禮器)〉에 "경례가 300가지이고 곡례가 3000가지이다.〔經禮三百, 曲禮三千.〕"라는 말이 나온다.

166 괄창(括蒼)이……하였다 : 괄창은 절강성(浙江省) 여수(麗水) 지역으로, 이 지역 출신인 송대의 학자 섭몽득(葉夢得, 1077~1148)을 가리킨다. 이 말은 주희가 편찬한 《의례경전통해(儀禮經傳通解)》에 실려 있다. 보씨(保氏)는 주(周)나라 때 군왕(君

“《예고경(禮古經)》 56권(卷)은 후대(后戴)의 《예(禮)》[167] 17편(篇)과 글은 서로 유사하지만 39편이 더 많다.”[168]라고 하였으니, 56권은 곧 56편이다. 여기의 ‘권’은 바로 ‘편’인데, ‘편’이라고 하지 않고 ‘권’이라고 하여 아랫글에 나오는 여러 책의 예와 달리한 것은 어째서인가?

“경례는 300가지이고 위의는 3000가지이다〔經禮三百 威儀三千〕”[169]는 정현(鄭玄)의 주에서 《주례(周禮)》를 경례(經禮)라고 하고 《의례(儀禮)》를 곡례(曲禮)라고 한 데 대하여 주자가 이미 그 잘못을 밝히고 신찬(臣瓚)[170]과 섭몽득(葉夢得)의 설을 따랐다. 300과 3000이라는 숫자는 끝내 의미가 명확하지 않지만, 대체로 “옛날에 일실(逸失)된 예서(禮書), 고경(古經)에 더 많았던 부분 39편, 《명당음양기(明堂陰陽記)》와 《왕사씨기(王史氏記)》 수십 편, 하간헌왕(河間獻王)이 편집한 《예악고사(禮樂古事)》 500여 편이 있었으니, 그처럼 편수가 많았다면 애초에 경례가 의당 300편은 있었을 것이다.”[171]라고 하였으니, 이것은

王)을 바로잡고 귀족 자제들을 교육하는 일을 담당하던 관원이고, 국자(國子)는 옛날 중국의 공경대부의 자제들을 가리킨다.

167 후대(后戴)의 예(禮) : 고례(古禮) 가운데서 전승되어 전한의 고당생(高堂生)이 강설하였다고 하는 《사례(士禮)》 17편을 가리킨다. 이것이 고당생 이후에 후창(后倉)과 대덕(戴德), 대성(戴聖)을 거쳐 후세에 전해졌으므로 ‘후대의 《예》’라고 한 것이다.

168 예고경(禮古經)……많다 : 《한서(漢書)》 권30 〈예문지(藝文志)〉에 나온다.

169 경례(經禮)는……3000가지이다 : 이 구절의 원문이 《예기》 〈중용〉에는 ‘禮儀三百, 威儀三千.’으로 되어 있고, 〈예기(禮器)〉에는 ‘經禮三百, 曲禮三千.’으로 되어 있다.

170 신찬(臣瓚) : 《한서》를 주석한 사람으로 성(姓)과 관향은 확실하지 않다. 일설에 진(晉)나라 교서관(校書官)의 속관으로 낭중(郎中) 벼슬에 있었던 부찬(傅瓚)이라고 한다.

책의 편수를 가지고 300이라는 숫자에 해당시킨 것이다. 또 "곡례는 전체 편수를 알 수 없기는 하지만, 조목별로 분석해 보면 의당 3000 남짓 아래로는 내려가지 않았을 것이다."[172]라고 하였으니, 이는 예에 관련된 일의 절목을 가지고 3000이라는 수에 해당시킨 것이다. 이처럼 책의 편수로 말하기도 하고 일의 절목의 수로 말하기도 하여 그 유형이 이미 정밀하지 못한 데다가, 또 경례는 관례(冠禮), 혼례(昏禮), 음주례(飮酒禮), 사례(射禮) 등과 같이 의당 하나의 예(禮)가 하나의 편(篇)이 되니, 어떻게 300이라는 숫자를 채울 수 있는 많은 예가 있겠는가. 내가 생각건대 이른바 '300'이라는 것 또한 책의 편수를 가리켜 말한 것이 아니라 역시 전체 예의 큰 절목을 말했을 뿐이니, 대체로 관례의 삼가례(三加禮)[173]와 혼례의 육례(六禮)[174] 같은 것이 모두 경례이다. 그리고 곡례는 또 그 사이에서 읍양(揖讓)하고 주선(周旋)하는 자잘한 절목들과 기타의 잡다한 예의들이다. 이것들은 모두 경(經)에 근거가 없으나, 추측해 보건대 이와 같을 듯하니, 우선 기록해 놓고 묻기를 기다리겠다.

171 옛날에……것이다 : 청나라 성세좌(盛世佐)가 편찬한 《의례집편(儀禮集編)》 권수 하(卷首下)에 실려 있다.

172 곡례는……것이다 : 《의례집편》 권수 하에 실려 있다.

173 삼가례(三加禮) : 관례에서 행하는, 관을 세 차례 갈아 씌우는 의식을 말한다. 맨 처음에는 치포관(緇布冠)을 씌우고 다음에는 피변(皮弁)을 씌우고 마지막에는 작변(爵弁)을 씌운다.

174 육례(六禮) : 혼례의 여섯 가지 예식 절차로, 납채(納采), 문명(問名), 납길(納吉), 납징(納徵), 청기(請期), 친영(親迎)을 말한다.

유창(劉敞)[175]의 설에서 밝힌 오류라는 것은 '여십칠(與十七)' 세 글자의 착오를 말한다.[176]

〈사관례(士冠禮)〉에 대해서 쓴 정현의 《목록(目錄)》[177]에서 "동자(童子)가 관직을 맡아 사(士)의 지위에 있더라도 20세가 되어야 관례를 행한다."라고 한 데 대하여, 소(疏)에서 "아래에 나오는 혼례(昏禮)와 상견례(相見禮)[178]가 모두 사의 신분을 가진 사람이 스스로 행하는 의식이기 때문에 이 사관례도 사의 신분을 가진 사람이 스스로 관을 쓰는 의식임을 아는 것이다."라고 하였다. 내가 생각건대 '20세에 관례를 하고 30세에 장가를 들며, 40세에 비로소 벼슬을 한다.'라는 것이 바로 예의 큰 규정이니, 간혹 동자로서 관직에 오른 자가 있다 하더라도 이것이 어찌 일반적인 예이겠는가. 무릇 예법을 제정하거나 예서의 편에 이름을 붙이는 것은 마땅히 일반적인 것을 따라야 하니, 어찌

175 유창(劉敞) : 북송의 학자로 한림시독학사(翰林侍讀學士)를 지냈으며, 예악에 능통하여 조정에서 예악의 일이 의심스러우면 반드시 그에게 물어 결정하였다고 한다. 《춘추전(春秋傳)》, 《칠경소전(七經小傳)》, 《공시집(公是集)》 등을 저술하였다.

176 여십칠(與十七)……말한다 : 유창은 《예고경(禮古經)》에 나오는 '學七十篇 文相似 多三十九篇'이라는 구절의 '학칠십(學七十)'이 '여십칠(與十七)'의 잘못이라고 주장하였다. 이 내용은 《의례경전통해》에 실려 있다.

177 목록(目錄) : 정현이 삼례(三禮) 즉 《의례(儀禮)》, 《주례(周禮)》, 《예기(禮記)》 각각의 편에 대한 해제를 기록한 책으로, 원래는 《삼례목록》이라는 이름의 단행본이었으나 망실되어 전하지 않는다. 당나라의 가공언(賈公彦)이 《의례주소(儀禮注疏)》를 지을 때 처음으로 각 편 제목 아래에 그 편에 해당하는 글을 가져다 붙였다.

178 혼례(昏禮)와 상견례(相見禮) : 〈사관례〉 아래에 나오는 〈사혼례〉와 〈사상견례〉에서 행해지는 의식들을 가리킨다.

단지 그 간혹 있는 일을 가지고 굳이 일반적인 제도로 삼을 일이 있겠는가. 아마도 관례, 혼례를 굳이 사관례, 사혼례로 일컬은 것은 모든 예가 서인(庶人)에까지 내려가지 않으니 예는 사(士)에까지만 이를 뿐이며, 천하에 나면서부터 귀한 사람은 없으니 비록 천자의 원자(元子)라도 역시 사(士)일 뿐이기 때문에 관례와 혼례에서 모두 사를 위주로 말하였을 것이다. 이와 같다면 아랫글을 풀이한 데에서 "사의 아들은 비록 벼슬을 하지 못하였더라도 사의 예를 쓸 수 있다."라고 한 것[179]이 바로 이 조목의 올바른 뜻이니, 단지 아랫글을 이러한 뜻으로 풀이할 수 있을 뿐만이 아닌 것이다.

〈내칙(內則)〉 편목의 "이 편을 《설원》에 넣는 것이 마땅하다.〔宜以次於說苑〕"라는 구절[180] 이하는 글의 뜻을 알지 못하겠다.

179 아랫글을……것 : 《목록》의 아랫부분에 있는 "옛날에 사민은 생업을 세습하였으므로, 사의 아들은 항상 사가 되었다.〔古者四民世事, 士之子恒爲士.〕"라는 구절에 대한 주희의 풀이에 이 말이 나온다.

180 내칙(內則)……구절 : 인용문은 《의례경전통해》의 〈목록〉에 나오는 구절이다. 다만 '설원(說苑)'이 '혼례(昏禮)'로 되어 있다. 《설원》은 한(漢)나라 유향(劉向)이 전현(前賢)과 선철(先哲) 들의 일화를 기술하여 편찬한 책이다. 〈내칙〉에서 주희가 "정현은 이것이 남녀가 집에 거처하며 부모와 시부모를 섬기는 법도를 기록한 것이며, 규문 안에서 본받을 만한 예법이라고 여겼기 때문에 '내칙'이라고 불렀다. 지금 살펴보건대 이 〈내칙〉은 틀림없이 고대의 학교에서 백성들을 가르쳤던 책으로, 이것을 〈혼례〉에 넣는 것이 마땅하다. 그러므로 이것을 취하여 경(經)을 보충하고 전기(傳記)의 설을 덧붙였다.〔鄭氏以爲記男女居室, 事父母舅姑之法, 以閨門之內禮儀可則, 故曰內則. 今按此必古者學校教民之書, 宜以次於昏禮, 故取以補經而附以傳記之說云〕"라고 하였는데, 창계는 주희의 말 중에서 '의이차어혼례(宜以次於昏禮)' 이하의 말의 뜻을 이해할 수 없었던 듯하다.

〈사상견례(士相見禮)〉 편목의 소(疏)에 있는 "이 예는 금방 새로 사대부의 등급에 오른 사람에 해당된다.〔此屬直新升爲士大夫之等〕"라는 말은 뜻을 알 수 없다.

〈사관례(士冠禮)〉의 '서법(筮法)'에 대한 소(疏)의 설은 간략하면서도 빠짐이 없다. 그러나 "괘륵(掛扐)[181]을 합하여 얻은 수가 5이면 4와 같고 9이면 8과 같다."라고만 하고, 처음 5와 9를 얻은 뒤에 앞의 남은 수를 제하는 법은 말하지 않아서, 어떻게 해서 4와 8이 되는지를 알지 못한다. 이것은 반드시 《역학계몽(易學啓蒙)》[182]을 참고한 뒤에라야 알 수 있다.

"빈에게 나아가서 청한다.〔宿賓〕"라는 것을 그때 막 행하는 일로 풀이한 것은 "이것을 아래에 있는 일의 제목이라고 여긴다."[183]라고 말한 것과 같다.

181 괘륵(掛扐) : 점대를 가지고 점을 칠 때, 괘(掛)는 점대를 손가락 사이에 거는 것이고, 늑(扐)은 손가락 사이에 끼우는 것이다.

182 역학계몽(易學啓蒙) : 주희가 찬(撰)한 《주역》에 대한 해설서로, 역(易)의 도식(圖式), 점서(占筮)에 관한 수리적(數理的) 설명이 주를 이루고 있다. 이 책의 초고는 문인(門人) 채원정(蔡元定)이 편집하였다.

183 이것을……여긴다 : '빈에게 나아가서 청한다.〔宿賓〕'가 그 아래에 기술된 "빈은 주인과 같은 복장을 하고 대문 왼편에 나와 서쪽을 향해 재배하며, 주인은 동쪽을 향해 답배한다.〔賓如主人服, 出門左西面再拜, 主人東面答拜.〕"라고 한 행위를 요약하여 나타낸 말이라고 생각하였다는 것이다.

'진복(陳服)'에 대한 정현의 주(註)에서 "'치마'를 먼저 말하고 '윗옷'을 나중에 말한 것[184]은 '의(衣)' 자를 아래로 내려서 '치(緇)' 자와 가깝게 함으로써 윗옷이 띠와 같은 색임을 밝히고자 한 것이다."라고 하였다. 지금 위아래의 글을 살펴보면, 윗옷은 항상 관(冠)과 같은 색이고 띠는 항상 검은색이지만, 띠가 윗옷과 같은 색이라고 한 글이 없으니 "윗옷은 띠와 같은 색이다."라고 한 것은 견강부회인 듯하다. 또 글자가 가까이 있어도 색은 같지 않은 경우가 많으니, 어찌 아래로 가까이 있다고 해서 바로 같은 색이 될 수 있겠는가. 또 순의(純衣)의 '검붉은 색〔爵色〕' 또한 '검은색〔緇〕'에 못지않은 아름다운 색이지만, 꼭 같은 색은 아니다.

정현의 주에서 "검붉은 색이라는 점에서 공통된다.〔其爵同〕"[185]라고 한 데 대하여 주자는 "뜻을 알 수 없다.〔未詳〕"라고 하였다. 지금 소(疏)를 가지고 추측건대 '작(爵)' 자는 '상(裳)' 자의 오류인 듯하다.

'규항(缺項)'[186]의 제도에 대해서는 알 수 없는 점이 많다.

184 치마를……것 : 《의례》의 경문에서 '爵弁服 纁裳 純衣 緇帶 韎韐'이라고 하여 '훈상(纁裳)'을 '순의(純衣)'보다 먼저 쓴 것을 가리킨다.

185 검붉은……공통된다 : '진복(陳服)'에 대한 정현의 주에서 상사(上士), 중사(中士), 하사(下士)의 예복에 대해 설명하면서 "사는 모두 검붉은 색의 가죽으로 무릎가리개를 만드니, 검붉은 색이라는 점에서 공통된다.〔士皆爵韋爲韠, 其爵同.〕"라고 하였다.

186 규항(缺項) : 정현의 주에서는 치포관을 머리에 고정하기 위하여 치포관에 부착하는 장치라고 하였으나, 설명이 상세하지 않고 이설이 많다.

'무례(甒醴)'를 풀이하지 않았으므로 '무(甒)'가 어떤 그릇인지 알 수 없다.

"빈(賓)을 맞아서 계단에 이르면, 서로 먼저 오르도록 세 번 양보한다." 라고 하였는데, 이미 세 번 읍(揖)한 것을 말하고 이어서 세 번 양보한 것을 말하였으니, 양보하는 것과 읍하는 것이 같지 않겠지만, 양보할 때 어떻게 해야 예가 되는지는 알지 못하겠다.-아래 구절에 있는 "한 번 읍하고 한 번 양보한다."라는 말도 이와 유사하다.-

"빈이 장막으로 들어간다.〔賓就次〕"라는 구절에 대한 소(疏)에 말하기를 "《주례(周禮)》의 주(註)에 '장막은 오른쪽으로 만든다.〔帷以右爲之〕'라고 하였다." 하였는데, 여기의 '우(右)' 자의 뜻을 알 수 없다.[187]

'향선생(鄉先生)'을 정현의 주(註)에서 "고을의 노인으로 향대부로서 관직에서 물러난 사람이다.〔鄉中老人 爲鄉大夫致仕者〕"라고 하였는데 '향대부(鄉大夫)'의 '향(鄉)' 자는 '경(卿)' 자의 오류가 아닌가 싶다.[188]

"폐를 맛본다.〔嚌肺〕"에 대한 《의례경전통해》의 풀이에서 '특길(特吉)'의 '길(吉)'은 '언(言)'이 되어야 한다.[189]

187 소(疏)에……없다 : 십삼경주소에 나와 있는 이 구절에 대한 소에는 '우(右)'가 '포(布)'로 되어 있다. 아마도 창계가 본 판본에 잘못 기록되었던 듯하다.

188 정현의……싶다 : 정현의 주에는 실제로 '향대부(鄉大夫)'가 아닌 '경대부(卿大夫)'로 되어 있다. 아마도 창계가 본 판본에 잘못 기록되었던 듯하다.

'가유성야(加有成也)'의 '가(加)' 자에 대한 바른 풀이가 없는데, 아마도 '더 높인다.〔加隆〕'라는 뜻인 듯하다.

〈관송(冠頌)〉[190]의 "음악을 쓰지 않는다.〔無樂〕"라고 한 말에 대한 정현의 주에 "한 번 음악을 연주하는 것은 괜찮다.〔一擧樂可也〕"라고 하였는데, 여기의 '일(一)' 자는 아마도 '불(不)' 자의 오류인 것 같다.

"개가 없다.〔無介〕"라고 한 말에 대한 정현의 주에 "찬관자는 물러나서 중빈이 된다.〔贊冠者退爲衆賓〕"라고 하였다. 경문(經文)의 "찬관자는 개가 된다.〔贊冠者爲介〕"라는 말을 근거로 하여 "중빈이 된다.〔爲衆賓〕"라고 한 것은 관례(冠禮)가 끝나고 물러나 중빈의 열에 있는 것이 바로 개가 되는 것임을 말한 것이다.

'비공이자위주자(非公而自爲主者)'는 '공(公)이 스스로 관례의 주인공이 아닌 경우'를 말한 것 같다. 만약 '공이 아니면서 자신이 스스로 주인공이 된 경우'를 말하였다면, 이미 공이 아니라고 하고서 어찌 스스로 주인공이 된다고 말할 수 있겠는가. 《대대례(大戴禮)》의 글 역시 구두(句讀)를 잘못 끊고 '기여(其餘)' 두 글자를 잘못 넣은 듯하다.[191]

189 특길(特吉)의……한다 : 《의례경전통해》에 "맛본 것이 폐라고 특별히 말하였다.〔特言所嚌者肺.〕"라고 하여 '특길'이 아닌 '특언(特言)'으로 되어 있다. 아마도 창계가 본 판본에 오류가 있었던 듯하다.

190 관송(冠頌) : 《공자가어(孔子家語)》의 편명인데, 실제로 '무악(無樂)'에 대한 정현의 주가 나오는 곳은 《의례경전통해》의 〈관의(冠義)〉이다. 그 내용이 〈관송〉과 관계되므로 그대로 쓴 듯하다.

대개 옛날 제후가 나라를 세울 적에도 대종(大宗)과 소종(小宗)이 있었으니, 등(滕)나라가 노(魯)나라를 종국(宗國)이라고 이른 것 같은 것이 이것이다. 이와 같다면 제후가 관례를 종국에서 행하는 경우도 있었을 것이며, 그 예는 당연히 윗글에 나온 제후의 관례와 같았을 것이다. 그러나 여기에서는 공이 스스로 주인공이 되는 것이 아니므로, 오르고 내릴 때 동쪽 계단〔阼階〕을 사용하지 않고 서쪽 계단〔西階〕으로 내려왔던 것이다.[192] 내려갈 때 서쪽 계단을 사용하였다고 말하였으니 올라갈 때 역시 서쪽 계단을 사용하였음을 알 수 있다.-《대대례》에 있는 '이이(以異)' 두 글자는 어구가 적당치 않으니 '이(異)' 자는 혹시 '이(已)' 자의 오류인가? 다시 살펴보아야 할 것이다.-

"조복의 흰색 무릎 가리개를 다르게 한다.〔異朝服素韠〕"에 대한 《의례경전통해》의 풀이에서 "'이(異)' 자는 혹시 '개(皆)' 자가 아닌가 싶다."라고 하였는데, 이와 같다면 '개(皆)' 자는 '조복(朝服)' 아래에 있어야 할 듯하다.[193]

191 대대례(大戴禮)의……듯하다 : 《대대례》는 전한(前漢) 때 대덕(戴德)이 기록한 예서로, 85편으로 되어 있으며 《대대기(大戴記)》 또는 《대대례기(大戴禮記)》라고도 한다. 이 부분에 해당하는 글에는 '비공이(非公而)'라는 어구는 빠지고 '기여(其餘)'라는 어구가 들어가서 "그 나머지 스스로 주인공이 된 사람이 내려올 때 서쪽 계단을 사용함으로써 예를 달리한다. 그 나머지는 모두 공같이 한다.〔其餘, 自爲主者, 其降也, 自西階以異. 其餘, 皆與公同.〕"라고 하였는데, 창계는 이 문장이 구두에 착오가 있고 '기여' 두 글자가 잘못 들어갔다고 본 것이다.

192 오르고……것이다 : 예를 행할 때 주인이 오르내리는 곳이 동쪽 계단이고, 손님이 오르내리는 곳이 서쪽 계단이다. 여기에서는 관례(冠禮)의 주인공이 이 집의 주인이 아니라 빈객의 신분이기 때문에 서쪽 계단을 사용한 것이다.

“상을 마치고도 관을 바꾸지 않는다.〔除喪不改冠〕”라는 구절에 대해 소(疏)에서 “제후와 대부가 나이가 어려서 관례를 하지 않고 총각머리로 일을 수행하다가, 관례를 할 나이가 되었을 때 천자에게 조회하여 변면(弁冕)[194]을 하사받은 경우이다.”라고 하였다. 지금 살펴보건대 이처럼 나이가 어려서 관례를 하지 않은 사람이 관례를 할 나이가 되면 관례를 하는 것이 본래 당연한데도 ‘관을 바꾸지 않는다.’라고 하였으니, 이것은 반드시 상을 입어 관을 쓴 사람의 일일 것이다. 상을 입어 관을 쓴 사람이 상을 마치고 나면 반드시 천자를 알현하니, 변모를 하사받은 것은 반드시 이때일 것이다. 그러나 이미 상을 입어 관을 썼기 때문에 단지 초례(醮禮)[195]를 행하여 임금의 하사를 영예롭게 하기만 하고, 다시 예례(醴禮)[196]를 행하여 관례를 다 마치지는 않는 것이다.

〈사혼례(士昏禮)〉 ‘하달(下達)’에 대한 주와 소[197]에 대해서 주자가 이

193 개(皆) 자는……듯하다 : 이와 같이 하면 이 문구가 ‘조복개소필(朝服皆素韠)’이 되어 ‘조복에는 모두 흰색 무릎 가리개가 있다.’라는 뜻이 된다.

194 변면(弁冕) : 고깔과 면류관으로, 높은 신분의 우두머리가 쓰는 관을 말한다.

195 초례(醮禮) : 관례에서 빈(賓)이 관자(冠者)에게 술 한 잔을 따라 주는 예를 말한다. 이때 술을 따라 주기만 하고 수작(酬酢)은 하지 않는다.

196 예례(醴禮) : 관례를 행하고 단술을 마시는 예이다.

197 하달(下達)에……소 : 정현의 주에서는 “달은 통한다는 뜻이다. 장차 상대방과 혼인을 맺고자 하면 반드시 먼저 중매인을 보내어 그 혼인의 말을 통하게 한다.〔達, 通也. 將欲與彼合昏姻, 必先使媒氏下通其言.〕”라고 하였고, 가공언의 소에서는 “남자는 위이고 여자는 아래이니, 양이 창도하고 음이 화답하는 뜻을 취하였다.〔男爲上女爲下, 取陽唱陰和之義.〕”라고 하였다. 《儀禮注疏 士昏禮》

미 그 우원하고 고루함을 비판하고서 육씨(陸氏)의 설[198]을 사실에 가깝다고 하였다. 지금 육씨의 설을 살펴보건대, 비단 이것이 '기러기를 사용하는 것〔用鴈〕'과 하나의 뜻으로 통한다는 것을 알지 못하였을 뿐 아니라 이미 '천자에서부터 내려온 것〔自天子達〕'이라고 하였으니, 이는 주자의 지적과도 원래 같지 않다. 대개 주자는 '하달'을 아랫글의 '용안(用鴈)'과 연결하여 말한 것이라고 여겼으므로 이것을 대부로부터라고 단정하고 대부의 예가 아래로 사와 서인에게 내려갔다고 하였을 뿐이다. 육씨 설의 경우, 이것은 천자로부터 아래로 내려간 것이 되어 이미 주자의 설과 다르니, 하달을 용안과 연결시키지 않은 뒤에야 미진하게 되지 않는다. 또 대부에게 혼례가 있다는 것을 '하달'의 근거로 삼았는데, 천자로부터 서인까지 모두 몇 등급이 되는데도 유독 대부에게 혼례가 있다는 것을 가지고 '하달'의 근거로 삼았으니, 이 또한 뜻을 상세히 밝히지 못한 것이다. 또 대부에게 대부의 혼례가 있다면 천자와 제후에게는 당연히 천자와 제후의 혼례가 있고 사와 서인에게는 당연히 사와 서인의 혼례가 있으니, 더군다나 이것이 어찌 '하달'의 근거가 될 수 있겠는가. 이런 점을 가지고 말한다면, 육씨의 설은 전혀 취할 만한 점이 없으며, 다만 주와 소를 따르지 않고 따로 한 가지 뜻을 세운 것이 주자의 생각을 일으키는 원인이 되었을 뿐이다.

198 육씨(陸氏)의 설 : 육씨는 송나라 학자 육전(陸佃)이다. 육전이 '하달'에 대해 풀이하기를 "여자를 맞이하는 예 등은 천자에서부터 내려온 것이다. 대부에게 혼례는 있지만 관례는 없으니, 관례가 대부에게까지 내려오지 않은 것이다.〔若逆女之類, 自天子達也, 大夫有昏禮而無冠禮, 則冠禮不下達矣.〕"라고 하였다. 《儀禮經傳通解 卷2 士昏禮》

또 주자의 설을 살펴보건대 '하달'을 대부로부터라고 단정하고 "이 예가 아래로 사와 서인에게 내려갔다."라고 한 것은 섭성(攝盛)[199]의 뜻과 바로 합치한다. 다만 문세를 고찰해 보면, 첫머리에 바로 '하달'에 대해서 설명하면서 어떤 근거도 대지 않고 "단연 대부로부터 아래로 내려갔다."라고 한 것 역시 자연스러운 문세가 아닌 듯하다. 그러니 주와 소의 설을 혹시라도 가벼이 버려서는 안 되지 않겠는가.

199 섭성(攝盛) : 옛날에 혼례를 치를 적에 신랑과 신부의 복식이나 거행하는 의식을 그 신분에 해당하는 제도보다 한 등급 올려서 성대한 예식임을 보였던 것을 말한다.

《가례》

家禮

사당장(祠堂章)에는 가묘(家廟)의 위치에 대해 논한 것이 별로 없고 단지 소주(小註)의 설에서 언급하였을 뿐인데, 도(圖)에서 이것을 첫머리로 삼은 것은 어디에 근거하였는가? 그림에서 첫 번째 건물은 침묘(寢廟)이고 두 번째 건물은 정묘(正廟)이며 세 번째 건물은 문(門)인데, 문 바깥에 또 집 한 채가 있으니 이것은 이름이 무엇인가? 사당도(祠堂圖)에 있는 유서(遺書), 의물(衣物), 제기(祭器)를 보관하는 곳간과 신주(神廚)[200]에서, 그 차례로 본다면 유서가 제일 소중하고 의물이 그다음이고 제기가 또 그다음이고 신주가 또 그다음이다. 소중한 것이 윗자리에 있어야 한다는 것은 동장(東藏)과 서장(西藏)에 대한 글을 보면 알 수 있는데,[201] 지금 도(圖)는 전적으로 이와 반대이니 어째서인가? 또 상황으로 보면, 유서 같은 물건은 비록 신위 옆에 가까이 있어도 별로 어수선하지 않지만 신주의 경우는 음식을 장만할 때

200 신주(神廚) : 제사를 지낼 때 제수(祭需)로 쓰는 음식을 만드는 주방이다.

201 소중한……있는데 : 신위의 순서로 보아 높은 쪽인 서쪽 창고에 유서와 의물을 보관하고, 낮은 쪽인 동쪽 창고에 제기를 보관해야 한다는 것이다. '동장(東藏)과 서장(西藏)에 대한 글'은 《가례》 권1 〈통례 사당〉에 있는 "만약 집이 가난하고 땅이 좁으면 단지 한 칸의 건물만 만들며, 신주와 창고를 세우지 않고 동벽과 서벽 아래 궤를 두 개 설치하고서, 서쪽에는 유서와 의물을 보관하고 동쪽에는 제기를 보관해도 된다.〔若家貧地狹, 則止爲一間, 不立廚庫而東西壁下置立兩櫃, 西藏遺書衣物, 東藏祭器亦可.〕"라고 한 글을 가리키는 듯하다.

조용하기가 어려우니, 신주가 유서나 의물이나 제기에 앞서서 사당에 모셔진 신위 아래의 가까운 자리를 차지하는 것은 더더욱 합당치 않다. 도(圖)에서 이에 대해 잘 살피지 못한 점이 있는지 아니면 이 판본에 오류가 있는지, 또 이른바 유서, 의물, 제기를 보관하는 곳간이라는 것이 같은 하나의 곳간인지 아니면 각각의 곳간인지 모르겠다. 구경산(丘瓊山)[202]의 설에서 "도(圖)는 주자가 만든 것이 아니다."라고 하면서 근거로 삼은 것이 매우 상세한데, 후대의 제현(諸賢) 또한 이것을 적절한 주장이라고 생각하는가?

"청의 옆면에서 곧바로 그 장소로 들어간다.〔自廳側直入其所〕"라고 하였는데, 여기서의 '청(廳)'이 정침(正寢) 앞의 이른바 '청사(廳事)'[203]라는 곳이고 '그 장소〔其所〕'는 사당(祠堂)을 가리키는가? 이 한 구절의 말은 전혀 분명치 않다.

사당을 세우는 위치를 어째서 반드시 정침의 동쪽에 두는가? 땅의 도리로는 모두 오른쪽을 높이 여기는데 여기서는 유독 그렇지 않으니, 반드시 뜻을 취한 데가 있으리라.

지금 사람의 가묘에도 지붕을 덮는 경우[204]가 있는지 모르겠다.

202 구경산(丘瓊山) : 명(明)나라 학자 구준(丘濬, 1419~1495)으로, 호가 경산이다. 문연각 태학사로 주자학(朱子學)에 정통하였다. 저서에 《대학연의보(大學衍義補)》, 《가례의절(家禮義節)》 등이 있다.

203 청사(廳事) : 제사를 거행하는 집의 대청(大廳)을 가리킨다.

"미리 그 터에 재사(齋舍)를 세워 거처한다."라는 것은 감히 제도를 갖춘 사당을 갑자기 세우지 못하기 때문에 이렇게 변통하는 것인가?

무릇 '종(宗)'이라고 하는 것은 조상을 계승하는 것을 가지고 말한다. 대종(大宗)은 시조(始祖)를 계승한 자이므로 무릇 시조에서 나온 사람이 모두 그를 종(宗)으로 받든다. 고조를 계승한 종은 고조에서 나온 사람들이 모두 그를 종으로 받들고 증조를 계승한 종은 증조에서 나온 사람들이 모두 그를 종으로 받들며, 조부를 계승하고 부친을 계승한 종에 이르기까지도 그러하다. 무릇 시조와 고조와 증조와 조부와 부친은 모두 살아 있는 사람이 높이고 섬기는 대상이므로 시조와 고조와 증조와 조부와 부친을 높이고 섬긴다면 그 제사를 이어 가는 사람을 종으로 받들지 않을 수 없으니, 이것은 역시 자연스러운 이치에서 나온 것으로 일부러 그렇게 정한 것이 아니다. 그러나 대종, 소종을 막론하고 무릇 종(宗)이라고 하는 것은 모두 그 계승하는 바를 중하게 여기니, 제후의 별자(別子)[205]는 감히 사군(嗣君)[206]을 종으로 받들지 못하고

204 가묘에도……경우 : 《가례》 권1 〈통례 사당〉에 "사당의 제도는 세 칸이니, 밖에 중문을 만들고 중문 밖에 양쪽으로 계단을 만드는데 모두 세 층이다. 동쪽을 조계라 하고 서쪽을 서계라 하며, 계단 아래에 공간의 너비에 맞게 지붕을 덮어서 가중이 차례로 설 수 있도록 한다.〔祠堂之制三間, 外爲中門, 中門外爲兩階, 皆三級. 東曰阼階, 西曰西階, 階下隨地廣狹以屋覆之, 令可容家衆敍立.〕"라고 한 내용을 말한다.

205 별자(別子) : 고대의 종법(宗法) 제도에서 제후의 적장자(嫡長子) 이외의 아들을 가리킨다. 제후의 적장자는 아버지를 이어 제후가 되고, 별자는 분가하여 그 자손들의 시조가 된다.

206 사군(嗣君) : 적장자로서 선군(先君)의 지위를 물려받아 제후가 된 자를 말한다.

선군(先君)의 사당을 세우지도 못하므로 단지 스스로 대종의 시조가 될 수 있을 뿐이며, 그 적자는 대종자(大宗子)가 되고 그 서자 이하는 모두 그를 종으로 받든다. 이에 근거하면 제후에게 별자 열 명이 있더라도 그들 모두 시조가 될 수 있지만, 차적(次適 둘째 적자)이라 하더라도 선대를 계승하는 일이 없고 보니 중적(衆適 다른 적자들)들에게서 종으로 받들릴 수 없다. 그런데도 등(滕)나라는 문왕의 소(昭)[207]이면서 노(魯)나라를 종국이라고 하였으니, 또 맞지 않는 점이 있는 듯하다. 만약 이것을 기준으로 삼는다면, 노나라의 계우(季友)[208] 같은 부류가 삼가(三家)[209]의 말미에 있으면서도 일족의 대종이 될 수 있었던 것이 또 저절로 모순이 되니, 어떻게 된 것인지 모르겠다.

"모두 적자이면 소종을 세우지 않는다.〔皆適則不立小宗〕"라는 것은 별자의 자손이 적장자(適長子)들뿐이고 다시 서중자(庶衆子)가 없으면 소종이 없다는 말이고 "적자가 없으면 대종을 세우지 않는다.〔無適則不立大宗〕"라는 것은 별자의 자손이 서자들뿐이고 적자가 없으면 대종이 없다는 말이다. 이와 같다면 위 구절의 '적(適)' 자는 '적장자'라고 할 때의 '적'인 듯하고, 아래 구절의 '적(適)' 자는 '적서(適庶)'라고 할 때의

207 문왕의 소(昭) : 주(周)나라 문왕의 아들들의 나라를 말하니, 태묘의 신위의 배열에 비추어 문왕을 목(穆)으로 하고 그 아랫대의 아들들을 소(昭)라고 한 것이다. 등나라는 문왕의 아들 숙수(叔繡)를 봉한 나라이기 때문에 이렇게 말한 것이다.

208 계우(季友) : 노(魯)나라 환공(桓公)의 아들이자 장공(莊公)의 막내아우로서, 춘추 시대 말기 노나라의 집권자인 계손씨(季孫氏)의 시조가 된 사람이다.

209 삼가(三家) : 노나라의 공족(公族)인 맹손씨(孟孫氏), 숙손씨(叔孫氏), 계손씨로 그 계통은 노 환공에서 나왔기 때문에 삼환(三桓)이라고도 한다.

‘적’을 가리키는 듯하니, 뜻이 다른 것 같다. 지금 만약 이것을 같은 뜻으로 읽어서 위 구절의 ‘적’ 자를 ‘적서’의 ‘적’이라고 보면, 적자의 친동생이라 하더라도 어찌 소종이 아니겠는가. 아래 구절의 ‘적’ 자를 ‘적장자’의 ‘적’이라고 보면, 비록 적장자가 없더라도 차적이 있으면 그를 세워 대종으로 삼아서 지금 시대에 형망제급(兄亡弟及)으로 혹 아우의 아들을 세워 후사로 삼는 것같이 해야 할 듯하니, 어찌 시조의 제사를 갑자기 끊을 수 있겠는가. 대체로 이 두 문구는 뜻이 매우 불분명하다.

옛날의 사당 제도를 연구하고자 우연히 주자(朱子)가 논의한 내용을 검토해 보니, 한 군데 의아스러운 점이 있었다. 천자와 태조는 백세불천(百世不遷)[210]이고, 소(昭)의 한 신위와 목(穆)의 한 신위는 종(宗)이 되어 역시 백세불천이다. 그런데 반드시 소의 한 신위와 목의 한 신위를 취하여 종으로 삼는다면, 가령 목에 두 명의 현주(賢主)가 있어도 그중의 한 명은 종이 될 수 없고, 소에 있는 군주를 취하여 종으로 삼아야 하는가? 이것은 결코 그럴 수가 없다. 만약 목에 있는 두 명을 종으로 취하게 되면 소의 세 사당은 모두 그대로이고 목에는 단지 한 사당만 있게 될 뿐인데, 이와 같다면 소가 되는 신위는 여러 대 동안 조천(祧遷)이 되지 않을 수 있지만 목이 되는 신위는 두 대를 지나지 않아 조천을 맞을 것이니, 이는 참으로 온당치 않다. 또 가령 한쪽에 세 명의 현주가 있으면 비록 한 대 동안이라도 제사를 지낼 수 없는

210 백세불천(百世不遷) : 큰 공훈이 있는 이의 신위를 백세에 내려가도록 다른 곳으로 옮기지 않고 영원히 사당에 모시는 것을 말한다.

경우가 있게 되어 명백히 사리에 닿지 않는 점이 있으니 '종에 정해진 숫자가 없다는 설〔宗無數之說〕'[211]이 옳은 듯하다. 주자가 다른 곳에서는 그 설을 비교적 타당하다고 하고서 이 논의에서는 그 설을 취하지 않았으니, 이 또한 유독 어째서인가?

211 종(宗)에……설 : 《주자대전(朱子大全)》에 인용된 유흠(劉歆)의 설로, 종으로 삼는 숫자는 정해진 것이 없으며, 이들은 '천자칠묘(天子七廟)'라는 사당의 숫자에도 포함되지 않는다는 주장이다.

창계집

제24권

독서차록 讀書箚錄

독서차록 讀書箚錄

의의(疑義)에 대한 풀이를 붙이다

《율곡별집》의의

栗谷別集疑義

박현강(朴玄江)[1]께 올리다

목록 目錄

〈태극문답(太極問答)〉에 대한 일[2]은 이경림(李景臨)[3]의 발문이 참으로 가장 의거할 만하다. 그러나 양포(楊浦)[4]가 일찍 세상을 떠나 그 집안의 전문(傳聞)이 보존되기 어려웠을 것에 의심의 여지가 없고,

1 박현강(朴玄江) : 조선 중기의 문신이자 학자인 박세채(朴世采, 1631~1695)이다. 현강(玄江)은 그의 별호이다.

2 태극문답(太極問答)에 대한 일 : 〈태극문답〉의 실제 저자에 관한 논쟁을 말한다. 박세채가 편집한 《율곡별집(栗谷別集)》에 대해 송시열(宋時烈)이 극히 비판적이었는데, 송시열은 이 글이 이이(李珥)의 저작이 아니라 송익필(宋翼弼)의 저작이라고 주장하였다.

3 이경림(李景臨) : 율곡 이이(李珥)의 아들이다. 서자였으나 본부인에게서 낳은 자식이 없었으므로 이이의 대를 이었다. 교관(教官) 벼슬을 지냈다.

4 양포(楊浦) : 최전(崔澱, 1567~1588)의 호이다. 어려서부터 이이의 문하에 들어가 수학하였고 재주가 뛰어나 신동이라 불렸으며, 학문의 진도가 남달리 빨라 스승으로부터 크게 총애를 받았다. 1585년(선조18) 18세에 진사시에 입격하여 시문과 박학으로 사람들의 기대를 크게 모았으나 벼슬길에 오르지 못하고 21세에 요절하였다.

《구봉집(龜峯集)》[5]은 또 신재(愼齋)[6]의 손을 거쳤으니, 이 역시 가벼이 볼 내력이 아니다. 그러므로 주(註)에서 "어느 쪽이 옳은지 잘 알 수 없다."라고 한 것이 참으로 그러하다. 지금 〈태극문답〉 본문의 이치와 문체를 살펴보아도 역시 쉽게 단정할 수 없는 점이 있으니, 대체로 그중의 훌륭한 내용은 참으로 선생(先生 이이(李珥))이 아니면 짓지 못할 것으로 생각되고 훌륭하지 못한 내용은 또 결코 선생의 말씀이 아닌 듯하다. 그러니 오직 신중히 전하여 뒷사람들의 판단을 기다려야 할 뿐이 아니겠는가. 그런데 한 가지 의문점이 있다. 이 편(篇)은 문답을 설정해 놓았으면서도 묻는 말은 늘 산만하고 요긴하지 않은 경우가 많고 답하는 말은 종종 분에 넘치게 친절하니, 비록 문답하는 문체는 원래 의당 그렇다고 하지만 그 글이 마치 두 사람의 손에서 나온 것처럼 현저히 차이가 나는 것이 의아하다. 나의 외람된 생각으로는 이 편은 원래 구봉(龜峯)이 처음 지은 글에서 나왔고 선생께서는 일찍이 여기에 수정을 가했을 뿐으로, 아마 수정을 할 때 답하는 말 쪽을 더 상세하게 하였기 때문에 답하는 말이 매양 묻는 말과 달라졌을 것이다. 그리고 채침(蔡沈)이 한 경(經)에 대해 전(傳)을 쓰고[7] 주자가 수정을 하였으므로 이것을 통상 주서(朱書)로 부르니, 이 때문에 전하는 말에 역시 이 두 가지의 설이 있는 것이다.[8] 내 생각이 어떤지 모르겠다. 개주(改

5 구봉집(龜峯集) : 조선 중기의 학자 송익필(宋翼弼)의 문집이다.

6 신재(愼齋) : 정감(鄭瑊, ?~1593)의 호이다. 성혼(成渾)의 문하에서 수학하였으며 임진왜란 때 김천일(金千鎰)의 막하에서 종군하였고 진주성 전투에서 순국하였다.

7 채침(蔡沈)이……쓰고 : 송나라 채침이 지은 《서경집전(書經集傳)》을 가리킨다.

8 전하는……것이다 : 〈태극문답〉의 저자에 대해서, 이이라고 하는 설이 있고 송익필이라고 하는 설이 있음을 말한다.

註) 역시 대체로 저자에 대한 의심과 믿음 두 가지를 그대로 가지고 있으며, 강조하고 누르는 사이에서 주장하는 의견이 아직 분명하지 못한 듯하니, 다시 고민하여 판단해야 할 듯하다. 전편(全篇)을 죽 살펴보면, 전혀 새로운 견해를 내지 않았다고 말할 수는 없을 듯하지만 "후학을 깨우치고 스스로 살펴보기에 편하게 한다."라고 한 말은 문자만 조금 다르다는 의심을 풀기에 부족한 듯하니, 어떻게 된 것인지 정말 모르겠다. 또 생각건대 이 편의 내용이 전신(傳信)도 하고 전의(傳疑)도 하면서[9] 모두 《속집(續集)》의 '잡저(雜著)' 안에 있는데, 지금 이 편을 '어록(語錄)' 여러 편의 맨 앞에 놓은 것은 유례(類例)가 아닌 듯하니, 어떻게 된 것인지 모르겠다.

경서변의소기선생어[10] 經書辨疑所記先生語

이 어록은 틀림없이 구본(舊本)[11]의 '문원공(文元公)의 성(姓)과 자

9 전신(傳信)도……하면서 : 전신과 전의(傳疑)는 기록하는 사람이 임의대로 취사하지 않고 미더운 사실은 미더운 대로 전하고 의심스러운 일은 의심스러운 대로 전하는 것을 말한다. 《춘추곡량전(春秋穀梁傳)》 환공(桓公) 5년 조에 "춘추의 의리는 미더운 것은 미더운 대로 전하고 의심스러운 것은 의심스러운 대로 전하는 것이다.〔春秋之義, 信以傳信, 疑以傳疑.〕"라고 하였다.

10 경서변의소기선생어(經書辨疑所記先生語) : 사계(沙溪) 김장생(金長生)이 경서의 의문점에 대한 율곡 이이의 말을 기록한 글로, 《율곡별집》에 실린 〈김희원록(金希元錄)〉을 말한다. 창계가 사승 관계가 있는 김장생의 자를 그대로 부를 수 없어서 이렇게 제목을 바꾸어 부른 듯하다.

11 구본(舊本) : 어떤 책을 가리키는지 정확하게 알 수 없다. 1611년(광해군3) 《율곡전서(栗谷全書)》의 원집(原集)이 출간되기 이전에 나온 율곡 이이의 어록이 포함된 책을 가리키는 듯하다.

(字)를 곧바로 적고 이어서 소기선생어(所記先生語)라고 일컬은 글'[12] 에 의거한 것으로, 아래에 실린 '소찬(所撰)'이라고 한 글[13]과 바로 문리가 이어지는데, 지금은 각각 〈경서변의〉와 〈소찬〉으로 되어 있다. 모두 제목의 아래쪽에 비록 성명을 드러내어 기록하였지만[14] 이것은 특별한 하나의 예이니, 아래위의 편목에 대해서 이것과 똑같이 보아서는 안 될 듯한데, 어떨지 모르겠다. 만약 굳이 자(字)를 일컫는 것을 혐의하였다면, 비록 시호를 일컫더라도 그것이 오히려 이 책에서 일컬은 것[15]보다는 나았을 듯하다. 내 생각으로는 옛날의 뜻에 따라서 그대로 자를 일컫되 주(註) 안에서 특별히 시호를 일컬어서 존경의 뜻을 다하는 것이 가장 적절할 것 같은데, 이 역시 참으로 어떨지 모르겠다.

김자장록[16] 金子張錄

12 문원공(文元公)의……글 : 구본에 〈김희원소기선생어(金希元所記先生語)〉라는 제목의 글이 있었던 듯하다. 《율곡별집》의 〈김희원록(金希元錄)〉과 같은 글일 듯하다.

13 소찬(所撰)이라고 한 글 : 《율곡별집》에 〈김희원록〉 바로 뒤에 실려 있는 〈소찬행장(所撰行狀)〉을 말하는 듯하다.

14 모두……기록하였지만 : 《율곡별집》의 목록(目錄)에서 〈김희원록〉과 〈소찬행장〉이라는 제목 아래에 주를 달아서 작자의 성명을 밝힌 것을 말한다.

15 이……것 : 박세채가 《율곡별집》을 편찬하면서 구본의 '김희원소기선생어(金希元所記先生語)'라는 제목에서 그 자(字)를 따와서 '김희원록(金希元錄)'으로 제목을 붙인 것을 말한다.

16 김자장록(金子張錄) : 김진강(金振綱)이 경서의 의문점에 대하여 스승인 율곡 이이와 문답한 내용을 기록한 글이다. 김진강은 이이가 해주(海州)에 있을 때 문하에서 수학한 사람으로 1579년(선조12) 식년시에서 진사에 입격하였다. 자장(子張)은 김진강의 자(字)이다.

이 어록은 이미 선생께서 직접 열람하여 고쳤으므로 의당 따질 만한 것이 없겠지만, 그 가운데 그래도 의아스러운 점이 있는 듯하여 우선 한두 가지를 들어 질문하였다. 비록 감히 그때마다 수정할 생각은 못하지만 역시 다시 재량하여 채택하기를 바라는데, 어떨지 모르겠다. 본 기록의 각 조(條)에 상세히 나와 있다.

박순경록[17] 朴舜卿錄

이 어록이 위에 있는 〈김자장록〉에 비해서 더 정밀하고 훌륭한 것 같다. 만약 《유서(遺書)》[18]의 예에 따라 기록의 우열과 연월(年月)의 선후를 가지고 차례를 정한다면, 이 글이 〈김자장록〉의 뒤에 있는 것이 타당하지 않은 듯한데, 어째서 이렇게 하였는지 모르겠다.

습유잡록 拾遺雜錄

이 글과 문인(門人)들이 서술한 글은 그 체제가 또 다르다. 비록 그 글이 얻기가 매우 어려워 한 글자가 귀하기는 하지만, 말의 뜻이 서로 다른 것과 견해가 옳고 그른 것과 전문(傳聞)이 바르고 틀린 것과 기록이 우수하고 졸렬한 것에 대해서 일률적으로 말하기 어려운 점이 있으니, 더욱 정밀하게 구별하고 자세히 살펴서 가려야 할 것이다. 그러나

17 박순경록(朴舜卿錄) : 박여룡(朴汝龍)이 기록한, 경서의 의문점에 대한 이이와 나눈 문답이다. 순경(舜卿)은 박여룡의 자이다. 박여룡은 이이가 해주에 있을 때 문하에서 수학하여 1573년 생원, 진사 양시에 입격하였고, 임진왜란 때 공을 세워 벼슬이 공조 정랑에 이르렀다. 만년에는 향리에서 이이의 문집 간행에 힘썼다. 시호는 문온(文溫)이다.

18 유서(遺書) : 정호(程顥)와 정이(程頤)의 말을 제자들이 기록한 《이정유서(二程遺書)》를 가리킨다.

상세히 하려다가 큰 의미가 밝지 못하게 되는 것보다는 차라리 간략하여 갖추어지지 못한 점이 있는 것이 오히려 낫다. 다시 깊이 생각하고 여러 사람의 말을 참고하며 두루 조리를 검증하고 더욱 엄정하게 하여 후인들의 의문이 없게 되기를 바라는데, 어떨지 모르겠다. 본 기록의 각 조에 상세히 나와 있다.

제1권 〈태극문답〉 太極問答

〈태극문답〉의 제어(題語)는 몇 행 사이에 하나의 권(圈 동그라미)을 두어 글이 심하게 흐트러졌고, 또 권 아래에 덧붙인 말이 그다지 밝히는 내용이 없으며, 결어(結語)도 중복된 듯하다. 지금 윗글의 "간략하게 답설을 지었다.〔略成答說〕"라는 문구 아래에 곧바로 "인하여 기록하고 스스로 살펴본다.〔仍錄而自觀焉〕"라고 하고, 단지 이와 같이 끝맺는 것이 어떨지 모르겠다.[19] 굳이 권 아래의 글을 그대로 둔다면, 그 권을 없애고 '태극문답'은 '차편문답(此篇問答)'으로 고치며, 또 '쉽게 깨치고 쉽게 알 수 있는 곳〔易曉易知處〕' 아래를 '배우는 자들의 완미하고 탐색하는 공부에 또한 조금이라도 도움이 될 것이다.'라고 대략 고쳐서 말하는 것이 적당한데, 어떨지 모르겠다.

19 윗글의……모르겠다 : 〈태극문답〉의 제어(題語)에서 권(圈) 위쪽의 글은 '약성답설이편간(略成答說以便看)'이라는 문구로 끝나고, 권 아래쪽의 글은 '감록이자관언(敢錄而自觀焉)'이라는 문구로 끝나는데, 창계는 그 가운데에 있는 글이 그다지 의미가 없다고 본 것이다.

문답의 차례는 대략 〈태극도해〉 안에 있는 집주(輯註)의 선후에 따른 듯하지만, 또한 꼭 그렇지 않은 경우도 있는 듯하다. 요컨대 매우 번잡하게 되어 버렸으므로, 단지 읽는 사람들이 이해하기 어려울 뿐만 아니라 글 자체로 말하더라도 또한 정제(整齊)되지 않은 듯하다. 지금 차례를 바꾸고자 해당하는 곳마다 각 조의 위에 찌를 붙였는데, 여전히 미진한 곳이 있으나 이것을 가지고 다시 상세히 수정한다면 조금은 도움이 될 것이다. 어떨지 모르겠다.

제2판의 도여태극조(道與太極條)

'천과만과하물야(千果萬果何物也)'의 '하물야(何物也)' 세 글자는 별다른 의미가 없어 연문인 것 같으니 없애는 것이 마땅한 듯한데, 어떨지 모르겠다.

제3판의 일물지리조(一物之理條)

"한 가지 일이나 한 가지 사물의 이치 또한 저절로 천하의 공통된 이치가 된다.〔一事一物之理 亦自爲天下公共之理〕"라는 말이 있다. 여기서의 '천하공공(天下公共)'을 '만물통체(萬物統體)'로 바꾸고자 하는데, 이것이 비록 새로운 말은 아니지만 별문제가 없을 듯하다. 어떨지 모르겠다.

상천지재조(上天之載條)

이 조의 답하는 말에 불분명한 부분이 매우 많으니 아마도 착오가 있는 듯하다. 대개 곧장 태극을 '무성무취(無聲無臭)'로 보고 무극을 '무성무취의 묘함〔無聲無臭之妙〕'으로 본 것은 모두 의심스럽다. 태극과 무극을 서로 바꾸어서 말하면 뜻이 통할 듯하니 지금 고쳐서 '무(無)' 자와 '태(太)' 자를 서로 바꾸는 것이 어떨지 모르겠다. '묘야(妙也)' 아래에 '상천지재'를 끼워 넣은 뒤에야 '유(有)' 자의 의미가 비로소 드러나서 아래 문장의 '설유설무(說有說無)'와 '양무소애(兩無所碍)' 두 문구의 말이 잘 통할 것 같다. 그러나 주장하는 의미가 분명하지 않으므로 글을 덧붙이고 고쳐서 '유(有)의 처지에서 무(無)를 말하고 무의 처지에서 유를 말한 것이 말은 비록 달라도 실제는 같으니, 이는 모두 유와 무를 한가지로 여기는 것으로, 양쪽 모두 문제가 없다.'라고 하고, 그 아래의 '창창(蒼蒼)' 위에 '개(蓋)' 한 글자를 넣어 위아래를 서로 이어 주며 '재시태극(載是太極)' 아래에 또 '무성무취는 바로 무극이다.〔無聲無臭卽無極也〕'라고 덧붙여 말해야 할 듯하다. 이렇게 되면 간결하고 명백해질 것 같다. '이상개주자어의(已上皆朱子語意)'의 아래는 모두 없애는 것이 옳을 듯하다. 없애고 보충하는 곳이 너무 많으니 참람하지 않은가. 어떨지 모르겠다.

천지지간조(天地之間條)

이 물음이 매우 절실한데 답하는 말에 병통이 없을 수 없는 듯하니, 이는 태극을 일러 움직이면서도 움직임이 없고 고요하면서도 고요함이 없다고 하는 것은 괜찮지만, 곧바로 움직이지 않고 고요하지 않다고 말하는 것은 안 되기 때문이다. 태극의 체(體)를 일러 동과 정을 품고 있다고 하는 것은 괜찮지만, 지금처럼 '움직이지 않고 고요하지 않다.〔不動不靜〕'라고 말하고서 또 '동과 정을 품고 있다.〔含動靜〕'라고 말한다면, 이는 태극에 끝내 유행의 묘용이 없는 것이므로 그렇게 말해서는 안 된다. 또 순환이 끊임없는 것을 오로지 기(氣)로 말한 것 역시 미흡

한 듯하다. 지금 답하는 말의 '기야(氣也)' 위쪽의 글을 '개(蓋)' 자와 함께 모두 지워 버려서 곧바로 '움직이고 고요한 것은 기(氣)이고 움직이고 고요하게 하는 것은 태극이다.'라고 하고자 한다. 단지 이와 같이 답하면 한결 더 간략하면서도 완전할 듯한데, 어떨지 모르겠다.

제4판의 태극지여음양조(太極之與陰陽條)
이 대답은 태극과 음양을 가지고 심(心)과 성(性)이 두 가지 사물이 아님을 밝힌 것인데, 끌어다 비유한 것이 도리어 허술하다. 또 곧장 태극과 음양이 두 가지 사물이 아니라고 하였으니 이(理)와 기(氣)가 참으로 한가지 사물이 되어 버렸다. '심유음양야(心猶陰陽也)' 아래를 지금 대략 고쳐서 '태극과 음양은 각기 하나의 사물로서 서로 간섭하지 않는 존재가 아니니 하물며 지극히 미묘한 심과 성은 어떠하겠는가.'라고 하고자 하는데, 이처럼 고쳐 쓰면 비록 정밀하고 적절한 설명은 아니더라도 조금은 완전해지지 않겠는가. 아래의 "기질지성과 본연지성은 곧 하나의 성(性)이다."라는 글 역시 상세함이 크게 부족하니, 지금 고쳐서 '또한 두 가지 성이 아니다.'라고 하면 역시 조금이라도 차이가 없겠는가. 아랫글의 '물득기지편(物得氣之偏)'[20]부터 '기이기설(豈異其說)'까지는 그 말뜻이 매우 분명치 못하니, 역시 대략 수정하여 '사물은 편벽된 기를 얻어 변화할 이치가 없으니 기질이 바로 본성이므로 기질지성을 말하지 않은 것이고, 사람은 통할 수 있는 기를 얻어 탁한 기가 맑아질 수 있고 나쁜 기가 좋아질 수 있으므로 기질지성을

20 물득기지편(物得氣之偏) : 《율곡별집》 규장각본에 '편(偏)'이 '색(塞)'으로 되어 있으나, 의미상 큰 차이가 없다.

말하여 사람으로 하여금 변화하는 도리가 있음을 알게 한 것이니, 이는 사물은 모두 한가지 성을 가졌는데 사람은 유독 두 가지 성을 가졌다고 한 것이 아니다. 맹자와 정자가 어찌 그 설을 달리하였겠는가.'라고 하고 '주자왈(朱子曰)' 이하는 본문을 따르고자 한다. 이와 같이 수정하는 것이 어떨지 모르겠다.

제5판의 기왈일음일양조(旣曰一陰一陽條)
이 대답이 비록 음양을 하나라고 하는 것과 둘이라고 하는 것이 모두 옳다는 것으로 결론을 냈으나, 위에서 인용한 설[21]은 단지 이것이 하나라는 의미이다. 지금 대략 고쳐서 '하나의 기(氣)로 말하면 음이 유행한 것이 양이고 양이 응집된 것이 음이며, 두 개의 기로 말하면 하늘은 양이고 땅은 음이며 기(氣)는 양이고 질(質)은 음이다. 대개 말하는 처지에 따라 각각 주장하는 바가 있어서 대비하여 말하기도 하고 합해서 말하기도 하니, 이 때문에 주자가 말하기를……'이라고 하고자 한다. 이것이 한결 완벽하고 좋은 듯한데 어떨지 모르겠다.

제9판의 남헌설조(南軒說條)-아랫글을 살펴보아야 한다.-
"하지 않으면서도 한다.〔莫之爲而爲之〕"라는 《맹자》에 있는 본래의 말이 비록 이체(理體)를 바로 말한 것이 아니기는 하지만, 남헌(南軒)[22]

21 위에서 인용한 설 : 원문에서 인용한 주희의 설을 가리킨다. 여기에서 주희는 "음이 유행한 것이 양이고 양이 응집된 것이 음이다."라고 하였다.

22 남헌(南軒) : 남송의 학자 장식(張栻, 1133~1180)이다. 남헌은 그의 호이고, 자는 경부(敬夫)·흠부(欽夫)·낙재(樂齋)이며, 시호는 선(宣)이다. 호굉(胡宏)에게 정자의 학문을 전수받았다. 저서로 《논어해(論語解)》, 《남헌역설(南軒易說)》 등이 있다.

이 이 말을 가지고 무극과 태극을 설명하였고 뜻이 또한 통한다. 대개 '하지 않으면서도 한다.'라는 것은 '함이 없으면서 한다.〔無爲而爲〕'라고 하는 것과 같으며, 바로 '움직이게 하면서도 자신은 움직임이 없다.〔動而無動〕'라는 의미이니, 남헌이 태극과 무극이 둘이라는 설로 보았다는 점이 드러나지 않는다. 또 '하지 않으면서도 한다.'라고 하였으니 '하는 것〔爲之〕' 역시 이(理)에 속한 것으로 볼 수 있다. 전현(前賢)의 말에 통할 만한 점이 있으면 그 본뜻을 찾아서 통할 수 있게 하는 것이 마땅한 것 같으니, 이처럼 공격하고 지적하지 말아야 할 듯한데, 어떨지 모르겠다.

지어성지자조(至於成之者條)-본문을 살펴보아야 한다.-

'주자설태극(朱子說太極)' 아래에 '운(云)' 자나 '왈(曰)' 자가 있어야 할 것 같으니, 주자가 태극에 이 성(性)이 있다고 말하지 않은 것이 분명한 듯하기 때문이다.[23] 다시 살펴보아야 할 것이다. 이 '성(性)' 자가 비록 '성성(成性)'[24] 이전의 성(性)을 가리킨다 하더라도 성(性)은 이(理)이고 이(理)는 하나일 뿐이어서 전후를 통틀어 단지 하나의 이

23 주자설태극(朱子說太極)……때문이다 : '운(云)'이나 '왈(曰)'이 없으면 《율곡별집》 원문의 '주자설태극유시성(朱子說太極有是性)'이 '주자가 태극에 이 성이 있다고 말하였다.'라고 해석될 염려가 있다는 것이다.

24 성성(成性) : 여기서는 사물이 부여받아서 갖추고 있는 성(性)을 말한다. 《주역》 〈계사전 상(繫辭傳上)〉에서 "일음일양을 도라고 하니, 잇는 것이 선이고 이룬 것이 성이다.〔一陰一陽之謂道, 繼之者善也, 成之者性也.〕"라고 하였는데, 주희의 〈본의(本義)〉에서 "계(繼)는 그 발함을 말하고 선(善)은 화육의 공을 말한다. 성(成)은 그 갖춤을 말하고 성(性)은 물(物)이 받은 것을 말하니, 물(物)이 나면 성(性)이 있어서 각각이 도(道)를 갖춤을 말한다."라고 하였다.

(理)일 뿐이니, 성(性)으로 이(理)를 말하는 것 역시 통할 수 없겠는가. 그러니 어찌 이것을 반드시 주자의 초년설(初年說)이라고 장담하겠는가. 어떨지 모르겠다.

제11판의 오성감동조(五性感動條)
'천역유(天亦有)'는 '천즉무(天則無)'가 되어야 할 것 같은데, 어떤가? '주자왈차언중인(朱子曰此言衆人)'부터 '상실어동(常失於動)'까지의 이 인증(引證)은 뜻이 요긴하지 못하고 말이 매우 번잡하니, 이 대목을 삭제하고 곧바로 '감동하여 선악이 나누어진다.〔感動而分善惡〕'라고 말해야 할 듯한데, 어떨지 모르겠다.

제14판의 천지형이하조(天地形而下條)
'역소위건곤(易所謂乾坤)' 이하의 글의 흐름을 끝내 분명히 이해하지 못하겠다. 지금 대략 고쳐서 '천지는 형체이고 건곤은 성정(性情)이니, 성정이 이(理)가 아니고 무엇이겠는가. 《역》에서 말한 「건곤」은 합쳐서 말한 것이고 「천지건곤」은 나누어서 말한 것이니, 합쳐서 말하면 건곤은 이와 기를 겸한 것이며 나누어서 말하면 천지는 기이고 건곤은 이이다.'라고 하였다. 이와 같이 고쳐 쓰는 것이 어떨지 모르겠다.

제15판의 인수천지조(人受天地條)
'유충능천(惟蟲能天)'[25]은 도를 해치는 말이다. 이것은 언뜻 보면 '솔개

25 유충능천(惟蟲能天) : 《장자》 〈경상초(庚桑楚)〉에 나오는 말로 '오직 벌레는 본성을 다하기만 하면 하늘과 하나가 된다.'라는 뜻이다.

와 물고기의 비유〔鳶魚之喩〕'[26]와 아주 유사하지만, 실제로는 크게 다른 점이 있다. 병통이 '유(惟)' 자에 있으니, 지금 이 말을 인용하여 단정적으로 말한 것은 매우 온당치 못하다. 또 "남의 치질을 핥거나 큰 악행을 저지르는 것도 가능하다."라고 하였는데, 역시 연관이 약간 있다 하더라도 어찌 실제로 가능할 수 있겠는가. 말의 뜻은 잘 모르더라도 해로움이 적지 않을 듯하다. 지금 본뜻을 따라 대략 고치고 다듬어서 '물(物)은 품부받은 기가 꽉 막혀 있기 때문에 각기 제 일에 능하지만, 사람은 열려 있기 때문에 도리어 천형(踐形)[27]할 수가 없는 것이다. 대개 막혀 있으면 단지 한 길로만 통하기 때문에 오로지하여 쉽게 능할 수 있으나, 열려 있으면 수많은 이치가 모두 부여되기 때문에 광범위하여 실천하기 어려우니, 역시 그 형세가 그러할 뿐이다. 그러나 물은 비록 각기 제 일에 능하지만 능한 일 이외의 일로는 다시 미루어 갈 수 없는데, 사람은 비록 천형하지는 못하지만 배워서 거기에 이를 수 있으니, 역시 할 수 없는 일이 없다. 이것이 막힌 기를 가진 물이 끝내 천한 존재가 되고 열린 기를 가진 사람이 귀한 존재가 되는 까닭이다.'라고 하였다. 이와 같이 수정하는 것이 어떨지 모르겠다.

26 솔개와 물고기의 비유 : 하늘에 솔개가 날고 못에 물고기가 뛰는 것을 천지자연을 관통하는 하나의 이치가 드러난 것으로 본다는 것이다. 《시경》 〈대아(大雅) 한록(旱麓)〉에 "솔개는 날아 하늘에 이르고, 물고기는 못에서 뛰네.〔鳶飛戾天, 魚躍于淵.〕"라고 하였다.

27 천형(踐形) : 사람이 하늘로부터 받은 천성(天性)을 그대로 실천하는 것으로, 《맹자》 〈진심 상(盡心上)〉에 "형색은 천성이니 오직 성인이라야 천형할 수 있다.〔形色, 天性也, 惟聖人然後, 可以踐形.〕"라고 하였다.

제16판의 부자왈조(夫子曰條)

주자(朱子)의 설을 인용한 아래에 초본(初本)과 개본(改本)에서 모두 주자의 설을 가지고 해설을 덧붙였으나, 당초에 이 설을 인용한 것에 대한 맺음말이 없으니 지금 모두 없애 버려야 할 듯하다. 또 '위유(爲喩)'의 '유(喩)' 자는 합당치 않으니 '언(言)' 자를 쓰는 것이 나을 듯하다. 지금 '용개동위언(用皆動爲言)' 아래에 단지 '말의 뜻이 어찌 한 가지뿐이겠는가.〔夫言豈一端而已哉〕'라는 말을 덧붙여, 이것으로 마무리하면 어떨지 모르겠다.

이사물간조(以事物看條)

'현재지단(見在之端)'의 '단(端)'은 '처(處)'가 되어야 할 듯한데, 어떨지 모르겠다.

제19판의 형이상조(形而上條)

문사(問辭) 중에 '반이위소(反以爲小)'와 '반이위대(反以爲大)'라는 문구가 갑자기 나와서 말에 조리가 없는 듯하다. 고쳐 써야 마땅하지만 이 문구가 쓰인 내력을 알 수 없어서 손을 대기 어렵다. 다시 자세히 살펴보는 것이 어떻겠는가?

제20판의 천지지리조(天地之理條)

'이수미이익저(理雖微而益著)'의 '익(益)'은 '역(亦)'이 되어야 할 듯한데, 어떨지 모르겠다.

제22판의 태극일동조(太極一動條)

'비성인유잡(比聖人愈雜)'의 '유(愈)'는 '유(猶)'가 되어야 할 듯하다. 하늘은 이(理)의 주인이고 성인의 근본이므로, 예부터 성인의 지극한 경지에 대해서 '하늘과 같다.〔如天〕'라거나 '바로 하늘이다.〔其天〕'라고 말할 뿐이었다. 지금 "성인은 변화에 대처하는 권도가 있으나 하늘은 없다.〔聖人有處變之權 而天則無是〕"라고 하고 또 "천지의 기는 성인에 비하면 오히려 잡박하다.〔天地之氣 比聖人猶雜〕"라고 한 것은 마치 하늘이 참으로 성인에 미치지 못하는 바가 있다고 여긴 것 같으니, 이것은 하늘을 말하는 도리가 아닌 듯하다. 하늘과 성인은 덕을 함께하지만 능함은 달라서 성인이 능한 것 중에 하늘이 원래 능하지 못한 것이 있고 하늘이 능한 것 중에 성인 또한 능하지 못한 것이 있는데, 어찌 하늘에는 성인이 가진 임시변통하는 권도가 없다고 하여 곧장 하늘이 성인에 미치지 못한다고 하는가. 또 천지의 기가 함께 기르고 함께 행하여 없는 것이 없으니, 이것이 바로 천지가 위대한 까닭인데, 어찌 이것을 가지고 곧장 잡박하다고 하는가. 이 말대로라면 아랫글에서 "성인은 하늘같이 되기를 바란다.〔聖希天〕"라고 한 것이 그 좋은 면을 취하여 바라는 것같이 되어 버리니, 어찌 그러하겠는가. 지금 대략 고쳐서 '하늘의 일에 어긋남이 없을 수 없다는 것은 바로 이른바 「천지의 큼으로도 오히려 사람이 한스러워하는 바가 있다.」[28]라는 것이니, 이것은 기수(氣數)[29]가 혹 그러한 것일 뿐이다. 저 음양이 되고 오행이 되고 만물이 되는 데에

28 천지의……있다 : 《중용장구》 제12장에 나오는 "성인이라도 능하지 못한 바가 있으며, 천지의 큼으로도 사람이 오히려 한스러워하는 바가 있다.〔雖聖人, 亦有所不能焉, 天地之大也, 人猶有所憾.〕"라는 구절에서 인용한 것이다.

29 기수(氣數) : 기운(氣運) 또는 운수(運數)를 말한다.

어떤 어긋남도 없는 것은 다름이 아니라 모두 하늘의 일이기 때문이다. 그 사이에 혹 기수로 인하여 어긋남이 생기는 것은 아주 드문 경우일 뿐이며, 또 기수가 한때에 어긋나더라도 실리(實理)가 항상 그 안을 꿰뚫고 있으니, 이른바 어긋남이라는 것 역시 하늘의 어긋남이 아니다. 그러니 이것이 어찌 성인에 미치지 못하는 바가 있어서 그러한 것이겠는가. 공자께서 「하늘이 무슨 말을 하더냐. 그래도 사시가 운행되고 만물이 자라난다.」[30]라고 하였으니, 이 한마디 말을 음미하면 바로 「성희천(聖希天)」의 의미를 알 수 있다.'라고 하고자 한다.

제24판의 기왈동이조(其曰動而條)
'생양처간(生陽處看)' 아래에 있는 하나의 권(圈)은 의미가 없으니, 아마도 그 사이에 빠진 글자가 있는 것 같다. 지금 간략하게 보충하여 '어찌 오로지 음과 양이 처음 갈라질 때만을 가리키겠는가.'라고 하고자 하는데, 어떨지 모르겠다. 소자(邵子 소옹(邵雍))가 말한 '무극지전(無極之前)'은 음과 양이 처음 갈라지기 전을 말한 것이 아니고 또한 전천지(前天地)를 가리키는 것도 아니어서 이 한마디가 윗글의 묻는 말과 관련이 없으니 없애 버리는 것이 마땅할 듯한데, 역시 어떨지 모르겠다.

30 하늘이……자라난다 : 《논어》〈양화(陽貨)〉에 자공(子貢)의 "선생님께서 만일 말씀하지 않으시면 저희들이 어떻게 도를 전하겠습니까.〔子如不言, 則小子何述焉?〕"라는 물음에 대한 공자의 "하늘이 무슨 말을 하더냐. 그래도 사시가 운행되고 만물이 자라난다. 하늘이 무슨 말을 하더냐.〔天何言哉? 四時行焉, 百物生焉, 天何言哉?〕"라는 대답이 나온다.

제2권

제1판의 제1조

큰 성인(聖人)의 품기(稟氣)에 대해서 분수(分數)의 다소를 가지고 청탁(淸濁)을 나누어서는 안 될 듯하다. 또 "탁한 기가 맑은 기를 당할 수 없다.〔濁氣不能當淸氣〕"라고 한 것은 맑은 기가 더 많다고 한 것에 불과하니, 조금 어폐가 있는 듯한데, 어떨지 모르겠다. 《주자어류(朱子語類)》 가운데 또 바로 이 이치를 말한 것을 기억하는데, 여기의 말과 조금 다르니 의당 점검하여 고쳐야 할 듯하다.

제2조

질문의 뜻이 심기(心氣)는 비록 굳세더라도 신기(身氣)가 굳세지 못한 경우가 간혹 있는 이유를 묻는 데에 있으니, 그 대답은 의당 '비록 한 사람의 기라 하더라도 이미 심기와 신기로 나누어졌다면, 기는 곧 형적(形迹)에 관계되므로 들쭉날쭉하여 고르지 못할 것이 또한 당연하다.……'라고 해야 할 것이다. 지금 맑고 탁한 것을 심기에 귀속하고 무르고 견고한 것을 신기에 귀속하면서도 다시 마음이 굳센 경우는 말하지 않았으니, 말하기가 끝나지 않은 것 같은데, 어떻게 된 것인지 모르겠다. 아래 조의 뜻도 대략 같다. 오로지 강유(剛柔)를 심기에 귀속하면서 다시 신기의 강약(强弱)은 말하지 않은 데다가 참고하고 절충하는 말이 없으니, 역시 말이 완전히 갖추어지지 않은 것 같다. 정말 어떻게 된 것인지 모르겠다.

제4조

효제(孝悌)는 단지 하나의 길이니, 두 방면으로 나누어 말해서는 안 될 듯하다. 사람 중에 어버이에게 효도하면서 형제에게 불화하는 사람은 없으니, 혹시 불화하는 경우는 반드시 이해관계나 일의 형편 때문이거나 아니면 둘 사이에 가리고 막힌 곳이 있어서 그러할 뿐이지, 그 품기(稟氣)가 원래 두 방면으로 청탁이 나뉘어서 그러한 것이 아닐 것이다. 이것은 원래 비유하는 말이지만, 지칭하여 말할 때는 다소 거리낌이 없지 않을 듯하니, 어떨지 모르겠다.

제5조

금수(禽獸)의 마음은 그 통하는 점에서는 남에게라도 간혹 미루어 갈 수 있으나, 그 통하지 않는 점에서는 자신의 이로움과 해로움에도 역시 밝지 못하다. 지금 일률적으로 "금수는 단지 자신의 운동과 지각에만 밝고 남에게로 미루어 가지 못한다."라고 한 것은 말이 미진한 듯한데, 어떨지 모르겠다. 조목조목 의문을 제기한 것은 역시 탐구함이 너무 깊어 널리 보지 못하여서 그런 것이 아니겠는가. 정말 어떻게 된 것인지 모르겠다.

제3판의 인지생야조(人之生也條)

부모의 기가 주가 되는 것은 꼭 평범한 유기(游氣)를 받은 사람만이 그러한 것이 아니다. 부모의 기가 맑은데 맑은 유기에 감응하거나 부모의 기가 탁한데 탁한 유기에 감응하거나 부모의 기가 평범한데 평범한 기에 감응하면, 이와 같은 사람은 모두 부모의 기가 주가 되고 태어난 자식은 그 부모를 닮게 된다. 혹시라도 부모의 기는 맑은데 감응한 유기가 탁하거나 부모의 기는 탁한데 감응한 유기는 맑거나 부모의 기는 평범한데 감응한 유기는 맑거나 탁하면, 이와 같은 경우에는 부모의 기가 주가 되지 않고 그 태어난 자식은 선대(先代)의 유형(類型)을 잇지 않게 된다. 무릇 평범한 기로부터 지극히 맑고 지극히 탁한 기에 이르기까지 이런저런 기가 모두 있으나, 다만 그 분수(分數)의 많고 적음에 따라 청탁 간에 승부(勝負)가 갈리어 곧 빈(賓)과 주(主)로 나누어지니, 그 자식이 선대와 닮기도 하고 닮지 않기도 한 것이 바로 그 징험이다. 지금 이 조에서 일률적으로 중인(中人) 이하의 기가 맑지도 탁하지도 않은 것을 부모의 기가 주가 된 것이라고 한 것은 말이 잘 갖추어지지 못한 듯한데, 어떨지 모르겠다.

제7판의 기품구지조(氣稟拘之條)

물욕(物欲) 하나만을 말하면 기질의 병폐도 물욕 안에 포함되어 있으니, 물욕이 없어졌을 때에는 기질의 병폐에 대해서 다시 말할 것이 없다. 기품과 물욕을 나란히 거론한 경우라면 기질을 바로잡고 물욕을 다스리는 것이 또 각각 한 항목의 공부가 되니, 힘쓰는 데에 두 가지 목표가 절대로 없다고 할 수는 없을 듯한데, 어떨지 모르겠다.

제10판의 원포사덕조(元包四德條)[31]

'원포사덕'과 '인포오상(仁包五常)'[32]은 비단 이(理)뿐만이 아니라 기

31 원포사덕조(元包四德條) : 여기서의 사덕은 천도(天道)로서의 원(元), 형(亨), 이(利), 정(貞)을 말하는데, 원이 이 넷을 포괄한다는 말이다.

32 인포오상(仁包五常) : 오상은 사람이 항상 행해야 하는 다섯 가지 바른 행실, 곧 인(仁), 의(儀), 예(禮), 지(智), 신(信)을 말하는데, 인 하나가 이 다섯 가지를 포괄한다는 말이다.

(氣) 역시 그러하니, 대개 생기(生氣)와 측은(惻隱)은 모두 기(氣)이지만 사시(四時 춘하추동)와 사단(四端 인의예지)을 포괄할 수 있다. 오직 형질을 이룬 기는 그렇지 않으니, 이것은 이미 이루어진 형질이 있기 때문에 서로 포괄할 수 없다. 지금 이(理)는 포괄할 수 있으나 기(氣)는 포괄할 수 없다고 말하면서 형질을 다시 따로 말하지 않은 것은 자세함이 부족한 듯한데, 어떨지 모르겠다.

제11판[33]의 성지욕동조(性之欲動條)

〈악기(樂記)〉에서 원래 "사물에 감응하여 움직이는 것은 성의 욕이다.〔感於物而動 性之欲也〕"라고 하였다. 그러나 여기의 '욕(欲)' 자는 바로 이른바 '정(情)'으로 '성이 발한 것〔性之發〕'이라고 하는 것과 같다. 지금 '성이 움직이려고 한다.〔性之欲動〕'라고 말하였으니, 이것은 성(性)에 의도가 있는 것이 되지 않겠는가. 어폐가 있는 듯한데, 어떨지 모르겠다.

제19판의 향부모즉조(向父母則條)

부모를 향한 효(孝)와 임금을 향한 충(忠)은 본래 정(情)이지만, 부모를 향해서는 효가 나오고 임금을 향해서는 충이 나오는 것은 바로 성(性)이니, 글을 쓴 것에 본래 잘못이 없는 듯한데, 왜 이런 질문을 하였는지 모르겠다.

33 제11판 : 성지욕동조(性之欲動條)는 제13판에 있으니, 이것은 아마도 '제13판'의 오기인 듯하다.

지선이리조(至善以理條)

‘현(見)’을 ‘뚜렷이 드러나는 것〔著見〕’이나 ‘밖으로 나타나는 것〔發見〕’으로 말하는 것이 원래 올바른 풀이이다. 지금 이것을 ‘지금 있다.〔見在〕’라고 할 때의 ‘현(見)’이라고 말하였으니 ‘현(見)’ 자가 분명치 않은 말같이 되어 버렸다. 이것은 아마도 저현(著見)이나 발현(發見)이라고 말하면 자취를 볼 수 있다는 혐의가 있다고 하여 이렇게 풀이한 것이리라. 이(理)는 비록 자취가 없으나 경전 가운데 저현이나 발현으로 말한 경우가 많으니, 이런 용례를 버리고 다른 풀이를 따로 찾아서는 안 될 듯한데, 어떨지 모르겠다.

혹문명덕조(或問明德條)

《대학》의 본의로 명덕(明德)은 자기 몸에 얻어진 이(理)를 말하고, 지선(至善)은 사물에 있는 이(理)를 말한다. 각기 《대학》의 본의대로 알고 있으면서도 혹자가 지선이 자기와는 관련이 없는 것이 아닌가 의심하였으니, 사물의 이(理)가 본래 나의 마음에 갖추어져 있다고 풀이하여 일러 주는 것은 괜찮지만, 지금처럼 “천명(天命)으로 본다면 나와 사물이 모두 사리(事理) 가운데 있다.”라고 한 것은 미루어 말하는 것이 너무 지나쳐 《대학》의 본의가 아닌 듯한데, 어떨지 모르겠다.

정지발야조(情之發也條)

정(情)이 비록 선(善)을 위하여 발하였더라도 만약 절도에 맞지 않으면 이것을 결코 지선이라고 할 수 없다. 그러나 그 말의 맥락을 논한다면 역시 어찌 그것을 선정(善情)이라고 할 수 없겠는가. 《역》 가운데 원래 ‘정이부중(正而不中)’[34]이라는 것이 있는데, 정(正)이면 선(善)하고 여기에다 중(中)이면 바로 지선이 된다. 만약 정이면서 중이 아닌 것을 모두 불선(不善)한 정(情)으로 돌린다면 이치상 완전하지 못한 점이 있는 듯한데, 어떨지 모르겠다.

제24판에 "기는 상상할 수 있는 형체가 없고 질은 상상할 수 있는 형체가 있다.〔氣者無形可想 質者有形可想〕"라고 하였는데, 이 두 '상(想)' 자 모두 문제가 없는가? 아래의 '상(想)' 자를 '견(見)' 자로 바꾸는 것이 나은가? 어떨지 모르겠다.

제27판의 인지위인조(人之爲仁條)
이미 "한 가지의 인을 떠나서 따로 네 가지를 포괄하는 인을 찾는 것은 사리에 맞지 않는다."라고 하고서, 아랫글에서는 또 어찌하여 전체지인(全體之仁)과 일편지인(一偏之仁)으로 곧장 나누고 대립하여 말하였는가? 이른바 "백이(伯夷)는 일편지인을 구하였다."라는 것 또한 조금 어폐가 있는 듯한데, 어떨지 모르겠다.

제28판의 주자이공용조(朱子以功用條)
이른바 '기를 타고 유행하는 이〔乘氣流行之理〕'라는 것은 발용(發用)한 것을 가리키는 것인가? 이와 같다면 '기를 타고 유행하는 이'에 대해서

34 정이부중(正而不中) : 어떤 효가 정이면서 중이 아닌 경우를 말한다. 《주역》에서 여섯 효의 자리 중에 초효, 3효, 5효의 자리에 양효(陽爻)가 오는 것이 정(正)이고, 2효, 4효, 6효의 자리에 음효(陰爻)가 오는 것이 정이다. 또 2효와 5효의 자리에 위치하는 것이 중이고, 나머지 효의 자리에 위치하는 것은 부중이다.

'형체도 없고 하는 것도 없다.'라고 말할 수 없는 것인가? 내 생각에는 그렇지 않은 듯한데, 어떨지 모르겠다.

제31판의 '도선(徒善)'과 '도시(徒是)'라는 두 용어는 각각 주장하는 뜻이 있는 듯하다. 지금 인(仁)을 좋아하면서 불인(不仁)을 미워하지 않는 것을 통틀어 '선하기만 하고 옳기만 하다.〔徒善徒是〕'라고 말하는 것은 너무 범범한 듯한데, 어떨지 모르겠다. 내가 생각하기에, 사람이 선하면 인을 좋아하지만, 단지 인을 좋아하기만 하고 불인을 미워하지 못하면 인에만 치우쳐서 의를 다하지 못하고, 사람이 옳으면 불인을 미워하지만, 단지 불인을 미워하기만 하고 인을 좋아하지 못하면 의에만 치우쳐서 인을 다하지 못한다. "반드시 인을 좋아하면서 불인을 미워한 다음에야 인의(仁義)의 도리를 다할 수 있다."라고 한 횡거(橫渠 장재(張載))의 말의 본뜻이 이와 같은 듯한데, 어떨지 모르겠다.

제34판의 재중제우조(齋中諸友條)
"심기(心氣)는 신기(身氣) 가운데 포함되어 있고, 신기는 심기 속에 뿌리를 박고 있다."라고 한 말은 분명치 않고 이해하기 어렵다. 고치는 것이 마땅한데, 어떨지 모르겠다.

제39판의 주자왈충신수사조(朱子曰忠信修辭條)
'배움의 처음과 끝〔學之始終〕'은 본문에서의 뜻이고 '성인과 학자〔聖人學者〕'는 일의 실제에 대한 말이다.[35] 선생께서 경을 설하실 때 일의

35 배움의……말이다 : 《율곡별집》의 "주자가 '충신으로 수사한다는 것은 시종을 일

실제를 가지고 설명하시는 경우가 많았는데, 비록 본문과 조금 달라도 뜻이 저절로 시원하게 통하고, 또한 뜻을 해치는 데에 이르지 않았다. 이것을 그대로 두고 고치지 않았는데,[36] 어떨지 모르겠다.

제46판의 작문안자조(昨聞顔子條)

'격물(格物), 치지(致知)'를 고쳐서 '격물(格物), 치지(致知), 성의(誠意)'라고 하고자 하는데, 이것은 아랫글의 '개(皆)' 자와 상응하기 위해서이다.[37] 어떨지 모르겠다.

체용분별조(體用分別條)

이 조에 대해서는 《주자대전》의 본문을 검토하지 못하였으므로 감히 단정하여 말하지 못하겠다. 그러나 내 생각을 말한다면, 이른바 "체와 용을 구별하면 각기 어떤 모습인가?"라는 것은 아마도 사덕(四德)을 가리켜 말한 듯하다. 대개 '온화와 자애의 도리'가 인(仁)의 체(體)의 모습이면 '온화와 자애'는 인의 용(用)의 모습이니 '결단과 제어' 이하도 모두

관하여 말한 것이다.'라고 하였다.〔朱子曰: 忠信修辭, 貫始終而言.〕"라는 구절에 포함된 '관시종(貫始終)'의 의미에 대해 두 가지로 말한 것이다.

36 이것을……않았는데 : 《회암집(晦庵集)》 권42에 나오는 "역에서 말한 충신과 수사는 성학의 실제 일로, 처음과 끝을 일관하여 말한 것이다.〔易之所謂忠信修辭者, 聖學之實事, 貫始終而言者也.〕"라는 구절의 '성학(聖學)'을 여기에서 '성인학자(聖人學者)'로 다르게 말한 것을 수정하지 않았다는 뜻인 듯하다.

37 이것은……위해서이다 : 첫 문장에서는 '격물'과 '치지'만을 말하였는데, 뒤의 문장들에서는 모두 '성의'를 함께 말하였으므로 '개(皆)' 자를 이 셋을 아우르는 것으로 본 것이다.

이와 같이 구분하는 것이 마땅하다.[38] 이른바 "체와 용을 구별하면 각기 어떤 모습인가?"라는 말의 뜻이 이와 같을 듯한데, 어떨지 모르겠다.

문불출주조(問不出主條)

본래의 말이 그 취지를 요약해서 말한 것으로, 그 자체로 간략하고 알기가 쉽다. 고친 주에서 비록 별도로 한 뜻을 드러내기는 하였으나, 뜻이 명백한 본래의 말을 그대로 보존하는 것이 나을 듯한데, 어떨지 모르겠다.

제52판의 '횡설(橫說)'과 '수설(竪說)'은 굳이 한 가지 용례에 집착하여 설명할 필요가 없으니, 본문에서 설명한 것처럼 해도 역시 통한다. 만약에 굳이 한 가지 용례에 집착하게 되면, 고금의 글에서 '횡'과 '수'를 말한 곳 중에 말이 되지 않는 곳이 반드시 있을 텐데, 어떻게 할지 모르겠다. '무물미유(無物未有)'의 '미(未)'는 '불(不)'이 되어야 한다.

38 대개……마땅하다 : 〈대학장구서(大學章句序)〉의 '인의예지(仁義禮智)'에 대한 소주(小註)에서, 주희의 말을 인용하여 "인은 온화와 자애의 도리이고 의는 결단과 제어의 도리이며, 예는 공경과 준절의 도리이고 지는 분별과 시비의 도리이다. 무릇 이 네 가지가 인심에 갖추어져 있으니 성의 본체이다.〔仁則是箇溫和慈愛底道理, 義則是箇斷制裁割底道理, 禮則是箇恭敬撙節底道理, 智則是箇分別是非底道理, 凡此四者具於人心, 乃是性之本體.〕"라고 하였는데, 창계가 이 말을 근거로 체와 용을 구별하는 것이 마땅하다고 한 것이다.

제3권

제2판의 약천지달조(若泉之達條)

이미 곡식을 기르는 것으로 비유하였으니 '싹을 뽑아서 돕는다.〔揠助〕'[39] 라는 문구가 말이 저절로 잘 들어맞아서 없어서는 안 될 듯한데, 어떨지 모르겠다.

단류이위인조(斷流而爲忍條)[40]

개본(改本)[41]에서도 '지나치게 단정하여 차마 하지 못할 짓을 하는 것〔斷流而爲忍〕'을 '악으로 향하는 마음〔之惡之志〕'으로 지목하는 것을 어렵게 여겼으나, 말뜻은 분명하지 못한 듯하다. 만약 본문을 모두 그대로 두면서 결구(結句)의 '지(志)' 자 위에 '입(立)' 한 자를 붙인다면 한결 원만할 듯하다.[42] 그리고 이것은 전편(前編)의 "그것을 입지라

39 싹을 뽑아서 돕는다 : 《맹자》 〈공손추 상(公孫丑上)〉의 "송나라 사람 중에 벼 싹이 자라나지 못함을 안타깝게 여겨 뽑아 놓은 자가 있었다. 그는 아무것도 모르고 돌아와서 집안사람들에게 말하기를 '오늘 나는 매우 피곤하다. 내가 벼 싹이 자라도록 도왔다.' 하였다. 그의 아들이 급히 논으로 달려가서 보니, 싹이 벌써 말라 죽었다.〔宋人有閔其苗之不長而揠之者, 芒芒然歸, 謂其人曰: 今日病矣. 予助苗長矣. 其子趨而往視之, 苗則槁矣.〕"라는 일화에서 '알조(揠助)'를 따왔다.

40 단류이위인조(斷流而爲忍條) : 《율곡전서》 권20에 "인이 어긋날 때에는 애정으로 흘러서 탐욕스러워지며, 의가 어긋날 때에는 지나치게 단정하여 차마 할 수 없는 일을 하게 된다.〔仁之差也, 則愛流而爲貪; 義之差也, 則斷流而爲忍.〕"라는 말이 나온다.

41 개본(改本) : 원본은 《율곡전서》의 〈어록(語錄)〉에 실려 있는 글을 말하고, 개본은 《율곡별집》의 〈박순경록(朴舜卿錄)〉에 실려 있는 글을 말하는 듯하다.

42 결구(結句)의……듯하다 : 결구에서, 소인(小人)의 '악으로 향하는 마음'에 대해

고 하는 것은 옳지 않다."라고 한 말[43]과 바로 서로 발명이 되는데, 어떨지 모르겠다.

제3판의 불용모허다조(不用某許多條)

주자의 말은 본래 매우 명백하다. 이른바 '간불출(看不出)'이라는 것은 '보지 못하고 깨닫지 못한다.〔見不到 看不破〕'라고 말한 것과 같으니, 이것은 대개 "내가 하였던 많은 공부를 하지 않는다면 나의 뜻을 볼 수 없고, 성현이 하였던 많은 공부를 하지 않는다면 성현의 뜻을 볼 수 없다."라고 한 것이다. 지금 이 단락을 자세히 살펴보니 앞뒤가 맞지 않는 것 같아 고치는 것이 합당할 듯한데, 어떨지 모르겠다.

이십일일조(二十一日條)[44]

'시거경(是居敬)' 아래에 '박학어문시궁리(博學於文是窮理)'라는 일곱 글자가 탈락된 것 같은데,[45] 어떻게 된 것인지 모르겠다.

'끝내 그것을 지(志)라고 말할 수 없다.〔終不可謂之志.〕'라고 하였는데, 여기서의 '지(志)'를 '입지(立志)'로 고치는 것이 좋겠다고 한 것이다.

43 전편(前編)의……말 : 앞에 실린 〈박순경록 상〉에 나온 "소인의 불선에 대한 마음 역시 '지(志)'가 아니라고 하지는 못하지만, 그것을 '입지'라고 하는 것은 옳지 않다.〔小人之於不善, 亦不可謂非志, 謂之立志則不可.〕"라는 구절을 말한다.

44 이십일일조(二十一日條) : 《율곡별집》 규장각본에는 '이십이일(二十二日)'로 되어 있다.

45 시거경(是居敬)……같은데 : 《율곡전서》의 〈어록(語錄)〉에는 '박학어문시궁리(博學於文是窮理)' 일곱 글자가 있는데, 《율곡별집》의 〈박순경록(朴舜卿錄)〉에는 빠져 있기 때문에 이렇게 말한 것이다.

제8판의 십칠일석조(十七日夕條)

이 책이 체(體)이면, 표창하고 발휘하는 것이 당연히 용(用)이 된다. 책 속에 있는 성현의 말씀을 용(用)이라고 해서는 안 될 듯하니, 책 속의 성현의 말씀은 바로 체(體)가 갖추어졌기 때문이다. 어떻게 된 것인지 모르겠다.

제10판의 십오일문조(十五日問條)

'약무호연지기(若無浩然之氣)' 아래의 고친 부분[46]은 뜻이 오히려 분명치 않은 듯하다. 또 본문의 결어(結語)의 뜻이 원래 좋으니, 없애서는 안 된다. 지금 단지 조금 고쳐서 '비록 도의를 행하고자 하더라도 몸에 기가 없어서 주리고 결핍된 것 같다.〔雖欲行道義 一身無氣如飢乏然也〕'라고 하고, 그 아래는 모두 본문을 따르는 것이 어떨지 모르겠다.

〈직월기(直月記)〉 제18판의 이십팔일조(二十八日條)

'조선지문즉유가하야(祖先之門則猶可下也)'의 '유(猶)'는 '고(固)'가 되어야 할 듯하다. 아랫글의 '불가불하야(不可不下也)'는 '수서인노직(雖庶人老職)'이라고 바꾸어 말해야 할 듯한데, 어떨지 모르겠다.

〈경서변의소기(經書辨疑所記)〉 제19판에서 20판까지

《소학집주(小學集註)》에 본래 갖추어진 글이 있으니, 굳이 약간의 조항을 삭제하여 이 문집 안에 넣을 필요는 없을 듯하다. 더구나 그 결어

46 고친 부분 : 《율곡전서》의 〈어록〉에는 '則雖欲行道義 一身無氣如飢乏然也'로 되어 있는데, 《율곡별집》에서는 '則雖行道義 一身之氣飢乏矣'로 고쳐져 있다.

들은 모두 사계(沙溪)의 뜻이니, 요컨대 이것은 원래 사계의 변의(辨疑)이지 율곡의 어록이라고 할 만한 것이 아니다. 역시 대단한 의론이 있는 것도 아니니 모두 삭제해 버리는 것이 마땅할 듯한데, 어떨지 모르겠다.

제20판의 대학경일장조(大學經一章條)
'기필대인물격후(豈必待人物格後)'에서의 '물격(物格)'은 '격물(格物)'로 글자의 순서를 바꾸어야 할 것 같은데, 어떨지 모르겠다.

제21판의 물격이후지지조(物格而後知至條)
'의성의 주〔意誠註〕'라고 한 것은 바로 전체를 통틀어서 마무리하는 말이니, 의성(意誠)에 대한 주(註)라고 할 수 없을 듯하다. '의성주(意誠註)' 세 글자를 고쳐서 '주우운(註又云)'이라고 하면 통할 듯한데, 어떨지 모르겠다.

제21판의 전오장조(傳五章條)
《대학장구(大學章句)》에서 '모든 사물〔衆物〕'이라고 말한 것[47]은 모든 사물의 이치를 가리키는데 '모든 사물의 표리와 정조〔衆物之表裏精粗〕'라고 말하였으니 사물의 이치 안에 원래 각각 표리(表裏)와 정조(精粗)를 갖추고 있음을 알 수 있다. 대체로 표리와 정조는 이(理)로써 말하

47 대학장구(大學章句)에서……것 : 《대학장구》 전(傳) 5장의 "하루아침에 활연관통하게 되면, 모든 사물의 표리와 정조가 이르지 않음이 없을 것이다.〔一旦豁然貫通, 則衆物之表裏精粗無不到.〕"라는 구절에 있는 '중물(衆物)'을 가리킨다.

면 모두 용(用)이 넓은 것이면서도 체(體)의 은미함이 저절로 그 안에 있는데, 노씨(盧氏 옥계 노씨(玉溪盧氏))가 표리와 정조를 이(理)의 체와 용에 나누어 귀속한 것은 참으로 뜻을 다 밝히지 못한 것이다. 그런데 지금 군이 "표(表) 역시 조(粗)가 될 수 있고 이(裏) 역시 조(粗)가 될 수 있으니, 체와 용 둘로 나누어서는 안 된다."라고 말하였으니, 이것은 정(精)과 조(粗)를 물건별로 나눌 수는 있지만 하나의 물건에 대해서 다시 표리와 정조를 나눌 수는 없다는 것이니, 역시 《대학장구》의 본뜻이 아닌 듯하다. 어떻게 된 것인지 모르겠다.

육장성의조(六章誠意條)
'생문(生問)'은 '상문(嘗問)'이 되어야 할 것 같은데, 어떨지 모르겠다.

제23판에 있는 '9장의 소주에 나오는 노씨(盧氏)의 설'은 원래 취할 만한 것이 없고 또 율곡이 절충한 말도 없으니, 삭제하는 것이 마땅할 듯하다. 그 대신에 단지 '9장의 여보적자조(如保赤子條)에 대한 소주의 여러 설 가운데에 이러저러한 말이 있다.'라고 하는 것이 어떨지 모르겠다.

제24판의 양화여야조(陽化予也條),[48] 교수세조(校數歲條),[49] 고자상학

48 양화여야조(陽貨予也條) : 《논어》 〈양화(陽貨)〉의 "재여도 3년의 사랑이 그 부모에게 있었는가?〔予也有三年之愛於其父母乎?〕"라는 구절을 가리킨다.

49 교수세조(校數歲條) : 《맹자》 〈등문공 상(滕文公上)〉에 "공이란 여러 해의 중간치를 비교하여 일정한 수를 내게 하는 것이다.〔貢者, 校數歲之中, 以爲常.〕"라고 하였다.

문조(告子上學問條)[50]

《증의(證義)》[51]에 나와 있는데, 여기에다 잘 살펴서 채택한 의미를 더 보태는 것으로 말하였으니, 삭제하지 않을 수 없을 듯하다. 그중에서 여야조(予也條)의 말이 비록《직해(直解)》의 풀이와 같지 않지만[52] 끝내 어느 쪽이 맞는지 모르겠으니, 그대로 두는 것도 무방할 듯하다. 그러나 만약 그대로 둔다면 '불연(不然)' 아래의 '이회포삼년정지(以懷抱三年定之)' 일곱 자는 삭제해 버리는 것이 마땅할 듯하다. 이것이 뜻에 별로 해롭지는 않지만, 사계(沙溪)가 그의 스승을 믿는 의리에 장애가 될 염려가 있기 때문이다. '교수(校數)'에 대한 풀이는 문리가 순조롭지 못하고 '구방심(求放心)' 설은 주자의 설과 서로 어긋나니, 이 두 조는 끝내 삭제하여야 할 듯한데, 어떨지 모르겠다.

제25판의 중용독법조(中庸讀法條)

'독공(篤恭)'과 '무성무취(無聲無臭)'가 따로 한 가지씩의 일이 아니기는 하지만 '독공'은 일의 실제이고 '무성무취'는 찬미하는 뜻이니, 진씨(眞氏)의 설[53] 역시 원래 통할 수 있다. 이 조는 긴요하지 않아서 삭제하

50 고자상학문조(告子上學問條) : 《맹자》〈고자 상(告子上)〉의 "학문하는 방법은 다른 것이 없다. 그 놓아 버린 마음을 찾는 것일 뿐이다.〔學問之道無他, 求其放心而已矣.〕"라는 구절을 가리킨다.

51 증의(證義) : 경전에 나오는 문구의 뜻을 밝힌 책인 듯하지만, 확인하지 못하였다.

52 직해(直解)의……않지만 : 경전의 뜻을 풀이한 '직해'라는 이름의 책이 있었던 듯하지만, 확인하지 못하였다. 《직해》에서는 '삼년지애(三年之愛)'를 '부모가 품어서 기른 기간'의 의미로 풀이한 듯한데, 율곡 이이는 이것을 삼년상(三年喪)의 의미로 풀이한 것이다.

는 것이 마땅한 듯한데, 어떨지 모르겠다.

〈중용문답(中庸問答)〉 전체 17개조에서 십이장비은조(十二章費隱條)와 개왈문왕조(蓋曰文王條)를 제외하고는 모두 퇴계(退溪)와 문답한 말이다. 강론한 내용 역시 참으로 보기가 좋다. 다만 그 가운데 퇴계가 불가하다고 한 것에 대해 율곡이 다시 질문하지 않은 것도 율곡이 반드시 정설로 여긴 것은 아니라고 생각된다. 그러니 지금 이것을 빠짐없이 다 실을 필요가 없을 듯한데, 어떨지 모르겠다. 대개 선현들은 성숙되지 못한 글을 가벼이 내놓는 것을 매양 민망스럽게 여겼으니, 초년의 정해지지 않은 주장을 옳고 그른지 따지지 않고 빠짐없이 전포(傳布)하는 것도 그분들을 현양(顯揚)하는 도리가 아닌 듯하기 때문이다. 내가 생각건대 이미 인가를 받았거나 사계가 뒤에 논한 바가 있는 모두 10개조만을 채택하여 차례로 편집하여 넣되 비은(費隱)과 문왕(文王) 2개조는 함께 그대로 두는 것도 좋을 것 같은데, 이 모두가 어떨지 모르겠다.

제32판의 혹문희로조(或問喜怒條)
'치화지공부(致和之工夫)'의 '치(致)' 아래에 '중(中)' 자가 빠진 듯한데, 어떨지 모르겠다.

53 진씨(眞氏)의 설 : 진씨는 서산 진씨(西山眞氏)로 불리는 진덕수(眞德秀)이다. 진덕수가 "반드시 독공을 한 뒤라야 무성무취의 경지에 나아갈 수 있다.〔必篤恭以後, 能造無聲無臭之境.〕"라고 한 것을 가리킨다.

〈소찬행장(所撰行狀)〉의 부문조(訃聞條)

이미 《증의》에 나와 있으니, 아무래도 옮겨서 권말(卷末)에 두는 것이 옳을 듯하다. 이곳의 글 순서를 가릴 때 굳이 본문의 차례에 구애될 필요는 없었을 듯한데, 어떨지 모르겠다.

이 아래로 끝 편(編)에 이르기까지 자잘하고 의아스럽고 잘못된 곳으로, 각각의 조에 아울러 찌를 붙인 것이 모두 50여 곳이다. 의심나는 점을 바로 써서 간편하게 하였고 이 아래에 오직 대체(大體)와 거취(去取)의 마땅함[54]만을 논하였으니, 아울러 살펴보아 주는 것이 어떨지 모르겠다.

제4권 〈습유잡록 상〉 拾遺雜錄上

황(黃), 왕(王)[55]의 글은 참으로 귀중하게 여길 만하지만 단지 문장의 아름다움만을 숭상하고 도덕을 드러내어 밝히는 말이 없으니, 이것은 통상적인 편지글일 뿐이다. 지금 다만 중화(中華)를 사모하는 뜻으로 편수(編首)에 실었으니, 어떨지 모르겠다. 이 글을 단지 〈빈접기(儐接記)〉 안에 수록하면 괜찮을까? 정말 어떨지 모르겠다.

54 대체(大體)와 거취(去取)의 마땅함 : 해당 구절이나 문구가 대체에 합당한지의 판단과 이 구절이나 문구를 버리거나 취하고자 하는 이유를 뜻한다.

55 황(黃), 왕(王) : 명나라에서 조선에 사신으로 온 사람 중에 문장으로 이름났던 두 사람인 듯한데, 이름은 알 수 없다.

퇴계의 글에는 취할 만한 내용이 정말 없는가? 이것은 더 자세히 살펴보아야 할 듯하다. 비록 비평하는 말이라도 적절하고 요긴한 내용은 역시 아울러 취해도 될 것이니, 대개 실제의 병통에 대해서는 당연히 말하기를 피하지 않아야 하지만 다른 사람이 모르면서 함부로 논한 말에 대해서는 털끝만큼도 동조해서는 안 된다. 내 생각이 이와 같은데, 어떨지 모르겠다.

《우계문집(牛溪文集)》에 있는 〈백공인걸행장(白公仁傑行狀)〉과 〈조군감묘지(趙君堪墓誌)〉는 말뜻이 보는 사람의 처지에 따라 차이가 없을 수 없을 것 같다. 《이정전서(二程全書)》〈잡속기(雜續記)〉 안에 이와 대략 비슷한 것이 간혹 있기는 하지만, 그 관련된 내용이 매양 중대하니 역시 이것과는 다르다. 지금 더욱 재량하여 바로잡는 것이 마땅하지 굳이 전례를 끌어댈 일은 아니니, 어떻게 해야 할지 모르겠다.

《우계속집(牛溪續集)》의 〈여인서(與人書)〉에 있는 '약작(略綽 대략)'이라는 말은 이렇게 쓰는 유래가 있으니,[56] 모두 삭제해서는 안 될 듯하다. 지금 이것을 모두 고쳐서 '대략 펴서 읽는다.〔略綽披覽〕'라고 하면 어떨지 모르겠다.

〈우계일기(牛溪日記)〉에 새로 첨가한 제1조의 '당연사야(當然事也)'

56 이렇게……있으니 : 《주자어류(朱子語類)》 권113에 있는 "선생께서 '선배 제현은 대부분 이 도리를 대략 아는 데에 그쳤다.'라고 하셨다.〔先生言: 前輩諸賢, 多只是略綽見得箇道理便休.〕"라는 용례를 말한 듯하다.

이상의 글은 윗글과 한 글자도 다르지 않고 또 '담명분(談命分)' 이하의 글은 또 선생의 일과 관련이 없으니, 삭제해 버리는 것이 원래 당연한 듯한데, 어떨지 모르겠다.

〈한강수첩(寒岡手帖)〉은 비록 유가(儒家)의 바른말이기는 하지만 흐릿하여 뚜렷한 자취가 없으며, 그 주장하는 뜻을 헤아려 보건대 역시 선생의 마음에 석연(釋然)한 내용이 아닌 듯하다. 이와 같은 말은 전혀 선생의 뜻을 드러내지 못하니 굳이 채택할 필요가 없을 듯한데, 어떨지 모르겠다.

구봉(龜峯 송익필(宋翼弼))이 선생에게 답한 첫 번째 편지글 역시 선생의 정설(定說)이 아닌 것 같으니, 다른 글에 다시 보이지 않기 때문이다. 삭제해 버리는 것이 마땅할 듯한데, 어떨지 모르겠다.

〈제4서(第四書)〉에서 말한 '《순언(淳言)》을 새로 엮은 일'[57]은 실제의 업적에 관계되니 남겨 두어도 괜찮을 것이다. 또 '왈(曰)' 이하는 긴요하지 않으니 삭제해 버리는 것이 마땅할 듯한데, 어떨지 모르겠다.

김희원문조(金希元問條)에서 '무성무취(無聲無臭)'를 가지고 '도심유

57 순언(淳言)을……일 : 《순언》은 율곡 이이의 《도덕경》 주해연구서로, 《도덕경》 총 81장에서 2098자를 가려 뽑아 총 40장으로 새롭게 구성한 책이다. 구봉 송익필(宋翼弼)이 이이에게 보낸 편지에서 이 책에 대해 말하면서 "형이 새로 엮은 《순언》 한 질은 아마도 재기에 부림을 당한 듯합니다.〔兄新編淳言一秩, 似爲才氣所使.〕"라고 하였다.

미(道心惟微)'를 풀이하였고, 또 단지 '미(微)'의 뜻만을 말하고 '묘(妙)'의 뜻을 함께 언급하지 않았으니,[58] 미진한 듯하다. 우문조(又問條)[59]에서 답한 것 역시 본지(本旨)가 아닌 듯하니, 이 두 조를 모두 삭제해 버리는 것이 어떨지 모르겠다.

〈송강일기(松江日記)〉 16개조 중에서 이정랑조(李正郎條), 숙헌매경가조(叔獻賣京家條), 작일서대개조(作一書大槪條), 황해방백조(黃海方伯條), 경자간장조(頃者諫長條) 등 5개조는 남겨 둘 만하다. 그 외의 조들은 비록 예(禮)를 강론한 말이 많기는 하지만 내용이 모두 자질구레하며, 여러 곳에 또한 의미가 분명치 않아서 알기 어려운 곳이 있으니 모두 삭제해 버리는 것이 마땅할 듯한데, 어떨지 모르겠다.

〈서애유고(西崖遺藁)〉의 2개조는 긴요하지 않고 또 분명하게 말한 것이 없으니 삭제하는 것이 마땅할 듯한데, 어떨지 모르겠다.

〈김공계휘비명(金公繼輝碑銘)〉에서는 빈주(賓主)를 구별하여 글자를 삭제해야 할 듯한데,[60] 어떨지 모르겠다.

58 단지……않았으니 : 김장생이 "도심유미(道心惟微)에 대해서 주자가 말하기를 '미묘(微妙)하여 보기가 어렵다.'라고 하였습니다."라고 물었는데, 이에 대한 율곡 이이의 답에서 '미(微)'에 대해서만 말하고 '묘(妙)'에 대해서는 언급하지 않았기 때문에 이렇게 말한 것이다.

59 우문조(又問條) : 김희원문조(金希元問條) 바로 다음에 있는 김희원우문조(金希元又問條)를 가리킨다. 희원(希元)은 김장생의 자이다.

60 빈주(賓主)를……듯한데 : 문장의 글자를 삭제할 때는 행위의 주체를 잘 구별해야

제5권 〈습유잡록 중〉 拾遺雜錄中

〈병술봉사(丙戌封事)〉에서 '이모임신(李某壬申)'[61]부터 '애군지성(愛君之誠)'까지와 '모친승경해(某親承謦欬)'부터 '전포심력(展布心力)'까지는 남겨 둘 만하다. 그러나 '모(某)' 자 위에 '개(蓋)' 자를 두는 것이 옳다. 그 밖의 말은 매우 번잡하고 요긴하지 않으니 삭제하는 것이 마땅할 듯한데, 어떨지 모르겠다.

사계(沙溪)의 말 4개조 가운데, 그 하나인 회재(晦齋)와 퇴계(退溪)의 일[62]은 선현에 대한 도리에 관계되는 점이 있는 듯하지만, 말세의 풍속을 염려하는 뜻에서 부득불 이 일을 언급한 것 역시 타당하다. 나머지 3개조는 모두 그다지 긴요한 내용이 없으니 각본(刻本)에서부터 모두 삭제하는 것이 마땅할 듯한데, 어떨지 모르겠다.

각 조에서 반드시 '선사(先師)'로 호칭하였는데, 이미 '사계어록(沙溪語錄)'이라고 하였으니 꼭 이와 같이 호칭할 할 필요가 없을 듯하다. 또 만약 상권(上卷)[63]을 포함해서 보면 호칭이 더욱 건너뛰게 되니, 다시

한다는 뜻이다. 《율곡별집》 원문에 '관곽을 내려 주도록 하였다.〔命賜棺槨.〕'라는 문구가 있는데, 《간이집(簡易集)》 원문에 있던 '상(上)'이라는 주어가 빠짐으로써 명한 사람이 누구인지가 불분명하게 되었기 때문에 이렇게 말한 듯하다.

61 이모임신(李某壬申) : 원문은 '李珥壬申'이지만, 여기서는 피휘(避諱)하여 '모(某)' 자를 쓴 것이다.

62 회재(晦齋)와 퇴계(退溪)의 일 : 회재 이언적과 퇴계 이황의 어떤 처신에 대하여 비판적으로 서술한 일을 말한다.

문세를 자세히 살펴서 모두 삭제하는 것이 옳을 듯한데, 어떨지 모르겠다.

〈수몽석의(守夢釋疑)〉[64]에서 "하나인 이(理)는 정(精)도 없고 조(粗)도 없는 데에 두루 통하여 본말(本末)과 피차(彼此)의 간격이 없다."라고 한 것은 아마도 기록에 착오가 있는 것 같다. 본문의 문세로는 결코 이와 같은 말일 수가 없으니, 지금 약간 고쳐서 '하나인 이(理)는 정조와 본말에 두루 통하여 피차의 간격이 없다.'라고 하는 것이 어떨지 모르겠다.

〈장빈자(長貧子)〉[65] 두 번째 조에서 "그 폐간을 보듯 한다.〔如見其肺肝〕"에 대한 율곡의 설은 정밀하지 못한 듯하니, 이는 여기의 '기(其)' 자가 비록 사람이 스스로 보는 것으로 당연히 귀속되는 것 같지만, 폐간(肺肝)은 원래 자기가 보는 물건이 아니라서 지금 '남이 자기를 보기를 마치 스스로 자기의 폐간을 보듯이 한다.〔人之視己 如自見其肺肝〕'라고 하는 것이 도리어 말이 통하지 않기 때문이다. 반드시 '여(如)' 자에 이어서 '비록 보지 않더라도 보는 것과 같다.〔雖不見而如見〕'라고 말해야 통할 것이다. 율곡의 이 설 또한 정론(定論)이 아닌 듯하니

63 상권(上卷) : 〈습유잡록 상(拾遺雜錄上)〉이 포함된 권4를 가리키는 듯하다.

64 수몽석의(守夢釋疑) : 수몽(守夢) 정엽(鄭曄)이 엮은 《근사록석의(近思錄釋疑)》의 내용에 대해 쓴 글이다.

65 장빈자(長貧子) : 윤기헌(尹耆獻)의 호로, 여기서는 윤기헌이 엮은 《장빈거사호찬(長貧居士胡撰)》의 내용에 대해 쓴 글을 말한다.

삭제해야 마땅한데, 어떨지 모르겠다.

〈서포일록(西浦日錄)〉[66]의 글이 비록 긴요하지는 않으나, 윤기리(尹紀理)의 시[67]는 천진하고 선명하여 사랑스러우니, 남겨 두는 것도 좋을 것이다. 다만 서포가 살았던 시기가 '하록(下錄)'[68]의 시기와 그다지 머지않으니, 역시 기록된 내용의 경중을 비교하여 선후를 정해야 할 듯하다. 이 기록은 뒤쪽으로 옮기는 것이 마땅할 듯한데, 다시 상세히 살펴보는 것이 어떨지 모르겠다.

〈부계기문(涪溪記聞)〉[69] 제1조에서 "사문이 되었다.〔爲沙門〕"라는 것이 실제의 행적이 아니고 보면 "민복(閔輻)이 율곡을 헐뜯은 말이 또 받아들여지지 않았다."라고 한 것[70] 역시 아마도 없는 일이었을 것이다.

66 서포일록(西浦日錄) : 서포(西浦) 곽열(郭說)의 문집인 《서포집》에 들어 있는 〈일록〉을 말한다.

67 윤기리(尹紀理)의 시 : 윤기리에 대해서는 달리 알려진 것이 없다. 《서포집》 〈일록〉에 실린 "형문에 날 따스하여 복사꽃 곱게 피니, 무수한 벌 떼들 위아래로 날아드네. 낮잠 깨자마자 동자가 하는 말, 광주리 가득 고사리 꺾어 왔어요.〔荊門日暖桃花淨, 無數晴蜂上下飛. 午睡初醒童子語, 折來山蕨滿筐肥.〕"라는 시이다.

68 하록(下錄) : 〈습유잡록 하(拾遺雜錄下)〉를 가리킨다.

69 부계기문(涪溪記聞) : 인조 때의 공신 김시양(金時讓)이 함경북도 종성(鍾城)으로 귀양 갔을 때의 견문을 쓴 글이다. 부계는 종성의 이명(異名)이다.

70 민복(閔輻)이……것 : 〈부계기문〉에서, 율곡 이이가 처음 생원으로 성균관에 와서 선성(先聖)을 배알(拜謁)할 때에 통례(通禮) 민복이 장령(掌令)이 되어 "율곡은 중〔僧〕이었기에 응시(應試)를 허락할 수 없다."라고 하였으나, 이이가 끝내 대과에 응시하여 장원급제를 하였다고 한 것을 말한다.

단지 끝부분의 몇 마디 말[71] 때문에 여기에 남겨 두었겠으나 결국은 삭제해 버리는 것이 좋을 듯한데, 어떨지 모르겠다.

〈포저진덕행소(浦渚陳德行疏)〉[72]에 나오는 '성지(聖志)'와 '성학(聖學)'이라는 말은 뜻이 매우 분명치 못하니 수정하는 것이 합당하다. 만약 '성지'를 고쳐서 '언심즉(言心則)'이라고 하고 '성학'을 고쳐서 '언학즉(言學則)'이라고 하며, 또 아랫글 '위사(爲事)'의 '사(事)'를 고쳐서 '학(學)' 자로 하면, 뜻이 조금은 통하지 않겠는가. 어떨지 모르겠다.

〈언행록(言行錄)〉[73]의 2개조 가운데 1개조에 "몇 줄씩 읽어 내려갑니까?〔某行俱下〕"라고 한 것은 말이 지나치게 꼼꼼한 듯하고, 1개조는 자질구레한 내용으로 역시 묻는 말일 뿐이다. 모두 삭제하는 것이 마땅할 듯한데, 어떨지 모르겠다.

〈한강연보(寒岡年譜)〉와 〈구봉묘갈(龜峯墓碣)〉은 모두 긴요하지 않으니 삭제하는 것이 마땅한 듯한데, 어떨지 모르겠다. 대체로 삭제하려는 곳이 너무 많은 것은 역시 매우 온당치 않은 일이지만, 내 생각에 원래 선생의 덕업(德業)을 드러내는 데에 도움이 되는 것이 아니면

71 끝부분의……말 : 〈부계기문〉 제1조의 끝부분에 있는 "사람들이 모두 실색하였으나 율곡은 표정이 태연자약하여 조금도 변함이 없었다.〔皆失色, 公神采自若, 未嘗少變.〕"라는 구절을 가리킨다.

72 포저진덕행소(浦渚陳德行疏) : 1635년(인조13) 포저(浦渚) 조익(趙翼)이 이이와 성혼(成渾)을 문묘에 배향할 것을 청하는 내용으로 올린 상소문을 말한다.

73 언행록(言行錄) : 〈우계언행록(牛溪言行錄)〉을 말한다.

굳이 이 책에 채택하여 기록할 필요가 없을 것 같다. 선생의 사적(事蹟) 같은 것은 세간에 원래 본책이 있으므로 역시 그것이 전해지지 못할 걱정이 없다. 어떨지 모르겠다.

〈송강유사(松江遺事)〉에 있는 "저 무리들이 공신이 되고자 할 것이다."[74] 라는 말은 선생의 평소 광명하고 호탕한 기상과 같지 않은 듯하다. 이 일은 이옥여(李玉汝)의 봉사(封事)[75]에서 논한 것을 정설로 삼아야 한다. 내가 생각건대 이 조는 반드시 삭제하지 않을 수 없을 듯한데, 어떨지 모르겠다.

〈은봉언행록(隱峯言行錄)〉[76]에 나와 있는 "공은 제대로 된 사람을 보았는가?〔公見其人〕"라고 한 질문과 "배우나 광대였더라도 무방하다.〔優倡無妨〕"라고 한 주장은 너무 과격한 것 같다. 전문(傳聞)에 혹 잘못이 있었던 듯하니, 삭제하는 것이 마땅한 것 같은데, 어떨지 모르겠다.

74 저……것이다 : 동인(東人)인 허봉(許篈)이 율곡 이이의 죄를 논하는 차자를 올렸는데, 이이가 평소 송익필에게 "내가 죄를 입으면, 저 무리들이 공신이 되고자 할 것이다.〔今吾被罪, 則彼輩欲爲功臣.〕"라고 하였다는 기록이 〈송강유사〉에 나온다.

75 이옥여(李玉汝)의 봉사(封事) : 옥여는 이귀(李貴)의 자이다. 이귀는 이이, 성혼(成渾)의 문하에서 수학하였는데, 일부 문신들이 이이와 성혼을 공박하고 모함하여 처지를 위태롭게 하자, 1587년(선조20) 이귀가 여러 선비와 함께 논변하는 글을 올려 스승을 구원하였다. 이것이 〈정해봉사(丁亥封事)〉로 《율곡별집》 권4에 실려 있다.

76 은봉언행록(隱峯言行錄) : 은봉 안방준(安邦俊)의 언행록을 말하는데, 안방준의 문집인 《은봉전서》에는 실려 있지 않다. 윤증(尹拯)의 《명재유고(明齋遺稿)》에 "은봉의 문인 서봉령(徐鳳翎)이 은봉의 평소 언행을 모아 《존문록(尊聞錄)》이라는 이름으로 2권 한 질을 만들었다."라는 기록이 있으니, 이 책을 가리키는 듯하다.

선생이 입산(入山)한 일에 대해서는 〈자송소(自訟疏)〉에 있는 것이 원래 주의(主意)이지만 '정(鄭), 조(曺)의 기록'[77] 또한 의거한 데가 있는 듯하니, 이것을 남겨 두어 실제의 사적(事蹟)을 구비하는 것은 안 될 것이 없을 듯하다. 그러나 "변고에 잘 대처하였다."라고 말한 것은 역시 과연 어떤지 모르겠으니, 이는 당시의 일을 곧장 권도를 행한 것이라고 일컫기는 어려울 듯하기 때문이다. 오직 그 진실한 마음에서 나온 측은한 생각과 느껴서 깨닫기를 바란 뜻은 환하게 드러나서 백세(百世) 후에라도 떳떳이 말할 수 있으니, 일에 혹 허물이 있다 하더라도 역시 어진 사람임을 알 수 있는 허물이라고 할 만하다. 선생이 한때 불학(佛學)을 배운 일은 본시 선생의 고명(高明)함에 말미암았고, 이 입산의 일 또한 인애(仁愛)가 절실하고 지극한 데서 나왔으므로, 두 가지 일은 모두 숨겨야 할 것이 아니니, 단지 실제의 사적에 의거하여 신중하게 전한다면 또한 어찌 불가하겠는가. 선생이 스스로 이 일을 말하지 않았던 것은 틀림없이 집안일에 책임이 있었기 때문에 생략하여 조금의 기미도 드러내지 않았을 뿐일 텐데, 지금 선생이 스스로 말하지 않았다고 해서 곧 그 일이 본래 없었다고 의심하는 것은 너무 범범하고, 그 일이 비록 있었다 하더라도 후세에 전해서는 안 된다고 생각하는 것 또한 지나친 염려인 듯하다. 만약 굳이 '이 일은 곧 권도를 행한 것으로 이것은 의리를 행하는 한 가지 방법이니, 불학에 몰두한 것은 그다지 해롭지 않고 입산한 것 역시 잘못이 아니다.'라고 말한다면, 또 반드시 그렇지는 않은 듯하다. 이와 같다면 비록 숨길

77 정(鄭), 조(曺)의 기록 : 《율곡별집》에 정 아무개와 조 아무개가 율곡 이이의 입산에 대해서 기록한 글이 있는 듯하지만, 누구의 어떤 글인지 특정하지 못하였다.

명분은 없더라도 역시 극력으로 드러낼 일도 아니며, 또 선생이 말하고 싶지 않았던 것을 또한 굳이 이 책에 장황하게 논하고 싶을 필요가 없으니 '정, 조의 기록'을 삭제해 버리는 것도 무방할 듯하다. 다만 선생의 사적을 대략 취하여 연보(年譜)에 붙여 드러내는 것은 또 그만둘 수 없을 듯하니, 이는 이미 한두 가지의 소소한 주장들이 있는 데다 또 여러 차례 사문(斯文)의 논변을 거쳤으므로 끝내 그 일을 모두 없앤다면 알지 못하는 자들이 혹 사실을 감추는 것으로 의심할 듯하기 때문이다. 어떻게 하는 것이 좋을지 모르겠다. 이 한 가지 일은 처음 들었을 때부터 밤낮으로 잊지 못하고 매우 깊이 생각하였으나 생각이 얕고 어리석어 끝내 여기에서 벗어나지 못하였으며, 일을 보는 데 명철하지 못하여 삭제하고 기술하는 도리에 오류가 있었을까 심히 걱정되니, 이 마음이 매우 편치 못하다. 부디 더욱 자세히 살펴서 빈틈없이 잘 처리하기를 바라는데, 정말 어떨지 모르겠다.

〈김우옹경연강의(金宇顒經筵講義)〉에는 처음부터 이미 선생에 대해서 알지 못하는 곳이 많이 있다. 그러나 동류들 간에 서로 깊이 알고 존경하는 도리를 잘 행하는 것은 자고로 어려운 일이니, 지극히 총명하고 지극히 공정한 사람이 아니면 잘할 수 없다. 이것이 늘 걱정되는 점인데 정축년(1577, 선조10) 6월 조(條)에 이르러 그 자취가 점차 나타나서 이미 치우친 생각이 있음이 드러났으니, 그의 뜻이 오로지 시속에만 영합하고 선생의 뜻과는 부합하지 않았다. 그러나 그때까지는 그래도 심하게 드러나지 않았는데, 을유년(1585) 3월에는 또 치우친 생각이 남김없이 드러났다. 지금 《외서(外書)》[78]에 있는 〈공소(孔疏)〉[79]의 예에 따라 책의 말미에 이 글을 붙여 놓은 것은 원래 나름대로 의미가 있다. 다만 〈공소〉에서는 비록 공공연히 무함하고 비방하는 말을 하였더라도 스스로 잘못을 알고서는 뉘우치고 울분을 품어 죽기까지 하였으며, 이에 그가 직간하여 말한 것을 실제대로 기재한 말에 혹 밝게 드러난 것이 도리어 많았으므로 마땅히 주자가 이것을 취한 것이다. 그러나 이 책의 경우는 그것과 전혀 다르니, 그럴듯하면서도 진실을 어지럽히는 말을 하여 참으로 갑자기 환하게 분변하기 어려운 점이 있다. 지금 마침내 취하여 여기에 섞어서 실은 것은 비록 글 뒤에 제지(題識)가 있기는 하지만 역시 획일적인 취향을 드러낼 뿐이며, 그 나머지의 기미와 핵심, 공사(公私)와 득실에서도 정밀하게 조사하고 자세히 논하여 읽는 사람들로 하여금 환히 풀리게 하지 못한 듯하니, 이것이 매우 염려스럽다. 내가 헤아려 보건대 지금 단지 을유년 이전의 글만을 취한다면 논의가 두 분의 사이가 심하게 멀어졌던 때에 기록한 글에 미치지 않으니, 그 을유년 한 조를 모두 삭제해 버리고 다시 제발(題跋)을 수정하여 특별히 상세하고 빠짐이 없게 한다면 거의 후세에 전하기에 폐단이 없지 않겠는가. 그러나 하나의 글에서 취하기도 하고 버리기도 하는 것이 이미 구차스러운 데다 발어(跋語)를 더 상세하게 하는 것은 '말하고 침묵하는 도리〔語默之宜〕'[80]에 맞지 않

78 외서(外書) : 《이정전서(二程全書)》에 포함되어 있는 《정씨외서(程氏外書)》를 가리킨다. 정호(程顥), 정이(程頤) 두 선생에 관한 여러 가지를 그의 문인들이 기록한 것으로, 주희가 다시 서차를 정하여 12편으로 엮었다.

79 공소(孔疏) : 공문중(孔文仲)이 올린 상소문을 말한다.

80 말하고 침묵하는 도리 : 《주역》 〈계사전 상(繫辭傳上)〉에 "군자의 도는 나가기도 하고 머물기도 하며 침묵하기도 하고 말하기도 한다.〔君子之道, 或出或處, 或默或語.〕"라고 하였다.

는 것 같으니, 이 또한 어떨지 모르겠다. 옛사람이 말하기를 "글을 써서 스스로 내 도를 전할 뿐, 사필에 의지하여 후세에 드리우지 않겠다.〔文書自傳道 不仗史筆垂〕"[81]라고 하였으니, 사필(史筆)도 그러한데 하물며 이와 같은 서로 다른 의론의 경우야 어떠하겠는가. 차라리 모두 삭제해 버리는 것이 엄정하면서도 손쉬운 일이 될 것인가? 어떨지 모르겠다. 대체로 '습유(拾遺)'의 기록에서 삭제하고 싶은 글이 열 가운데 서넛이다. 가만히 생각해 보면, 공을 들여 모아서 엮은 뒤에도 그 사이에 판단하고 헤아리기를 반드시 지극히 정밀하고 상세하게 하였을 터인데, 이제 감히 마음대로 삭제하고자 하면서 전혀 거리낌이 없고 그다지 애석해하지 않는다면 이것은 지극히 온당치 못한 일이다. 다만 나의 뜻은 스스로 힘을 다하고 감히 나의 어리석은 생각을 다하고자 하는 것이니, 비록 모두가 반드시 옳지는 않더라도 부디 그 참람함을 용서해 주고 그 대의(大意)를 알아주기를 바라는데, 어떨지 모르겠다.

〈빈접기(儐接記)〉는 비록 한가로운 말이 많지만 그대로 남겨 두어도 무방하니, 이에 대해서는 굳이 의심스러운 점을 일일이 따질 것이 없다. 어떨지 모르겠다. 다만 글 뒤에 붙인 제어(題語)에서 '개차(蓋此)' 이하는 매우 번잡한 듯하니 '개차소록출어(蓋此所錄出於)' 여섯 자와 아랫글에 있는 '사갱(似更)'의 '사(似)' 자를 삭제해 버리는 것이 나을 듯한데, 어떨지 모르겠다.

81 글을……않겠다 : 《한창려집(韓昌黎集)》 권5의 〈기최이십육입지(寄崔二十六立之)〉 시에 나오는 구절이다.

《증의(證義)》의 내용에 관해 비록 하나하나 다시 여쭈어볼 수는 없지만, 내가 의문을 가졌던 것을 가지고 미루어 보면 그 대강을 또한 대략 알 수 있다. 대체로 〈태극문답(太極問答)〉이 공박을 너무 심하게 받는 듯하다는 사실은 오직 본주(本註)만이 증명할 수 있는 것이 아니니, 《증의》의 글 뜻을 훑어보기만 해도 공박을 하는 것이 옳지 않음을 알 수 있다. 그러나 그 사이에 또 간혹 의심스러운데도 의문을 제기하지 않은 곳도 있으니, 지금 어쩔 수 없이 해당하는 건별로 묻고자 할 뿐이다. 그 아래 각각의 기록 가운데, 삭제하고 고치는 것의 득실에는 원래 한 가지 면만 있는 것이 아니어서 오직 그 삭제하고 싶은 곳을 그대로 삭제하는 경우도 원래 있지만 종종 고수해야 할 듯한 곳을 삭제하는 경우도 간혹 없지 않으니, 비록 대의(大義)에 관계되지 않더라도 역시 더욱 경계하고 살피지 않을 수 없을 듯하다. "대체로 신중히 생각하고 힘들게 알아내고 자세히 살피고 주의 깊게 처리한 데에 대해서는 곁에 있는 사람이 지적하는 것이 매양 양공(良工)이 고심한 수준에 미치지 못하니, 고수할 뜻이 없었으면서도 자연히 쉽게 고수하는 데에 이르게 되는 것은 상황이 그러하기 때문이다."라고 하는데, 정말 그런지 모르겠다. 망녕된 생각이 여기에 미치니 송구스러운 마음이 오히려 더해지는데, 정말 어떻게 해야 할지 모르겠다.

〈연보(年譜)〉를 한두 차례 대략 읽어 보건대 대체로 구본(舊本)에 비해서 범례(凡例)가 더욱 정밀해지고 사적(事蹟)이 더욱 갖추어져 이미 완전한 글이 되었으니, 다시 거론할 것이 없다. 다만 그 입산조(入山條)[82]에서 '혹왈(或曰)' 이하의 말은 여전히 약간 의심스러운 점이 없지 않은 듯하지만, 또 어떻게 수정해야 온당하게 될지를 알지 못하겠다.

대체로 '왈(曰)'은 곧 찬성공(贊成公)[83]에게 말하는 것으로 "재처가 있기를 바랐으나 얻을 수 없었다.〔冀有所裁處而不能得〕"라고 한 것은 허락을 얻지 못하였다는 말에 가까운 듯한 혐의가 있고, 또 그 재처하는 일의 경중이 상세하지 않으니, 읽는 사람들이 환히 알기가 어렵다. "그 뜻을 상세히 말하였다.〔詳道其意〕"라고 한 것은 이른바 '그 뜻〔其意〕'이라는 것이 또한 매우 범연(泛然)하다. 이 밖에 '실적(實蹟)', '인거(引據)', '사단(事端)', '방첨(旁添)' 같은 말 역시 그 뜻이 그다지 통쾌하거나 명백하지 않은 듯하다. 또 '처변(處變)'이 그 입산의 첫 번째 뜻이라면 결국 서둘러 돌아온 것에 대해서도 당연히 그와 대응하는 말뜻이 있어야 하는데, 이 또한 여러 기록에서 일찍이 언급되지 않았으니 더욱 억측해서 말하기가 어렵다. 지금 참망(僭妄)함을 헤아리지 않고 약간 수정하려고 하지만, 줄과 글자가 이미 안배(按排)되어 있어서 늘리고 줄이기가 어려울 뿐만 아니라 실제로 사려가 어둡고 얕아서 좋은 생각이 떠오르지 않았다. 일찍이 시험 삼아 수정을 해 보았으나 결국 해내지 못하였으니, 어찌하겠는가. 오직 더욱 깊이 생각하여 잘 수정해야 할 뿐이니, 정말 어떨지 모르겠다. 글 뜻에 의심나는 점 몇 가지를 아울러 본서에 첨부하고 또한 살펴 주기를 바라는데, 어떨지 모르겠다.

82 입산조(入山條) : 율곡 이이가 19세에 금강산으로 들어가 불교에 심취하였던 일을 기록한 조인 듯한데, 이 조가 《율곡별집》에는 실려 있지 않다. 어떤 《연보》의 기록을 가지고 말했는지 알 수 없다.

83 찬성공(贊成公) : 이이의 부친 이원수(李元秀)를 가리키는 듯하다.

〈소찬행장(所撰行狀)〉 이하 여러 문인(門人)이 서술한 글은 위의 '어록(語錄)'들과 유형이 같지 않다. 그러니 《이정전서(二程全書)》의 예에 따라 '부록(附錄)'으로 일컫거나 '문인서술록(門人敍述錄)'이라고 새로 이름을 지어 일컫거나 '서술부록(敍述附錄)'으로 일컬어 '어록'과 구별하고, 그 가운데 아무개의 아무 글[84]은 아래 '습유록(拾遺錄)'의 예에 따라서 다른 글보다 오른쪽에 써서 드러내는 것이 마땅할 듯한데, 어떨지 모르겠다.

'습유록(拾遺錄)'의 〈중봉봉사(重峯封事)〉는 '부록' 안에 넣는 것이 마땅할 듯하다. 사계(沙溪)의 유고(遺稿)인 〈사계어록〉과 〈근사석의(近思釋疑)〉와 〈의례문해(疑禮問解)〉 등의 조도 모두 '부록' 안에 넣는 것이 마땅할 듯하다. 선생의 말씀을 기록한 〈수몽근사석의(守夢近思釋疑)〉는 비록 분량이 적지만 역시 '모인소기선생어(某人所記先生語)'[85]로 일컫는 것이 마땅할 듯하다. 〈사계록(沙溪錄)〉 뒤에 있는 〈묵재봉사(默齋封事)〉[86]와 〈등대록(登對錄)〉 역시 '부록'에 넣는 것이 마땅하니, 이것은 문인이 기록한 선생의 언행은 모두 다른 전문(傳聞)이나 잡기(雜記)와는 다를 듯하기 때문이다. 내 생각은 이와 같지만 더욱 자세하게 헤아려 주기를 바라는데, 정말 어떨지 모르겠다.

84 아무개의 아무 글 : 작자의 이름을 휘(諱)하기 위하여 이렇게 쓴 것이다. 아마도 이귀(李貴)를 존중하여 그가 쓴 〈이옥여정해봉사(李玉汝丁亥封事)〉를 말한 듯하다.

85 모인소기선생어(某人所記先生語) : 여기서의 '모인(某人)'은 율곡 이이의 문인 수몽(守夢) 정엽(鄭曄)으로, 이름을 휘하느라고 이렇게 썼다.

86 묵재봉사(默齋封事) : 《율곡별집》에는 〈충정공봉사(忠定公封事)〉로 되어 있다. 묵재는 이귀(李貴)의 호이고 충정은 이귀의 시호이다.

《구가해》

九歌解

〈동황(東皇)〉에서 〈산귀(山鬼)〉까지가 구가(九歌)[87]이다. 〈국상(國殤)〉과 〈예혼(禮魂)〉은 귀신을 섬기는 가사이기 때문에 같은 종류로 분류하여 구가에 붙인 것이 아닌가 한다.

〈동황〉[88] 東皇

'길일(吉日)'과 '목장(穆將)'[89]은 이 노래의 대강(大綱)을 말한 것이다. '장검(長劍)'과 '구장(璆鏘)'은 몸에 차는 장식을 말하고 '요석(瑤席)'과 '경방(瓊芳)'은 의식을 베푸는 것을 말한다. '혜(蕙), 효(肴)'와 '계(桂), 장(漿)'은 음식물을 말하고 '양포(揚枹)'와 '호창(浩倡)'은 성악을 말한다. 비록 모두가 신을 섬기는 절목이지만 말에 순서를 두었으니 '영언건

87 구가(九歌) : 굴원(屈原)이 지은 〈동황태(東皇太)〉, 〈운중군(雲中君)〉, 〈상군(湘君)〉, 〈상부인(湘夫人)〉, 〈대사명(大司命)〉, 〈소사명(小司命)〉, 〈동군(東君)〉, 〈하백(河伯)〉, 〈산귀(山鬼)〉, 〈국상(國殤)〉, 〈예혼(禮魂)〉을 합하여 말한 것이다. 모두 11편의 글을 이르는데, 이에 대해서는 서로 다른 여러 가지의 주장이 있다.

88 동황(東皇) : 황천 상제(皇天上帝)를 말한다. 시의 전문은 '吉日兮辰良, 穆將愉兮上皇. 撫長劍兮玉珥, 璆鏘鳴兮琳琅. 瑤席兮玉瑱, 盍將把兮瓊芳. 蕙肴蒸兮蘭藉, 奠桂酒兮椒漿. 揚枹兮拊鼓, 疏緩節兮安歌. 陳竽瑟兮浩倡. 靈偃蹇兮姣服, 芳菲菲兮滿堂. 五音紛兮繁會, 君欣欣兮樂康.'이다.

89 길일(吉日)과 목장(穆將) : '길일혜진량(吉日兮辰良)'과 '목장유혜상황(穆將愉兮上皇)'을 가리킨다. '좋은 날 좋은 시절, 삼가 상제를 즐겁게 해 드립니다.'라는 뜻으로, 이 시가의 내용을 전체적으로 나타낸다.

(靈偃蹇)'[90]까지는 신이 내려오는 것을 말하였고 '군흔흔락강(君欣欣樂康)'은 신과 사람 사이가 서로 통하고 화합한 것을 말하였다. 구주(舊註)에서 '영(靈)'을 신하라고 한 것은 잘못이다.

〈운중군〉[91] 雲中君

구가가 나타내고자 하는 뜻이 각기 다르기는 하지만, 대체로 모두 맞이하고 보내는 뜻이다. 이 노래에서는 맞이하고 보내는 뜻이 매우 밝게 다 드러나니, 위의 네 구(句)는 맞이하는 장면으로 함께 어울리는 뜻이 많고, 아래의 세 구는 보내는 장면으로 역시 그리워하는 뜻이 많다. 구주에서 두 번째 구의 '영(靈)'을 신(神)이라고 한 것 역시 잘못되었다. 세 번째 구의 '여일월제광(與日月齊光)'은 단지 신령(神靈)이 환하게 밝다는 뜻일 뿐이니, 이는 위 구의 '난소소(爛昭昭)'를 이어서 말한 것이다. 주에서 '구름이 일어나고 구름이 감춰지는 것〔雲興雲藏〕'[92]으로 말한 것 역시 기교가 지나치다.

90 영언건(靈偃蹇) : 주희의 《집주》에서 '영(靈)'은 신이 무(巫)의 몸에 내려온 것이고 '언건(偃蹇)'은 신이 내려 무의 춤이 아름답게 보이는 것을 말한다고 하였다.

91 운중군(雲中君) : 구름의 신을 말한다. 시의 전문은 '浴蘭湯兮沐芳, 華采衣兮若英. 靈連蜷兮旣留, 爛昭昭兮未央. 謇將憺兮壽宮, 與日月兮齊光. 龍駕兮帝服, 聊翺遊兮周章. 靈皇皇兮旣降, 猋遠擧兮雲中. 覽冀州兮有餘, 橫四海兮焉窮. 思夫君兮太息, 極勞心兮忡忡.'이다.

92 구름이 일어나고……것 : 《초사장구(楚辭章句)》의 왕일(王逸)의 주에 "구름이 일어나면 일월이 어둡고 구름이 감춰지면 일월이 밝으므로 빛과 같다고 하였다.〔雲興而日月闇, 雲藏而日月明, 故言齊光也.〕"라고 한 것을 말한다.

〈상군〉[93] 湘君

대체로 여러 노래는 모두 신을 섬기는 말이지만, 시인이 임금을 그리워하는 뜻이 저절로 언외(言外)에 있다. 그러나 주(註) 가운데 종종 곧바로 이것을 굴원(屈原)이 초나라를 생각한 말이라고 한 것은 말뜻이 어긋나고 순서에 맞지 않다. 예를 들어 이 노래의 '횡대강양령(橫大江揚靈)'이라는 구절을 주에서 "굴원이 큰 강을 가로질러 건너서 자신의 정성을 드러냄으로써 회왕(懷王)을 감동시키기를 바란 것이다."[94]라고 한 것은 크게 잘못되었다. 뒤도 마찬가지이다. 대개 이 노래는 첫 구의 '군불행(君不行)'에서 '의수(宜修)'까지는 신이 기꺼이 오려고 하지 않음을 말하였고 '패오승(沛吾乘)'에서 '안류(安流)'까지는 자신이 맞이하면서 찾는 것을 말하였다. '망부군(望夫君)' 구는 또 신이 오지 않음을 말하였고 '가비룡(駕飛龍)'에서 '난정(蘭旌)'까지는 또 맞이하면서 찾는 것을 말하였다. '망잠양(望涔陽)' 구는 먼 물가를 바라보며 신령이 나타나기를 생각하는 것이고, 그 아래의 두 구는 그래도 가까이할 수

93 상군(湘君) : 상수(湘水)의 신을 말한다. 시의 전문은 '君不行兮夷猶, 蹇誰留兮中洲. 美要眇兮宜脩, 沛吾乘兮桂舟. 令沅湘兮無波, 使江水兮安流. 望夫君兮未來, 吹參差兮誰思. 駕飛龍兮北征, 邅吾道兮洞庭. 薜荔拍兮蕙綢, 蓀橈兮蘭旌. 望涔陽兮極浦, 橫大江兮揚靈, 揚靈兮未極, 女嬋媛兮爲余太息. 橫流涕兮潺湲, 隱思君兮陫側. 桂櫂兮蘭枻, 斲氷兮積雪. 采薜荔兮水中, 搴芙蓉兮木末. 心不同兮媒勞, 恩不甚兮輕絶. 石瀨兮淺淺, 飛龍兮翩翩. 交不忠兮怨長, 期不信兮告余以不閒. 朝騁騖兮江皐, 夕弭節兮北渚. 鳥次兮屋上, 水周兮堂下. 捐余玦兮江中, 遺余佩兮澧浦. 采芳洲兮杜若, 將以遺兮下女. 時不可兮再得, 聊逍遙兮容與.'이다.

94 굴원이……것이다 : '큰 강을 가로질러 내 마음을 드러냅니다.〔橫大江兮揚靈〕' 구절에 대한 왕일의 주에 나오는 말이다. 《楚辭章句 卷2》

없어서 그리워하고 슬퍼하는 뜻을 말하였다. '계도(桂櫂)'에서 '적설(積雪)'까지는 또 맞이함을 말하였고, 그 아래의 두 구는 또 가까이할 수 없음을 말하였다. '석뢰(石瀨)'와 '비룡(飛龍)'은 또 맞이함을 말하였고 '교불충(交不忠)' 구는 또 가까이할 수 없음을 말하였다. '조빙무(朝騁騖)' 이하는 또 맞이하면서 찾기를 열심히 하여 이르지 않은 데가 없었으나 신은 끝내 볼 수 없고 단지 새가 머물고 물이 감도는 것만 보았을 뿐이므로 패옥을 빼고 방초를 캐어서 신에게 보내고자 한다고 말하였으니, 이는 사모하는 마음이 지극한 것이다. 마지막 구에는 또 오래 서성거린다는 뜻이 있는데, 뜻이 더욱 절실하다. 이 편(篇)은 아래의 편들과 뜻이 대략 같지만 모든 구에 끝내 신과 만나고 함께 어울린다는 말이 없으니, 아마도 그 엄숙히 공경하는 뜻에서 또 다른 신들과 다른 점이 있기 때문일 것이다.

〈상부인〉[95] 湘夫人

이 편(篇)은 첫째 구에서 여덟째 구까지는 전편(前篇)과 나타내는 뜻

95 상부인(湘夫人) : 상수(湘水)의 여신을 말한다. 시의 전문은 '帝子降兮北渚, 目眇眇兮愁予. 嫋嫋兮秋風, 洞庭波兮木葉下. 登白薠兮騁望, 與佳期兮夕張. 鳥何萃兮蘋中, 罾何爲兮木上. 沅有芷兮澧有蘭, 思公子兮未敢言. 荒忽兮遠望, 觀流水兮潺湲. 麋何爲兮庭中, 蛟何爲兮水裔. 朝馳余馬兮江皐, 夕濟兮西澨. 聞佳人兮召予, 將騰駕兮偕逝. 築室兮水中, 葺之兮荷蓋. 蓀壁兮紫壇, 匊芳椒兮成堂. 桂棟兮蘭橑, 辛夷楣兮葯房. 罔薜荔兮爲帷, 擗蕙櫋兮旣張. 白玉兮爲鎭, 疏石蘭兮爲芳. 芷葺兮荷屋, 繚之兮杜衡. 合百草兮實庭, 建芳馨兮廡門. 九嶷繽兮竝迎, 靈之來兮如雲. 捐余袂兮江中, 遺余褋兮澧浦. 搴汀洲兮杜若, 將以遺兮遠者. 時不可兮驟得, 聊逍遙兮容與.'이다.

이 대체로 같다. '문소장서(聞召將逝)'[96]와 '축실수중(築室水中)'[97]은 전편에 비해서는 그래도 가까이할 수 있다는 뜻이 있지만, 그 아래에서 단지 '영래여운(靈來如雲)'이라고 말하였고, 그 아래의 세 구에서 또 단지 전장(前章)과 마찬가지로 지극히 그리워하고 또 오래 서성거릴 뿐이었으니, 이 역시 엄숙하게 공경하는 뜻이 아니겠는가.

〈대사명〉[98] 大司命

처음 두 구는 신의 위의(威儀)를 말하였고, 제3구는 가서 따르는 것을 말하였다. 제4구는 훌쩍 떠나며 돌아보지 않을 뜻이 있음을 말하였고, 제5구는 또 신의 위의를 말하였다. 제6구는 또 가서 따르겠다는 뜻을 말하였고, 제7구와 제8구는 또 신의 위의와 공용을 말하였다. 제9구와 제10구는 가까이하려 해도 할 수 없음을 말하였으며, 제11구는 또 신의 위의를 말하였다. 제12구, 제13구, 제14구는 모두 슬퍼하는 뜻을 말하였고, 마지막 구는 또 이렇게 스스로 마음을 달래는 것을 말하였다.

96 문소장서(聞召將逝) : 〈상부인(湘夫人)〉의 "그대 나를 부르는 소리 들리면 함께 수레 타고 가려네.〔聞佳人兮召予, 將騰駕兮偕逝.〕"라는 구를 축약하여 말한 것이다.

97 축실수중(築室水中) : 〈상부인〉의 "물 안에 집을 짓고 연잎으로 지붕을 이으려네.〔築室兮水中, 葺之兮荷蓋.〕"라는 구를 축약하여 말한 것이다.

98 대사명(大司命) : 생명을 주재하는 신을 말한다. 시의 전문은 '廣開兮天門, 紛吾乘兮玄雲. 令飄風兮先驅, 使涷雨兮灑塵. 君迴翔兮以下, 踰空桑兮從女. 紛總總兮九州, 何壽夭兮在予. 高飛兮安翔, 乘淸氣兮御陰陽. 吾與君兮齊速, 導帝之兮九坑. 靈衣兮被被, 玉佩兮陸離. 壹陰兮壹陽, 衆莫知兮余所爲. 折疏麻兮瑤華, 將以遺兮離居. 老冉冉兮旣極, 不寖近兮愈疏. 去聲乘龍兮轔轔, 高駝兮冲天. 結桂枝兮延竚, 羌愈思兮愁人. 愁人兮奈何, 願若今兮無虧. 固人命兮有當, 孰離合兮可爲.'이다.

〈소사명〉[99] 小司命

‘추란미무(秋蘭蘼蕪)’에서 ‘목성(目成)’까지 다섯 구는 신(神)을 맞이하고 신이 내려오는 것을 말하였다. ‘입불언(入不言)’에서 ‘운지제(雲之際)’까지의 네 구는 신이 떠나고 슬퍼하는 것을 말하였다. ‘여여유(與女游)’에서 시작하는 두 구는 가서 따라 노닐고자 하는 것을 말하였고, ‘망미인(望美人)’ 구는 오래 서성거려도 오지 않는 것을 말하였다. ‘공개(孔蓋)’ 이하 세 구는 신의 위의(威儀)와 영험(靈驗)을 말하였다.

〈동군〉[100] 東君

첫째 구에서 제5구까지를 주에서는 모두 ‘동군의 일〔東君事〕’이라고 하였지만, 지금 살펴보건대 그렇지 않은 듯하니 모두 신을 맞이하는 일을 거행하는 것인 듯하다. 신을 맞이하기를 반드시 아침 해가 올라오

99 소사명(小司命) : 어린이의 생명을 주재하는 신을 말한다. 시의 전문은 ‘秋蘭兮蘪蕪, 羅生兮堂下. 綠葉兮素枝, 芳菲菲兮襲予. 夫人兮自有美子, 蓀何以兮愁苦. 秋蘭兮青青, 綠葉兮紫莖. 滿堂兮美人, 忽獨與余兮目成. 入不言兮出不辭, 乘回風兮載雲旗. 悲莫悲兮生別離, 樂莫樂兮新相知. 荷衣兮蕙帶, 倏而來兮忽而逝. 夕宿兮帝郊, 君誰須兮雲之際. 與女遊兮九河, 衝風至兮水揚波. 與女沐兮咸池, 晞女髮兮陽之阿. 望美人兮未徠, 臨風怳兮浩歌. 孔蓋兮翠旍, 登九天兮撫彗星. 竦長劍兮擁幼艾, 蓀獨宜兮爲民正.’이다.

100 동군(東君) : 태양의 신을 말한다. 시의 전문은 ‘暾將出兮東方, 照吾檻兮扶桑. 撫余馬兮安驅, 夜皎皎兮既明. 駕龍輈兮乘雷, 載雲旗兮委蛇. 長太息兮將上, 心低佪兮顧懷. 羌聲色兮娛人, 觀者憺兮忘歸. 絙瑟兮交鼓, 簫鐘兮瑤簴. 鳴篪兮吹竽, 思靈保兮賢姱. 翾飛兮翠曾, 展詩兮會舞. 應律兮合節, 靈之來兮蔽日. 青雲衣兮白霓裳, 擧長矢兮射天狼. 操余弧兮反淪降, 援北斗兮酌桂漿. 撰余轡兮高駝翔, 杳冥冥兮以東行.’이다.

는 어스름한 때에 하는 것은 그 신이 동군이기 때문이다. 다만 그 사이의 '가용주(駕龍輈)' 구는 신의 위의라고 해도 무방하다. '긍슬(緪瑟)'에서 '합절(合節)'까지는 바로 음악으로 신을 맞이하는 일이니 '영래(靈來)' 이하의 세 구만이 곧 '신의 일'일 뿐이다.

〈하백〉[101] 河伯

첫째 구의 '여여유(與女游)'와 아랫글의 '여여유(與女游)'는 모두 노닐기를 원한다는 뜻이지만, 정말 함께 노니는 것은 아니다. 그러므로 첫째 구에서 '유사래하(流澌來下)'까지는 모두 신을 맞이한다는 뜻이고 '자교수(子交手)' 이하 두 구는 바로 신을 보낸다는 뜻이다. 맞이하는 말이 많고 보내는 말이 적은 것은 하나의 격식이 되기에 무방하다.

〈산귀〉[102] 山鬼

101 하백(河伯) : 황하의 신을 말한다. 시의 전문은 '與女遊兮九河, 衝風起兮橫波. 乘水車兮荷蓋, 駕兩龍兮驂螭. 登崑崙兮四望, 心飛揚兮浩蕩. 日將暮兮悵忘歸, 惟極浦兮寤懷. 魚鱗屋兮龍堂, 紫貝闕兮朱宮. 靈何爲兮水中, 乘白黿兮逐文魚. 與女遊兮河之渚, 流澌紛兮將來下. 子交手兮東行, 送美人兮南浦. 波滔滔兮來迎, 魚隣隣兮媵予.'이다.

102 산귀(山鬼) : 산신을 말한다. 시의 전문은 '若有人兮山之阿, 被薜荔兮帶女羅. 既含睇兮又宜笑, 子慕予兮善窈窕. 乘赤豹兮從文貍, 辛夷車兮結桂旗. 被石蘭兮帶杜衡, 折芳馨兮遺所思. 余處幽篁兮終不見天, 路險難兮獨後來. 表獨立兮山之上, 雲容容兮而在下. 杳冥冥兮羌晝晦, 東風飄兮神靈雨. 留靈脩兮憺忘歸, 歲既晏兮孰華予. 采三秀兮於山間, 石磊磊兮葛蔓蔓. 怨公子兮悵忘歸, 君思我兮不得間. 山中人兮芳杜若, 飮石泉兮蔭松柏, 君思我兮然疑作. 靁塡塡兮雨冥冥, 猨啾啾兮又夜鳴. 風颯颯兮木蕭蕭, 思公子兮徒離憂.'이다.

이 편(篇)은 모두 산귀가 사람과 친하고자 하는 뜻을 나타낸 것이니, 이 뜻은 회옹(晦翁 주희(朱熹))이 이미 말하였다.

〈국상(國殤)〉과 〈예혼(禮魂)〉은 본래 구가(九歌)가 아니고 또 말뜻도 별로 알기 어려운 데가 없다.

창계집

제25권

일록
日錄

일록 日錄

병오년(1666, 현종7)
丙午

다른 사람과 이 학문의 시시비비를 논하면서 서로 끝없이 따지다가 곧 속으로 웃고 말았다. 저 사람이 만약 이 학문에 뜻을 두었으면서도 그 견식에 잘못된 점이 있다면 명확하게 밝혀 숨김이 없게 하는 것이 참으로 당연하겠지만, 저 사람이 원래부터 견식이 없으면서 공연한 말로 나를 시험하는데 내가 도리어 그와 서로 따졌으니, 이것은 내가 저 사람을 부추긴 것이다. 이런 것이 이 학문에 무슨 보탬이 되겠으며 저 사람의 미혹됨에 무슨 해법이 되겠는가. 더구나 나 자신도 아직 확실한 소견이 없으면서 단지 옛사람이 쓰고 버린 것을 가지고 다른 사람을 승복시키고자 해서야 되겠는가. 아, 있으면서도 없는 듯이 하고 속이 찼으면서도 빈 듯이 하여 속에만 간직하고 밖으로 내지 말아야 하리라.

시끄럽게 명리(名利)를 추구하는 곳에 들어오고[1]부터는 내 마음이 차

1 시끄럽게……들어오고 : 창계가 1666년(현종7) 봄에 사마시 장원으로 급제하여 사환의 길로 들어선 것을 이렇게 말한 듯하다.

분하게 가라앉아 있을 때가 적고 어지럽게 밖으로 치달릴 때가 많아서 도리어 예전 처음 배우기를 시작하였던 때의 모습보다 못하니, 어찌하여 이렇게까지 퇴보한 것인가. 때때로 경계심을 가지기도 하지만 역시 곧바로 흩어져 버려서 그것이 마음속에 간직되어 일을 행할 때 드러나는 적이 없으니, 장차 스스로를 기만하게 되고야 말 것인가.

남과 자질구레한 말을 나누는 것이 의로움에 크게 해가 되지는 않는다 하더라도 역시 구차하다고 할 수 있다. 이에 한참 동안 뉘우쳤다.

전에 남쪽에 있을 때나 타지에 있을 때[2]에는 꽤나 거경(居敬)에 힘을 쓸 수 있어서 한마디의 말이나 한 번의 행동이나 한 가지의 생각도 반드시 살펴서 하였으며, 비록 살피지 못한 경우가 있다 하더라도 많지 않았다. 그런데도 마음에 이것을 불만스러워하면서 능히 여러 달 동안 착실하게 거경을 해 나간다면 더 나아질 수도 있을 것이라 생각하였다. 그런데 지금은 도리어 외물의 번거로움과 세속의 일과 사사로운 마음에 속박되어 날로 심하게 퇴보하니, 부끄러워할 일이다.

저녁에 편히 앉아 쉴 적에 문득 옛 현인들이 경천위지(經天緯地)[3]하고

2 남쪽에……때 : 남쪽은 창계의 관향이자 계부 임장유(林長儒)에게 글을 배웠던 나주(羅州)의 회진(會津)을 가리키고, 타지는 창계가 고을살이하는 아버지를 따라가서 공부하였던 충청도 은진(恩津)과 전라도 용안(龍安) 등을 가리키는 듯하다.

3 경천위지(經天緯地) : "하늘을 날줄로 삼고 땅을 씨줄로 삼는다.〔經之以天, 緯之以地.〕"라는 말에서 나온 것으로, 천하를 경영할 만한 탁월한 식견을 가지고 있다는 뜻이다. 《國語 周語下》

제세안민(濟世安民)하는 재주와 덕을 가지고 있으면서도 스스로를 드러내지 않고 어리석은 듯이 처신하였던 것을 떠올렸다. 지금 세상 사람들은 그렇지 않아서, 한 가지 일이라도 잘되거나 한마디 말이라도 사리에 맞거나 글이 아름답고 견문이 풍부하거나 소소한 기예라도 남보다 나으면 그때마다 스스로 숨기지 못한다. 숨기지 못할 뿐만 아니라 그것을 자랑하며 그것을 자랑할 뿐만 아니라 이로 인하여 남을 업신여기니, 단지 식견이 좁은 사람임을 드러낼 뿐이다. 아, 나 자신을 돌이켜서 살필 일이다.

어제 《대학》의 수신장(修身章)을 읽으면서 '몸'과 '마음'의 차이를 구별하지 못하고, 생각하기를 '저 친애하는 바에 치우치며, 천히 여기고 미워하는 바에 치우치며, 두려워하고 존경하고 가여워하고 불쌍히 여기고 거만하고 태만히 하는 바에 치우치는 것이 모두 마음이 그렇게 한 것인데, 어째서 몸이 닦이지 못하였다고 하는가.' 하였다. 아침까지 생각하였으나 깨우치지 못하다가 수십 번을 읽고서야 비로소 이해하게 되었다. 대개 마음은 몸의 주재자이며 무릇 몸이 하는 일은 모두 마음이 시키는 것이지만, 마음은 안이고 몸은 밖이라 여기에 이 둘의 차이가 있으니, 저 바깥에 일상적으로 드러나는 것을 마음에서 나오는 것이라고 하는 것은 괜찮지만 그것을 곧장 마음이라고 하여서는 안 되기 때문에 이것을 몸이라고 한 것이다. 이것은 나라에 임금이 있는 것과 꼭 같다. 무릇 나라가 다스려지고 다스려지지 않는 것이 비록 임금 한 사람이 그렇게 하는 것이기는 하지만, 지금 나라에 정사가 번잡하고 세금이 무거우며 신하가 직무를 소홀히 하며 백성들이 원망하고 탄식하는 것을 보면 의당 '나라가 다스려지지 않는다.'라고 하고, 임금 한 사람에게 허물을 돌리는 일은 그 본원을 끝까지 궁구한 다음에야 그렇게 하는 이유를 여기에서 알 수 있다.

내가 일찍이 정복심(程復心)[4]의 〈심학도(心學圖)〉와 〈도설(圖說)〉을 살펴보면서 '알인욕(遏人慾)'과 '존천리(存天理)'를 갈라놓은 것[5]은 심하게 천착하였다고 의심하였고, 또 '심재(心在)'와 '심사(心思)'는 위치가 바뀌었다고 의심하였으며, 또 '구방심(求放心)'은 배우는 사람에게 가장 급선무인데도 지금 그 위치가 도리어 뒤가 되었다고 의심하였다. 또 그 〈도설〉에 "형기(形氣)에서 나왔으므로 인심(人心)이 없을 수 없다."라는 말이 있는데, 이것이 또 의심스러웠다. 왜냐하면 형기에서 나오는 것은 모두 인심인데, 이것을 '없을 수 없다.〔不能無〕'라고 말하는 것이 타당치 않기 때문이었다. 한 편의 글로 사리를 따져 분석해 보려 해도 그럴 겨를이 없어서 그날 밤에 《율곡집(栗谷集)》을 살펴보니 퇴계(退溪) 선생에게 보낸 편지에 이 논의가 매우 잘 갖추어져 있었는데, 율곡이 의심하였던 점이 그대로 내가 의심하였던 점과 일치하여 쾌재를 불렀고 나의 의혹이 이에 환하게 풀렸다. 그러나 그 설은 단지

4 정복심(程復心) : 1257~1340. 송말 원초의 학자로, 자는 자견(子見), 호는 임은(林隱)이며, 무원(婺源) 사람이다. 벼슬은 휘주 노학교수(徽州路學教授)를 지냈다. 어려서부터 이학(理學) 공부에 정진하였는데, 주희의 사서집주(四書集註)에 보광(輔廣)과 황간(黃榦)의 설을 절충하고, 문장을 나누어 그림을 그리고 설명을 붙여 《사서장도(四書章圖)》를 지었다.

5 알인욕(遏人慾)과……것 : 정복심의 도설에서 〈심학도〉의 '신독(愼獨)' 아래에 그려진 '극복(克復)', '심재(心在)' 등을 '알인욕'의 일이라고 하고 '계구(戒懼)' 아래에 그려진 '조존(操存)', '심사(心思)' 등을 '존천리(存天理)'의 일이라고 하여, 이 두 가지를 분리한 것을 가리킨다.

〈도(圖)〉에 대해 논하였을 뿐이고 〈설(說)〉에 대해서는 논하지 않아서 '불능무(不能無)' 세 글자에 대해서는 아예 일언반구도 언급하지 않았으니, 또 답답해하지 않을 수 없었다.

《율곡집》에 "성은 이이고 정은 기이다.〔性是理 情是氣〕"라고 한 구절이 있는데, 내가 여기까지 읽고서 그 뜻을 이해하지 못하고 생각하기를 '성과 정은 둘이 아니고, 단지 그 동(動)과 정(靜), 적(寂)과 감(感), 발(發)과 미발(未發)이 다를 뿐이며, 저 이(理)는 동정(動靜)과 적감(寂感)과 발미발(發未發)을 통틀어서 모두에 있는데, 지금 오직 적(寂)과 정(靜)과 미발만이 이(理)가 되고 그 나머지는 아니라고 한다면, 이(理)는 가는 곳마다 없는 곳이 없다는 말이 어떻게 성립하겠는가.' 하고, 내 마음속으로 가만히 의심하다가, 문득 의심할 것이 없음을 깨달았다. 이(理)는 형체가 없으나 모든 사물이 그렇게 되는 까닭이 바로 이(理)이므로, 그 은미한 것을 말하면 털끝도 빠트리지 않으며, 그 큰 것을 말하면 천지만물도 여기에서 벗어나지 않는다. 저 성(性)은 바로 이 이(理)이니, 지극히 은미하고 지극히 드러나고 지극히 크고 지극히 작은 것에 이르기까지 그 포함하는 바가 지극히 넓으면서도 형체가 없다. 이 때문에 '성은 이이다.'라고 한 것이다. 반면에 정(情)은 그렇지 않아서 희(喜), 노(怒), 애(哀), 낙(樂), 애(愛), 오(惡), 욕(欲)이라고 하는 감정들이 어지러이 발동하여 온갖 변화에 대응하므로 이미 형기(形氣)의 간섭을 받은 것이니, 이것을 어찌 순전히 이(理)라고 할 수 있겠는가. 이 때문에 '정은 기이다.'라고 한 것임이 틀림없다. 더구나 정(情)은 그 성(性)을 따라 바로 나온 것은 선(善)이 되고 외물의 부림을 받아 함부로 움직인 것은 불선(不善)이 되어 선하고 불선한 것이 일정치 않으니, 이것을 이(理)라고 말해서야 되겠는가. 안 된다.

칠성례(七省例)로 돌아오다.-아침에 일어나서 〈사잠(四箴)〉과 〈경재잠(敬齋箴)〉과 직접 뽑은 격언들을 외우고 아침을 먹을 때도 이와 같이 한다. 아침을 먹은 뒤, 오시(午時), 저녁을 먹을 때, 저녁을 먹은 뒤, 자리에 누워서 또 이와 같이 한다. 이것을 '칠성례'라고 한다.- 앞서 형칠(邢七)이 하루 세 번 자신을 점검한 것[6]을 규범으로 삼아 칠성례를 폐하고 다시 행하지 않았으니, 이는 항상 스스로를 점검하여 적은 횟수라도 빠트리는 경우가 없게 하고 조금이라도 실천하지 못하는 일이 없게 하려 한 것이었다. 그러나 마음이 멋대로 내달리는 것이 날로 심해져서 하루 일곱 번 반성하던 때보다 훨씬 못하므로, 이에 칠성례로 돌아가는 것이 더 낫다고 생각하여 마침내 돌아왔다. 그러나 오히려 늘 생각하고 성찰하면서 쉴 새 없이 공부하는 일은 남에게 양보하고, 하루 일곱 번 성찰하는 공부로 물러나서 이것을 스스로 편안히 여기니, 지난날의 의기(意氣)를 돌이켜 생각할 때 어찌 이다지도 어긋나는가. 나는 심히 걱정스럽다. 그러나 행하는 것은 나에게 달려 있으니, 그저 근심하고만 있어서는 안 될 것이다.

6 형칠(邢七)이……것 : 형칠은 송(宋)나라의 형서(邢恕)이다. 본래 정문(程門)에서 당시의 현사(賢士)들과 교유하였고 명성도 있었으나, 배반을 일삼으며 권력을 따라 부침하다가 끝내 채경(蔡京)에게 견제당해 여러 차례 좌천되었다. 《宋史 卷242 邢恕列傳》 형칠이 정호(程顥)에게 "저는 하루에 세 번 스스로 살펴봅니다."라고 하자, 정호가 "슬픈 일이다. 그렇다면 그 나머지 시간을 가지고 어떤 일을 할 수 있겠는가. 아마도 증자(曾子)가 말한 삼성(三省)을 모방하려다가 착오를 한 듯한데, 이것으로 그대가 공부를 하지 않았다는 것을 알 수 있다."라고 하였다. 《近思錄 卷12 警戒》

시험 삼아 내가 매일 하였던 일을 정리해 보니 행실이 나날이 퇴보하고 있었고, 또 나날이 퇴보하는 것을 마음으로 태연히 여겨 부끄러워하지 않았다. 오호라, 스스로 포기함이 이보다 심한 것이 어디 있겠으며, 오호라, 나날이 자신을 새롭게 하는 사람에 비해서 그 차이가 어떠한가. 또 책을 읽는 것은 이치를 밝히기 위해서이고 앎을 지극히 하는 것은 마음이 여기에 오래 머물도록 검속하기 위해서인데, 지금은 그렇지 않아서 단지 성현(聖賢)의 수많은 말을 대략 입술과 혀로 말하기만 하고 마음은 거기에 없다. 오호라, 마음조차 없는데 그러고도 무슨 이치가 밝아질 수 있겠으며, 무슨 앎이 지극해질 수 있겠는가. 오호라, 경계하여 소홀히 하지 말지어다.

자리에 누워서 생각해 보니, 지난 하루 이틀 동안 조존성찰(操存省察)의 공부를 소홀히 했을 뿐만 아니라 눈앞의 과업으로 정해진 글조차 게을리하여 손을 놓고 있었다. 이와 같다면 나의 행실이 일거무교(逸居無敎)[7]인 자와 무엇이 다르겠으며 금수(禽獸)와 무엇이 다르겠는가. 나는 지금 천하에 몇 사람이 간절히 자신을 위하는 공부를 하고 있으며, 몇 사람이 글을 읽고 외우는 공부를 하고 있으며, 몇 사람이 글 짓는 공부를 하고 있으며, 몇 사람이 농사짓고 물건을 만들고 장사하는 공부를 하고 있는지 알지 못하지만, 사람들이 각자 꾀하여 하는 일이

7 일거무교(逸居無敎) : 편안하게 지내기만 하고 가르침을 받는 일이 없어서, 인간의 도리를 포기하였다는 뜻이다. 《맹자》 〈등문공 상(滕文公上)〉에 "인간에게는 도리가 있다. 그런데 배불리 먹고 따뜻이 입으면서 편안히 지내기만 하고 가르침을 받는 일이 없으면 금수와 가깝게 되고 말 것이다.〔人之有道也, 飽食、煖衣、逸居而無教, 則近於禽獸.〕"라는 말이 나온다.

있다는 것은 알 수 있다. 그런데 나는 홀로 편안한 곳에 널브러져 있으면서 해야 할 일을 하지 않고, 스스로 금수의 영역에 가까이 있으면서 부끄러워할 줄을 모르니 어찌된 것인가. 《중용》에서 말한 '계구근독(戒懼謹獨)'[8]과 장횡거(張橫渠)가 한 "말에는 교훈이 있어야 하고, 행동에는 법도가 있어야 하고, 낮에는 하는 일이 있어야 하고, 밤에는 깨달음이 있어야 하고, 눈 깜짝할 때에도 마음에 간직함이 있어야 하고, 숨 쉴 때에도 함양함이 있어야 한다."[9]라는 이 몇 가지 말을 지금 막 벽에 써 붙였다. 만약 이 말을 마음에 새겨 놓고 항상 생각하고 깊이 살피면서 따라 지킬 수 있다면 그 공부의 진지함이 남에게 뒤지지 않을 수 있겠지만, 만약 이처럼 간절한 뜻을 가지고서도 행할 수 없다면 역시 어찌할 도리가 없을 것이다.

저녁에 집에 들어와 조장(曺丈)과 상당히 오래 말을 나누다가 이야기가 장자(莊子)의 학문에 미쳤을 때, 내가 말하기를,

"장주(莊周)는 괴이한 사람이지만, 그가 '바람이 불 때 갖가지로 소리가 다른 것은 모두 스스로 그런 소리를 내기 때문이지만 그런 사나운 소리를 내게 하는 것이 그 누구이겠는가.'[10]라고 말하였으니, 이

8 계구근독(戒懼謹獨) : 계신공구(戒愼恐懼)와 신독(愼獨)을 합해서 말한 듯하다.

9 말에는……한다 : 장재(張載)의 《정몽(正蒙)》 〈유덕(有德)〉에 나오는 말로, 이 여섯 가지를 '육유(六有)'라고도 한다.

10 바람이……누구이겠는가 : 《장자(莊子)》 〈제물론(齊物論)〉의 "천뢰라는 것은 바람이 불어올 때 갖가지로 다양하게 반응하며 소리를 내게 하는 것이다. 모두가 스스로 그런 소리를 내지만, 그런 사나운 소리를 내게 하는 것이 그 누구이겠는가.〔夫天籟者, 吹萬不同, 而使其自己也. 咸其自取, 怒者其誰邪?〕"라는 구절을 축약하여 인용한 것이다.

말만으로도 그가 도(道)와 기(器)를 나누고 구별한 것이 또한 저절로 분명합니다. 유독 장주만이 그런 것이 아니라, 대체로 이단(異端)은 본시 각기 한 가지 터득한 곳은 있으나 보편적이지는 못합니다. 이것을 물을 보는 것에 비유하면, 오직 성인(聖人)만이 그 물의 근원과 흐름을 끝까지 궁구하여 환하게 볼 수 있고 이 때문에 처음과 끝을 모두 말하고 미세한 것과 원대한 것을 하나도 빠트리지 않습니다. 이단은 그렇지 않아서, 그 발원지의 작은 시초를 본 자는 '물의 본성은 단지 이와 같다.'라고 여길 뿐이어서 그 하류가 하늘까지 닿을 수 있다는 것을 모르며, 그 하류가 하늘까지 닿을 정도로 흐르는 것을 본 자는 '물의 본성은 본래 이와 같다.'라고 여길 뿐이니 애초 작은 시초에서 비롯된다는 이치를 어찌 알겠습니까. 물이 흐린 곳을 보고는 '물의 본성은 원래 흐린 것이다.'라고 하고, 맑은 물과 흐린 물이 섞여서 흐르는 곳을 보고는 '물의 본성은 원래 맑고 흐린 것이 섞여서 흐르는 것이다.'라고 하여 단호하게 자기가 옳다고 여기고 도리어 물의 시작과 흐름 전체를 환히 보고 물의 원초의 모습이 맑다는 것을 밝게 살피는 사람을 그르다고 여깁니다. 지금 저 장자, 열자(列子), 노자(老子), 불타(佛陀)가 허(虛)만을 높이면서 실(實)을 알지 못하고 무(無)만을 높이면서 유(有)를 알지 못하는 것과 저 관자(管子), 상앙(商鞅), 신불해(申不害), 한비자(韓非子)가 말단인 지모만을 일삼으면서 근본인 도의를 모르고 사사로운 공리(功利)만을 일삼으면서 공정한 천리(天理)를 모르는 것과 저 순자(荀子)가 성(性)을 악(惡)으로 여긴 것과 저 양웅(揚雄)이 성(性)을 선과 악이 섞여 있다고 여긴 것이 모두 이것입니다. 그러므로 내가 '이들은 각각 한 가지의 터득한 곳이 있지만 보편적이지는 못하다.'라고 하는 것입니다."

하였다. 또 말하기를,

"장주가 태고(太古) 시대만을 성세(聖世)로 여기고 오제(五帝) 이하의 시대는 탐탁지 않게 여겼는데, 이것은 단지 봄이 천시(天時)라는 것만 알고 여름과 가을과 겨울도 모두 천시로서 없어서는 안 되는 계절이라는 점은 모르는 것이며, 단지 싹이 트는 것만을 초목의 본체라 여겨서 이에 꽃과 잎과 풍성한 열매는 형체를 빌려 밖으로 드러난 모습으로서 초목의 체가 아니라고 여기는 것이니, 이것이 어린아이의 견식과 무엇이 다르겠습니까."

하였다. 또 이 학문의 첫 과정을 논하기를,

"배우는 자는 옛 성현의 말씀에 대하여 반드시 몸소 겪어 본 후에야 그 의미를 제대로 압니다. 근래에 내가 《대학》을 읽다가 의심나는 부분에 이르러 곧 책을 덮고 생각을 해도 통하지 않는 데가 많아서 이에 천천히 그 부분을 암송하면서 생각을 하였고, 그때에 확연히 깨닫게 되는 경우가 아주 많았습니다. 당시에는 우연히 그렇게 된 것이라고 생각하였으나 얼마 뒤 다른 데서도 모두 그러하다는 것을 경험하였는데, 《주자어류(朱子語類)》에 '입으로 책을 읽으면 마음이 한가해져서 깨달음이 있게 된다.〔口中讀 心中閑 乃有得〕'[11]라는 말이 있는 것을 보고는 내가 곧 이 구절을 세 번 반복해서 읽으면서 크게 기뻐하였고, 옛사람이 나를 속이지 않는다는 것을 알았습니다. 이것이 몸소 겪은 것이 아니면 어떻게 그 뜻을 참으로 알고 반복하여

11 입으로……된다 : 《주자어류》 권11의 "입으로 책을 읽으면 마음이 한가해서 의리가 저절로 드러난다.〔口中讀, 則心中閒而義理自出.〕"라는 말을 축약하여 인용하였다.

깨우치기를 이와 같이 할 수 있었겠습니까."

하였다. 또 말하기를,

"지금 사람들은 입만 열면 '사람의 성은 본래 선하다.'라고 말하지만 이에 대해 따져 묻는 사람이 있으면 말을 못 하니, 반드시 매일 체험하는 일을 가지고 늘 눈으로 보면서 손을 꼽아 세는 것처럼 하여야 합니다."

하였다. 또 말하기를,

"〈서명(西銘)〉은 사람의 마음을 넓게 할 수 있지만, 이것을 억지로 믿어서는 안 되고 반드시 일일이 일상의 비근한 일을 가지고 밝혀야 합니다. 지금 예를 들어 '하늘은 아버지이고 땅은 어머니이다.〔乾父坤母〕' 같은 말을 그러하다고 대충 생각하지 말고, 반드시 스스로 의문을 설정하여 '나를 낳은 사람은 부모인데, 어째서 하늘을 아버지라 하고 땅을 어머니라고 하는가?'라고 하고서 확실하게 그 이유를 깨달은 후에 그만두어야 합니다."

하였다. 옆에 있던 한 소년이 "그 말씀을 듣고자 합니다."라고 하므로 내가 말하기를,

"이것은 설명을 하려면 길지만, 대략 천근한 일을 가지고 말하면, 부모는 원래 나를 낳은 사람이지만 부모로 하여금 나를 낳도록 한 것은 하늘과 땅이다. 그렇지 않다면 세상에 어째서 부모는 있는데 자식은 없는 사람이 있겠는가."

하였다. 소년이 "그렇다면 무릇 태어난 자식들이 대부분 그 부모와 닮은 것은 어째서입니까?"라고 하므로 내가 말하기를,

"무릇 사람의 형체가 생기고 기(氣)가 정해지고 나서도 '거처에 따라 기운이 바뀌고 봉양에 따라 몸이 바뀌는 이치'[12]가 있는데, 하물며

아버지의 정(精)을 받아서 기(氣)를 이루고 어머니의 배에 있으면서 그 체(體)를 기르는 경우이겠는가. 그러니 닮지 않고 어쩌겠는가. 또 '하늘은 아버지이고 땅은 어머니이다.'라고 한 것이 '그 아버지를 아버지로 여기지 않고 그 어머니를 어머니로 여기지 않으면서 하늘과 땅을 부모로 여긴다.'라고 말한 것이 아니니, 그 나뉜 경우를 말하면 만물에 각기 한 부모가 있고 그 통합된 경우를 말하면 하늘과 땅이 만물의 부모가 되는 것으로, 이것이 바로 통체(統體)와 각구(各具)[13]의 이치인 것이다."

하였다. 이전에도 이런 말이 많지 않았던 것은 아니지만 생략하고 기록하지 않았는데, 지금 이것을 기록한 것은 우연히 기억이 났기 때문이다.

밤에 서호장(西湖丈)[14]이 보내신 답간(答簡)을 보니,-서호장은 정관재(靜

12 거처에……이치 : 환경에 따라 사람이 바뀌는 것을 말하며, 《맹자》〈진심 하(盡心下)〉의 "거처에 따라 기운이 바뀌고 봉양에 따라 몸이 바뀌는 것이니, 중요하구나, 거처하는 환경이여.〔居移氣養移體, 大哉居乎!〕"라는 말을 인용한 것이다.

13 통체(統體)와 각구(各具) : 통체는 전체로서의 태극을, 각구는 개별 물(物) 속에 있는 태극을 뜻한다. 즉 이일분수(理一分殊)와 같은 말이다. 《성리대전》 권1 〈태극도〉에 "남녀의 처지에서 보면 남녀가 각각 그 성을 하나씩 간직하여 남녀가 하나의 태극이요, 만물의 처지에서 보면 만물이 각각 그 성을 하나씩 간직하여 만물이 하나의 태극이다. 합하여 말하면 만물이 통합된 본체로서 하나의 태극이고, 나누어 말하면 일물이 각각 하나의 태극을 구비하고 있는 것이다.〔自男女而觀之, 則男女各一其性, 而男女一太極也; 自萬物而觀之, 則萬物各一其性, 而萬物一太極也. 蓋合而言之, 萬物統體一太極也; 分而言之, 一物各具一太極也.〕"라고 하였다.

14 서호장(西湖丈) : 창계의 스승 이단상(李端相, 1628~1669)을 가리킨다. 조선 후기의 문신이자 학자로, 자는 유능(幼能)이며 호는 정관재(靜觀齋)·서호(西湖)이다. 1648년(인조26) 정시 문과에 급제하였고, 이조 정랑과 부제학 등의 관직을 역임하였으

觀齋) 이공(李公)의 구호(舊號)이다.- 주 부자(朱夫子)의 "공부는 중단되기 쉽고 의리는 궁구하기 어렵다. 세월은 흐르는 물과 같으니 매우 두려워할 만하다."[15] 등의 말로 나를 격려하셨다. 이 말은 참으로 마음에 새겨야 하겠지만 과도하게 나를 허여하고 나에게 기대하니, 이것은 아마도 내가 앞서 보낸 편지에서 은근히 스스로 잘난 체를 한 것 때문에 그렇게 말씀하신 것이리라. 그렇지 않다면 저분이 어디서 나에 대한 말을 들으셨겠는가. 이에 스스로 매우 부끄러웠다. 옛날 사상채(謝上蔡)[16]가 일찍이 자신을 면밀하게 점검하고 '긍(矜)' 한 글자를 없애는 데 힘썼는데도 주자가 마침내 "상채의 병통은 '긍' 자에 있다."라고 하였으니, 저 옛사람이 탁월한 재주를 가지고서 긴밀한 노력을 기울여도 이 병통을 완전히 없애지 못하였는데, 보통 사람이야 어떻게 백배의 힘을 쏟지 않을 수 있겠는가. 그러나 보통 사람은 병통이 수없이 많으니, 어찌 오로지 이 병통을 없애는 데에만 노력할 수 있겠는가. 모름지기 큰 도리를 알아야 한다. 이에 대해 환히 알고 나면, 자랑하는 것을 없애려면 무엇을 해야 하는지를 저절로 알게 되어 자랑하는 병통이 자연히

며, 이조 판서에 추증되었다. 시호는 문정(文貞)이며 저서로 《대학집람(大學集覽)》, 《정관재집》 등이 있다.

15 공부는……만하다 : 주희가 여조겸(呂祖謙)에게 답한 편지에 "공부는 중단되기 쉽고 의리는 궁구하기 어렵습니다. 세월은 흐르는 물과 같으니 매우 두려워할 만합니다. 어이하겠습니까, 어이하겠습니까.〔功夫易間斷, 義理難推尋, 而歲月如流, 甚可憂懼, 奈何奈何.〕"라고 하였다. 《朱子大全 卷33 答呂伯恭》

16 사상채(謝上蔡) : 북송(北宋)의 유학자인 사양좌(謝良佐)이다. 하남성(河南省) 상채현(上蔡縣) 출신으로, 상채 선생으로 불렸다. 정호(程顥), 정이(程頤) 형제에게 수학하였고, 특히 정호의 학풍을 존숭하여 일가(一家)를 이루었다. 저서로 제자들이 편집한 《상채선생어록(上蔡先生語錄)》이 있다.

없어질 것이다. 안자(顔子)에 대해 "있어도 없는 것처럼 하고, 가득 차도 빈 것처럼 하였다.〔有若無實若虛〕"[17]라고 한 말씀 역시 이것을 아신 것이었다. 힘쓸지어다.

며칠 전에 나타났던 뇌정(雷霆)의 변고에 관해서 논한 일공이경(一公二卿)[18]의 소차(疏箚)를 살펴보건대 그 말은 진부한 것을 주워 모은 것으로, 애당초 하나씩 폐단을 말하고 하나씩 대책을 건의하여 임금으로 하여금 제대로 시행할 데가 없게 한 것이 유생(儒生)이 과거에 응시하여 짓는 글과 다름이 없었으니, 심히 개탄스러운 일이다. 책상 위에 택당(澤堂 이식(李植))이 쓴 글이 있기에 그중 소차편(疏箚編)을 뽑아서 살펴보니, 말한 내용에 시행할 만한 것이 많아서 단지 문장이 정밀하고 아름다울 뿐만이 아니었지만 그의 주장과 견해는 종종 공리(功利)의 함정에 빠져 있었다. 이런 경륜 있는 분도 이와 같을진댄, 세간의 허다한 식견 없는 사람들이야 어떠하겠는가. 마침내 물러 나와 〈왕도해(王道解)〉를 지어 소차의 그릇된 점을 밝혔다.

창성 공자(昌城公子)[19]를 방문한 기회에 내 몸의 병에 대한 자초지종을

17 있어도……하였다 : 《논어》 〈태백〉에 증자의 말로 "능하면서 능하지 못한 이에게 물으며, 학식이 많으면서 적은 이에게 물으며, 있어도 없는 것처럼 하고 가득 차도 빈 것처럼 하며, 자신에게 잘못을 범하여도 따지지 않는 것을, 예전에 일찍이 내 벗이 이 일에 종사하였다.〔以能問於不能, 以多問於寡, 有若無實若虛, 犯而不較, 昔者吾友嘗從事於斯矣.〕"라는 구절이 나오는데, 여기서 말한 '내 벗'은 바로 안자를 가리킨다.

18 일공이경(一公二卿) : 한 명의 정승과 두 명의 또 다른 대신을 가리키는 듯하지만, 그들이 누구인지는 알 수 없다.

매우 자세히 말하니, 공자가 난처한 표정을 짓고서 조금 있다가 "내가 듣기로 동병상련이라 하였으니, 그대가 시험 삼아 내 배 속의 덩어리를 살펴보십시오."라고 하였다. 내가 손으로 배를 천천히 쓰다듬어 보니 과연 울퉁불퉁한 덩어리들이 있었다. 공자가 말하기를,

"내 몸의 병도 치료하지 못하는데 어떻게 남을 치료할 수 있겠습니까. 그러나 공이 멀리서 와서 굳이 약 처방을 물으니, 내가 말을 하지 않을 수 없습니다. 소적정원산(消積正元散)과 연라환(蓮蘿丸)이 처방이니, 이것을 써서 낫지 않으면 다시 물으십시오. 또 내가 듣기로 올바른 기운을 기르면 적체된 것이 저절로 없어진다고 하니, 원컨대 공은 기름진 음식을 끊고 색욕을 경계하고 갑자기 화를 내지 말고 생각을 가다듬으십시오. 정말 이와 같이 한다면 적체된 것이 없어질 수도 있고, 비록 없어지지 않는다 하더라도 절대로 악질(惡疾)이 되지는 않을 것입니다. 또 듣기로 공이 독서에 너무 탐닉하여 이 지경에 이르렀다 하니, 독서를 일절 그만두어야 할 것입니다."

하였다. 내가 이 말을 듣고 마음이 서글퍼져서 생각하기를 '배우는 사람이 서적을 버리고서 어떻게 의리를 밝히고 앎을 지극히 할 수 있겠는가.' 하였다. 조금 있다가 스스로 마음을 달래어 말하기를,

"옛사람이 '마음을 다스리고 몸을 바르게 하는 데에는 음식과 색욕을 절제하는 것이 매우 긴요하다.'라고 하였고, 또 말하기를 '무릇 사람의 감정 중에 드러내기는 쉽고 통제하기는 어려운 것으로는 노여움이 유독 심하다.'라고 하였으니, 지금 기름진 음식을 끊고 색욕을

19 창성 공자(昌城公子) : 왕족이나 귀한 신분의 인물로 의술에 밝은 사람인 듯한데, 누구인지 알지 못한다.

> 경계하고 갑자기 화내지 않기를 공자의 말처럼 할 수 있다면 바로 이것이 공부이니, 독서를 그만둔다 하더라도 무슨 해로움이 있겠는가. 또 그가 '생각을 가다듬는다.'라고 말한 것은 그 말이 더욱 요약되고 그 뜻이 더욱 절실하니, 참으로 이 말을 실천하여 열심히 노력하면 마음을 다스리고 병을 다스릴 수 있을 것이다. 그렇게 되면 즐거움이 이보다 더한 것이 있겠는가. 더구나 병에 걸리고서도 스스로 조섭하지 않고 열심히 옛날 책을 파고드는 것이 어찌 배우기를 잘하는 자가 할 일이겠는가."

하였다. 이에 마음이 마침내 확 트여서 그대로 머물러 공자와 이야기를 나누다가, 조금 뒤에 돌아왔다.

계곡(溪谷 장유(張維)), 택당(澤堂) 두 분의 문집을 살펴보건대, 두 분의 글은 한유(韓愈), 유종원(柳宗元)의 글과 같을 정도로 훌륭하다. 《계곡집》에 있는 〈신명사기(神明舍記)〉라는 글에서 신명씨(神明氏)와 주인옹(主人翁)을 나누어 두 사람으로 설정하고 또 "신명씨의 성격이 교만하고 화를 잘 낸다."라고 한 것은 옳지 않다.

밤에 《이정서(二程書)》[20]를 살펴보니, 그 내용이 자못 사람을 감발시킬 만하였다. 네댓 판까지 읽어 내려가니, 소자(邵子 소옹(邵雍))의 시에 "공을 고집하는 것은 결국 집착하는 것이고, 만물을 같게 하는 것은 끝내 다툼을 일으키는 것이다.〔泥空終是着 齊物到頭爭〕"라는 말이 있

20 이정서(二程書) : 북송의 형제 성리학자 정호(程顥)와 정이(程頤)의 어록을 제자들이 모아서 엮은 《이정유서(二程遺書)》를 가리킨다.

었는데, 이 말로써 장자(莊子)와 불가(佛家)의 잘못됨을 논한 것이 매우 정확하여 서너 번 읊고 그지없이 감탄하였다. 참으로 도를 아는 것이 지극히 고명한 사람이 아니면 어찌 한 구의 운어(韻語)로써 천년을 이어 내려온 사설(邪說)을 이처럼 분명하게 타파할 수 있겠는가.

낮에 《주자어류(朱子語類)》를 살펴보니 크게 유익하였다. 대체로 이전에는 책을 읽을 때 책에 마음을 붙이지 않다가 마음을 붙이게 되면 곧바로 옛날 책 더미 속에 빠지고 더욱이 나의 존재마저 잊었기 때문에 나에게 보탬이 되는 것이 없었다. 이번에는 그렇게 하지 않고, 책을 펴기 전에 먼저 스스로 마음을 다잡아서 안정시키고 곧 천천히 글을 따라 살펴보면서 한 단락을 읽고 나면 곧바로 잠시 생각을 하였다. 이 때문에 의미를 새로 알게 된 곳도 많고 힘을 얻어서 지킨 곳도 많았다. 이후에도 모두 이와 같이 하면 좋을 것이다.

동쪽으로 관동(館洞)에 가서 서호장(西湖丈)을 방문하였다. 도중에 저잣거리를 지날 때 마침 해가 중천이었는데, 저자에 모여든 장사꾼이 셀 수 없을 정도이고 시끄러운 소리가 온 사방에 가득하였지만 내 마음이 줄곧 담담하기가 작은 집에 혼자 있을 때와 다름이 없었으니, 다행이다. 이것이 비록 마음을 전일하게 하여 만 가지 변화를 살피는 경지에는 미치지 못하지만, 마음이 함께 밖으로 치달리는 수준에 비하면 좀 나으리라.

정미년(1667, 현종8)

丁未

《주자어류》에 "사람의 밝은 덕(德)은 바로 하늘의 밝은 명(命)이다. 비록 몸이 가로막고는 있지만 사람이 보고 듣고 말하고 움직일 수 있는 것이 하늘에서 받은 능력이 아니고 무엇이겠는가."라는 말이 있는 것을 보고, 내가 이에 스스로 이르기를 '사람이 하늘에서 받은 바를 온전히 하지 못하는 것은 단지 그 몸이 그렇게 만든 것일 뿐이다. 그렇지 않다면 기질의 치우침과 이욕의 사사로움이 어디로부터 생겨났겠는가. 사람이 사심 없이 자기 몸에 대한 집착을 버리고 사사로이 제멋대로 천리(天理)의 유행을 막는 일을 감히 하지 않는다면, 곧 천지와 체를 같이 할 수 있다. 이 말이 비록 고원한 것 같기는 하지만, 역시 타고난 분수가 본래 그러할 뿐이며 맡은 직분에서 마땅히 해야 할 일일 뿐이니, 어찌 부지런히 힘을 다하지 않겠는가.' 하였다.

뒷방으로 물러나 오랫동안 묵좌(默坐)하면서 도리(道理)에 대해 생각할 때는 마음에 와닿는 것이 꽤 있었는데, 앞방으로 나와서 또 어지러이 이야기를 나누게 되어서는 전처럼 제멋대로 굴었으니, 통탄스럽다. 무릇 고요한 곳에서 마음을 비우고 이치를 살피는 것은 이것을 내면에 간직하여 일용행사(日用行事)의 실제에서 징험하기 위해서인데, 지금 고요한 가운데서 약간의 공부를 하였으면서도 일이 손끝에 이르면 곧 아무렇게나 행동하니, 이것이 애당초 공부를 하지 않은 자와 무엇이 다르겠는가. 여기에 통렬히 모든 노력을 기울여야만 하겠다. -산사(山寺)

에 있을 때 쓰다.-

요사이 조존성찰(操存省察) 공부에 지난 서너 달 동안에 없던 성과가 있었으니, 참으로 다행이다. 그렇지만 이것은 단지 머물렀던 장소 때문이니, 반드시 시속의 학문에 휩쓸리고 명성과 이익을 추구하는 도성(都城)에서도 항상 이와 같을 수 있어야만 될 것이다.

밤에 백씨(伯氏), 윤공(尹公)과 더불어 과거에 응시하는 일의 옳고 그름에 대해 토론하였다. 백씨가 "네가 과거에 응시하는 것이 옳지 않다고 하는 것은 어째서인가?"라고 하기에, 내가 "그럴 만한 이유가 있습니다. 무릇 선비는 아랫자리에 처하는 법이니, 권력자의 집으로 몰려들어 자기의 글재주를 자랑하여 관직에 나아가고자 하는 것은 원래 잘못된 것입니다. 평소 자신의 내면에 쌓은 것이 당세(當世)에 선을 행하기에 부족한 사람의 경우에는 더욱 시골에서 조용히 수양을 하여 추기급인(推己及人)의 바탕을 확립하여야 하는데, 어찌 급급하게 관직에 나아가기를 구하여 스스로 처신을 가벼이 할 수 있겠습니까."라고 하였다. 백씨가 "옛날 정명도(程明道 정호(程顥))와 주회암(朱晦菴 주희(朱熹))이 일찍이 과거에 응시하였고 우리나라의 선현들 또한 그러하였으나, 명도와 회암은 그대로 훌륭한 명도와 회암이고 우리나라의 선현들은 그대로 훌륭한 우리나라의 선현이니, 과거에 응시한 것이 어찌 그 사람들에게 누가 될 수 있겠는가. 과장(科場)을 떠나 암혈(巖穴)에서 살다가 생을 마치는 사람이 지금 세상에도 있지만, 나는 그중에 명도에 이르고 회암에 이르고 우리나라의 선현에 이르는 사람을 아직 보지 못하였다."라고 하였다. 내가 말하기를,

"그렇지 않습니다. 우리들이 과거에 응시했다가 자신의 뜻을 빼앗기지 않으리라고 보장할 수 있겠으며, 자기를 써 주기만 하면 한 세상의 일을 다 해낼 수 있으리라고 보장할 수 있겠습니까. 저는 절대로 그럴 수 없다는 것을 압니다. 옛사람들이 과거를 그만두지 않았던 것은 이러한 염려가 없었기 때문이니, 지금 갑자기 불초한 사람이 망녕되이 스스로 선배, 대현(大賢)과 비교하여 출처를 정하는 것은 합리화될 수 없을 듯합니다. 이 때문에 과거에 응시하는 것이 온당치 않다고 말하는 것이지 과장을 떠날 수만 있으면 곧 정명도나 주회암이나 우리나라의 선현에 이를 수 있다고 말하는 것이 아닙니다. 더구나 지금 우리나라는 오랑캐의 부림을 받고 있어서, 이 발을 한번 조정에 들이게 되면 곧 오랑캐의 배신(陪臣)이 됩니다. 나라를 위하여 내수외양(內修外攘)의 길을 이끌어 오랑캐의 소굴을 뒤집어 버리지 못할 바에는 차라리 시골의 일개 필부가 되어 유유자적하겠습니다."

하였다. 윤공이 옆에서 말하기를 "그것은 그러하네. 그러나 다른 일[21]은 완전히 버려두고 일등전지(一等田地)[22]에 이르려는 이 한 가지 일만을 하는 것이 옳겠는가." 하기에, 내가 말하기를,

"자네의 말이 진실로 옳으니 참으로 나의 혼미함을 깨우칠 만하네. 그러나 잘못은 다른 일을 버려둔 데에 있지 이 한 가지 일을 잘하려는 데에 있지 않네. 그전에 내가 다른 일을 매우 오래 버려두었을

21 다른 일 : 여기서는 과거 공부를 가리켜 말한 것이다.

22 일등전지(一等田地) : 사람으로서 처할 수 있는 높은 경지란 뜻으로, 부귀와 명예를 추구하지 않고 오로지 심신을 수양하여 깨끗하게 자신의 지조를 지키는 것을 말하는 듯하다.

적에 자네는 일언반구도 나를 일깨우는 말이 없다가, 지금 이 일을 논하여 지당한 귀결점을 찾을 때에는 자네의 말이 곧 이와 같으니, 이것은 모순되네. 만약 여기에 어떤 사람이 항상 밥을 크게 뜨고 국을 흘리며 마시면서도 오직 포를 깨물어 끊으려 하지 않는다면[23] 이것은 경중과 완급의 순서를 전혀 알지 못하는 행동일 것이네. 그러나 이에 대해 단지 밥을 크게 뜨고 국을 흘리며 마시는 것만을 나무랄 수 있을 뿐 포를 깨물어 끊지 않는 것을 잘못이라고 하여서는 안 되는데, 하물며 본시 우리의 가장 중대한 일인 출처 문제의 경우이겠는가. 만약에 훌륭한 경지에 이르지 못한다면, 다른 일에서 혹시 성공한다 하더라도 여전히 철중지금(鐵中之金)의 수준[24]이 될 수밖에 없으니, 이것은 원래 포를 깨물어 끊는 것 같은 소소한 일에 비길 바가 아니네. 대체로 과거에 응시하는 것이 옳지 않음은 그 대강이 이와 같아서 참으로 이미 명백하고 의심스러울 것이 없네.

23 밥을……않는다면 : 음식을 먹을 때 밥을 크게 뜨거나 국을 흘리는 것은 크게 불경(不敬)한 것이고, 포는 칼이나 가위로 끊어야만 하는데 이것을 이로 깨물어서 끊는 것은 작게 불경한 것이므로, 이것은 일의 경중과 완급의 순서를 알지 못함을 뜻한다. 맹자가 사람이 먼저 힘써야 할 도리를 모르는 것을 비유하여 "밥을 크게 뜨고 국을 흘리며 마시면서 포를 이로 깨물어서 끊지 말기를 따지는 것을 일러서 힘쓸 것을 알지 못한다고 말한다.〔放飯流歠而問無齒決, 是之謂不知務.〕"라고 하였다. 《孟子 盡心上》

24 철중지금(鐵中之金)의 수준 : 사람의 수준을 네 등급으로 나눌 때의 세 번째 등급을 가리킨다. 주희가 말하기를 "성인은 금 중의 금이고, 성인을 배웠으나 성인의 경지에 이르지 못한 자는 금 안에 쇠가 좀 들어 있는 것이며, 한 고조나 당 태종처럼 마음을 쓰고 정사를 행하는 것을 도리에 맞게 한 자는 쇠 중의 금이고, 조조나 유유 같은 무리는 그냥 쇠일 뿐이다.〔蓋聖人者金中之金也, 學聖人而不至者金中猶有鐵也, 漢祖唐宗用心行事之合理者鐵中之金也, 曹操劉裕之徒則鐵而已矣.〕"라고 하였다. 《晦庵集 卷36》

그러나 부모님의 바람을 어찌할 수 없고 차분하게 완곡한 말로 간하여 허락을 얻지 못하였으니, 지금은 우선 관례대로 과거에 응시하되 단지 임금을 대면해서 나라의 일에 대해 말하기만 하고 부귀를 바라는 생각은 품지 않겠다고 마음먹는 것도 좋을 것이네. 또 지금 글을 간교하게 짓는 폐단이 너무 심하니, 혹시라도 온후하고 평정한 말을 써서 그 폐단을 바로잡을 수 있다면 그 역시 일조가 될 것이네. 다만 재주가 모자라고 견식이 좁아 그 일을 하기에 부족하고, 비록 그 일을 하더라도 사람들이 반드시 옛 습관을 버리고 나를 따르지는 않을까 봐 염려되네. 그러나 나의 도리에 어찌 감히 힘쓰지 않겠는가. 여름이 가기 전에 의당 부모님을 뵈러 갈 일이 있을 것인데, 만약 다시 이런 뜻을 가지고 완곡하게 간하여 부모님의 허락을 얻을 수 있다면, 어찌 기꺼이 일등전지의 일을 버려두고 임금을 대면해서 나랏일을 말하고 글을 간교하게 짓는 폐단을 고치는 일을 하겠는가."

하니, 두 사람이 모두 그렇다고 하였다.

시무책(時務策)을 지어 보았다. 짓기 시작할 때는 '요사이 마음을 다잡는 데에 노력을 기울였으니, 이런 한가한 글을 짓더라도 절대로 내 마음이 흔들리지는 않을 것이다.'라고 생각하였는데, 막상 지어 보니 결코 그렇지 않았다. 결국 붓을 던지고 글 쓴 종이를 구겨 버리고 일어섰는데, 그때까지 쓴 글이 겨우 반 편(篇)이었다.

내 스스로 생각하건대 요사이 마음을 다잡으면서 대체로 크게 부끄러운 일이 없었고, 이런 상태가 계속된 것이 사나흘을 넘기까지 하였던 것은 외물의 유혹이 없어서였다. 대저 물(物)과 도(道)는 서로 떨어지는 일이 없으므로 여기에 나아가 합당한 귀결점을 추구하는 것이 바로 학문을 하는 것인데, 지금 나는 그렇지 않아서 겨우 한 겹의 얇은 물건을 만나도 그것을 뚫고 나갈 수 없고[25] 반드시 눈앞에 아무 일도 없어야만 큰 실수가 없을 수 있으니, 노력을 하여도 역시 이 정도인가.[26] 이와 같다면 끝내 일개 화상(和尙)이 되고 말 뿐이니, 이것은 성인을 바라고 현인을 바라는 일이 아닐 듯하다. 반드시 분발하여 스스로 일신하여야겠다.

하루 종일 《황극경세서(皇極經世書)》[27]와 〈선천규관(先天窺管)〉[28]을 보았는데, 대체로 읽기는 무척 힘들고 얻은 것은 별로 없어 개탄스럽다. 가령 밖으로 드러난 모양을 대충 안다 하더라도 앎이 극진한 곳에까지 이르지 못하면 아무 쓸데가 없으니, 이것이 어찌 의리에 대한 친절한 가르침에서 작든 크든 얻는 것이 그나마 나의 소유가 되는 것과 같겠는가.

25 겨우……없고 : 조금이라도 외물의 방해가 있으면 마음이 흔들린다는 뜻으로 말한 것이다. 주희의 어록에 "만약 겨우 한 겹의 얇은 물건을 만났는데 곧 물러난다면, 어떻게 일을 해낼 수 있겠는가.〔若只遇著一重薄物事, 便退轉去, 如何做得事?〕"라는 말이 나온다. 《朱子語類 卷8》

26 노력을……정도인가 : 《맹자》 〈등문공 상〉에서 안연(顔淵)이 "순 임금은 어떤 사람이며 나는 어떤 사람인가? 순 임금이 되려고 노력하는 자는 또한 순 임금같이 될 것이다.〔舜何人也? 予何人也? 有爲者亦若是.〕"라고 한 말을 반어적으로 인용한 듯하다.

27 황극경세서(皇極經世書) : 북송(北宋)의 학자 소옹(邵雍)의 저서로, 역리(易理)를 응용하여 수리(數理)로써 천지만물의 생성과 변화를 관찰하고 설명하였다.

28 선천규관(先天窺管) : 조선 중기의 학자 신흠(申欽)이 《황극경세서》의 내용을 연구하고 자신의 견해를 밝힌 글로, 신흠의 문집인 《상촌집(象村集)》에 실려 있다.

평소 이 일[29]에 대해 생각할 때 비록 스스로 이 일에 뜻을 두었다고 여기더라도 단지 한가하고 범범하게 지내면서 노력하는 둥 마는 둥 하기만 한다면, 이와 같이 하면서 성취가 있기를 바라기는 어려울 것이다. 살펴보건대 이 도리는 반드시 생사를 걸고 노력해야만 깨달을 수 있으니, 고금(古今)의 사람들 중에 높은 지위에 올라 위를 쳐다보고 활보하면서 스스로 이 일에 뜻을 두었다고 말한 사람은 수없이 많았으나 끝내 이 일을 성취한 사람은 얼마 되지 않은 것이 모두 이 때문이다. 그러나 이것은 매우 어렵지만 쉬운 일이기도 하니, 만일 그 방법을 알아서 끊임없이 노력한다면 무슨 어려움이 있겠는가. 유념하고 유념할 일이다.

이정(二程)의 글을 읽고서 "다른 산의 돌로 옥을 갈 수 있다는 말에 좋은 뜻이 들어 있다."[30]라고 한 것이 옳은 말임을 알았다. 이전에는

29 이 일 : 이 문장만으로는 무엇을 가리키는지 명확하지 않으나, 앞에서 나온 '여백씨급윤공논부거시비(與伯氏及尹公論赴擧是非)'에서의 주장을 살펴보건대, 아마도 그 대화에서 언급된 이른바 '일등전지(一等田地)에 이르는 일'을 말하는 듯하다.

30 다른……있다 : 《이정유서(二程遺書)》 권2 상에 소옹(邵雍)의 말을 인용한 "'다른 산의 돌로 옥을 갈 수 있다.'라고 한 것은 옥은 부드러운 물건이므로 만약 옥 두 덩어리를 가져다 서로 갈면 절대로 갈리지 않을 것이며, 반드시 거친 숫돌 같은 것으로 갈아야만 갈린다는 것이다. 비유하자면 군자가 소인과 함께 있을 때 소인에게 시달림을 당하면 반성하고 두려워하게 되며, 마음을 움직이고 성질을 참게 되며, 공부에 보탬이 있고 환난을 예방하게 될 것이니, 이렇게 되면 곧 도리가 드러난다는 것이다.〔他山之石, 可以攻玉. 玉者溫潤之物, 若將兩塊玉來相磨, 必磨不成. 須是得佗箇麤礪底物, 方磨得出. 譬如君子與小人處, 爲小人侵陵, 則修省畏避, 動心忍性, 增益預防, 如此便道理出來.〕"라는 말이 실려 있는데, 여기서 그 뜻을 축약하여 말하였다.

내가 엄한 스승과 훌륭한 벗들 사이에서 지낼 수 없었던 것을 깊이 한스럽게 여겨 이 일을 성취할 길이 없다고 말하였으나, 이제는 모든 사람들의 지우(智愚)와 현불초(賢不肖)가 모두 나를 완전하게 성취시킬 수 있다는 것을 알게 되었다. 이에 이런 생각을 간직하게 되니, 밖으로 나가 여러 사람과 어울릴 적에 여태까지의 마음가짐과는 크게 다르게 되었다.

내가 일록(日錄)을 쓰고부터 모든 일상의 거취와 말과 행위를 모두 기록하고, 또 사소한 일은 번거롭게 기록할 필요가 없는 데다 미묘한 마음의 움직임은 글로 쓸 수가 없으므로 따로 날짜마다 옆에 동그라미를 그리거나 점을 찍거나 획을 그어서 매일 내가 한 일을 점검하였다. 마음에 흡족하였으면 동그라미를 그리고, 스스로를 속였으면 획을 긋고, 처음에 흡족하였다가 끝에 스스로를 속였으면 동그라미를 그리고서 획을 긋고, 처음에 스스로를 속였다가 끝에 흡족하였으면 획을 긋고서 동그라미를 그리고, 스스로를 속인 일과 흡족한 일이 섞였으면 점을 찍었다. 모든 동그라미는 크기도 하고 작기도 하였으며 점과 획도 모두 그러하였으니, 이것은 속인 일과 흡족한 일에 크고 작은 차이가 있기 때문이다. 요사이 이 방식으로는 늘 그 본뜻에 걸맞게 할 수 없다는 것을 깨달았다. 점을 찍을 만한 곳에 동그라미를 그리기도 하고 획을 그을 만한 곳에 점을 찍기도 하며, 심지어는 획을 그어야 할 곳에 도리어 동그라미를 그리고 획을 긋기에도 부족한 곳에 도리어 점을 찍었으니, 자신을 검칙하기를 마치 미치지 못함이 있는 듯이 하는 의리[31]에 비추

31 자신을……의리 :《서경》〈이훈(伊訓)〉에 나오는 말이다. 탕 임금을 이어 왕위에

어 볼 때 어떠한가? 대체로 이것은 모두 스스로를 속이는 것이니, 이제부터는 반드시 아침부터 저녁까지 털끝만큼도 흡족하지 못한 일이 없어야 동그라미를 그리고, 이보다 못하면 점을 찍고, 또 이보다 못하면 획을 그으며, 만일 하루 종일 한가하고 범범하게 지냈다면, 동그라미와 점과 획을 아무것도 표시하지 않아야 할 것이다.

밤에 《지봉유설(芝峯類說)》을 보니, 그 안에 학문을 논한 편(篇)들이 들어 있었다. 내가 생각건대 배우는 사람은 깊이 연구하여 스스로 깨달은 실질적인 내용이 있지 않으면 글을 짓고 의견을 피력할 필요가 없으니, 이것은 단지 기상이 경박한 것이 이미 도와 멀기 때문일 뿐만 아니라 세상에는 원래 안목을 갖춘 사람들이 있어서 코끼리를 더듬듯이 요량한 것을 가지고 자랑해서는 안 되기 때문이다.

3월 10일 태학(太學)의 소청(疏廳)에 들어가니 소두(疏頭)가 소본(疏本)을 보여 주었다. 내가 이 상소문을 절대 써서는 안 된다고 하자 모두 "무엇 때문입니까?"라고 하였다. 내가 말하기를 "이번 상소는 실로 사림의 중대한 핵심 사안입니다. 여러분은 그 사실을 알고 계십니까?" 하니, 모두 "알고 있습니다."라고 하였다. 내가 말하기를 "황연(黃壖)의 상소[32]에 대해서 상께서 이미 '대충 보기에 올곧은 것 같다.'라고

오른 태갑(太甲)에게 이윤(伊尹)이 훈계하기를 "아, 선왕께서는……사람들을 허여함에는 모든 것을 갖추기를 바라지 않았고, 자신을 검칙함에는 미치지 못함이 있는 듯이 여겨 만방을 소유하셨으니, 이것이 어려운 것입니다.〔嗚呼! 先王……與人不求備, 檢身若不及, 以至于有萬邦, 玆惟艱哉.〕"라고 하였다.

32 황연(黃壖)의 상소 : 1667년(현종8) 영남의 유학(幼學) 황연이 조정에 올린 상소

하셨으니, 이것은 그 행동을 그리 심하게 미워하시지 않은 것입니다. 그러니 지금 장황한 말과 높은 기세로 욕하기만 한다면 이로움은 없고 단지 상으로 하여금 선비들의 주장 역시 공정하지 못하다고 의심하게만 만들 텐데, 여러분은 그것을 아십니까?"라고 하니, 모두 "압니다."라고 하였다. 내가 말하기를 "황연의 말이 비록 심한 계교와 변덕을 부려서 이로(二老)[33]로 하여금 그 책임을 피할 수 없는 것처럼 만들었지만, 그 말에 나아가서 잘 살펴보면 이로의 심적(心迹)을 알 수 있다는 사실을 여러분도 아십니까?" 하니, 모두 "알지 못합니다."라고 하였다. 내가 말하기를,

"황연이 이로를 비난한 것이 비록 수백 마디에 달하지만, 그 요점은 호오(好惡)가 공정하지 못한 것, 멀리서 조정의 권세를 잡았다는 것, 분노를 참지 못하고 상신(相臣)을 비난했다는 것을 세 가지 큰 죄로 삼은 데 지나지 않습니다. 이것이 비록 얽어매고 갖다 붙여서 만든 말이지만, 그래도 이로를 곤경에 빠뜨릴 수 있었으니 이는 무엇 때문이겠습니까? 만약에 이로가 조정에서 벼슬할 때 두문불출하여 자신을 지키고 홀로 서서 붕당을 짓지 않기를 일개 선비처럼 하였거

를 가리킨다. 송시열(宋時烈)과 송준길(宋浚吉) 등을, 자신들과 논의가 맞지 않고 색목이 같지 않으면 현우(賢愚)를 따지지 않고 일체 물리쳤다고 비난하고, 조복양(趙復陽), 김만기(金萬基), 민유중(閔維重), 원만리(元萬里), 이민서(李敏敍) 등을 의기(義氣)가 없는 자들이라고 비난하고, 김익렴(金益廉)을 간악한 성품과 짐승 같은 행실을 지닌 자라고 비난하고, 김수항(金壽恒)과 김수흥(金壽興)을 자리에 연연하여 시류에 따라 인사 행정을 하고 외척의 힘을 빌려 임금의 위엄을 막으려 했다고 비난한 것이 주된 내용이다. 《국역 현종개수실록 8년 2월 29일》

33 이로(二老) : 송시열과 송준길을 지칭한다.

나, 흑백을 따지지 않고 선악을 분별하지 않으면서 한결같이 세상에 아부하기를 세속을 따르는 사람처럼 하였다면, 못된 무리가 그들을 공정하지 못한 사람이라고 비난하는 일이 절대로 없었을 것입니다. 또 만약에 이로가 아주 세상을 잊고 행행(悻悻)히 스스로를 높이면서 입을 닫고 다시 세상일을 말하지 않기를 융통성 없는 소인배처럼 하였다면, 트집 잡으려는 무리가 그들을 권세를 잡은 사람이라고 꾸짖는 일이 절대로 없었을 것입니다. 또 만약에 이로가 우리 임금께서 북으로 오랑캐에게 속죄금을 바치면서 괴이하게 여기지 않으시는데도 상신들이 죽기로 간쟁하지 않으면서 입을 다물고만 있는 것을 태연히 보고만 있었다면, 어떻게라도 흠을 들추어내려는 무리가 주둥이를 놀리는 일이 절대로 없었을 것입니다. 이로가 이렇게 하지 않았으니 어찌 이 일을 자초한 것이 아니겠습니까. 그러나 만약에 이로가 이렇게 하였다면 어떻게 이로가 될 수 있었겠습니까. 이 때문에 내가 '그 비방하는 글로 인하여 이로의 심적을 알 수 있다.'라고 말한 것입니다. 이와 같이 간파하면 매우 분명한데, 여러분은 어찌 이런 점을 가지고 말하지 않고 쓸데없이 이렇게 장황하게 말하는 것입니까. 이것이 내가 단연코 이 글을 써서는 절대로 안 된다고 한 까닭입니다."

하니, 모두가 "그렇다면 이 글을 써서는 절대로 안 되겠습니다. 지금 태학 밖에서 쓴 글이 오기를 기다리는데, 만약 그 글이 이런 뜻을 말하였다면 매우 좋겠지만 그렇지 않으면 그대가 글을 다듬어 주십시오."라고 하였다. 얼마 뒤에 그 글이 왔는데, 비록 내가 앞서 말한 것과 다르기는 하였지만 그 말 역시 그대로 일리가 있어서 어느 쪽이 더 나은지 알 수 없었다. 결국 손을 여미고 물러나 앉아 있다가 한마디도 하지 않고 돌아왔다.

아침을 먹은 후에 생각하기를 '선비는 어떤 경우에도 공부를 그만두어서는 안 되는데, 나처럼 병이 있으면 공부를 어떻게 하여야 하는가? 글을 읽고 책을 보는 것이 학문을 하는 자에게는 절실한 책무인데, 나는 글을 읽을 때마다 총명이 흐려지고 책을 볼 때마다 기운이 손상되니, 장차 어떻게 할 것인가? 그러나 사람에게는 원래 여러 가지 무익한 이야기를 하고 여러 가지 쓸데없는 물건을 봄으로써 총명을 흐리게 하고 기를 손상하는 습성이 있으니, 이런 습성을 없앨 수 있으면 충분한데, 어찌 그 절실한 책무를 버리는 데에까지 이르겠는가.' 하였다. 마침내 이것을 글로 써서 일상의 과정으로 삼으려 하였으나, 또 '이 뜻을 보존할 수 있으면 되는데 글로 써서 무엇 하겠는가.'라는 생각이 들어서 결국 글로 쓰지 않았다.

혼자 별생각 없이 앉아 있다가 잠깐 병 때문에 몸이 괴로워 무너지듯 드러누웠다. 그때 문득 생각하기를 '내 나이 이미 그리 적지 않고 이 학문의 앞길에는 빗장이 겹겹이 쳐 있어서, 빠른 시간 안에 깨우치고 경계하기를 마치 불을 끄거나 도망가는 것을 쫓는 사람처럼 하지 않고서는 자립할 수 없는데, 지금 나는 이처럼 모든 것을 게을리하고 그만두었으니 어찌하겠는가.' 하였다. 마침내 시를 지어 스스로 경계하였다. 시에,

세상에선 팔십 세를 장수라 하지만	人間八十爲長壽
십구 년을 빼고 나면 긴 것도 아니지	除十九年亦不長
덧없는 세월은 빨리도 흘러가는데	浮世光陰去倏倏

성인의 경지는 아득하기만 하네　聖人田地自茫茫
무거운 짐과 같아 받들기가 어려우니　還如重擔鮮克擧
굳은 등뼈 없고서야 그 누가 감당하리　不有硬脊誰能當
원하노니 한평생 힘을 다하여　願言用盡一生力
헛되이 살다가 부질없이 죽는 사람 되지 않으리　免作虛生浪死郎

하였다. 밤에 묵묵히 앉아서 그동안 알았던 것들을 복습하고, 학문의 지름길은 이미 통하지 않으므로 그대로《대학》의 정문(正文)을 한 차례 외웠다.

낮에 방 안에 드러누워 스스로 생각하기를 '병이 있으면서도 조섭하지 못하고 뜻을 세우고도 지키지 못하면서 오직 나태(懶怠)와 방벽(放僻)만을 일삼으니, 이것은 향인(鄕人)과 소인(小人)과 천인(賤人) 들조차도 미워할 뿐만 아니라 안으로 스스로를 속이고 밖으로 남을 속여 선(善)을 해치고 악(惡)을 키우는 것이 이보다 큰 것이 없으니, 오히려 선악을 전혀 알지 못하는 사람의 순수하고 어리석음만도 못하다.' 하였다. 아, 내가 비록 타고난 재질이 용렬하기는 하지만 그래도 요순이 될 가능성이 없지 않은데, 어찌하여 갑자기 이 지경으로 망가졌는가. 이것을 생각하니 울분이 치밀어 눈물이 나오려 하여 마침내 벌떡 일어나 스스로 격려하였다. 이렇게 하고서 자리에 앉으니 마음에 큰 거리낌이 없었다.

주자의 글을 읽고 두려운 마음으로 생각하기를 '이 며칠 동안 한 일은 덕을 진보시키고 학업을 닦는 일이 전혀 아니었으니, 떨쳐 일어나 스스로를 새롭게 하여 일이 없으면 반드시 마음을 보존하여 함양하고 일을 만나면 반드시 반복하여 추구하기를 참으로 바라지만, 어찌 마음이 변치 않을 것을 보장할 수 있겠는가.' 하였다. 아, 벌써 잊었는가. 작년 여름에는 늘 이 글에서 '하루 동안에 세 번이나 다섯 번 마음을 가다듬고 세 가지나 다섯 가지 일을 처리하라.〔一日整頓三五次 理會三五事〕'[34] 라고 한 것을 크게 힘든 일이 아니라고 여겼던 것을. 지금은 사흘이나 닷새 만에 한 번도 마음을 가다듬지 못하고 한 가지 일도 처리하지 못하는데, 하물며 하루 동안에 세 번이나 다섯 번 마음을 가다듬고 세 가지나 다섯 가지 일을 처리할 수 있으랴. 이것은 초심(初心)을 철저히 저버렸다고 이를 만하니, 뼈에 사무치게 반성해야 할 것이다.

동그라미를 그리거나 점을 찍는 방식[35]을 다시 고쳐서 이전에 비해 더욱 엄밀하게 하였다.-이전의 '반은 스스로를 속이고 반은 마음에 흡족하다.〔半欺半慊〕'라는 것은 매우 웃기는 말이다. 조금이라도 스스로 속이는 것이 있으면 곧 마음에 흡족하지 못한데, 어찌 스스로를 속이는 것이 반이고 마음에 흡족한 것이 반이 될 리가 있겠는가.-

우연히 《주자어류》 〈논문(論文)〉[36]의 권(卷)을 읽다가 당송문(唐宋文)을 가져다 읽어 보았다. 마음속으로 그것이 절실한 일이 아니라는 것을

34 하루……처리하라 : 《회암집(晦庵集)》 권16 〈주남중에게 답하는 편지〔答周南仲〕〉에 있는 내용이다.

35 동그라미를……방식 : 날짜마다 그 옆에 동그라미를 그리거나 점을 찍거나 하여 그날 자신이 한 행동을 평가하고 반성하는 것을 말한다.

36 논문(論文) : 《주자어류》 권139와 권140에 실려 있는 〈논문 상〉과 〈논문 하〉를 가리킨다.

알았고, 또 그 글을 한 번 섭렵하는 것이 나에게 득이 될 수 있는 일이 아니어서 의당 해야 할 과업에 전념하는 것만 못하다는 것을 알았으나, 내 마음에 도리어 읽는 것도 무방하다는 생각이 또 들어서 결국 밤이 되어서야 읽기를 그쳤다. 이것으로 단지 정신이 흐릿하게 되었을 뿐 끝내 얻은 것이 없었으니, 이 역시 내가 성실하지 못하여 그리된 것이다.

근래 한가한 글에 푹 빠져서 본연의 공부에는 조금도 마음을 기울이지 않았다. 비록 병중에 정신을 활달하게 하려고 시작하기는 하였지만, 그 방면의 글은 썩 좋아하지 않는다는 것과 또 막상 한가한 글에 몰두할 때마다 속으로 불만스러운 점이 있어서 마음을 다잡고 옛글을 익힐 때 마음이 쾌적한 것보다 못하므로 한가한 글도 생각을 활달하게 할 만한 방법이 아니라는 것을 알 수 있었고, 마침내 책을 상자에 넣고 다시 보지 않았다. 이 뒤로는 이 병통을 이미 알고 있어서 다시는 같은 행동을 하지 않을 듯하니, 이 역시 도움이 되는 일이었다.-무릇 한가한 글을 읽는 것 또한 어찌 대단한 잘못이겠는가. 이것은 모두 나의 견문을 넓히고 나의 지혜를 밝게 할 수 있는 방법이다. 다만 글을 보는 것을 순서에 맞게 하지 않으면 헛되이 한가한 글에 부림을 받게 될 뿐이니, 이것을 잘못이라고 하는 것 역시 타당하다. 장생(莊生)이 "도를 말하면서 순서에 맞게 하지 않으면 이것은 도가 아니다.〔語道而非其序非道也〕"라고 말하였으니, 나는 책을 읽고 글을 보는 것도 그러하다고 말하는 것이다.-

새벽에 일어나 건천(乾川)-정관재(靜觀齋)[37] 어른이 계시는 곳이다.-으로 갔다. 길을 나설 즈음부터 과제로 정해진 충신장(忠信章)[38]을 외웠으나

37 정관재(靜觀齋) : 이단상(李端相, 1628~1669)의 호이다. 198쪽 주14 참조.

의동(義洞)에 이르기까지 겨우 두세 번을 외웠으니, 이것은 속으로 외우는 것이 읊조리며 외우는 것과 다르고 말 위에서 외우는 것이 방안에서 외우는 것과 다르기 때문이다. 동문을 나서서 4, 5리 동안은 들이 넓고 바람이 세게 불어서 말을 빨리 달려서 가느라 다른 생각을 할 겨를이 없었고, 송계(松溪)에 이르렀을 때 바람이 잠시 멎어 마침내 소매 속의 책을 꺼내어 읽었는데, 건천에 이르렀을 때 12판까지 읽었다. 서호장(西湖丈)을 뵙고서 밤 깊도록 모시고 이야기를 하였다. 맨 처음으로 표한(漂漢 표류해 온 중국인)의 일에 대해 말하고, 그다음으로 사람을 가르치는 일의 고하와 선후의 순서를 논하고, 그다음으로 예문(禮文)을 빨리 읽지 않으면 안 되는 이치를 논하고, 그다음으로 소강절(邵康節) 수학(數學)의 정미하고 광대함 및 그 연원과 유파(流派)의 전승에 대해 논하였다. 마지막으로 내가 율곡의 이기(理氣)에 대한 글에서 의심스러운 곳에 대해 여쭈었는데, 한 곳은 견해가 일치하였고 한 곳은 오래 논변을 하고서야 간신히 심한 견해차가 없어졌다.

글씨 또한 마음을 드러내는 것이니, 붓 가는 대로 써 내려가서는 안 된다. 예를 들어 어수선하고 급박한 상황에서 글씨를 흐트러지지 않게 쓸 수 있는 것도 역시 마음을 다잡고 있다는 하나의 표시이니, 이 점에 주의하여 혹시라도 아무렇게나 쓰는 일이 없도록 해야겠다.-글자를 잘 쓰고 못 쓰고를 불문하고 단지 한 점 한 획도 마음을 기울이지 않는 곳이 없어야 하니, 이렇게 하면 글씨도 좋아질 것이다.-

38 충신장(忠信章) : 《논어》 〈술이(述而)〉의 자이사교문행충신장(子以四教文行忠信章)을 말한다.

임자년(1672, 현종13)
壬子

《격양집(擊壤集)》[39]을 보니 그 뜻이 매우 좋다. 이것을 늘 암송하고 실제로 징험하여 나의 고집스러움을 없애고자 한다.

한훤당(寒暄堂)[40] 김 선생의 비명(碑銘)과 행장(行狀)과 유사(遺事)를 보니, 분발하고 사모하는 지극한 마음을 참으로 억누르지 못하겠다. 나의 유유범범(悠悠泛泛)한 태도를 확 바꾸어 모든 행동에서 예의와 법도를 지켜야겠다.

요사이 마음에 걱정거리가 있어 독송(讀誦)을 전일하게 할 수 없었으니, 비록 매사에 경계하고 반성하는 노력을 감히 게을리하지 않는다 하더라도 결국 다시 예전의 습관에 파묻힐까 걱정된다. 마음에 얻는 것이 충실하지 못한 데다 완색(玩索)과 수양(修養)을 이어 갈 수 없으니, 그 얻은 것에서 끝까지 없어지지 않는 것이 얼마나 되겠는가. 그러나 이 일은 오로지 일상의 밝게 드러난 곳에서 몸가짐을 바르게 지키는 데에 달려 있는 것으로, 애초에 현묘하여 알기가 어렵거나 고원하여 행하기 어려운 것이 아니니, 지금부터 백배 마음을 기울여 절대 끊임이

39 격양집(擊壤集) : 송나라 학자 소옹(邵雍)의 시집인 《이천격양집(伊川擊壤集)》을 말한다. 소옹의 자는 요부(堯夫), 시호는 강절(康節)이다.

40 한훤당(寒暄堂) : 조선 전기의 학자 김굉필(金宏弼)의 호이다.

없도록 해야겠다.

요사이 크게 반성하건대 일상의 도리로 의당 마음을 다하지 않을 수 없는 일에 게으름을 피운 경우가 많았던 것에 대해 늘 독송을 오랫동안 폐한 탓이라고만 생각하였으니, 이것은 경중과 본말을 알지 못한 것이라고 할 만하다. 이런 생각은 결연히 버려야 하는 것으로, 이제 털어 내어 소멸시키지 못한다면 만권의 책을 읽은들 역시 또 무슨 소용이 있겠는가.

월사(月沙 이정귀(李廷龜))가 쓴 율곡(栗谷)과 우계(牛溪)의 시장(諡狀)을 읽었는데, 그 말이 활달하고 의론이 명백하며 거의 표현을 잘한 데에 가까운 점이 좋아서 읽기에 몰입하여 피로함을 잊었다. 그 사이에 흥분되고 감격스러운 대목에서 깊이 있게 말하지 못한 곳 또한 많았으나, 옛 습속을 씻어 버리고 오롯이 법도를 지키고자 한 마음만은 매우 절실하게 드러나 있었다.

12월 27일 오전에 매우 피곤하고 나른하여 게으름을 추스르지 못하고 흐리멍덩하게 누워 있다가, 홀연히 스스로 생각하기를 '해가 뜨면 사람들이 모두 일어나서 천지간에 어지러이 움직이는데, 어찌하여 나만 유독 게으름을 피우고 누워 있으면서 스스로 한가하다고 하는가.' 하였다. 마침내 일어나 앉아서 이제부터 큰 병이 아니고는 낮에 눕지 않겠다고 다짐하였다.

밤중에 잠자리에서 생각이 매우 어수선하였다. 대체로 요사이 그렇지 않은 날이 없었으나, 이날 밤은 더 심하였다. 일찍이 '내 마음이 매양 나의 우매함과 게으름을 걱정하지만, 쓸데없는 잡념에 대해서는 좀 덜 걱정한다.'라고 하였는데, 지금에서야 이제까지 전혀 이 문제를 자세하게 살핀 적이 없었기 때문에 이런 견해를 가지게 되었을 뿐이라는 것을 알게 되었다. 만약 평상시에 쓸데없는 잡념이 없다면 잠자리에서 또한 어찌 엎치락뒤치락하게까지 되겠는가. 이것은 시험 삼아 하루만 공을 들여도 바로 알 수 있는 일이다. 또 요사이 배꼽 아래가 기력이 약하고 몸이 매우 허약하여 생각과 지식이 모두 충실하고 활달하지 못하다는 것을 깨닫고서, 기(氣) 또한 지(志)를 움직일 수 있으니 그 지를 지켜 기가 해칠 수 없도록 하는 것이 바로 내가 힘써야 할 일임을 비로소 알게 되었다.

익혀서 생각이 전일하고 끊어지지 않을 때가 되면, 비록 본 것과 지닌 것의 깊이와 크기가 같을 수는 없더라도 거의 의거할 데가 있게 될 것이다. 힘쓰고 힘쓸지어다.

계축년(1673, 현종14)
癸丑

성인의 가르침이 어쩌면 그리도 신묘한가. 그 가르침으로 마음을 보존할 수 있고 이치를 궁구할 수 있고 몸을 수양할 수 있고 나라를 다스릴 수 있으며, 도(道)와 기(器)에 일관되고 천(天)과 인(人)에 통하며, 먼 것 같으면서도 지극히 가깝고 어려운 것 같으면서도 참으로 쉽다. 사람이 학문을 함에 종신토록 찾아도 다 찾지 못하는 것이 있고 재주와 힘을 다하고도 만족하지 못하는 것이 있겠지만, 사람이 학문을 하면서 이단(異端)으로 빠져드는 것에 대해서는 나는 그 까닭을 알지 못하겠다. 성인의 도는 한 가지도 옳지 않음이 없고 한 가지도 부족함이 없다는 것을 알지 못하고 공(空)과 무(無)에서 이치를 찾으려 하고 술(術)과 지(智)로써 세상을 다스리려 하는 것은 매우 미혹된 것이며, 성인의 도에 옳지 않음이 없다는 것을 알면서도 감히 옳은 것을 찾지 않는 것을 편안히 여기거나 성인의 도에 부족함이 없다는 것을 알면서도 일단 자기가 쳐 놓은 울타리 안에 가만히 웅크리고 있으면서 그저 자신의 사사로운 견식을 자랑스러워하는 것은 지극히 나약하거나 완고한 것이다.

도를 배우면서 정(正)과 사(邪)의 길을 분별하지 못하는 사람들과 분별은 하지만 자기 멋대로 자기 편한 대로만 하여 과감히 변하지 못하는 사람들에 대해서 나는 그들이 끝내 도에 이르지 못할 것임을 안다. 지금 그들이 "내가 이런 학문을 함에 여기에서 실제로 얻는 것이 있으니, 저 스스로 성인을 배운다고 하면서 실제로 얻는 것이 없는 사람들은 모두 나보다 못하다."라고 하고, 또 "내가 성인의 도에 대해서 그 흐름을 섭렵하지 않은 것도 아니고 성현을 배우지 말아야 한다는 것도 아니라 스스로 하나의 분야를 추구하는 것인데 여기에 또 무슨 문제가 있는가."라고 한다. 오호라, 이것은 역시 생각을 하지 못한 것일 뿐이다.

지금 잡학을 하면서 실제로 얻는 것이 있는 것은 역시 그 사람의 바탕과 재주가 총명하고 노력이 독실하기 때문일 뿐이지, 어찌 잡학의 효능이 그러해서이겠는가. 만약 그 재주와 노력을 옮겨서 성인의 도에 종사한다면 그 얻는 바가 어찌 유독 실하지 않겠는가. 성인의 도는 천리(天理)의 스스로 그러함에 따르고 인심은 원래부터 가진 것에 바탕을 두므로 그 기세가 순조롭고 편안하며 그 길이 평탄하고 밝아서, 다른 문파의 고부라진 길에 험난함이 있는 것과는 그 어렵고 쉬운 구별이 역시 확연한데, 또한 무엇을 꺼려서 하지 않는가. 만약 이것을 보고 행하기가 어렵다고 여겨서 두려워하고 나아가지 않는다면, 그 이른바 실제로 얻는다는 것 또한 어찌 말할 것이 있겠는가. 무릇 이와 같은 사람에 대해서는 그들이 과연 성학의 흐름을 섭렵했는지를 알지 못하겠다.

그들이 옛 성인들을 존중하고 사모하는 방식은 말로는 높이고 마음으로는 업신여기는 것이 아니면 거의 보는 데서는 받들고 숨어서는 해치는 것일 뿐이니, 이것이 어찌 잡스러운 지식을 전부 쓸어버리고 우리의 학문에 합류하여 마음과 말이 서로 응하고 겉과 속이 일치하게 함으로써 곧장 성인의 대중지정(大中至正)한 학문으로 달려가는 것만 하겠는가. 옛사람이 말하기를 "성인을 배우다가 미치지 못할지언정 한 가지 잘하는 것으로 이름을 내고자 하지 않는다." 하였으니, 한 가지 잘하는 것조차도 바라고자 하지 않았는데 하물며 이단이겠는가. 도를 구하다가 잘못하여 치우치거나 회피하는 데로 빠져드는 사람들이 있지만, 어찌 여기에서 말한 것을 가지고 따질 수 있겠는가.

병으로 자리에 누운 며칠 동안 별달리 마음을 붙일 데가 없어서 상자에 가득한 옛 성현의 글들을 잠시 제쳐 두고 간이(簡易 최립(崔岦))와 계곡(谿谷 장유(張維))과 청음(淸陰 김상헌(金尙憲))의 글을 가져다 아침저녁으로 느긋하게 읽었는데, 이것은 오직 눈가림으로 읽으면서 마음을 풀고자 한 것일 뿐이었다. 그러나 조용한 곳에서 며칠 동안 마음을 가라앉히고 읽었으니, 역시 어찌 한두 가지 내 나름의 헤아림이 없었겠는가. 비유하자면 간이의 글은 노장(老將)이 전쟁에 대해 말하듯이 어세(語勢)가 굳세고 뜻이 매우 활달하면서도 때때로 웃기는 말을 하여 사람들로 하여금 두렵고 사랑하는 마음이 들게 하는 것과 같고, 계곡의 글은 단정한 사람과 품위 있는 선비가 온화하게 예법을 행할 때와 서로 쳐다보며 담론할 때에 저절로 한 자락의 정취가 있는 것과 같으며, 청음의 글은 깊은 산 속에 사는 도인이 의관이 고아(古雅)하고 비록 훌륭한 변설과 기묘한 논리에 급급하지는 않지만 기개가 높고 말이 대범하여 보는 사람에게 존경심이 생기는 것과 같으니, 그 글들의 기상이 이와 같다. 요컨대 간이는 기력으로써 웅건함을 취한 경우이고 계곡은 사실을 논하고 밝히기를 잘하였으며, 청음은 서술에 뛰어나고 계곡은 바르고 세련되었다. 그러나 이것은 단지 그분들의 문장에 대해 논한 것일 뿐이다. 견식을 가지고 논한다면, 간이는 독서를 매우 많이 하여 그 축적한 것이 참으로 넓었으나 단지 글을 잘 짓는 것을 추구할 뿐이었고, 계곡은 타고난 자질이 대범하고 담박하여 노장(老莊)과 육왕(陸王 육구연(陸九淵)과 왕양명(王陽明))의 학문에 모두 부합하는 바가 있었으나 때때로 정주학(程朱學)으로 꾸몄으며, 청음은 청탁(淸濁)을 분명히 가르고 절의(節義)를 숭상하며 탐람(貪濫)을 미워하는 의리에 대해서 매우 엄정하게 분별하였으니, 역시 타고난 성품이 그러해서였을 뿐이다. 간이의 글은 기세가 강건하고 수단이 노숙하지만 비틀리고 각박한 것이 단점이고, 계곡의 글은 법도가 바르고 세련되었으며 식견과 취향이 여유롭고 고원하지만 얕고 유약한 것이 단점이다.

박장(朴丈)[41]이 거처하시는 곳에 가서 공자(公子)의 종사(宗事)[42]에 대해 꽤 오랫동안 토론하였다. 그 정론(定論)은 "적자(適子)는 모두 스스로 대종(大宗)이 되어 그 자손들이 대대로 그를 받들고, 서자(庶子)는 대종이 될 수 없으며 반드시 적자의 계통을 잇는 장자(長子)가 종(宗)이 되는 것은 백대에도 모두 그러하니, 예를 들어 등(滕)나라가 노(魯)나라를 종국(宗國)이라고 부르는 것이 이것이다."라는 것이었다.

41 박장(朴丈) : 당시에 창계가 자주 학문에 대한 가르침을 받았던 박세채(朴世采)를 지칭하는 것으로 보인다.

42 공자(公子)의 종사(宗事) : 윗대를 이어 제후가 된 아들을 제외한 제후의 적자와 서자 들이 각각 대종(大宗), 소종(小宗)이 되는 일과 이에 관련한 여러 가지 이론을 가리키는 듯하다. 공자는 제후의 아들을 말한다. 《가례》 〈통례(通禮) 사당(祠堂)〉의 주에 "또 대종만 있고 소종이 없는 경우가 있으니, 모두 적자이면 소종을 세우지 않는다. 소종만 있고 대종이 없는 경우가 있으니 적자가 없으면 대종을 세우지 않는다.〔又有有大宗而無小宗者, 皆適則不立小宗也. 有有小宗而無大宗者, 無適則不立大宗也.〕"라는 내용이 보인다.

갑인년(1674, 현종15)

甲寅

현장(玄丈)[43]을 뵙고 한나절 동안 이야기를 나누면서 '계신근독(戒愼謹獨)'의 요지에 대해 들었고, 또 '책을 읽을 때 몇 번까지는 글자를 자세히 상고해야만 익숙하게 외우고 깊이 완미하는 것을 잘할 수 있다.'라는 의미에 대해 들었으며, 또 '보는 대로 반드시 적어야 한다.'라는 주장에 대해 들었는데, 모두 일상생활에 절실하여 잊거나 소홀히 해서는 안 되는 것들이었다. 또 나에게 상황의 얽매임을 벗어나지 못하고 있다고 훈계하셨으니, 역시 매우 타당한 말씀이었다. 조성경(趙成卿)[44] 아저씨를 찾아뵙고 해가 다하도록 이야기를 나누었다. 색욕을 통렬히 억제하는 것을 배움의 첫 번째 급선무라고 하고 명예와 이익과 비방과 칭찬에 마음이 흔들리지 않는 것을 입신(立身)의 첫 번째 의리라고 하였는데, 그 귀결은 뜻을 독실하게 하고 학문에 힘쓰는 것에 바탕을 두었으니 말 한마디 한마디에 힘이 있어서 사람을 분발하게 만들었다. 나도 매일같이 점검하여 극기하고 다스리는 공부를 쌓아 가야겠다는 생각이 간절하였다.

43 현장(玄丈) : 박세채의 별호가 현석(玄石)이므로 그를 이렇게 부른 듯하다.

44 조성경(趙成卿) : 조성기(趙聖期, 1638~1689)이다. 조선 후기의 학자로 자는 성경(成卿), 호는 졸수재(拙修齋)이다. 창계와 학문적으로 깊이 교유하였으며, 저서로는 《졸수재집》이 있다.

이제까지 사우(師友) 간에 주고받는 언사와 예절에서 가벼이 하고 소홀히 한 경우가 많았고, 이것이 옛사람의 도리로 볼 때 매우 사리에 어긋난 것임을 요즈음 깨달았으나, 뒤늦게 후회해도 어쩔 수 없는 일이었다. 지금부터는 십분 살피고 조심하며, 엄격하게 자신을 관리하고 정성스럽게 남을 대하며, 옛 현인에게 질정하여도 부끄러움이 없고 후세로 내려가도 전해질 수 있게 해야지, 단지 눈앞에 보이는 나이나 지위나 명성이나 안면이나 정의(情誼)에 따라서 언사와 예절의 고하(高下)와 천심(淺深)을 달리해서는 안 된다. 무릇 지금 세상에 살면서 옛사람의 도를 숭상하려 하면 의당 서로 합치되는 점이 적고 서로 합치되지 않는 점이 많겠지만, 존경하고 본보기로 삼을 만한 사람을 높이는 일은 오로지 오랜 세월이 지나도 꼭 같아야 하니, 이 점에 대해서는 반드시 안목을 밝게 하고 입장을 굳건히 해야 하며 조금이라도 시속을 따라서는 안 된다. 이전에 단지 남을 따라 건성으로 사모하던 때의 일이야 본시 따질 것이 없지만, 이후로는 또 전날과는 다르게 더욱 정밀하게 살펴야만 할 것이다.

행동은 내 몸에서 나오는 것이니 구차히 해서는 안 된다. 작게 구차한 일에서 시작한 것이 쌓여서 크게 구차한 일이 된다. 말은 내 입에서 나오는 것이니 장난으로 해서는 안 된다. 말하는 사람은 장난으로 하더라도 듣는 사람은 장난으로 받아들이지 않는다.

책을 읽을 때는 반드시 그 말을 총괄하여 작자의 뜻을 찾아야 한다.

정(情)은 모두 성(性)에서 나오지만, 선한 정은 기(氣)가 이(理)를 제한하지 않아서 성이 그대로 발휘될 수 있으므로 그것이 성으로부터 나온 것임이 명백하게 잘 드러나는 반면에, 선하지 않은 정은 기가 힘을 써서 성이 그대로 발휘될 수 없으므로 마치 기에서 나온 것처럼 보이기도 한다. 그러나 이 성(性)이 없으면 선하지 않은 정 또한 나올 데가 없으니, 이 때문에 '희로애락이 아직 발하지 않은 것을 성이라고 한다.'라고 하고 '희로애락의 선한 쪽이 아직 발하지 않은 것을 성이라고 한다.'라고 하지 않은 것이다.

사단(四端)은 사람의 마음에 이미 이 네 가지의 덕[45]을 갖추고 있으므로 그 발현하는 곳에 이 네 가지 덕의 단서가 모두 가려질 수 없는 것이다. 맹자가 지적한 것은 그 대강이고 그 외의 이(理)에 합당한 선한 정(情)도 그 실마리를 자세히 미루어 보면 네 가지 덕의 단서가 아닌 것이 없다.

칠정(七情)은 사람의 마음이 발현함에 이 일곱 가지의 길이 있는 것으로, 대체로 선과 악을 가리지 않고 단지 그 정상(情狀)만을 말하였다. 그러나 그 내용에 들어가서 자세히 살펴보면, 비록 선과 악을 가려서 이름을 붙이지는 않았다 하더라도 이미 이러한 정(情)이 나타나게 되면 어찌 선하지도 않고 악하지도 않은 경우가 있겠는가. 그 선한 정은 곧 사단이고 선하지 않은 정은 바로 형기(形氣)에 가려진 것으로 사단에 반하는 것이다.

45 네 가지의 덕 : 인(仁), 의(義), 예(禮), 지(智)를 말한다.

주자가 "사단은 이(理)가 발한 것이고 칠정은 기(氣)가 발한 것이다." 라고 하였다. 내가 생각건대 사단은 오로지 선한 쪽만을 말한 것이고 칠정은 선과 악을 가리지 않고 겸하여 말한 것이므로 이 둘을 대칭하여 말해서는 안 될 듯하지만, 주자가 말한 뜻은 대체로 '무릇 정(情)에서 절도에 맞고 이(理)에 합당한 것은 바로 이가 발한 것이고 그 정의 모습과 성질은 바로 기가 발한 것이니, 예를 들어 기뻐해야 할 때 기뻐하고 노여워해야 할 때 노여워하는 것은 바로 사단으로 이것은 바로 이가 발한 것이고, 그 즐거워하는 행위와 그 노여워하는 행위는 바로 칠정으로 이것은 바로 기가 발한 것이다.'라는 것으로, 정의 내용에 나아가 그 내력과 면모를 분별하여 말한 것일 따름이다. 또 인심(人心)을 일반적으로 말하는 경우에는 모든 사람의 마음이 모두 인심이니, 어찌 이것을 오로지 형기에서 나왔다고 할 수 있겠는가. 순(舜)에게서 드러난 마음을 도심(道心)과 서로 대비하여 말하기만 해도 도의를 깨친 마음은 모두 벌써 도심에 속하니, 이른바 인심이라는 것은 단지 형기에서 발한 것만을 가리킨다. 칠정은 원래 선과 악을 겸하지만 지금 이것을 사단과 대응하게 하였다면, 칠정 중에서 선한 것은 모두 이미 사단에 소속되고, 그 불선한 것과 불선까지는 아니더라도 형기에서 발하여 공공(公共)된 것에 속하지 않는 인심의 부류와 같은 것은 모두 칠정이라고 할 수 있다. 대개 칠정과 사단을 일반적으로 말하면, 칠정은 사단을 아울러 포괄하므로 본래 이것을 대응하여 양립하는 것으로 설명해야 하는 것은 아니지만 이미 대응하는 것으로 보았으면 그 의미와 체계 역시 각각 맞아떨어지는 곳이 있으니, 양립하는 것으로 설명한다 하더라도 굳이 불가하지 않다. 다만 인심은 도심과 대응하는 것으로 놓으면 '인(人)' 자에 곧 '사기(私己)'의 뜻이 있게 되어 도심과는 끝내 서로 섞이지 못하지만, 칠정의 경우는 비록 사단과 대응하는 것으로 놓더라도 결코 오로지 형기와 불선에 전속한다는 뜻이 있게 되지 않으므로 이것이 끝내 확고부동한 대응 관계는 아닌 듯하다. 마땅히 먼저 성(性)과 정(情)의 관계를 고찰하여 분명히 이해한 다음에 각기 말한 본뜻에 따라서 그 가리키는 뜻이 어디에 있는지를 탐구해야만 하니, 그렇게 하면 거의 그 내용을 다 알 수 있을 것이다.

퇴계는 "사단의 정(情)은 '이가 발하여 기가 그것을 따르는 것〔理發而氣隨之〕'으로 절로 순선무악(純善無惡)이며, 반드시 이가 완전히 발하기 전에 기에 의해 가려진 후에야 불선이 된다. 칠정의 정은 '기가 발하여 이가 그것을 타는 것〔氣發而理乘之〕'으로 역시 불선이 없으나, 만약 기가 발하면서 중도에 맞지 않고 그 이(理)를 멸하면 방종하여 악이 된다."[46]라고 하였다. 내가 생각건대 '기가 발하는 것〔氣發〕'을 단지 형기에서 발하는 것으로 간주하여 말한다면 그래도 통하겠지만 그렇지 않다면 결코 맞아떨어질 곳이 없다. 왜냐하면, 선하면 이것이 바로 사단이고 불선하면 불선이 없다고 말할 수 없으며, 오직 그 형기에서 발한 기쁨이나 노여움이 혹시라도 바른 이(理)를 거스르지 않는 때가 있고 이것이 비록 기에서 발하였더라도 이(理) 또한 잃어버리지 않아야 곧 기가 발하여 이가 그것을 탄다고 말할 수 있기 때문이다. 그러나 퇴계의 뜻이 과연 어떠한지는 알 수 없다. 곧바로 칠정으로 인심을 대신하는 것이 또 원래 통하지 않는 점이 있으니, 너무 심하게 나누어

46 사단의……된다 : 퇴계 이황이 선조에게 올린 〈진성학십도차(進聖學十圖箚)〉에 나오는 내용이다. 《退溪集 卷7》

서 전개하였다는 설[47]을 가벼이 여겨서는 안 될 듯하다.

퇴계는 또 "사단은 어디에서 오는가? 인, 의, 예, 지의 성(性)에서 발한다. 칠정은 어디에서 발하는가? 외물(外物)이 사람의 형기(形氣)에 접촉하여 사람의 마음이 움직여 환경에 따라 나온다."[48]라고 하였다. 내가 생각건대 사단과 칠정에 이름이 다르게 붙여진 것은 사단은 근본을 따라서 이름을 지었고 칠정은 보이는 숫자에 근거하여 이름을 지었기 때문이다. 사단은 근본을 따랐기 때문에 그것이 성명(性命) 가운데에 근원하고 있음이 저절로 분명하므로 사람들이 의당 확충하고 배양해야 할 뿐이지만, 칠정은 숫자를 센 것이기 때문에 이(理)를 위주로 한 것과 기(氣)를 위주로 한 것과 선한 것과 악한 것이 모두 그 안에 포함되어 있으므로 사람들이 반드시 절제하고 조심하는 노력을 기울여야 하는 것이다.-만약 이것이 전부 선한 것이라면 무엇 때문에 절제하고 조심하는

47 너무……설 : 율곡 이이가 우계(牛溪) 성혼(成渾)에게 보낸 편지에서 사단과 칠정에 대한 퇴계의 설명을 비판한 말을 가리키는 듯하다. 여기에서 이이는 "사단과 칠정은 바로 본연지성과 기질지성의 관계와 같습니다. 본연지성은 기질을 겸하지 않고 말한 것이요, 기질지성은 본연지성을 겸한 것입니다. 그러므로 사단은 칠정을 겸할 수 없으나 칠정은 사단을 겸하는 것입니다. 주자의 이른바 '이에서 발하고 기에서 발한다.'라는 것은 대강만을 말한 것이니, 후대의 사람들이 너무 심하게 나누어 전개할 줄을 어찌 알았겠습니까.〔四端七情, 正如本然之性氣質之性. 本然性則不兼氣質而爲言也, 氣質之性則却兼本然之性. 故四端不能兼七情, 七情則兼四端. 朱子所謂發於理發於氣者, 只是大綱說, 豈料後人之分開太甚乎?〕"라고 하였다.《栗谷全書 卷9 答成浩原》

48 사단은……나온다 : 퇴계 이황이 고봉(高峯) 기대승(奇大升)과 사단과 칠정에 대해서 논한 편지 〈답기명언(答奇明彦)〉에 나오는 내용이다.《退溪集 卷16》 이 문단 아래의 네 문단에서 인용한 이황의 말도 모두 이 편지에 나오는 내용이다.

노력을 하겠는가. 또 만약 이것이 전부 불선한 것이라면 또 어찌 절제하고 조심해야 할 뿐이겠는가. 반드시 흔적도 없이 없애야만 될 것이다.- 그 다른 점이 바로 여기에 있으니, 만약 칠정이 오로지 외물에서 발하는 것이라고 말한다면 이것은 크게 잘못된 것이다. 이와 같다면 성(性)이 발하여 정(情)이 된다는 것이 곧장 빈말이겠는가.

또 "마음은 실로 이와 기가 합쳐진 것이다.〔心固理氣之合〕"라고 한 것을 사단에 기(氣)가 있다는 증명으로 삼은 것은 괜찮지만 "본래 당연한 법칙이 있다.〔本有當然之則〕"라고 한 것을 칠정에 이(理)가 있다는 증명으로 삼은 것은 치밀하지 못한 듯하다. 또 본연지성과 기질지성을 가지고 사단과 칠정의 증명으로 삼은 것 역시 걸맞지 않은 듯하다.

또 "외물이 오매 쉽게 감응하여 먼저 움직이는 것으로는 형기만 한 것이 없으니, 칠정이 그 실마리이다."라고 하였다. 내가 생각건대 곧바로 칠정을 형기의 실마리로 여긴 것은 온당치 않은 듯하다.

또 "어찌 중(中)에 있을 때는 순리(純理)이던 것이 발하자마자 기(氣)와 섞일 리가 있겠으며, 외물에 감응되었다면 형기인데 그 발한 것이 올바른 이(理)가 될 리가 있겠는가."라고 하였다. 내가 생각건대 이 부분은 참으로 깊이 생각할 필요가 있다.

율곡이 "우계가 이미 이(理)와 기(氣)는 한순간도 서로 떨어질 수 없다는 것을 알면서도 아직 이기호발설(理氣互發說)에 집착하고 있다."[49]라고 하였는데, 나는 이른바 '이와 기는 서로 떨어질 수 없다.'라는 것이 어떤 이(理)를 가리켜서 말한 것인지 모르겠다. 만약 맑은 기는 선(善)이 되고 탁한 기는 악(惡)이 되는 까닭을 가리켜 모두 이라고 한다면 참으로 이는 한순간도 기와 떨어질 수 없을 것이며, 모든 사람과 동물의 활동은 선악을 불문하고 이 기(氣)가 하는 일이 아닌 것이 없고 기가 또 모두 이(理)에 뿌리를 두고 있으니, 당연히 호발(互發)이라고 말해서는 안 될 것이다. 그러나 단지 이와 같다면 이른바 이(理)는 바로 만물이 그렇게 되는 까닭을 총괄한 이름일 뿐으로, 그중에 선이 되고 악이 되는 것에 전혀 정해진 방향이 없으니, 이른바 이(理)라는 것은 공허하고 주재함이 없는 존재가 아니면 곧 뒤섞이고 모호한 존재일 것이다. 이것은 옛 성현들이 전해 주고 전해 받은 순수지선(純粹至善)의 이(理)가 아니며, 사람에게는 이른바 군자가 성(性)이라고 부르지 않는 성이고 동물에서는 이른바 그 기질에 따라 저절로 하나의 성(性)이 되는 것으로, 다시는 인의예지(仁義禮智)의 본연을 논할 수 없는 것이니, 이렇게 이(理)를 말한 것이 어찌 참된 이(理)이겠는가. 이른바 이와 기가 서로 떨어질 수 없다는 것이 단지 선(善)에는 선하게 하는 이가 있고 악(惡)에는 악하게 하는 이가 있어서 이와 기가 서로 떨어지지 않는다는 것일 뿐이면, 곧 '비록 악이지만 모두 천리이다.'[50]

49 우계가……있다 : 율곡 이이와 우계 성혼 사이의 이기(理氣)에 대한 문답의 일부로, 《율곡전서》 권10에 실린 〈답성호원(答成浩原)〉에 나오는 내용이다. 이기호발설(理氣互發說)은 사단은 이(理)가 발하여 기(氣)가 이에 따르는 것이고 칠정은 기가 발하여 이가 여기에 타는 것이라는 퇴계 이황의 이른바 이기이원론(理氣二元論)을 가리킨다. 이것은 기본적으로 '사단은 이가 발한 것이고 칠정은 기가 발한 것이다.〔四端理之發, 七情氣之發.〕'라는 주희의 학설에 근거한 것이다.

50 비록……천리이다 : 원문의 '수시악(雖是惡)'은 "비록 악이지만 애초에 측은히 여

라고 말한 뜻이 드러나지 않고, 이것이 본연의 지선한 이(理)를 말한 것이면 곧 '어디에도 있지 않은 곳이 없고 언제라도 그렇지 않은 때가 없다.'[51]라고 한 의미가 이 이(理)로써 말한 것과 도리어 크게 어긋나는 점이 있게 된다. 이렇게 논한다면, 여기서의 '불능상리(不能相離)'는 또 옛사람이 말한 '불가수유리(不可須臾離)'[52]의 본뜻이 아닐 것이다. 만약 단지 이 이(理)가 기(氣)와 서로 떨어질 수 없는 것이 옳다는 것만 알아서 '역시 기가 발하여 이가 그것을 타는 것이지 애초부터 호발(互發)할 일이 없다.'라고 한다면, 이(理)의 본체와 실용이 끝내 제대로 밝혀질 수 없고 오직 기(氣)가 하는 일에 흐리멍덩하게 주재(主宰)의 뜻이 없게 될 것이니, 이것이 어찌 이와 기의 체와 용을 고루고루 정밀하게 논한 것이겠는가. 만약 순수지선(純粹至善)한 이(理)가 일용의 사물과 떨어지지 않는다는 것을 가리켜서 '이와 기가 서로 떨어질 수 없는 것'이라고 말한다면, 이것은 바로 《중용》에서 말한 "잠시도 떠날 수 없다."라는 것과 정자(程子)가 말한 "드러남과 은미함에 간격이 없다.〔顯微無間〕"[53]라는 것으로, 원래 의심할 것도 없고 따질 것도

기는 마음이 없다면 어떻게 측은히 여기겠는가. 본래 모두 천리이지만 다만 인욕에 의해 반대로 뒤집히게 되는 것이다. 그러므로 쓰는 것이 불선해서 악이 될 뿐이다.〔雖是惡, 然原頭若無這物事, 却如何做得? 本皆天理, 只是被人欲反了, 故用之不善而爲惡耳.〕"라는 주희의 말을 축약하여 말한 듯하다. 《朱子語類 卷97》

51 어디에도……없다 : 《대학혹문》의 조순손(趙順孫)의 주에 "이는 어디에도 있지 않은 곳이 없고, 언제라도 그렇지 않은 때가 없다.〔理, 無物不在, 無時不然.〕"라고 한 구절이 나온다.

52 불가수유리(不可須臾離) : 《중용장구》 제1장에 있는 "도라는 것은 잠시도 떠날 수 없는 것이니, 떠날 수 있으면 도가 아니다.〔道也者, 不可須臾離也, 可離, 非道也.〕"라는 구절을 말한다.

없다. 그러나 이(理)가 원래 일용을 떠나지 않는데도 사람이 이를 따르지 못하고 심하면 이(理)에 완전히 어긋나기까지 하는 것은 또 무슨 연유로 그러한가? 이 경우에 '이(理)가 기(氣)에서 떠났고 단지 기의 작용에 말미암은 것일 뿐으로, 이(理)와 관련된 일이 아니다.'라고 말해서는 원래 안 되겠지만, 또한 어찌 이(理)를 완전히 어기는 것을 이를 완전히 따르는 것과 동일시하여 '기가 발하여 이가 거기에 탄 것일 뿐이다.'라고 뭉뚱그려서 말할 수 있겠는가. 그러므로 선을 행하는 마음에 기가 없지는 않지만 이 선이 이(理)에 말미암아 발하기 때문에 이것을 일러 '이가 발한 것〔理發〕'이라고 하고, 악(惡) 역시 이가 없지는 않지만 악이 되는 것이 실로 기의 과불급(過不及)에 말미암고 이(理)에 말미암은 것이 아니기 때문에 이것을 일러 '기가 발한 것〔氣發〕'이라고 한 것이다. 대개 그 선이 되고 악이 되는 유래를 가지고 나눈 것은 역시 이(理)에서 하나의 마음이 생겨 나오고 기(氣)에서 또 하나의 마음이 생겨 나온다고 말한 것이 아니니, 그 마음은 하나일 뿐이다. 그러나 그 선이 되고 악이 되는 구분에 대해서는 분석을 정밀하게 하지 않을 수 없으니, 이와 같다면 '이와 기는 서로 떨어질 수 없다.'라고 말하는 것은 옳지만 '선과 악이 모두 기가 발하고 이가 거기에 탄 것이다.'라고 말하는 것은 옳지 않을 듯하다.

사람의 마음을 선기(善幾)와 악기(惡幾) 중 어떤 기(幾)에 소속시켜야 하는가? 사람의 마음 중에서 도심으로부터 명령을 듣는 마음은 선기에

53 드러남과……없다 : 정이(程頤)의 〈역전서(易傳序)〉에 나오는 말로, 현상과 실체 사이에 간격이 없다는 뜻으로 풀이할 수 있다.

소속시키고, 그 스스로 움직이는 마음은 그대로 악기에 소속시켜야 할 듯하다.

도(道)의 궁극적 원천은 하늘일 뿐이며, 하늘이 하늘이 되는 까닭은 스스로 그러해서일 뿐이다. 스스로 그러한 것이라고 해서 반드시 모두 순수한 것은 아니니, 맑은 것이 스스로 맑고, 탁한 것이 스스로 탁하고, 아름다운 것이 스스로 아름답고, 추한 것이 스스로 추하더라도 그 사이에 고르지 못한 경우가 많다. 그렇지만 하늘의 스스로 그러한 이(理)는 언제나 지극히 순수하며 또한 언제나 한결같다. 이것을 만일 '청(淸), 탁(濁), 미(美), 악(惡)은 기이지만 스스로 그러한 이(理)는 청탁도 없고 미악도 없이 한 가지로 순수하다.'라고 말한다면, 이 말은 미루어 알기가 매우 쉽다. 그러나 기가 스스로 이와 같고 이(理)가 전혀 상관하지 않으며, 기가 만약 이(理)에 의지하지 않고 이(理)가 기에 관여하지 않아도 된다면, 이른바 순수하다는 것이 끝내 공허한 것으로 귀결될 뿐으로, 그 지극히 실하고 신묘한 점을 보지 못하게 된다. 이것을 만일 '맑은 것과 아름다운 것은 곧 스스로 그러함에 근본을 두지만, 탁한 것과 추한 것은 기일 뿐이다.'라고 말한다면, 이 말은 매우 분별이 있다. 그러나 탁한 것과 추한 것 역시 스스로 그러하여 그러하지 않은 것이 없고, 천지간에 가득 차도록 이런 부류가 매우 많으니, 이것을 어찌 모두 스스로 그러한 이(理)가 아닌 것으로 돌릴 수 있겠는가. 내가 생각건대 청, 탁, 미, 악은 모두 스스로 그러하여 그러한 것으로 모두 하늘의 일이며, 비록 탁과 악이 있어도 하늘이 언제나 순수한 것은 탁한 것은 스스로 탁하고 탁하면 맑지 않으며, 추한 것은 스스로 추하고 추하면 아름답지 않으며, 맑고 아름다운 것은 스스로 귀하고 탁하고 추한 것은 스스로 천한 것이 모두 스스로 그러하여 그러한 것이지 계획하거나 조절한 바가 있어서 그러한 것이 아니기 때문이니, 이것이 바로 '비록 청, 탁, 미, 악이 고르지 않아도 스스로 그러한 하늘은 언제나 순수하고 언제나 한결같다.'라는 말의 의미이다. 이와 같이 생각하면 이(理)가 공허한 것으로 귀결되는 존재가 아니고 또한 이(理)에 의존하지 않은 기(氣)가 없다는 사실을 분명히 알 수 있을 것이다.

올해 4월 이전에는 병을 치료하고 장례를 치르느라 걱정하고 슬퍼하여, 학업을 닦을 겨를이 없는 사정이 있었다. 이후로는 의당 정밀하고 전일하게 공부를 하여야 했지만, 그냥 그럭저럭 지내기를 이와 같이 하고 있고 세월은 물같이 흐르니 심히 걱정스럽다. 집에 있을 때는 혹 내 마음대로 할 수 없을 때가 많았지만, 그래도 닭이 울 때부터 해가 뜰 때까지는 바로 존심궁리(存心窮理)를 하기 좋은 시간인데, 어찌하여 여기에 마음을 기울이지 않았던가. 더구나 외지에 있을 때도 많았지만 역시 오로지 학업에 힘을 다하지 못하였으니, 또 이것을 어찌 내 마음대로 할 수 없어서였다고 할 수 있겠는가. 학업은 진보하지 못하고 나이는 점점 많아지니 지난해를 보내고 새해를 맞을 때면 매양 두려운 마음을 지울 수 없지만, 며칠을 지나게 되면 다시 예전의 습관으로 다시 빠져드니, 어찌 매우 애통해하지 않을 수 있겠는가. 내 스스로 깨달은 바를 나름대로 써 놓고 날마다 생각해 보고자 한다.

을묘년(1675, 숙종1)
乙卯

종전의 이른바 문학(問學)이라는 것이 모두 헛된 것임을 홀연히 깨달았으니, 지금부터는 마땅히 마음을 보존하고 힘써 실천하는 것을 근본으로 삼고, 강구하여 밝히고 직접 자세히 살피는 것으로 그 뜻을 드러내야 하리라. 하루에도 시시각각 사사건건 한순간도 덧없이 보내는 일이 없게 하고, 날마다 달마다 이렇게 하는 데 공을 들여 최선의 노력을 해야겠다.

어떤 상황에서도 마음을 다하는 것이 곧 충신(忠信)의 도리라는 것을 분명히 인식하여, 의관을 바르게 하고 시선을 엄숙하게 하는 일로부터 모든 일에 마음을 다하여 스스로 궁구하고 지켜 나가야겠다.

일을 하면서, 대상과 나 사이의 간격을 없애지 못하는 병통이 매우 심한데도 종전에 이것을 성찰하지 못하고 그대로 지나친 일이 늘 많았음을 알게 되었다. 지금부터 이를 통렬히 반성하여 과감히 바로잡고 곧바로 이 병통을 고치기 위해서 실제로 힘을 기울이려 하는데, 만약에 이 병통의 뿌리와 밑동이 잘려서 없어지지 않는다면 이른바 강구(講究)와 체행(體行)이 과연 무슨 의미가 있겠는가. 심신이 혼약(昏弱)하여 이 공부를 오래 지속하지 못하고 끝내 소인(小人)이 되는 것을 면치 못할까 크게 두려우니, 경계하고 경계할지어다.

오봉(五峯)[54]은 성(性)을 악(惡)과 상대가 될 수 없는 선(善)으로 여겨서, 이른바 "성선(性善)은 단지 찬탄하는 말일 뿐이다.……"라고 하였고, 광중(廣仲)[55]은 "성(性)은 진위(眞僞)나 동정(動靜)을 가지고 말해서는 안 된다."라고 하고, 또 "정(靜)이 바로 천지의 신묘함이다."라고 하였다. 주자가 〈기논성고후(記論性槁後)〉[56]에서 이에 대해 매우 정밀하게 분석하면서, 대체로 "악과 상대가 되지 않으면 선이라고 부를 수 없고 동(動)과 상대가 되지 않으면 정(靜)이라고 부를 수 없으며, 이미 거짓이 아니면서 또 참도 아니라면 또한 이것으로 가리킬 수 있는 대상이 없을 것이다."라고 하였으니, 그가 의미를 풀이한 것이 참으로 그 핵심에 적중하였다. 그러나 호씨(胡氏) 일가의 의론 또한 나름 의미가 있으면서도 끝내 잘못된 점이 있으니, 그 주장이 나온 단서를 추적하여 그 결말의 잘못된 점을 바로잡지 않을 수 없다. 내가 생각건대 호씨는 인심이 작용하는 곳에 선도 있고 악도 있고 참도 있고 거짓도 있음을 보고, 또 성(性)을 말하는 사람들이 이것을 선이라고 하고 참이라고 하는 것도 보았으므로, 그것이 사람이 가진 선한 단서와 참된 생각을 바로 성(性)이라고 말하는 것이 아닌가 의심하여, 이에 해명하기를 "성이 선하다고 할 때의 선은 악과 상대되는 선이 아니고 성이 참되다고 할 때의 참은 거짓과 상대되는 참이 아니며, 바로 도체(道體)를 찬탄한 말일 뿐이다."라고 하였으니, 이 말에 본 바가 없지 않다. 그러나 성

54 오봉(五峯) : 오봉 선생이라고 일컬어졌던 송(宋)나라의 호굉(胡宏)을 가리킨다. 문정공(文定公) 호안국(胡安國)의 아들이다.

55 광중(廣仲) : 호안국의 조카 호식(胡寔)의 자이다.

56 기논성고후(記論性槁後) : 《회암집》 권75에 실려 있다.

(性) 안에 가리킬 수 있는 선의 단서가 있어서가 아니라 선의 이(理)가 이미 있으므로 성이 언제나 선한 것이고, 성 안에 볼 수 있는 참된 생각이 있어서가 아니라 이(理)의 본체가 원래 진실하므로 성이 언제나 참된 것이다. 그러므로 성이 선하다면 그 이른바 선은 바로 악을 상대하여 말한 것으로, 악도 아니고 선도 아니면서 별도로 존재하는 선이 아니며, 성이 참되다면 그 이른바 참은 곧 거짓됨이 없는 참으로, 참과도 다르고 거짓과도 다르면서 별도로 존재하는 참이 아니다. 다만 이것을 선의 단서와 참된 생각과 비교할 때 도(道)와 기(器), 체(體)와 용(用)의 구분이 있을 뿐이다. 그러나 그 이른바 선의 단서는 실로 이 성의 선함에 뿌리를 두었으며, 이른바 참된 생각 또한 이 성의 참됨에 말미암았고 다른 근원이 있지 않으므로, 체와 용이 근원이 하나이고 도와 기 사이에 간격이 없어서 선을 말하고 참을 말할 때 또다시 이것과 저것으로 나누어 말할 만한 선과 악이 없다는 것을 또한 알 수 있다. 더구나 악은 선에 반대되는 것을 이르고 거짓은 참이 아닌 것을 이르니, 악을 버려서 선에 상대될 것이 없거나 거짓을 버려서 참에 상대될 것이 없는 성(性) 바깥의 존재는 없다는 것을 더욱 잘 알 수 있다. 게다가 비록 상대하여 말하더라도 그 본말과 선후가 또 저절로 뚜렷하여 어지럽힐 수 없으니, 호씨의 '선과 악, 참과 거짓에 대한 설'의 본말과 잘잘못이 이와 같을 뿐이다. 또 "성(性)은 동정(動靜)을 가지고 말할 수 없다."라고 한 것은 그가 모든 사물에는 동이 있고 정이 있으며, 동은 이(理)가 행하는 것이고 정은 이(理)가 되돌아오는 것으로 동과 정이 모두 이(理)이니, 오로지 정만을 가리켜 이(理)라고 할 수 없다는 것을 알았기 때문에 이 주장을 하게 된 것이라고 생각되는데, 이와 같은 것은 이치에 가깝다. 그러나 또 "정이 천지의 묘리이다.〔靜是天地

之妙〕"라고 한 것이 앞의 설과 같지 않으니, 이것은 역시 동도 아니고 정도 아닌 별도의 정을 천지의 묘리라고 여기고, 한 번 동하고 한 번 정하는 정은 이것을 성이라고 말하기에 부족하다고 여긴 것으로, 앞의 '선과 악, 참과 거짓에 대한 설'과 내력(來歷)을 일관되게 하였을 뿐 내가 생각한 것과 같은 것이 아니다. 이미 "정이 천지의 묘리이다."라고 하였으니, 이것은 성(性)이 '동하고 정하는 이치〔動靜之理〕'에 해당한다는 점을 살피지 못한 것이고, 또 "동하고 정하는 정으로 말할 수 없다."라고 하였으니, 이것은 또 '정(靜)' 자의 의미를 알지 못한 것이다. 앞에서 말한 '선과 악, 참과 거짓에 대한 설'에서 이미 선과 악, 참과 거짓의 의미를 깨닫지 못하였고 또 성(性)의 본체가 지극히 선하고 지극히 참되다는 것을 알지 못하였으니, 이것은 이미 동정(動靜)의 의미를 알지 못한 데다 또 정(靜)이 성의 묘리를 다 나타내기에 부족하다는 것을 알지 못한 것이다. 대체로 그의 대본처(大本處)[57]에 대한 견해는 매우 분명치 못하여 단지 흐릿한 그림자만을 보고서 단지 그것을 찬탄하고 추존하고자 하였을 뿐 명백하게 지적하여 보여 주지 못하였으며, 차라리 작위함이 없는 '정(靜)' 자를 높여 말할지언정 '선(善)' 자와 '진(眞)' 자를 분명하게 설명하려 하지 않고 '정(靜)' 자를 두고는 굳이 '동하고 정하는 정이 아닌 정'이라고 말하고자 하였으니, 잘못으로 빠진 근원과 곡절이 분명히 있었던 것이다. 그러나 그림자에 대해서는 분명히 보았을 것이며, 이 때문에 그가 '선악'의 선과 '진위'의 진을 가지고 성(性)을 말하려 하지 않았던 것이 말은 비록 이치에 닿지 않더라도 생각은 나름대로 있었을 것이니, 마땅히 그 생각을 알아내고 그 잘못을

57 대본처(大本處) : 여기서는 성(性)을 이렇게 표현한 듯하다.

살펴야만 한다. 어떤 이가 말하기를 "정(靜)이 한 번 동하고 한 번 정하는 정이기 때문에 당신이 '오로지 정을 가리켜 성(性)이라고 해서는 안 된다.'라고 한다면, 선유(先儒) 중에 정(靜)을 가지고 성(性)을 말한 이가 많은 것은 어찌된 것인가?" 하였다. 이것은 내가 늘 의문을 가졌던 것으로 일찍이 한 가지 설을 생각해 냈으니, 이것에 대해서는 단지 사람의 마음을 가지고서만 말할 수 있다고 생각한다. 사람의 일심(一心)에는 동(動)도 있고 정(靜)도 있다. 동은 비록 이(理)의 작용이기는 하지만 이와 기가 뒤섞여 있어서 이가 홀로 나타나지 않는 데다 줄곧 발하기만 하여 온전한 체가 드러나지 않는 반면에, 정의 경우에는 기가 작용하지 않고 이(理)의 체는 독립하여 치우치지도 않고 의지하지도 않아서 온전한 체가 완비되므로 특별히 정을 성에 소속시킨 것이다. 이것은 대체로 고요할 때 온전한 성의 본체를 볼 수 있기 때문에 정을 가지고 성을 말하였을 뿐이지 정만이 성이고 동하면 곧 성이 없다고 말한 것이 아니며, 모든 사물의 고요함이 모두 성이라는 것도 아니다. 이 설은 나의 견해로 함부로 헤아린 것이어서 옳고 그름이 어떤지 모르겠다. 우선 글로 써 놓고 후일에 다시 생각해 보고자 한다.

정사년(1677, 숙종3)
丁巳

요사이 배운 것을 때맞추어 익히는 데에 깊이 뜻을 두었으나, 성의가 부족하고 노력이 미약하니 잊거나 소홀히 할까 늘 걱정이다. 그래서 지금 하나의 규칙을 세우고 사흘마다 한 번씩 조정하되, 존덕성(存德性)과 도문학(道問學)[58] 양쪽으로 지나간 일을 점검하고 앞으로 있을 일을 경계하겠다. 존덕성의 일은 경(敬)을 위주로 하면서, 어버이를 섬길 때 성의를 다하고 집안일을 할 때 옛 의리에 따르고 몸가짐을 신중하게 하고 말을 할 때 거짓이 없게 하는 것을 가장 중요한 절목으로 삼겠다. 문학(問學)에서는 아침에 《논어》를 읽고 낮에는 《시전(詩傳)》을 읽으면서 간혹 다른 경전도 읽고 밤에는 《중용》과 《대학》을 복습하겠다.

《논어》의 군자부중즉불위장(君子不重則不威章)을 읽었다. 지난여름과 가을 즈음부터 이 책을 읽을 때 이 장을 매우 좋아하였고 이 장 안에서도 수구(首句)[59]를 특히 좋아하였으나, 아직도 내 몸에 보존하지 못한 것은 이것을 때맞추어 익히지 못하였기 때문이다. 수구는 참으로

58 존덕성(存德性)과 도문학(道問學) : 《중용장구》 제27장에 "군자는 덕성을 높이며 문학을 말미암는다.〔君子尊德性而道問學.〕"라고 하였다. '존덕성'은 나에게 내재해 있는 천부(天賦)의 덕성(德性)을 지켜 가는 것으로 성의 정심(誠意正心)이 이에 해당하고 '도문학'은 외재해 있는 온갖 사물의 이치를 궁구하고 터득해 가는 것으로 격물치지(格物致知)가 이에 해당한다고 할 수 있다.

59 수구(首句) : 《논어》 〈학이(學而)〉의 '君子不重則不威 學則不固'를 가리킨다.

나 자신의 병통에 절실한 말이고 '주충신(主忠信)'은 더욱 핵심이며 긴요한 곳이니, 안과 밖을 고루 닦고 항상 때에 맞추어 익히며 내 마음을 다하여야겠다.

아버지께서 더위를 먹고 매우 괴로워하시어 아침부터 낮까지 옆에서 모시고 있었다. 낮에 잠시 물러나 쉴 때 몸이 고달파서 누웠다 앉았다 하다가 홀연히 율곡의 '성정(性情)에 관한 설'을 보니, 감정을 나타낼 때와 행동을 결정할 때에 털끝만큼의 사심도 용납하지 않으면 모든 일에 크게 중정(中正)하고 지극히 조화로운 기운이 유행하고 관통하여 하나의 틈도 생기지 않는다는 글이 있었다. 지금 나는 혈기의 부림을 받아서 몽롱하게 몸져누워 마치 흙덩이나 나무 같은 몰골을 하고 있으니, 삶이 거의 없어진 것이 아니겠는가. 벌떡 일어나서 한참을 서 있다가, 또 생각하기를 '도리는 반드시 깊이 살피고 굳게 지켜야 실제로 얻는 것이 있다. 만약 이것을 범연하게만 대하면 매양 없는 것 같기도 하고 있는 것 같기도 하여[60] 끝내 의거할 곳이 없게 될 염려가 있으니, 처음에 반드시 십분의 매서운 노력을 해야지 마치 화지(化之)한 사람[61]처럼 조용히 한가롭게 지내서는 안 된다. 이연평(李延平)[62]이

60 없는……하여 : 《도덕경》 41장의 "상등인은 도를 들으면 부지런히 행하고, 중등인은 도를 들으면 있는 듯 없는 듯 여기고, 하등인은 도를 들으면 크게 웃는다.〔上士聞道, 勤而行之; 中士聞道, 若存若亡; 下士聞道, 大笑之.〕"라는 말에서 따온 듯하다.

61 화지(化之)한 사람 : 축적된 학업이 성대하여 화(化)의 경지로 들어간 사람이라는 뜻이다. 《맹자》 〈진심 하(盡心下)〉에 "대인이면서 저절로 화한 사람을 성인(聖人)이라 한다.〔大而化之之謂聖.〕"라고 하였다.

62 이연평(李延平) : 주희의 스승인 이동(李侗)으로, 연평은 그의 호이다.

「주자가 처음에는 도리에 속박되었으나 점차 거기에 녹아들어 갈 수 있었다.」라고 한 것이 바로 이와 같으니, 배우는 사람은 반드시 자신을 다잡아 도리 가운데에 있으면서 전전긍긍하여야 진보가 있다.' 하였다. 이렇게 마음을 먹으니 기세가 자못 왕성해지는 것을 깨달았다.

《논어》 신근호의장(信近乎義章)[63]을 읽었다. 나는 평소의 언행과 교제에서, 끝마무리까지의 사려를 매우 잘하지 못하여 대부분의 경우에 우물쭈물하고 구차스럽게 되는 근심이 있으니, 유자(有子)의 말을 종신토록 외워야만 하리라.

매번 글을 읽을 때면 마음이 자못 흡족하지만, 읽기를 중단하는 것이 십한(十寒)[64]에 그칠 뿐만이 아니니 개탄스럽다. 그러나 매일 아침과 밤에 참으로 독서에 마음을 붙일 수 있으면 낮에 하는 일이 중간에 끼어 있어도 마음이 밖으로 치달리는 일이 거의 없을 것이니, 반드시 아침과 밤 시간에 독서에 힘을 들여야겠다.

63 신근호의장(信近乎義章) :《논어》〈학이〉의 "유자(有子)가 말하기를 '약속을 의에 가깝게 하면 그 약속한 말을 실천할 수 있으며, 공손함을 예에 가깝게 하면 치욕을 멀리할 수 있다.'라고 하였다.〔有子曰: 信近於義, 言可復也; 恭近於禮, 遠恥辱也.〕"라는 구절을 가리킨다.

64 십한(十寒) : '일일폭지 십일한지(一日曝之 十日寒之)'를 줄인 말이다. 《맹자》〈고자 상(告子上)〉에 "맹자가 말하기를 '천하에 아주 쉽게 생장하는 물건이 있더라도 하루 햇볕을 쬐고 열흘을 춥게 하면 제대로 생장하지 못할 것이다. 내가 임금을 만나는 날은 드물고 내가 물러 나오면 춥게 하는 자가 이르니 임금에게 싹이 있은들 어쩌겠는가.' 하였다."라는 말이 나온다.

무오년(1678, 숙종4)

戊午

내 나이 18세에 대체로 학문에 뜻을 두었지만, 그 뜻이 독실하지 못하였기 때문에 그 학문이 보잘것없다. 지금 내 나이 30세는 옛 군자가 배우고서 자립(自立)하였던 나이이지만, 나 같은 사람은 뜻조차 아직 정해지지 않았으니 하물며 저 '입(立)'을 말하겠는가. 그러나 만약 이때에 이르고도 바삐 자립하지 않는다면, 다시 무엇을 바라겠는가. 이에 '입(立)' 자로 서실의 이름을 짓노니, 날마다 반성하고 달마다 살펴서 끝내 여기에서 자립하게 되기를 바란다. 선사(先師)께서 "30세에 깨달았다면 곧 30세부터 자신의 위치를 정하고 공부를 해야 한다."[65]라고 말씀하셨으니, 이것이 어찌 나를 속이는 말이겠는가, 이것이 어찌 나를 속이는 말이겠는가.

65 30세에……한다 : 〈소학집주총론(小學集註總論)〉에서 주희가 "옛사람들은 소학에서 스스로 말할 때부터 가르침이 있었다. 1세에는 1세의 공부가 있어, 20세에 이르면 성현의 자질을 이미 스스로 3분을 갖고 있으니 대학은 광채만 낼 뿐이었다. 그런데 지금은 모두 소학의 공부를 놓치고 지나쳐 버려 다시 돌아가 공부할 수 없으니, 다만 지금의 처지에 의거하여 곧바로 머물러 위치를 정하고 공부하여야 한다. 30세에 깨달았다면 곧 30세부터 위치를 정하고 공부를 하며 곧 나이 8, 9십 세에 깨달았다면 또한 마땅히 현재 처한 상황에서 공부해야 한다.〔古人於小學, 自能言便有教, 一歲有一歲工夫, 到二十來歲, 聖賢資質, 已自有三分了, 大學, 只出治光彩. 而今都蹉過了, 不能更轉去做, 只據而今地頭, 便箚住立定脚跟做去. 如三十歲覺悟, 便從三十歲立定脚跟做去, 便年八九十歲覺悟, 亦當據現在箚住做去.〕"라고 하였다.

존심(存心)은 동(動), 정(靜)에 차이를 두지 말고 궁리(窮理)는 밤낮으로 쉬지 않는다. 지신(持身)은 한결같이 예(禮)에 합당하게 하되 구차히 하지 않으며, 처사(處事)는 반드시 의(義)에 합당하게 하되 게을리하지 않는다. 남을 대하기를 엄숙하게 하고 말을 과묵하게 한다. 확고하게 자신의 업(業)을 지키고 과감하게 스스로를 새롭게 한다. 이것들은 일상의 큰 규범들로, 바라면서도 잘 지키지 못하는 것들이니, 지금부터 이 모두에 대해 더욱 노력해야겠다. 다만 굳이 말을 하여 '부작(不怍)의 경계'[66]를 어기기를 원치 않을 뿐, 이 네 구의 화두(話頭)만은 때마다 날마다 분발하여 실천하고 아무리 많은 변화를 겪더라도 잊어서는 안 될 것이다.

66 부작(不怍)의 경계 : 《논어》〈헌문(憲問)〉의 "말하는 것을 부끄러워하지 않으면 실천하기 어렵다.〔其言之不怍, 則爲之也難.〕"라는 말을 가리키는 듯하다.

기미년(1679, 숙종5)
己未

혈기가 곤할 때는 뜻을 지키기가 더 어렵다. 이럴 때는 더욱 조용하고 바르게 심성을 닦아야 하며, 또 절실하고 긴요한 글을 보는 것이 아마 도움이 될 것이다. 요사이는 기운이 연이어 노곤한 데다 한가하고 잡스러운 글을 읽느라 정양(靜養)할 시간이 전혀 없었으니, 마음이 들떠서 거의 수습할 수 없었던 것이 당연하다. 이후로는 의당 이 점을 깊이 경계해야 할 것이니, 그래야만 전일하게 뜻을 이어 가기를 바랄 수 있으리라.

《주자어류》의 〈위학(爲學)〉을 읽고서 분발하고 감동하는 마음이 크게 일어났다. 이후에는 절대 여기에서 다시 물러나서는 안 될 것이니, 이런 마음을 계속 이어 가고 날마다 더욱 엄하게 하여 사물(事物)이 어지러이 이르러 심지(心志)가 흐트러지려고 할 때는 기력을 최대한 크게 일으켜 반드시 그 흐트러짐을 이기고야 말겠다. 이렇게 하지 않고서는 다시는 헛된 망상으로 성인이 되고 현인이 되기를 바라지 말아야 할 것이다.

어떤 이가 말하기를 "음양이 모이거나 흩어지는 현상인 기(氣)는 본시 가는 것이 지나가고 오는 것이 이어져서 낳고 낳는 것이 끝이 없다. 태허(太虛)의 기가 기의 어머니라면 바로 끊임없이 낳고 낳는 바탕이니, 어찌 시종(始終)과 생멸(生滅)이 있겠는가." 하였는데, 이 말은 다시 생각해 보아야 한다. 이 말이 틀렸다면 이기(理氣)의 근원에서부터 모든 것이 전부 틀렸고, 이 말이 틀리지 않았다면 음양 밖에 기(氣)가 있고 그 기는 본시 나지도 않고 없어지지도 않을 것이니, 이것은 깊이 생각하여 깨달아야 하며 경솔히 생각해서는 안 될 것이다.

"상제를 대하듯이 한다.〔對越上帝〕"와 "땅을 가려서 밟는다.〔擇地而踏〕"라는 말[67]에는 원래 '천지에 대해 부끄러움이 없다.〔俯仰無愧〕'라는 뜻이 들어 있다.

〈논맹독법(論孟讀法)〉[68]을 읽고 나서, 요사이 책을 읽는 방법이 전혀 옳지 못하였으며, 반드시 '논맹독법'처럼 읽어야만 성현의 글 뜻을 왜곡하지 않는다는 것과 또 빨리 읽는 것을 근본 목적으로 하면 그 결과가 엉성하고 범범하기가 끝이 없다는 것을 깨달았다. 그래서 먼저 내가 읽은 《근사록》의 대의를 적어 두고, 그다음에 이 방법에 따라서 《논어》와 《맹자》를 읽고자 한다.

67 상제를……말 : '대월상제(對越上帝)'와 '택지이답(擇地而踏)'은 〈경재잠(敬齋箴)〉의 맨 첫머리에 나오는 "의관을 바루고 시선을 공손히 하여 마음을 가라앉힌 채로 거처하여 상제를 대하듯이 하라. 발 모양은 반드시 무겁게 하고 손 모양은 반드시 공손히 해야 하니, 땅을 가려 밟아서 개밋둑도 돌아가라.〔正其衣冠, 尊其瞻視, 潛心以居, 對越上帝, 足容必重, 手容必恭, 擇地而蹈, 折旋蟻封.〕"라는 구절에서 발췌한 말이다. 《朱子大全 卷85》《心經 卷4》

68 논맹독법(論孟讀法) : 《논어집주대전(論語集註大全)》에 실려 있는 〈독논어맹자법(讀論語孟子法)〉을 가리킨다.

책을 읽으며 조용하게 앉아 있을 때에 마음에 감발되는 좋은 생각이 많더라도, 상황에 따라 골몰하고 남들을 따라 어울리다 보면 결국에는 눈앞의 인정에 그대로 따라서 구차히 미움을 면하는 데에 지나지 않게 된다. 이렇게 자신의 주재(主宰)를 전혀 확립하지 못하고 매일매일을 이와 같이 지내니, 자기의 덕을 무엇으로 이루겠으며, 백성의 덕을 무엇으로 새롭게 하겠는가. 이른바 주재라는 것은 이 마음이 지각하는 것일 뿐이니, 인(仁)에 거하고 의(義)를 따르는 것을 지각하기만 하면 크고 작은 덕(德)이 곧 저절로 생생하게 드러난다. 주재처(主宰處)는 원래 지각이지만 구용(九容)과 구사(九思)[69] 같은 부류 역시 주재처가 아닌 것이 없으니, 여기에 나아가 통렬히 전일한 공부를 하는 것이 더욱 근거가 있는 것이다.

69 구용(九容)과 구사(九思) : 구용은 족용중(足容重), 수용공(手容恭), 목용단(目容端), 구용지(口容止), 성용정(聲容靜), 두용직(頭容直), 기용숙(氣容肅), 입용덕(立容德), 색용장(色容莊)이라는 신체의 용태를 단속하는 아홉 가지의 일이다. 구사는 시사명(視思明), 청사총(聽思聰), 색사온(色思溫), 모사공(貌思恭), 언사충(言思忠), 사사경(事思敬), 의사문(疑思問), 분사난(忿思難), 견득사의(見得思義)라는 사물에 관하여 생각하는 아홉 가지의 일을 말한다. 《禮記 玉藻》《論語 季氏》

을축년(1685, 숙종11)

乙丑

나는 병오년(1666, 현종7) 가을부터 날마다 나의 언행과 남을 응접한 일을 기록해 왔다. 그 뒤로 중단한 때도 참 많았지만 기록한 날이 반은 넘었었는데, 경신년(1680)에 벼슬길에 나가고부터는 일절 끊어져서 오늘에 이르렀으니, 이 역시 옛 걸음걸이를 잃어버린[70] 하나의 사례이다. 지금부터는 작심하고 실행을 해야 할 것이니, 이것으로 또한 나의 뜻이 확고한지 아닌지를 징험할 수 있으리라.

6월 15일 아침에 음식 때문에 갑자기 화를 냈다가 서종형(庶從兄) 헌(瀗)이 옆에서 나에게 충고를 하자 즉시 활연히 깨달았다. 지금부터는 통렬히 경계하여 다시는 이런 일이 생기지 않게 하고자 한다. 이 일을 기록하여 스스로 반성하노라.

온갖 계획과 만반의 안배를 모색하는 것은 모두 큰길 안에서 스스로 작은 길을 만드는 것이며, 모든 것이 조작이고 모든 것이 분열이니, 이제는 오직 마음을 비우고 이(理)를 따를 뿐이다. 이(理)는 비록 다

70 옛 걸음걸이를 잃어버린 : 《장자(莊子)》 〈추수(秋水)〉에, 연(燕)나라 수릉(壽陵) 땅의 여자(餘子)가 조(趙)나라 서울 한단(邯鄲)에 가서 걸음걸이를 배우려다가 제대로 배우지도 못한 채 본래의 자기 걸음걸이마저 잊어버린 나머지 엉금엉금 기어 올 수밖에 없었다는 이야기가 실려 있다.

알기가 쉽지 않으나, 만약에 흉금을 비우고 사사로운 생각과 작은 꾀를 가지고 스스로 주장하지 않으며, 모든 일상에서 생각하고 행동하고 말하고 일하고 보고 듣고 찡그리고 웃을 때 언제나 마땅히 그래야 하는 이(理)를 따르기를 구한다면, 이(理)에 맞지 않는 일이 반드시 드물게 될 것이고 이(理) 또한 저절로 점점 밝아져서 끝내 알지 못할 것이 없게 될 것이다. 그리하면 관유온유(寬裕溫柔)도 진실로 여기에 있고 발강강의(發强剛毅) 역시 여기에 있으며, 재장중정(齋莊中正)도 진실로 여기에 있고 문리밀찰(文理密察) 역시 여기에 있으며,[71] 도덕도 진실로 이에 말미암아 이루어질 수 있고 사공(事功) 또한 이에 말미암아 세울 수 있으니, 일생 동안 받아 쓸 것이 아마 여기에 있을 것이다. 이(理)를 따르는 데는 정(靜)을 위주로 하는 것이 원래 가장 좋지만 이(理)를 다 알지 못하고 마음 역시 미진함이 있으므로 이(理)가 있는 곳을 따라서 일일이 거기에 따르기를 구하는 것만 한 것이 없으니, 정(靜)을 위주로 하는 것은 곧 그 한 가지 일일 뿐이다. 이 일에 대해서 그 절목을 자세히 말한다면, 무릇 하루 동안에 생각이 아직 발하지 않았을 때는 반드시 치우치지 말고 기울지 말아서 이(理)와 일체가 되어야 하고, 생각이 떠오르기만 하면 곧바로 스스로 살펴서 '이것은 이(理)가 발한 것이 맞는가?'라고 하여야 한다. 그리하여 만약 그것이 과연 이(理)가 발한 것이면 미루어 확장하여 끝까지 나아가기를 생각하고, 만약 그것이 이(理)가 발한 것이 아니면 반드시 깊이 생각하고

71 관유온유(寬裕溫柔)도……있으니 : 관유온유, 발강강의(發强剛毅), 재장중정(齋莊中正), 문리밀찰(文理密察)은 《중용장구(中庸章句)》 제31장에 나오는 말로, 《집주(集註)》에서는 이것을 각각 인(仁), 의(義), 예(禮), 지(智)에 속하는 일이라고 하였다.

통렬히 징계하여 그 뿌리를 영구히 끊으며, 하나의 동작과 한마디 말과 한 가지 일과 한번 보고 듣고 찡그리고 웃는 데에 이르기까지 모두 이런 생각으로 점검하여야 한다. 그런데 이(理)가 발한 것과 이(理)가 발한 것이 아닌 것을 구별하는 데에는 역시 의거할 만한 대략적인 방법이 있으니, 대체로 이(理)에 합당한가를 생각하여 그것을 따르는 데에 힘쓰는 것은 이 이(理)가 당연히 그렇게 하는 것이요, 사사로운 이로움을 위주로 하고 사물에 집착하여 이(理)에 합당한지에 대해서는 소홀히 하고 잊어버리는 것은 이(理)가 당연히 그렇게 하는 것이 아니다. 이것이 비록 조잡한 방법이긴 하지만 역시 그 길을 잃지 않을 수 있으니, 가만히 있을 때든 움직일 때든 어느 때나 어느 곳에서나 이것을 일삼아 항상 끊임이 없다면 비록 이(理)에 꼭 맞지 않더라도 크게 어긋나지는 않을 것이다.

16일에 밥을 먹을 때 갑자기 또 화를 냈다가 바로 깨닫고 그쳤다. 그러나 어제 잘못을 뉘우쳤던 일이 지금 벌써 일어났으니, 심히 성실하지 못하다.

요사이 피곤하고 지쳐서 일단 책 읽는 일을 중단하고 오로지 마음을 안정시키고 병을 돌보는 것을 주로 하였다. 일이 없고 한가한 시간을 아끼는 것과 남이 보지 않는 곳에서 조심하는 것, 이것이 참으로 마음을 기울여야 할 일이지만 일을 대하고 남을 접할 때에 더욱 쉽게 옛날의 습관대로 치달리니, 더욱 정신을 똑바로 차려야겠다.

자리 모퉁이에 마침 《참동계(參同契)》[72]가 있어서 책을 펼쳐 한 권을 끝까지 읽었는데, 전에 비해서 더 이해가 되는 부분이 간혹 있었으나 그 중요한 관건이 되는 부분에 이르러서는 여전히 막막하였다. 대개 건(乾)과 곤(坤)을 화로와 솥으로 삼고 감(坎)과 이(離)를 재료로 삼으며, 둔(屯)과 몽(蒙) 이하의 60괘를 한 달 30일의 낮과 밤에 분배하고 둔(屯)으로는 인(寅)과 오(午)를 쓰고 몽(蒙)으로는 신(申)과 술(戌)을 쓰며, 십이벽괘(十二辟卦)[73]가 안으로 달과 절기를 관리하고 밖으로 한 해의 일을 통섭하니, 이와 같은 배치는 원래 보기가 어렵지 않으나, 오직 상벌(賞罰)과 혼명(昏明)과 진퇴(進退)와 굴신(屈伸)의 법도는 알기가 어려웠다. 그러나 이것은 그래도 주자의 '마음을 텅 비운다.', '운용에 집중한다.'라는 말[74]을 가지고 미루어서 그 체계를 알 수 있었지만, 바로 그 작업의 요체가 되는 부분은 그 단서를 파악하기가 더욱 어려웠고, 알 수 있었던 것은 '삼보를 굳게 닫는다.〔固塞三寶〕', '뜻을 허무에 맡긴다.〔委志虛無〕', '아래를 닫고 위를 받든다.〔閉下奉上〕', '흰 것을 알고 검은 것을 지킨다.〔知白守黑〕'라는 것이 가장 먼저 작업하는 부분이라는 사실뿐이었으니, 이른바 '처음이 바르면 끝이 잘 닦이고,

72 참동계(參同契) : 한(漢)나라 위백양(魏伯陽)의 저술로, 《주역》의 효상(爻象)을 이용하여 선가(仙家)의 연단(煉丹)과 양생(養生)을 주로 논한 책이다.

73 십이벽괘(十二辟卦) : 1년 열두 달을 《주역》의 괘(卦)에 배치하는 것이다. 즉 1월은 태(泰), 2월은 대장(大壯), 3월은 쾌(夬), 4월은 건(乾), 5월은 구(姤), 6월은 돈(遯), 7월은 비(否), 8월은 관(觀), 9월은 박(剝), 10월은 곤(坤), 11월은 복(復), 12월은 임(臨) 괘에 각각 배치한다.

74 주자의……말 : 주희가 《주역참동계》에서 배치한 1년 열두 달에 해당하는 괘(卦)의 각 효(爻)에 대해서 "양인 경우에는 운용에 집중하고 음인 경우에는 마음을 텅 비운다.〔陽則注意運行, 陰則放神冥寂.〕"라고 한 말을 가리킨다. 《晦庵集 卷67 參同契說》

줄기가 서면 말단이 잘 지켜진다.〔初正則終修 幹立末可持〕'[75]라는 것이 이것을 두고 한 말이었다. 이 부분을 지나서 '화로에 넣을 때는 양을 정확하게 잰다.〔臨爐銖兩〕', '엎고 찌고 빻고 보살핀다.〔伏蒸擣治〕', '기다리고 주시하고 관찰하고 살핀다.〔候視觀審〕'라고 하는 공정과 절차는 끝내 이해할 수 없었다. 갑인년(1674, 현종15) 봄 동안 망실(亡室 죽은 아내)의 병을 간호할 때 대략 작은 첨지(籤紙)를 이용하여 종종 주해(註解)의 의문점을 지적하여 말하였는데, 지금 대부분이 없어졌고 남아 있는 것들은 아직 대략 볼 수 있지만 모두가 역시 이른바 '완만한 곳에서 휘젓고 다닌 것'일 뿐 그 준험한 곳에 대해서는 전혀 헤아리지 못한 것이었다. 대체로 이 일은 비록 그 설을 모두 알아서 지극한 경지에 이른다 하더라도 요컨대 이것은 하나의 몸뚱이를 위한 계책이 되는 데 불과하니, 어찌 이 몸을 만물에 내주고 고금을 통하여 같이 숨을 쉬며, 이(理)를 마음으로 삼아 더불어 변화하는 사람의 쾌활한 경지와 같겠는가. 그러나 이 책을 볼 때마다 그 작용에 통달하지 못한 것을 깊이 한스러워하면서 만약에 그것을 알게 되면 실로 백사(百事)를 제쳐 두고 여기에 종사하려 하였으니, 여기에서 역시 도를 믿는 마음이 독실하지 못함을 알 수 있다.

《서전(書傳)》에서 '세차(歲差)'[76]를 해설한 부분을 살펴보고서 "하늘은

75 처음이……지켜진다 : 《주역참동계》의 황중점통리장(黃中漸通理章)에 나오는 구절이다.

76 세차(歲差) : 황도(黃道)와 적도(赤道)의 교차점이 매년 황도를 따라 서쪽으로 이동하여 춘분점과 추분점이 조금씩 앞당겨지는 현상을 말한다.

조금씩 서쪽으로 옮겨 가고 세(歲)는 조금씩 동쪽으로 옮겨 간다."라는 한마디를 늘 이해하지 못하였고, 두루 물어보아도 아는 사람이 없었다. 지금 소주(小註)의 주자의 설을 살펴보면 "요 임금 때에는 저녁과 아침의 중성(中星)이 오위(午位 남쪽)에 일치하였는데, 《예기》〈월령〉에는 미위(未位 남서쪽)로 옮겼다."라는 말이 있는데, 이 말이 바로 "하늘은 조금씩 서쪽으로 옮겨 가고 세는 조금씩 동쪽으로 옮겨 간다."라는 말과 합치한다. 그러나 지금 별의 궤도를 가지고 차례로 살펴보면, 요 임금 때 동짓달의 혼중성이 묘성(昴星)이고 〈월령〉에서 동짓달의 혼중성이 규성(奎星)이면, 묘성은 규성의 동쪽에 있으므로, 규성이 오위에 일치하게 되면 묘성은 사위(巳位 동남쪽)로 옮기게 될 것이다. 다른 달의 중성도 모두 그러하니 '미위로 옮겼다.'라고 한 것은 어쩌다 잘 살피지 못한 것인 듯하다. 이와 같다면 하늘은 당연히 동쪽으로 조금씩 옮겨 가고 세는 당연히 서쪽으로 조금씩 옮겨 가는 것이 확실하니, 대체로 해가 도는 길은 안으로 돌면서 줄어들고, 줄어들면 당연히 빨라지며, 하늘의 운행은 평평하게 움직이면서 펴지고, 펴지면 당연히 느려진다는 것을 또한 알 수 있다. 우선 이것을 기록하고 나중에 다시 살펴보고자 한다.-또 생각건대 요 임금 때로부터 〈월령〉까지가 1900여 년에 해당하고 옮긴 각도가 22도이며, 〈월령〉으로부터 원나라 초까지가 1700여 년에 해당하고 옮긴 각도 역시 22도인데, 원나라 초에서 원나라 말 연우(延祐)까지는 겨우 40여 년이면서 다시 옮긴 각도가 2도이니, 고금의 옮기는 법칙에 다름이 있는 듯하다. 이 점 또한 다시 살펴야 할 것이다.-

《계곡집(溪谷集)》의 〈음부경해서(陰符經解序)〉를 살펴보다가, 마침내 서가 위에 있던 《음부경(陰符經)》[77]을 가져다 두 번 세 번 펼쳐서 읽어 보고 속으로 암송하였다. 그 글에서 하늘과 사람의 조화와 정신을 전일하게 하는 방법을 논한 부분은 선유(先儒)들에게 인정받은 것으로, 참으로 신묘한 이론이다. 그러나 전편(全篇)의 문체를 자세히 살펴보면 자연스럽거나 간결하고 오묘하지 않아서, 말은 그 고고(高古)함을 지극히 하려고 하다 얕고 촉급하게 된 잘못이 많고, 뜻은 깊고 미묘함을 다하려고 하다 이상하고 모호하게 됨을 면치 못하였으며, 꾸민 자취가 없어지지 않고 틈을 꿰맨 곳이 때때로 드러나니, 어느 시대의 누가 지은 것인지는 모르지만 아마도 후세 사람이 옛사람에 의탁하여 위작한 것인 듯하다. 주자는 이것을 당나라 이전(李筌)[78]이 스스로 지은 것인 듯하다고 여겼는데, 그럴듯하다. 정소자(程邵子 정자와 소옹의 병칭)는 상(商)나라 말(末)이 아니면 주(周)나라 말의 칠국(七國) 시기의 글이라고 여겼는데, 내 생각으로는 그들도 역시나 문체를 깊이 살피지 않았던 것이 아닌가 싶다. 세 편의 큰 핵심이 대개 모두 하늘의 기미를 엿보고 헤아려서 사람의 일에 시행하여 이익을 구하고자 하는 것인데도 정자가 그 글을 잡스럽지 않다고 일컬었던 것은 어째서인가? 아마도 그것이 노장(老莊)에 비해서는 그래도 잡스럽지 않아서가 아닐까. 어떤 사람이 말하기를 "소진(蘇秦)이 읽었던 것이 이 책이 아닌가?" 하기에, 내가 말하기를 "고금의 문체를 가지고 미루어 보건대 이 책은

77 음부경(陰符經) : 황제(黃帝)가 찬술했다고 전해지는 도가류(道家類)의 책이다. 음(陰)은 암(暗), 부(符)는 합(合)이란 뜻으로 천기(天機)가 몰래 사기(事機)에 합치된다는 것인데, 이 책의 진위는 알 수 없다 한다. 주희가 제본(諸本)의 차이점을 살피고 그 글을 교정하여 《음부경고이(陰符經考異)》를 지었다.

78 이전(李筌) : 당(唐)나라 때 신선술을 좋아했던 사람으로, 《태백음부경(太白陰符經)》 10권을 지었다고 전해진다.

틀림없이 후세에 나온 것이며, 소진이 읽었던 책이 아닌 것이 분명하다. 그러나 책 안에 포함된 내용으로 말하자면, 만약 이 책을 잘 읽는다면 위로는 왕사(王師)의 우두머리가 될 수 있고 아래로는 몸을 온전히 하고 해로움을 멀리하는 선비가 될 수 있으니, 저들이 이것을 가지고서 담론을 도와주거나 부귀를 취하는 도구로 삼는 것은 역시 말단의 일이다." 하였다. 아, 이것이 후세 사람이 가탁한 글인데도 잘 읽으면 그 공효가 오히려 여기에 이를 수 있는데, 하물며 성현의 글이야 어떠하겠는가. 종신토록 행할 수 있는 한마디가 어찌 한정이 있겠는가마는 그것이 입에서 나와 귀로 들어가서 아무런 공덕이 없는 자가 세상 모든 사람들이니, 두려워하고 두려워할 일이다.-'하늘의 도를 관찰한다.〔觀天之道〕', '하늘의 운행을 파악한다.〔執天之行〕', '하늘과 사람이 함께 발한다.〔天人合發〕', '모든 변화의 기초를 정한다.〔萬化定基〕', '이익을 멀리하고 근원으로 돌아가면 군대를 씀에 열 배의 공이 있다.〔絶利一源 用師十倍〕', '낮밤으로 세 번 돌아오면 군대를 씀에 만 배의 공이 있다.〔三返晝夜 用師萬倍〕'라는 말들을 깊이 연구하고 힘써 행하면, 어찌 왕사의 우두머리가 될 수 없겠으며 '아홉 구멍의 사악함은 세 요소에 있다.〔九竅之邪在乎三要〕', '생은 사의 뿌리이다.〔生者死之根〕', '해로움은 은혜에서 나온다.〔害生於恩〕', '군자는 얻는 것이 원래 곤궁하다.〔君子得之固窮〕'라는 말들을 익혀서 참고한다면 어찌 몸을 온전히 하고 해로움을 멀리하는 데 족하지 않겠는가.- 요사이는 오로지 병을 돌보는 데 힘쓰고 참으로 책을 보려고 하지 않았다. 그러나 때때로 책을 보는 경우에는 또 반드시 잡서(雜書)를 취하였으니, 역시 경계해야겠다.

지난달에 《참동계》를 읽고서, 상시로 독서를 하는 방식은 힘들어서 전일하게 할 수 없다고 스스로 생각하여 수련가(修煉家)의 과정에 따라서 하루에 《주역》 두 괘씩을 읽고자 하였다. 어제 우연히 읽기를 잊어버려서 오늘은 이에 〈둔괘(屯卦)〉와 〈몽괘(蒙卦)〉를 읽고 〈수괘(需卦)〉와 〈송괘(訟卦)〉까지 읽었다.

저녁 무렵 한가롭게 앉아 있을 때, 양기(養氣)의 설[79]에 대해서 깊이 느낀 바가 있었다. 대체로 사람의 공부는 원래 본심(本心)을 보존하고 이(理)를 따르는 것을 위주로 하지만, 기(氣)가 이(理)에 짝하지 못하면 역시 이 이(理)의 체(體)를 완전히 드러낼 수 없고 이 이(理)의 용(用)을 잘 쓸 수 없을 것이다. 내가 근심하는 바가 특히 여기에 있으니, 나의 앎은 깨달은 바를 따라 하나로 모아서 꿰뚫지 못하고 나의 행동은 아는 바에 의거하여 견고하게 지키고 과감하게 결단하지 못하여 혼미하고 산만하기가 끝이 없는 것은 대체로 이 기(氣)가 없는 탓일 뿐이다. 사람에게 이미 흰 칼날을 밟고 죽는 이(理)가 있다면 또한 반드시 흰 칼날을 밟고 죽는 기가 있을 것이며, 사람에게 이미 왕후(王侯)의 지위를 가볍게 여기는 이(理)가 있다면 또한 반드시 왕후의 지위를 가볍게 여기는 기가 있으니, 이(理)가 있는 곳에는 기가 반드시 갖추어져 있다. 온갖 행실과 온갖 선행에 그러하지 않음이 없으니, 실로 유독 이러한 이(理)만 있고 그 기가 없는 경우는 없다. 대체로 혈기(血氣)의 기에는 본시 강약(强弱)과 용겁(勇怯)의 구분이 없지

79 양기(養氣)의 설 : 양기는 호연지기(浩然之氣)를 기르는 것을 말한다. 맹자가 자신의 장점을 묻는 제자의 질문에 대해 "나는 말을 제대로 판단할 줄 안다. 그리고 나는 나의 호연지기를 잘 기른다.〔我知言. 我善養吾浩然之氣.〕"라고 대답한 뒤 이에 대해 자세히 설명해 준 내용이 《맹자》 〈공손추 상(公孫丑上)〉에 나온다.

않으나, 의리(義理)의 기에는 사람에게 강하지 않은 기가 있는 경우가 없고 용감하지 않은 기가 있는 경우도 없다. 생명이 없어서 이 기(氣)가 없는 경우를 제외하고는 단지 사람이 기를 잊어버리고 어지럽혔기 때문에 쪼그라들어서 마치 없는 것처럼 된 것일 뿐이니, 사람이 이 마음을 보존하고 이 이(理)를 체현하며 또 이 기(氣)를 배양하기를 잊지 않을 수 있다면 거의 최선일 것이다. 이 점을 마음에 깊이 새겨야겠다.

병인년(1686, 숙종12)

丙寅

11월 17일 밤에 율곡의 이기서(理氣書)를 읽다가 갑인년(1674) 겨울 동안에 내가 붙였던 첨지(籤紙)를 보니, 그때의 의론 중에는 제법 정밀한 점이 있었는데 지금은 견해가 도리어 미치지 못하는 듯하니, 매우 두려워할 만하다. 이에 생각해 보니, 갑인년 이전 정미년(1667, 현종8) 무렵에 이 글을 볼 당시에는 부지런히 탐구하고 치밀하게 이해한 것이 갑인년보다 이미 더 낫기도 했었다. 그 당시에 손 가는 대로 기록한 것이 이어 붙인 종이와 겹친 폭에 끝없이 이어졌는데 지금은 모두 없어졌다. 그러나 그 개요와 주제로서 지금까지 마음에 남아 잊히지 않는 것을 찾아보면 모두 병오년(1666), 정미년, 무신년(1668) 2, 3년간에 습득하였던 것들이고 그 후로 거의 20년 동안은 무슨 사업을 하면서 많은 세월을 보냈는지 알지 못하겠으니, 이것을 생각하면 내 마음이 아프다.

이어서 생각해 보니, 내가 11세에 어른을 모시고 있으면서 《대학》 소주(小註)에 "숨을 한 번 내쉬거나 들이쉬며 먼지 하나가 일어나거나 가라앉는 것에도 이 이(理)가 있다."[80]라는 말이 있는 것을 보았는데, 당시에 이른바 이(理)라는 것이 과연 어떤 것인지를 알지는 못하였지만, 그래도 그것이 어느 때에도 없는 법이 없고 어느 곳에도 없는 법이

80 숨을……있다 : 《대학혹문(大學或問)》의 주에 격암 조씨(格菴趙氏)의 말로 나와 있다.

없이 눈앞에 양양하게 꽉 차 있다는 뜻은 알았다. 이에 마음으로 매우 기뻐하여 이(理)가 무엇인지 알려고 하였으나, 아무도 깨우쳐 주는 사람이 없어서 결국 그 실마리를 놓쳐 버렸다. 그러다가 병오년 여름에 이르러 《주자대전》을 보고 마음이 감발되어 마침내 학문에 몸을 바쳐 종사할 생각을 품었으며, 중요한 곳을 암송하고 실체를 깊이 연구하면서 낮밤으로 각고의 노력을 기울이며 수개월 동안 급급함을 버리지 않았고, 《주자대전》을 모두 읽고 나서부터 《대학》을 읽어서 1년의 노력을 들이고 나니 자못 학문에 익숙하게 된 것 같았다. 그동안에 《주자어류(朱子語類)》와 《성리대전(性理大全)》과 《이정전서(二程全書)》 및 우리나라 퇴계, 율곡의 글까지 함께 읽고, 또 《근사록》과 《소학》을 읽고 모두 암송하였으니, 이때가 내 나이 20세로 무신년이었다. 이때 의리의 체계와 학문의 뜻에 대해 그 줄거리를 거의 모두 대략 알았고, 그 중간에 또 간혹 깨달음이 깊고 신묘한 경우나 가진 뜻이 매우 좋았던 때가 있었으니, 만일 이것들에 나아가 계속 연마하고 정진하기를 쉬지 않았더라면 내가 오늘날 어찌 이와 같이 되었겠는가. 애석하고 애석하다.

기유년(1669)에 함흥(咸興)으로 들어감으로써 비록 부친을 잘 봉양하지 못하는 잘못은 겨우 면하였지만,[81] 풍경을 구경하러 다니고 사람들과 어울리느라 가진 뜻이 점점 정밀하고 전일하지 못하게 되고, 책을 읽는 것이 전혀 조리가 없었다. 임자년(1672)에 서울로 돌아와서는 바깥의 시끄러운 일이 점점 많아져서 하는 일도 없이 들뜨고 공부는 하는 둥 마는 둥 다시 몇 년이 지나갔다. 을묘년(1675, 숙종1)에 통천

81 함흥(咸興)으로……면하였지만 : 1669년(현종10) 북관(北關)에 부임하는 아버지를 따라 함흥으로 간 일을 말한다.

(通川)으로 들어가서는 지역이 조용하고 구석져서 내면으로 향하는 생각을 많이 하였으나 역시 마음이 감발되던 병오년(1666, 현종7) 때와는 같지 않았으니, 4년 동안 겨우 《논어》, 《맹자》, 《중용》, 《시경》을 읽었을 뿐인 데다 이 모두에 그리 큰 힘을 기울이지 못하였다. 무오년(1678)에 부강(扶江 부여)으로 와서는 일이 더욱 번거로워져서 하던 공부를 거의 전부 폐할 지경에 이르렀고, 경신년(1680)에 도성에 들어와서는 세로에 부침이 있어[82] 더욱 공부를 할 수 없었다. 계해년(1683)에는 모친상을 당하고 병을 크게 앓아 거의 죽을 뻔하고, 이어 재난이 거듭 닥치자[83] 용협(龍峽 용담(龍潭))으로 옮겨 들어가서 구차히 위태로운 목숨을 보전하였으니, 다시 다른 생각을 할 수가 없었다. 상기(喪期)를 마친 후에 이곳에 자리를 잡은 지 또 이미 반년이 지났다. 요며칠간 손님이 있어서 소란스러웠으나 병세는 지난해에 비해서 차도가 있으니, 분발하여 힘을 다하고 죽은 다음에야 그치기를 지금부터 시작하는 것이 마땅한데도 여태까지처럼 하다 말다 하면서 아직도 스스로 실행하지 못하고 있는 것은 또 어찌된 것인가. 그동안 십수 년의 지리멸렬함이 이와 같으매 개탄하는 마음이 없지 않으면서도 끝내 새롭게 노력하여 초심에 부응하지 못하고, 머뭇머뭇하는 사이에 젊고 왕성한 시절은 이미 지나가 버렸으니, 애석한 마음을 이길 수 있겠는가, 비통한 마음을 이길 수 있겠는가.

82 세로에 부침이 있어 : 1680년(숙종6) 5월 정언(正言)에 제수된 것을 시작으로 한 해 동안 여러 번 관직이 바뀐 것을 말한다.

83 재난이 거듭 닥치자 : 1683년 모친상을 당하고 크게 병을 앓은 이듬해에 또 부친상을 당한 일을 말하는 듯하다.

이런 지경에 이른 까닭을 깊이 따져 보면, 사색이 철저하지 못하였고 실천이 독실하지 못하였으며, 과정이 세워지지 못하였고 사우(師友)가 실하지 못하였던 이 모든 것이 병통의 원인이었으니, 한스러움을 이길 수 없다. 그러나 병통의 가장 깊은 원인은 또한 다른 데에 있지 않고, 단지 참되게 뜻을 세우지 못하였던 데에 있을 뿐이다. 어릴 때 기뻐하였던 실마리와 병오년(1666)에 감발하였던 마음은 모두 책을 읽음으로써 생겨난 것으로, 자연스럽게 마음에서 나오거나 책을 읽을 필요도 없이 훌륭한 마음이 저절로 드러난 것이 애당초 아니었다. 그러므로 이른바 몸을 바쳐 종사한다는 것이 결국은 문자에 의지하여 일가를 이루려는 계책이었으니, 실로 보금자리를 뒤집어엎고 장부(臟腑)를 씻어 내고 자신과 세상을 모두 잊고서 의리에 모든 힘을 다할 수가 없었다. 이 때문에 한때 부지런히 암송하고 탐구하였다 하더라도 애당초 제대로 무젖어서 철저하게 궁구할 수가 없었으며, 스스로 '깊이 깨달았다.'라고 한 것도 매양 마음을 놀려 요량한 나머지여서 늘 심신과 사물에 적용할 수 없었고 '뜻이 훌륭하다.'라고 한 것도 한때의 일에 지나지 않아서 길어도 3, 4일을 넘지 않아 점차 흩어져 없어졌다. 요컨대 병오년, 정미년(1667), 무신년(1668)의 공부 역시 단지 책에 있는 뜻에 의지하여 해 나간 것일 뿐이어서 잠시라도 책 읽기를 느슨하게 하면 이 뜻이 간직되지 않았으므로, 다시는 진심(眞心)과 실정(實情)이 마음에 간절하고 일상에 밝게 드러나는 일이 없었다. 그 근본 바탕이 된 것이 이미 이와 같으니, 어찌 전일하고 오랜 노력으로 스스로 성취할 수 있을 이치가 있겠는가. 이처럼 무너지고 지리멸렬하여 그대로 오늘에 이르렀으니, 반평생을 잘못 보낸 것이 참으로 당연하다.

지난 일은 이미 지나갔거니와 지금은 어떻게 해야 할 것인가. 나의 기질이 원래 단지 이와 같아서 스스로 분발하기를 바라기가 참으로 어려우니, 내가 할 일은 오직 평소 책과 견문을 통하여 알게 된 의리를 익히고 궁구하여, 이것을 오늘날 내가 움직이고 응대하는 일상생활에 녹아들어 자리 잡게 하며, 존양(存養)을 독실하게 하여 사사로운 생각이 들지 않도록 하며, 점검을 면밀하게 하여 은미한 것도 빠트리지 않게 하며, 항상 성선(性善)의 뜻을 간직하여 잘못을 고치기에 반드시 힘을 다하며, 마음의 찌꺼기를 말끔히 씻어서 애초의 본성을 회복하며, 자신의 본분으로 응당 해야 할 일은 책을 펴서 읽지 않고도 행하는 것일 뿐이다. 이런 생각과 이런 일을 행여 잊어버리거나 폐하지 않는다면, 아마도 옛날과 조금은 다를 수 있을 것이다. 명도(明道) 선생이 말씀하신 "학문은 단지 안으로 채찍질하여 들어가야 한다."라고 한 조목[84]을 깊이 마음에 새겨야겠다.-'지금 어떻게 해야 할 것인가.〔今當柰何〕' 아래로는 전혀 뜻을 다 나타내지 못하여 일상생활의 기준이 되기에 부족하므로 고치고자 하였다가, 또 단지 말만 훌륭하고 행실이 거기에 이르지 못하면 역시 헛일일 뿐이라고 생각되어 일단 그대로 두었다.-

18일 저녁에 홀연히 생각하기를 '지금 경(敬)을 지킴에, 용모를 바르게 하고 생각을 하나로 모으며 안배(安排)와 계교(計較)를 하지 않는 것이 본래 경이다. 그러나 안배와 계교가 전혀 없이 어떻게 궁리(窮理)를

84 명도(明道)……조목 : 정호(程顥)가 "학문이란 단지 안으로 채찍질하여 자신에게 절실하게 해야 할 따름이다. 그러므로 절실히 묻고 가깝게 생각하면 인이 그 가운데 있는 것이다.〔學只要鞭辟近裏, 著己而已, 故切問而近思, 則仁在其中矣.〕"라고 하였다. 《近思錄 卷2 爲學》

하겠는가. 오직 안배와 계교가 없어진 후라야 생각이 비로소 전일해지고 생각이 전일해진 후라야 궁리가 철저해질 수 있으니, 대개 이 때문에 허정(虛靜)하고 전일한 마음으로는 궁리하기가 쉽고, 저 도모하고 왕래하고 들뜨고 생겼다 사라지는 생각 같은 것은 도리어 궁리에 해가 되는 것이리라.' 하였다. 정자(程子)가 "앎을 지극히 하고서 경을 지키지 않는 자는 없다.〔未有致知而不在敬者〕"[85]라고 하였는데 '재경(在敬)' 두 글자를 깊이 완미하여야 한다. 훌륭하다, 그 말씀이여. 이와 같다면 궁리는 본시 거경(居敬)에서 도움을 받지만 거경 또한 궁리에서 도움을 받는 것이리라. 나는 말한다. "무릇 거경에 끊김이 있는 까닭은 모두 욕심 때문이다. 이른바 욕심은 얕거나 깊거나 모두 욕심이니, 성색(聲色)과 화리(貨利)의 부류 같은 것은 원래 사람의 욕심 중에 깊은 것이고, 한가한 생각이나 잡념 같은 것은 얕기는 하지만 역시 욕심이다. 이런 생각이 한 번이라도 일어나게 되면 경(敬)에 끊김이 생기니, 비록 이것이 거경이 독실하지 못해서 그런 것이라고 하더라도 역시 욕심이 있기 때문인 것이다. 오직 이(理)가 밝으면 욕심은 저절로 사라지는데, 잠시 밝으면 잠시 사라지고 매우 밝으면 완전히 사라지며, 한 곳에서 밝으면 한 곳에서 사라지고 곳곳에서 밝으면 곳곳에서 사라지니, 욕심이 사라지면 그 거경은 저절로 안정되고 견고해질 것이다. 이 뜻을 요약하여 말하면 '거경을 하면 생각이 전일하여 이(理)가 밝아질 수 있고, 이(理)가 밝으면 욕심이 사라져서 경(敬)이 더욱 독실해진다.'라는 것이다."

85 앎을……없다 : 정이(程頤)의 말로, 《주자어류》 권9 〈학(學) 3〉에 나온다.

창계집

제26권

일록 日錄

일록 日錄

정묘년(1687, 숙종13)
丁卯

《사찬(史纂)》[1]의 〈공자세가(孔子世家)〉를 살펴보고, 공자께서 재상의 일을 섭행(攝行)하셨을 때 3개월 만에 노나라가 잘 다스려져서 양과 돼지를 파는 사람들이 값을 속이지 않았고, 남녀가 길을 갈 때 따로 걸었으며, 길에 떨어진 물건을 주워 가는 사람이 없었고, 사방의 객이 마치 자기 집에 오듯이 읍에 이르러서 관원에게 허가를 받을 필요가 없었다는 것을 알고서 성인(聖人)이 정치를 베풀어 교화하는 것이 신명처럼 빠름을 찬탄하였다. 이것은 참으로 덕으로써 정치를 한 것이니, 어찌 단지 규정과 법령만으로 이룰 수 있는 일이겠는가. 또 공자께서 금(琴)을 배우는 한 단계로 그 곡을 지은 이의 사람됨을 알게 된 대목에

1 사찬(史纂) : 《사기(史記)》의 내용을 선별하고 축약하여 찬술한 책이다. 임진왜란 직후 훈련도감(訓鍊都監)의 비용을 마련하기 위하여 일반인을 대상으로 수요가 있을 만한 서적을 선택하여 간행, 판매하였는데, 그 하나로 당시 좌의정 겸 훈련도감도제조였던 백사(白沙) 이항복(李恒福)이 주관하여 명나라의 왕세정(王世貞)이 지은 《사기찬(史記纂)》을 모본으로 삼아 그 책에서 73편을 발췌하여 간행하였다. 《사찬》 간행의 전말이 《백사집》 권2 〈사찬후발(史纂後跋)〉에 나와 있다.

서 "경건하게 깊은 생각을 하고 기쁜 마음으로 높이 바라보고 원대한 뜻을 품었을 것이다."라고 하신 것을 보았는데, 이 말의 진위는 비록 알 수 없지만 문왕(文王)의 기상이 틀림없이 이와 같았을 것이니, 이것을 깊이 완미해 보면 여기에 무한한 의미가 있다.

천지의 마음을 자신의 마음으로 삼아야 하는 것은 천지의 마음이 이(理)이기 때문이다. 고요할 때는 천지의 마음이 저절로 갖추어져 있으므로 사람이 그것에 합당하게 행동한 뒤에 합당하게 되는 것이 아니지만, 움직일 때는 생각이 공정하고 사사로운 것과 언행이 타당하고 부당한 것이 이때에 나누어진다. 그런데 공정하고 타당한 것은 바로 천지의 마음이니, 따지지도 않고 고집하지도 않으며 잊지도 않고 조장하지도 않으면서 이렇게 순리대로 늘 끊임이 없을 뿐이다.

천지의 마음은 다른 것이 아니라 풍성하고 순수하게 날로 사물을 낳는 일을 그치지 않는 것이다. 이것이 이른바 원(元)으로, 사람의 경우는 인(仁)이니, 아직 발하지 않았을 때의 본체는 비록 볼 수 있는 형상이 없지만 그것이 발하여서는 온화함과 자애로움과 측달함과 간절함이 되어 널리 사방에 미쳐서 사물과 내가 하나가 되므로 그 발하지 않았을 때의 기상 또한 묵묵히 알 수 있다. 경(敬)과 서(恕)와 극기(克己)와 충신(忠信)과 박약(博約)이 모두 이것을 이해하는 실마리로서 모두 발하는 데에 작용하지만 오직 경만은 동(動)과 정(靜)에 일관되니, 발하기 전부터 경을 지켜 잃지 말아야 한다.

인(仁)이란 혼연히 한 몸이 되는 것일 뿐이다. 한 몸 가운데 만 가지의 나뉨이 그대로 있는 것은 마치 하늘이 한 몸인데도 성신(星辰)과 전도(躔度 천체 운행의 도수)가 나열되어 있고 땅이 한 몸인데도 산천과 강역이 구비되어 있는 것과 같으니, 사람이 한 몸인데도 사지(四肢)와 백해(百骸)가 모두 갖추어져 있는 것은 바로 만 가지가 또렷이 드러난 것이다. 만 가지로 다르면서도 한 몸인 것과 혼연하면서도 또렷이 드러나는 것에는 선후도 없고 피차도 없어서 그것을 따로 떼어 말할 수 없지만, 그것이 한 몸이라는 것을 아는 것이 바로 인(仁)을 행하는 근거이고, 그것이 만 가지의 다름이 있다는 것을 아는 것이 바로 의(義)를 행하는 근거이니, 그 맥락과 조리가 더욱 어지러울 수 없음이 이와 같다. 사해일가(四海一家)와 만물동체(萬物同體)는 본시 인을 행하는 포용성이고, 친소(親疎)와 귀천(貴賤), 선악(善惡)과 원근(遠近)에 대한 처리가 정확하여 털끝만큼도 어긋나지 않는 것은 또 바로 의를 행하는 절도이다. 여기에 그 의미와 작용이 서로 상반되는 듯한 점이 있으나, 실제로는 반드시 이 포용성이 있은 후에 그 절도가 마땅함을 얻게 되고, 반드시 이 절도가 있은 후에 그 포용성이 비로소 유폐(流弊)가 없게 되니, 이것이 바로 인은 원래 의를 포함하고 의는 인을 떠날 수 없다는 것으로, 그것이 본래 하나이면서 만 가지로 다른 데에 말미암은 것이다. 일상의 동정(動靜)에서 오직 이 두 가지가 늘 순수하여 잡되지 않으며 끊임없이 행하여진다면 사람의 도가 거의 이루어질 것이다.

인(仁)을 구하는 데에는 예(禮)를 지키는 것만 한 것이 없고, 의(義)를 정밀하게 하는 것은 지(知)를 지극히 하는 데 요점이 있으니, 지와 예가 성(性)을 이루면 인과 의가 행하여질 것이고, 사덕(四德)의 쓰임이 이에 갖추어질 것이다. 무엇으로 예를 지킬 것인가? '경(敬)'으로써 한다. 무엇으로 지를 지극히 할 것인가? '사(思)'로써 한다. 경(敬)을 잘하고 사(思)를 잘하는 것은 흠명(欽明)[2]의 근본으로, 정주(程朱)의 법문(法門)에서 이 두 가지 길을 내세워 성학(聖學)의 요체로 삼았으니, 후세에 글 쓰는 사람으로서 여기에 덧붙일 것이 없는 것이 당연하다. 그러니 오늘의 일은 이 길을 모르는 것을 근심하지 말고 여기에 힘을 다할 수 없는 것을 근심할 뿐이다.

사람이 비록 타고난 품성이 아무리 고매하더라도 원래 성인(聖人)의 자질이 아닌 이상, 한번 발심(發心)한 후에 다시 중단하지 않는 것이 또한 어찌 쉽겠는가. 더구나 보통 사람은 그 사이에 언뜻 분발하다가도 넘어지고, 환한 것 같다가도 캄캄한 것 같은 굴곡을 면하기 어려운 것이 원래 당연하다. 이럴 때 곧장 스스로 기력이 꺾여 마침내 앞으로 나아가기를 게을리해서는 절대로 안 되며, 오직 잘못하는 대로 바로잡아 백번의 착오가 있어도 다시 바로잡기를 게을리하지 말아야 한다. 이렇게 하여 대체적인 의향(意向)에서 나아감만 있고 물러남이 없게 되면, 이것이 쌓여 오래된 후에 비로소 굴곡이 없는 순일한 시기가 있게 될 것이니, 이와 같이 마음을 세워야 빨리 나아갔다가 빨리 물러나게 되는 근심[3]이 없을 것이다. 퇴옹(退翁 퇴계(退溪) 이황(李滉))의 시에

2 흠명(欽明) : 요 임금의 덕을 칭송하는 말로, 후세에 군주의 덕을 기리는 말로 쓰였다. 《서경》 〈요전(堯典)〉에 "옛날 요 임금을 상고하건대 방훈이시니, 공경하고 밝고 문채 나고 생각함이 편안하고 편안하시며, 진실로 공손하고 능히 겸양하셨다.〔曰若稽考帝堯, 曰放勳, 欽明文思安安, 允恭克讓.〕"라는 말이 나온다.

3 빨리 나아갔다가……근심 : 공부에 끈기가 없어 중도에 그만두게 되는 근심을 말한다. 《맹자》 〈진심 상(盡心上)〉의 "나아감이 빠른 사람은 후퇴하는 것 또한 빠르다.〔其

"백번을 삶아야 실이 능히 희어지고, 천번을 갈아야 거울이 비로소 밝아진다.〔百練絲能白 千磨鏡始明〕"라고 하였으니, 이 말을 깊이 음미하여야 할 것이다.

사람은 우주 안에서 단지 한 번의 삶을 살 뿐 이 한 번의 삶 뒤에는 다시 삶을 살 수 없으니, 어찌 스스로 아끼지 않을 수 있겠는가. 또 한 가지를 잘하는 데에 구차히 안주하면서 그 잘하는 것이 잘하지 못하는 것보다 낫기를 바랄 뿐이라면, 이 역시 스스로 아끼지 않음이 매우 심한 것이리라. 학문을 할 때는 안자(顏子)의 일[4]을 가지고 자신을 책하고, 벼슬을 할 때는 문왕(文王)의 다스림을 가지고 임금을 인도하여 조금도 물러나서는 안 된다. 대체의 표준이 이와 같은데, 무릇 전후의 성현(聖賢)들이 학문을 하고 정치를 하는 법도를 모두 이해하여 담당해야 하고, 아래로 고금 사람들의 한 가지 언행과 한 가지 일 처리에 이르기까지도 모두 택해야 하니, 역시 맹목적으로 안자와 문왕의 자취만 보고 본뜨는 것을 말한 것은 아니다. 게다가 이것은 단지 안자의 박문약례(博文約禮)에 속한 일로, 그가 한 가지 선에 정성을 다하고[5]

進銳者, 其退速.〕"라는 구절에서 인용한 말이다.

4 안자(顏子)의 일 : 안회(顏回)가 공자의 가르침에 따라 박문약례(博文約禮)를 행한 일을 말하는 듯하다. 안회가 일찍이 "부자께서는 차근차근 사람을 잘 이끌어 나로 하여금 글을 넓게 배우고 예로 요약하게 하셨다.〔夫子循循然善誘人, 博我以文, 約我以禮.〕"라고 하였다. 《論語 子罕》

5 그가……다하고 : 《중용장구》 제8장에 "공자가 말씀하기를 '안회의 사람됨은 중용을 택하여, 한 가지 선을 알게 되면 정성을 다해 가슴에 간직하여 잃지 않는다.'라고 하였다.〔子曰: 回之爲人也, 擇乎中庸, 得一善, 則拳拳服膺而弗失之矣.〕"라고 한 말을

사대(四代)의 예악을 검토한 것[6]을 살펴보면 또한 알 수 있으니, 애초에 안자의 공부 이외에 더 보태진 바가 있는 것은 아니다. 이 한 번의 삶에서 올해가 다시 올 수 없고 이 한 해 동안에 오늘이 다시 올 수 없으니, 이것을 생각하면 짧은 시간도 아껴야겠다는 마음이 저절로 생길 것이다. 그런데 시간을 아낀다는 것은 단지 맡은 일을 부지런히 하는 데에 그치는 것이 아니니, 반드시 아는 바를 지극히 하여 그것을 모두 간직하고 또 접하고 응하는 일에 따라 그 본원에 통달하여 그것에 융합되어야 이것이 비로소 시간을 헛되이 보내지 않는 것이다.

불가(佛家)에서는 계(戒), 정(定), 혜(慧)[7] 중에서 계를 우선으로 여기니, 계에서 정이 생기고 정에서 혜가 생긴다는 것이다. 이런 점은 비록 우리 유가(儒家)의 법이라 해도 원래 이와 같으니, 만약 조잡하고 천박한 물욕이 생긴 곳에 나아가 통렬하게 징계하여 결연히 자신을 깨끗하게 지키지 못한다면, 비록 터득한 것이 혹 고명한 수준에 이르고 공부

축약하여 인용한 것이다.

6 사대(四代)의……것 : 《논어》 〈위령공〉에 "안연이 나라를 다스리는 일에 대해서 묻자, 공자가 말씀하기를 '하나라의 책력을 행하며, 은나라의 수레를 타며, 주나라의 면류관을 쓰며, 음악은 순 임금의 소무를 써야 한다.' 하였다.〔顏子問爲邦, 子曰: 行夏之時, 乘殷之輅, 服周之冕, 樂則韶舞.〕"라고 하였다. 이것으로 안회가 하(夏), 은(殷), 주(周) 삼대와 순 임금의 우(虞) 시대의 예악을 검토하였음을 알 수 있다.

7 계(戒), 정(定), 혜(慧) : 이른바 불교의 삼학(三學)으로, 계율(戒律)과 선정(禪定)과 지혜(智慧)를 말한다. 계율은 불교의 윤리 도덕을 수행하여 잘못을 막고 악을 그치게 하는 것이며, 선정은 진정한 이치를 사유하고 생각을 고요히 하여 산란하지 않게 하는 것이며, 지혜는 실상을 깨달음으로써 생사를 초월하여 열반에 이르게 하는 것이다.

역시 정밀한 수준에 이르렀다 하더라도 모두 무너져 남는 것이 없게 될 것이다. 참으로 경계하여야겠다.

선학(禪學)을 하는 자가 좌선(坐禪)을 할 때 어깨와 등의 골절(骨節)을 똑바로 세우고, 귀는 어깨와 가지런하게 하고, 코는 배꼽과 짝하게 하고, 한번 앉으면 움직이지 않으면서 오롯이 그 마음을 쓰니, 비록 그 학문이 옳지는 않더라도 의당 성취하는 바가 있을 것이다. 우리 학문을 하는 자 중에 누가 이와 같이 할 수 있겠는가. 한탄스럽고 한탄스럽다.

사마공(司馬公)의 여섯 게송(偈頌)[8]은 원래 재미로 한 말이지만, 역시 그의 궁리가 미진한 점을 볼 수 있으니, 같게 할 수 없는 것을 같게 하려고 하면 이것과 저것에 대해서 모두 설명할 길이 없다. 진서산(眞西山 진덕수(眞德秀))이 이것을 잘 알고 있으면서도 "부처의 행실을 행하고 부처의 말을 하는 사람이 곧 부처이다."라는 말을 하고 선학(禪學)을 하는 사람과 토론을 하였으니, 어찌된 것인가? 그의 논지가 느슨하고 산만하여 답하는 말의 긴요하고 예리함에 크게 못 미쳐 굴욕을 당하지 않을 수 없었으니, 고금의 사람들 중에 참으로 진실한 견해를 가지고 저들과 더불어 끝까지 파헤칠 수 있었던 사람이 매우 드물었다.

8 사마공(司馬公)의 여섯 게송(偈頌) : 사마광(司馬光)이 불가에서 중생들에게 포교할 때 쓰는 여섯 가지 용어, 즉 아비옥(阿鼻獄), 극락국(極樂國), 작인과(作因果), 불괴신(不壞身), 광명장(光明藏), 불보살(佛菩薩)을 유가의 관점에서 해학적으로 풀이한 것이다. 《桯史 解禪偈》

도를 아는 사람이 아니고는 누가 그것을 할 수 있겠는가.

마음을 바르게 하고자 할 때의 방법은 다른 것이 없으니, 오직 이치를 밝히면 사물이 저절로 뚜렷해져서, 기거동작에 절도가 있게 되고 마음이 바르게 될 것이다. 이치를 밝히는 방법 또한 다른 것이 없으니, 오직 마음을 바르게 하면 지각(知覺)이 늘 밝아서 사려가 쉽게 통하고 이치가 밝게 될 것이다. 마음을 바르게 하고자 하면서도 이치를 밝히지 않는 것은 비유컨대 얕은 여울에 배를 띄우는 것과 같으니, 비록 자유자재로 오르내리기를 바라더라도 어찌 이루어질 수 있겠는가. 이치를 밝히고자 하면서도 마음을 바르게 하지 않는 것은 비유컨대 눈을 감고 물건을 보는 것과 같으니, 비록 또렷이 살피기를 바라더라도 또한 어찌 이루어질 수 있겠는가. 그러므로 격물(格物)과 치지(致知) 이후에 성의(誠意)와 정심(正心)이니, 치지를 하면서 경(敬)을 하지 않는 자는 없었다.[9]

"이 도는 사물과 상대되는 것이 아니다.〔此道與物無對〕"[10]라고 하였는데, 실제로 이 도를 내 마음에 체득할 수 있으면 천지의 작용이 모두 나의 작용이니, 이 의미는 매우 분명하다.

9 치지를……없었다 : 《심경부주(心經附註)》 권3에 나오는 정이(程頤)의 "도에 들어가는 데는 경을 하는 것보다 좋은 방법이 없으니, 치지를 잘하면서 경을 하지 않는 자는 없다.〔入道莫如敬, 未有能致知而不在敬者.〕"라는 말을 인용한 것이다.

10 이……아니다 : 정호(程顥)의 말로 《이정전서(二程全書)》 권2 상의 〈식인편(識仁篇)〉에 포함되어 있다.

오래 살고 일찍 죽는 것과 가난하고 부유한 것은 하늘에 달려 있고, 다스려지고 혼란스러운 것과 풍년 들고 흉년 드는 것은 때에 달려 있으며, 알고 모르는 것과 믿고 믿지 않는 것은 남에게 달려 있으니, 비록 '바뀔 기회가 있다.'라고는 하지만 이에 대해 본시 쉽게 말할 수가 없다. 그러나 자기의 사욕을 이기고 본성을 회복하는 일이라면 이것은 자신에게 달려 있을 뿐이니, 어찌 남에게 의지하겠는가. 사람의 심정은 나에게 달려 있지 않은 일에 대해서는 매양 애써 헤아리고 바라는 마음을 품으면서 반대로 나에게 달려 있는 일에 대해서는 도리어 겁내고 어려워하니, 어찌 미혹된 것이 아니겠는가. 나에게 달려 있는 일을 어렵게 여기지 않으면 안자(顔子)의 학(學)을 나도 할 수 있을 것이다.

인(仁)으로는 지킬 수 있는데 부지런히 힘쓰는 것으로는 다 지킬 수 없는 것은 인은 바라는 것이 없어서 자연히 내가 보존하고 있는 것을 어지럽힐 일이 없기 때문이니, 이것이 바로 인으로 지킬 수 있는 이유이다. 아직 이 수준에 이르지 못한 초학자가 힘을 써서 지키는 것은 참으로 당연하지만, 그래도 이 뜻을 몰라서는 안 된다.

이 마음의 체(體)를 한마디로 요약하면 '허령(虛靈)'일 뿐으로, 오직 비어 있기 때문에 영험하니 비어 있지 않으면 영험하지 않을 것이다. 만약 일이 없는 때라면 이 마음이 반드시 비어 있겠지만, 만약 혹시라도 앞의 일이 마음에 남아 있거나 뒤의 일에 대한 기다림이 있으면 곧 마음이 비지 않을 것이니, 만 가지 이(理)가 어떻게 또렷이 드러날 수 있겠는가. 이 점을 참으로 잘 살펴서 마음을 비워야 할 것이다. 사물을 응접할 적에 비록 사물이 어지러이 이르더라도 이 마음이 비어 있기만 하면 마음이 사물의 이(理)와 서로 부합하고 사물에 얽매이지 않아서 마음이 비어 있는 것이 원래 그대로이겠지만, 비어 있지 않으면 사물의 이(理)를 보지 못하고 사물과 서로 마찰하기만 하여 사물에 얽매이지 않는 경우가 없을 것이다. 마음을 비우는 방법이 또 다른 데에 있지 않으니, 단지 자신의 마음에 스스로 깨닫기만 하면 저절로 비워질 것이다. 깨달으면 비워지고 비우면 깨닫게 되어 비우는 것과 깨닫는 것이 서로 의지하는 것이 또 이와 같으니, 이것은 성성법(惺惺法)이 거경(居敬)이 되는 것과 같은 맥락이다.[11]

귀와 눈이 듣고 보는 것과 손과 발이 움직이는 것과 입이 말하고 침묵하는 것과 몸이 움직이고 정지하는 것은 모두 마음이 하는 일이니, 이 모두에서 마음이 비어 있는지 비어 있지 않은지를 살펴야 한다. 비어 있으면 본심이 보존되어 있는 것이고, 비어 있지 않으면 비록 '모두 마음이 하는 일'이라고 하더라도 역시 다시는 본심의 작용이 아닌 것이다.

《낙정집(樂靜集)》[12]을 읽고서 생각하기를 '옛날 사람들과 지금 사람들

11 이것은……맥락이다 : 성성법(惺惺法)은 마음이 혼미하지 않게 깨어 있게 하는 방법을 말한다. 《심경부주(心經附註)》 권1 〈경이직내장(敬以直內章)〉에서 사양좌(謝良佐)가 "경은 늘 마음이 깨어 있게 하는 방법이다.〔敬是常惺惺法.〕"라고 하였는데, 이에 대해서 주희가 "마음이 깨어 있는 것은 마음이 혼미하지 않음을 이르니, 단지 이것이 곧 경이다.〔惺惺乃心不昏昧之謂, 只此便是敬.〕"라고 하여 '성성(惺惺)'과 '경(敬)'이 서로 의지하고 있음을 밝혔다.

12 낙정집(樂靜集) : 조석윤(趙錫胤, 1606～1655)의 문집이다. 조석윤은 호가 낙정재(樂靜齋), 시호는 문효(文孝)이다. 김상헌(金尙憲)과 장유(張維)의 문인으로, 대사간, 이조 참판 등을 역임하였다.

의 훌륭한 말과 행실은 모두 내가 마땅히 말해야 하고 행해야 하는 것들이니, 성현들의 성대한 덕과 지극한 선을 보고서 고원하여 끝내 미칠 수 없다고 여기는 것은 본시 잘못이지만, 근세 사람의 언론이 나보다 조금이라도 나은 것을 보고서 또 소홀히 지나치며 세심하게 본받으려 하지 않는 것 역시 잘못이다. 이것은 모두 나의 일이고 모두 나의 본분에 원래 있는 것이다.' 하였다.

규모가 크더라도 조목이 세밀하지 못하면 그 규모라고 하는 것 역시 속 빈 껍데기일 뿐으로, 참으로 큰 것이 아니다. 《중용》에서 군자의 도를 일컬어 "커서 넉넉하도다. 위의(威儀)가 3000가지요, 예의(禮儀)가 300가지로다."라고 하였다. 3000가지와 300가지이기 때문에 비로소 큰 것이니, 이 뜻을 항상 세밀히 살피고 깊이 연구해야 할 것이다.

도리를 범연히 생각하는 데에는 그런대로 조리가 있는 것 같지만, 일에 따라 잘 살피고 분별하여 이치에 맞게 할 수가 없어서 집안의 사소한 일도 마음에 만족하게 처리하지 못하는데, 하물며 세상에서 큰일을 이룰 수가 있겠는가. 지식이 통달하더라도 일 처리를 이치에 합당하게 하지 못하는 사람은 지식이 실제로 통달하지 못한 것이고, 마음이 좋아하더라도 밖으로 펼쳐서 드러내지 못하는 사람은 마음이 실제로 좋아하지 않는 것이다.

정자(程子)의 잡저(雜著)를 살펴보고 선각자의 말 한마디와 글 한 자가 모두 도리를 밝게 드러내는 말이며, 이런 말이 아니면 모두 한가한 말로서 해서는 안 된다는 것을 비로소 알게 되었다. 《주역》에서 "문사를 닦아서 자신의 참된 뜻을 드러낸다.〔修辭立其誠〕"라고 한 것[13]과 장자(張子)가 "말에는 가르침이 있어야 한다.〔言有教〕"라고 한 것[14]이 바로 이것과 같으니, 이후로는 맹세코 한가한 말을 하지 않겠다. 일상적인 편지글과 시구(詩句)로 충분히 도를 밝게 드러내기는 원래 어렵지만, 이와 같은 천근한 일도 스스로 천근한 일의 도리에 맞게 행하여 잘못을 범하는 일이 없으면, 이 역시 '문사를 닦는 것'과 '말로 가르치는 것'이라고 해도 괜찮을 것이다.

"벼슬에 나아가서는 자신의 재능을 숨기지 않아서 자신의 도를 굽히지 않을 수 있었다."[15]라고 하였는데, 단지 벼슬에 나아갔을 때만 이와 같은 것이 아니고 일상의 일에서도 모두 이와 같다. 사람이 비록 자신을 숨기고 있을 때라도 일을 만났을 때 자신의 소견을 다 드러내지

13 주역에서……것 : 《주역》 〈건괘(乾卦) 문언(文言)〉에 나오는 말로, 글을 지을 때에는 작자의 진실한 의도를 드러내도록 해야 하고, 그럴듯하게 거짓으로 꾸미려 해서는 안 된다는 뜻이다.

14 장자(張子)가……것 : 장재(張載)의 《정몽(正蒙)》 〈유덕(有德)〉에 "말에는 교훈이 있고 동작에는 법도가 있으며, 낮에는 하는 일이 있어야 하고 밤에는 터득한 바가 있어야 하며, 숨 쉬는 사이에도 양성(養性)하는 공부가 있어야 하고 잠깐 사이에도 존심(存心)하는 공부가 있어야 한다.〔言有教, 動有法; 晝有爲, 宵有得; 息有養, 瞬有存.〕"라고 한 구절에 나오는 말이다.

15 벼슬에……있었다 : 《맹자》 〈공손추 상(公孫丑上)〉의 "유하혜는 더러운 군주를 섬기는 것을 수치로 여기지 않고 작은 벼슬도 낮게 여기지 않았으며, 나아가서는 재능을 숨기지 않아 반드시 그의 도를 발휘하였다.〔柳下惠不羞汚君, 不卑小官, 進不隱賢, 必以其道.〕"라는 말과 이에 대한 주(註)에서 주희가 "재능을 숨기지 않았다는 것은 도를 굽히지 않은 것이다.〔不隱賢, 不枉道也.〕"라고 한 말을 축약하여 인용한 것이다.

않고 또 아부하여 따르는 데로 돌아간다면, 이것은 곧 자신의 도를 굽히는 것이니 역시 깊이 경계하지 않으면 안 된다.

기사년(1689, 숙종15)
己巳

인자(仁者)의 마음은 두루 원만하고 지극히 측달(惻怛)하며, 역경을 만나고 악인을 보아도 이 마음을 잃지 않는다.

《중용》 서문의 큰 취지는 오로지 도통(道統)을 전수할 때 도(道)는 바로 중(中)이며, 이 중을 잡으려고 하면 반드시 인심(人心)과 도심(道心)의 구별에 근거하여 정밀하고 한결같은 노력을 하여야 할 뿐임을 드러내기 위한 것이다. 이 글을 읽은 사람은 곧 도통을 잇는 것을 뜻으로 삼아 이 뜻을 세우고, 그다음에 정일집중(精一執中)[16]하는 데에 바야흐로 모든 노력을 다해야 할 뿐이다.

내면에 쌓은 것이 넓고 두터우면 자연히 그 드러남이 고명(高明)하여 다시 다른 사람에게 의존하지 않는다.

잘 살펴서 확충하면 하찮은 말이라도 지극한 데에 이를 수 있고, 소홀히 하여 뜻을 풀어내지 않으면 지극히 훌륭한 말이라도 결국 대수롭지 않은 것이 된다.

16 정일집중(精一執中) : 《서경》 〈대우모(大禹謨)〉에 "인심은 위태롭고 도심은 은미하니, 정하게 하고 한결같이 하여야 진실로 그 중도를 잡을 것이다.〔人心惟危, 道心惟微, 惟精惟一, 允執厥中.〕"라고 한 데서 나온 말이다.

천하 사람과 더불어 근심과 즐거움을 함께하되 사물(四勿)로써 자신을 지켜야 한다.

겉을 단정하게 하고 난 다음에야 속이 바르게 될 수 있고, 대략적인 것을 거론한 다음에야 정밀한 것이 자세히 다루어질 수 있다.

참되고 올바른 것만을 생각하고 다른 생각은 하지 않는다.

영광(靈光)의 수령 심일재(沈一哉 심극(沈極))가 보낸 안부 편지에 답을 하면서 자리에 있던 다른 사람들 때문에 마음을 집중하지 못하여 결국 편지에 쓴 말이 잘못되고 말았으니, 이것은 마음을 수양하지 않아 고요하게 안정시키지 못하여 그리된 것이다. 항상 이 점을 근심하면서도 스스로 고치지 못하고 있으니, 깊이 경계하고 살필 일이다.

요즈음 의리의 체계에 대해 알아낸 것이 많지만 하나하나 끝까지 궁구하여 실제로 자신의 몸에 지니지 못하는 것을 늘 괴로워하니, 이것이 가장 큰 근심이다. 아침에 일어나기 전에 바로 〈숙야잠(夙夜箴)〉 가운데 있는 '담정(澹整)'의 의미[17]를 떠올리고 이어서 주정(主靜)의 공부에

17 숙야잠(夙夜箴)……의미 : 〈숙야잠〉은 송나라 진백(陳柏)이 지은 사언의 운문(韻文)으로, 〈숙흥야매잠(夙興夜寐箴)〉의 약칭이다. 본디 《시경》 〈소아(小雅) 소완(小宛)〉의 "아침 일찍 일어나고 밤늦게 잠자서 널 낳으신 부모님을 욕되게 하지 말라.〔夙興夜寐, 無忝爾所生.〕"라는 시구에서 인용한 것으로 자신의 정신을 수양하기 위한 목적으로 지었다. '담정(澹整)'은 〈숙야잠〉의 첫 단락에 나오는 "닭 울음에 잠에서 깨어나 사려가 점점 내달리기 시작하면, 어찌 그 사이에서 마음을 조용히 정돈하지 않겠는가.

힘을 기울이고자 한다. 이 방법을 생각한 것은 계해년(1683, 숙종9) 산막(山幕)에 있을 때부터로, 이것으로 깊이 깨우친 점이 없지 않았으며, 그 심원한 의미와 뛰어난 효과가 단지 움직여서 선을 구하는 것 같을 뿐만이 아니고 욕심을 막고 도리를 밝히는 방법에도 모두 도움이 된다는 것을 알았으니, 여기에 크게 힘을 기울이는 것이 당연하다. 그런데 사람이 어찌 줄곧 주정(主靜)에 머무를 수 있겠는가. 오직 경(敬)을 하면 동(動)과 정(靜)에 모두 주재하는 것이 있게 되므로 늘 경(敬)을 하면서 주정을 근본으로 삼으면 존양의 효과가 지극해질 것이다. 도리는 끝이 없어서 갑자기 체득하기가 어렵지만, 오직 먼저 이 한 가지 일에 힘을 쓰면 거의 의지할 곳이 있으리라. 마땅히 크게 힘써야겠다.

주경(主敬)의 방법에 대해서는 선유(先儒)들의 말이 자세하니, 이를 요약하면 안과 밖이 정숙하여 허령(虛靈)한 진체(眞體)[18]가 늘 보존되어 잃어버리지 않도록 하는 것, 이것이 바로 경(敬)이다. 안과 밖은 원래 다르지 않지만 오직 밖을 다스려야 안을 기를 수 있고, 허(虛)와 영(靈)은 본래 같지만 오직 비어 있기 때문에 영험하며, 동(動)할 때와 정(靜)할 때에 모두 보존되어야 하지만 오직 체(體)가 세워진 다음에야 용(用)이 행해지니, 이것을 알면 주경을 하는 데에 거의 헷갈리지 않을 것이다.

〔鷄鳴而寤, 思慮漸馳, 盍於其間, 澹以整之?〕"라는 구절의 '담이정지(澹以整之)'를 가리킨다.

18 허령(虛靈)한 진체(眞體) : 마음의 진정한 본체, 즉 본심(本心)을 말한다.

경(敬)은 원래 동과 정에 일관되고 안과 밖을 아우르는 것이지만, 역시 이것은 마음을 잡아 굳게 지키는 일일 뿐이다. 찰식(察識)과 진덕수업(進德修業)으로 말하면 또 별도로 한 단계의 공부가 있으니, 이 때문에 《주역》에서는 '경이직내(敬以直內)'를 말하고 나서 또 굳이 '의이방외(義以方外)'를 말하였고, 《논어》에서는 '출문(出門)과 사민(使民)의 경'을 말하고 나서 또 굳이 '기소불욕 물시어인(己所不欲 勿施於人)'을 말하였으며,[19] 정자와 주자는 학문을 논할 때에 반드시 '궁리(窮理)'와 '거경(居敬)'을 대비시켜 말하였던 것이다. 대체로 경(敬)의 공효를 말하면 학문에 힘쓰는 처음부터 끝까지가 원래 모두 여기에 의지하며, 만약 이 일을 곧바로 가리켜 말한다면 이것은 결국 마음을 잡아 굳게 지킨다는 뜻이니, 이 뜻을 또한 체험하여 깨닫지 않으면 안 된다.

낮에 싫증 나고 귀찮다는 생각이 들기에 반복하여 생각해 보니, 조금이라도 싫증 나고 괴롭다는 생각이 있으면 이것은 다른 사람에 대한 충(忠)이 아니고, 조금이라도 남에게 맞추려는 마음이 있으면 이것은 자신을 지키는 도(道)가 아니며, 이 두 가지를 잊어버리고 오롯이 자신을 보전하는 것 역시 잘못되었다. 오직 남을 응접할 때는 그때마다 마땅한 도리를 따르고, 남의 말을 들을 때는 그 옳고 그름이 어떠한가를 살피며, 일을 보살필 때는 그 일이 마땅한지를 분별하되, 이 마음이

19 논어에서는……말하였으며 : 《논어》 〈안연〉에, 중궁(仲弓)이 인(仁)을 묻자 공자께서 말씀하기를 "문을 나갔을 때에는 큰 손님을 뵙듯이 하고 백성들에게 일을 시킬 때에는 큰 제사를 받들듯이 하며, 자신이 하고자 하지 않는 것을 남에게 베풀지 말아야 한다.〔出門如見大賓, 使民如承大祭, 己所不欲, 勿施於人.〕"라고 한 것을 가리킨다.

대상에 휘둘리지 않아야만 거의 괜찮을 것이다.

어떤 사람이 탐라마(耽羅馬) 수십 필을 끌고 아랫집으로 오자, 주위 사람들이 모두 내가 말이 없으니 말 한 필을 사라고 권하였다. 이에 내가 스스로의 형편을 헤아리지 못하고 기꺼이 말을 사려는 마음이 들어서 장차 어떻게든 돈을 빌려 그 값을 치르려고 작정하고, 또 이미 다른 사람에게 부탁하여 기골이 준수한 말 한 필을 골라 놓았다. 그러나 저녁때가 되어 생각해 보니 이것이 나에게 마땅한 일이 아니어서 마침내 물리고 사지 않았다. 애초에 깊이 생각하지 못하고 남의 말에 따라 마음을 움직였으니, 이것이 비록 작은 일이라고는 하지만 역시 나의 허술함을 알 수 있다.

요즈음 늘 '도체(道體)는 무궁하고 내 마음의 묘용(妙用) 또한 한량이 없는데도 도가 펼쳐지는 것을 체득하지 못하여 아득하기가 마치 가려진 것 같고 비실거리는 것이 마치 굴레를 쓴 것같이 마음이 늘 울적하고 유쾌하지 못하다.'라고 생각하였다. 오늘은 아침부터 소란스러웠고 저녁이 되어 마음이 더욱 답답하였는데, 이어서 '종전에 학업이 황폐해졌던 것이 매양 대부분 무료하던 때부터였으니, 반드시 무료하고 크게 고민하는 가운데서 다시 밝은 정신을 차리고 더욱 스스로 떨쳐 분발해야만 학업을 이어 갈 수가 있으리라.'라는 생각이 들었다. 이 때문에 곧 다시 마음을 추스르고 정돈하여 생각이 조금 달라졌다.

저녁 무렵 조용히 앉아서 세속 사람들이 생각하기를 꺼리는 일[20]에 대해 느끼는 바가 있어서 깊이 생각하다가 문득 속이 확 풀리고 마음이 밝아지는 것을 깨달았으니, 이것은 이치를 궁구하고 기미를 살핀 하나의 경험이 될 수 있을 것이다.

지금 읽는 모든 글은 대부분 성현의 글이며, 글에서 말한 것은 성현의 생각과 언행이 아닌 것이 없지만, 매일같이 이 글을 대하면서도 성현이 되고자 하는 뜻이 없다면 글을 읽는 것 역시 헛된 일일 뿐이다. 비록 성현의 글이 아니더라도 모든 책에 실려 있는 전인(前人)들의 말과 지난 행적을 자세히 살펴서 그 깊은 뜻을 궁구한다면 거의 모두 그 안에 지극한 이치가 들어 있으니, 이 역시 성현의 도이다. 그리고 요즘 시골 사람을 만나 천근한 이야기를 듣는 것에 이르기까지도 모두 일일이 그것이 마땅한지 아닌지를 살피고 그 큰 근원을 궁구한다면 또한 그 안에 지극한 이치가 들어 있지 않은 경우가 없으며, 비록 풀 한 포기 나무 한 그루의 모양을 보고 소리를 듣는 것이라도 그 각각에 궁구할 만한 이치가 없는 경우가 없으니, 모두 그대로 지나쳐서는 안 될 것이다. 오직 이 마음을 경건하게 지키면서 묵묵히 탐구하여 전체를 아울러 통하게 되면, 성현이 밝힌 도가 또한 어찌 여기에서 멀겠는가. 요컨대 성현은 반드시 배워서 이를 수 있다고 여겨서 마음을 보존하고 이치를 탐구하기를 대상을 대할 때마다 잠시도 잊지 않는다면, 거의 근거할 바가 있어서 앞으로 나아갈 수 있을 것이다.

생각을 내려놓기에 가장 어려운 것이 생사(生死)의 관문이지만, 만일 의(義)와 명(命)을 깊이 생각하여 실제로 깨닫는 점이 있게 되면 이

20 세속……일 : 인간의 죽음에 관한 일을 이렇게 말한 듯하다.

역시 내려놓을 수 있을 것이며, 이 관문을 뚫어 내면 그 나머지 이해(利害)와 화복(禍福)의 문제는 모두 그 아래에 있게 될 것이다. 지사(志士)가 죽음을 당해 머리가 잘릴 수 있다는 것을 잊지 않고, 용사(勇士)가 자신의 시신이 도랑에 버려질 수 있다는 것을 잊지 않는 것[21]은 이 때문이다.

가장 큰 병통은 용기가 없는 데에 있지만, 그렇다고 해서 생기(生氣)를 억지로 일으키기도 어렵다. 맹자의 '지언(知言)'과 '집의(集義)'[22]가 원래 용기를 기르는 정법(定法)이지만, 허정(虛靜)[23]이 지극하고 독실한 것 또한 하나의 방법이 될 듯하니, 내 스스로 이와 같은 경험을 한 적이 있다.

평상시에 정밀하고 일관되게 공부를 하지 않으면, 일을 처리할 때 상황

21 지사(志士)가……것 : 《맹자》 〈등문공 하(滕文公下)〉에 나오는 구절이다. 다만 《맹자》 원문과는 '지사(志士)'와 '용사(勇士)'의 위치가 서로 바뀌었다.

22 지언(知言)과 집의(集義) : 말을 잘 알아듣는 것과 의가 축적되는 것을 말한다. 맹자가 일찍이 공손추(公孫丑)의 물음에 답하면서 "나는 천하의 말을 알아들으며, 나는 나의 호연지기를 잘 기르노라.〔我知言, 我善養吾浩然之氣.〕"라고 하였고, 또 "호연지기는 의가 축적되어 생기는 것이지, 의가 갑자기 엄습하여 취해지는 것이 아니다.〔是集義所生者, 非義襲而取之也.〕"라고 하였다. 《孟子 公孫丑上》

23 허정(虛靜) : 마음에 망상이나 잡념이 없이 조용한 상태를 말한다. 《주자어류(朱子語類)》 권120에 "허정해도 이 물사가 무엇인지 알아야 하고, 허정하지 않아도 이 물사가 무엇인지 알아야 한다. 만약 무엇인지 모를 때에는 소위 허정이라는 것도 가짜 허정이지 진짜 허정이 아니다.〔虛靜也要識得這物事, 不虛靜也要識得這物事. 如未識得這物事時, 則所謂虛靜亦是箇黑底虛靜.〕"라는 말이 나온다.

에 꼭 맞게 하기가 반드시 어려울 것이다. 지난 일을 돌이켜 생각할 때 허물과 후회가 매우 많지만, 이 모두는 그 당시의 마음가짐이 맑고 고요하지 못해서 잘못이 생긴 것이다. 지금 다만 옛날의 잘못을 돌이켜 후회하기만 하고 새로운 노력을 과감하게 하지 못한다면, 후일에 일을 처리할 때도 이와 같을 것이다.

지난 일을 따지지 말고 오는 일을 기다리지 말며, 오직 지금의 상황을 그대로 받아들여서 대처하여야 한다.

장문잠(張文潛 장뢰(張耒))의 〈진학재기(進學齋記)〉에는 나를 깨우치는 말이 매우 많다.

아침을 먹은 뒤 아이들에게 공부를 가르치다가 공손홍(公孫弘)의 일[24]에 두려워하고 성찰해야 할 뜻이 많이 들어 있음을 깨달았다. 대체로 공손홍은 흉악하거나 사나운 사람은 아니었고 단지 단호한 기풍이 없으면서 속을 깊이 감추었을 뿐이니, 무릇 타고난 성품이 유약한 사람은 매우 깊이 경계하여야 할 것이다. 선비가 진실로 학문을 알고 도에

24 공손홍(公孫弘)의 일 : 공손홍은 전한 무제 때 사람으로, 《춘추(春秋)》 등 경전에 밝아 박사(博士)를 지냈으며, 나중에 어사대부(御史大夫)와 승상(丞相)을 역임하였다. 공손홍이 승상이 되어서도 삼베 이불을 덮었는데, 이를 두고 급암(汲黯)이 무제에게 말하기를 "공손홍은 삼공의 지위에 있어서 녹봉이 매우 많은데도 삼베 이불을 덮고 지내니, 이는 사람들을 속이는 것입니다."라고 하였다는 기록이 있다. 이 외에도 그에 대한 기록이 《사기(史記)》 〈평진후열전(平津侯列傳)〉과 《한서(漢書)》 〈공손홍전(公孫弘傳)〉에 실려 있으나, 여기에서 어떤 일을 가지고 말한 것인지는 알 수 없다.

뜻을 두었다면 그 마음이 원래 당연히 정대하고 광명하여 의당 이러한 근심이 없겠지만, 천리가 순수하게 보존되지 못하여 인욕이 다 없어지지 않고 기질의 편벽된 면이 그 사이에서 작용하면 곧바로 그와 같은 용렬하고 악한 지경으로 떨어지게 된다. 경계하지 않을 수 있겠는가, 경계하지 않을 수 있겠는가.

어제부터 매우 깊이 반성하고 마음을 전일하게 다잡아 자못 심각하고 절실한 생각을 가지고서 지금부터 스스로를 채찍질하여 절대로 다시 물러나지 않겠다고 맹세하였다. 가만히 생각해 보건대 내가 항상 물러난 것이 질병 때문인 경우가 가장 많았으니, 모름지기 병이 났을 때에도 참아 내어 이 생각이 끊기지 않도록 해야만 꾸준히 쌓이는 결과가 있을 것이다. 힘쓰고 힘쓸지어다. 지금 내 친구가 혹독한 화란을 만나 모든 면에서 참혹한 지경에 있으나 정신이 흩어지지 않고 지기(志氣)가 꺾이지 않았다고 하니, 이것을 생각하면 질병쯤은 참을 수 있으리라. 더구나 병이 깊지 않을 적에도 늘 휴양할 생각을 하여 모든 일을 놓아 버렸으니, 이것은 더욱 통렬히 비난받아야 할 일이다. 전부터 휴양을 한다는 핑계로 한결같이 손을 놓아 버린 시간이 오래지만 병이 자주 나는 것이 마침내 이와 같으니, 휴양이 과연 무슨 도움이 되겠는가. 비록 휴양을 하지 않더라도 이 병은 이와 같은 데 지나지 않을 뿐이니, 더욱 거듭 반성하고 항상 경계해야 할 일이다. 정 선생(程先生)이 좋아하셨던 '장중하고 경건하면 날로 강해진다.'라는 한마디[25]가

25 정 선생(程先生)이……한마디 : 《예기》 〈표기(表記)〉에 "군자가 장중하고 경건하면 날로 강해지고, 안일하고 방자하면 날로 구차해진다.〔君子莊敬日强, 安肆日偸.〕"라

절대로 사람을 속이지 않을 것이니, 실제로 이렇게 할 수 있으면 또 휴양하는 것보다 반드시 못하지는 않을 것이다. 유념하고 유념하여야겠다.

는 말이 나오며, 《근사록》에는 정호(程顥)가 "자질이 아름다운 자는 밝히기를 다하여 찌꺼기가 곧 완전히 변화해서 천지 같은 체가 되고, 그다음은 오직 장중함과 경건함을 잡아 길러야 하니, 그 지극함에 이르면 똑같다.〔質美者明得盡, 査滓便渾化, 却與天地同體, 其次惟莊敬持養, 及其至則一也.〕"라고 한 말이 나온다.

경오년(1690, 숙종16)
庚午

도(道)에는 여러 가지 명목과 내용이 있지만, 그것을 종합적으로 이해하면 의미가 매우 분명하다.

도심(道心)은 항상 한 몸의 주인이 되니, 거처하고 일하고 남을 대하는 데서 때마다 장소마다 빠짐없이 이를 증험하여야 한다.

가벼이 말하고 쉬이 웃어서 처신을 허술하게 하는 것은 객기(客氣)이고, 상황에 휘둘리고 붙좇아 궁극의 이치에 나아가지 않는 것은 범정(凡情 범부의 심정)이며, 속과 겉이 다르고 마음과 말이 일치하지 않는 것은 특태(慝態 사특한 행태)이고, 작은 걱정과 들뜬 마음으로 요동하고 부침하는 것은 투심(偸心 구차한 마음)이다. 이 네 가지를 모두 없앤 뒤에야 도에 가까워질 것이다.

사람이 누군들 이 마음이 없겠는가마는 능히 이 마음을 자신의 마음으로 삼는 사람은 드물다. 보통 사람들은 몸을 마음으로 삼는데, 몸을 마음으로 삼는 사람은 기욕(嗜慾)을 위주로 할 뿐이니, 간혹 선한 단서가 나타난다 하더라도 그것은 스스로 주장한 것이 아니다. 또 기(氣)를 마음으로 삼는 사람이 있는데, 이들은 비록 전적으로 기욕을 위주로 하지는 않더라도 기가 화순할 때는 착해지고 기가 어그러질 때는 난폭해지며, 기가 혼미할 때는 어리석어지고 기가 곤궁할 때는 게을러지는 것이 모두 기의 명령을 받은 것일 뿐으로, 이 역시 보통 사람들의 범정이다. 여기에서 더 나아간 다음에 정신을 마음으로 삼을 수 있다. 정신을 마음으로 삼게 되면 초연히 몸으로부터 부림을 받지 않고 기로부터 얽매임을 당하지 않아서 스스로 자기의 지혜를 운용하여 학업을 닦을 수도 있고 도를 추구할 수도 있지만, 이것은 이(理)에 바탕을 둔 것이 아니므로 혹 이단으로 흐를지 혹 작은 기술에 국한될지를 또한 알 수 없다. 가장 좋은 것은 바로 이(理)를 마음으로 삼는 것이다. 이(理)를 마음으로 삼게 되면 확연히 천지와 그 체(體)를 함께하고 찬연히 감형(鑑衡 밝음과 공정함)과 그 용(用)을 함께하며 체는 인(仁)이 되고 용은 의(義)가 되어, 곧 천하의 넓은 집에 머물고 천하의 바른 자리에 서서 천하의 큰 도를 행할 수 있다. 이것이 이른바 능히 이 마음을 자신의 마음으로 삼는다는 것인데, 이 마음은 무슨 마음인가? 이것은 이(理)와 하나인 마음이다. 그러므로 이(理)를 마음으로 삼은 다음에야 이 마음을 자신의 마음으로 삼는다고 할 수 있는 것이다.

마음과 이(理)는 비록 한 물건은 아니지만, 궁극적으로 생각해 보면 역시 한 물건과 마찬가지이다. 예를 들어 마음이 차가운 물이나 뜨거운 불이면 이(理)는 바로 물의 차가움이나 불의 뜨거움이니, 여기에 어찌 털끝만큼이라도 간격이 있겠는가. 이(理)는 한 물건에도 체가 되지 않는 법이 없고 한 가지 일도 꿰뚫고 있지 않는 법이 없고 한순간도 혹시 끊어지는 법이 없고 한 치도 혹시 어긋나는 법이 없는데, 마음 또한 그렇지 않음이 없다. 그러나 이(理)는 인(仁), 의(義), 예(禮), 지(智)로서 지극히 순수한 반면에 마음에는 간혹 불인(不仁)하고 불의(不義)하고 무례(無禮)하고 무지(無智)한 것이 있는 것은 어째서인가? 이것은 혈육(血肉)에 얽매이고 기질에 구애되어서일 뿐이니, 마음은 원래 순수하지 않은 적이 없으나 사람들이 모두 혈육과 기질을 마음으로 삼기 때문에 분열과 안배로 스스로 좁고 작아져서 천지와 더불어 그 큼을 함께할 수 없을 뿐이다. 만약 혈육과 기질에서 벗어나서 이 마음이 고요하면 성(性)과 더불어 체(體)가 되고 이 마음이 움직이면 도(道)의 한계에까지 이른다는 것을 묵묵히 깨달을 수 있으면, 어찌 얽매이는 것이 있겠으며 어찌 구애되는 것이 있겠는가.

하는 일마다 성인의 가르침을 헤아리고 천리를 따라서 행하는 것이 바로 본심을 보존하는 것이다.

옛글의 뜻과 사물의 이치는 모두 깊고 절실하니, 오늘날 보는 것이 범연할 따름인 것과는 같지 않다.

사색하고 헤아리는 것은 본심을 보존하고 안정시켜 도리가 저절로 드러나도록 하는 것보다 못하다.

각고의 노력을 꾸준히 하지 않고서는 모습이 의연하고 깨끗해질 수 없다.

안색이 온화하고 말이 엄정하며 정신이 안정되고 기운이 조화로운지를 일일이 점검하고 살펴야 한다.

"동하고 정함에 어긋남이 없고 안과 밖이 서로 바르게 되도록 하여야 한다.〔動靜不違 表裏交正〕"[26]라고 하였다. 배움에서 공을 들여야 하는 곳은 동정(動靜)과 표리(表裏)일 뿐이다.

아이들에게 《주자어류(朱子語類)》를 읽게 하고서 내 마음이 흐뭇해짐을 느꼈으니, 이것은 비단 이 책에 사람의 마음을 감발시키는 대목이 간간이 있었기 때문일 뿐만이 아니라, 함께 이 책을 공부하게 된 것을 기뻐한 것이었다.

이연평(李延平)이 말하기를 "사람의 몸가짐은 마땅히 공자를 본받아야 한다." 하였다. 이 말이 매우 평범하면서도 매우 통절하니, 항상 유념하여야 할 것이다.

공자께서 자신이 덕에 나아간 순서를 스스로 말씀하시면서, 15세에서 70세에 이르기까지 모두 등급을 두셨으니, 이것을 비록 겸사(謙辭)라고는 하지만 모두 실리(實理)이다. 나는 지금 비록 나이는 40이 넘었지만 '학문에 뜻을 두고 자립하는 일〔志學而立〕'[27]을 가장 먼저 힘써야 할 곳으로 삼는 것이 마땅하다.

《논어》에 "공자께서는 공손하면서도 편안하였고, 온화하면서도 엄숙

26 동하고……한다 : 주희의 〈경재잠(敬齋箴)〉에 있는 말이다.

27 학문에……일 : 공자가 이르기를 "나는 15세에 학문에 뜻을 두었고, 30세에 자립하였다.〔吾十有五而志于學, 三十而立.〕"라고 한 데서 온 말이다.《論語 爲政》 곧 공자가 15세부터 30여 세까지 한 일을 가지고 말한 것이다.

하였으며, 위엄이 있으면서도 사납지 않으셨다.〔子 恭而安 溫而厲 威而不猛〕"[28]라고 하였다. 지금 나는 공손하고 온화하고 위엄이 있도록 하는 데에 힘써야 하고, 편안하고 엄숙하고 사납지 않은 것에 대해서는 묵묵히 돌이켜 살펴보아야 하리라.

공자께서는 온순하고 어질고 공손하고 검소하고 겸양하셨으며, 요 임금은 공경스럽고 밝고 문채 나고 생각이 깊고 진실로 공손하고 능히 겸양하셨으며, 순 임금은 깊고 지혜롭고 문채 나고 밝고 온화하고 공손하고 미덥고 성실하셨으며, 우 임금은 소리는 음률이 되고 몸은 법도가 되고 왼손은 준승(準繩)이요 오른손은 규구(規矩)이셨으며, 탕 임금은 공경스럽고 성스럽고 넓고 깊으셨으며, 문왕은 아름답고 부드럽고 훌륭하고 공손하고 거룩하고 부지런하셨다. 이 모든 옛날 큰 성인(聖人)들의 성덕(盛德)과 기상(氣象)을 아침저녁 마음을 가라앉히고 우러러 대하면 저절로 나로 하여금 경계하고 책려하는 마음이 들게 한다.

온(溫), 양(良), 공(恭), 검(儉), 양(讓)의 덕은 마땅히 몸에 체득하여야 한다. 어떤 사람이 말하기를 "지금 사람의 몸에 어떤 온, 양, 공, 검과 비슷한 것이 있으면 체득하였다고 할 수 있겠는가?" 하기에, 내가 말하기를 "비록 네 가지 덕과 비슷한 것이 있다 하더라도 만약 이것을 가지고 곧바로 지목하여 온, 양, 공, 검이라고 인정한다면 이것은 큰 망발이니, 반드시 성인의 온, 양, 공, 검이 어떠한 기상인가를 깊이 탐구하고, 내 몸에 돌이켜 스스로 찾아서 이와 같지 않은 것은 없애고

28 공자께서는……않으셨다 : 《논어》 〈술이(述而)〉에 나오는 말이다.

이와 같은 기상은 얻고자 하는 것, 이것이야말로 이른바 체득한다는 것이다. 더구나 성인의 이러한 덕은 큰 바닷물 같고, 보통 사람의 기품으로서 간혹 이 한 가지의 덕에 가까운 것은 한 국자의 물과 마찬가지이니, 이 일은 단지 기르고 쌓는 데 달려 있을 뿐이다." 하였다.

무릇 일을 담당할 때는 곧 격물(格物), 치지(致知), 성의(誠意), 정심(正心)의 뜻을 갖추어야 하니, 이 중 하나라도 갖추지 않으면 참으로 일을 담당할 수 없다.

진덕수업(進德修業)[29]에는 때맞추어 익히는 것보다 더 절실한 것이 없으며, 처심행사(處心行事)[30]에는 먼저 의(義)와 이(利)를 구별하여야 하니, 《논어》와 《맹자》의 수장(首章)을 이것으로 시작한 뜻이 깊다.

인자(仁者)는 마음에 내외(內外)와 원근(遠近)과 정조(精粗)의 차이가 없으며, 바깥은 이와 같은데 안은 이와 같지 않다든가, 가까운 사람은 생각하면서 먼 사람은 잊어버린다든가, 정미한 데는 살피는데 거친 데는 지나쳐 버린다든가 하는 것은 모두 인(仁)이 아니다. 인자의 마음은 두루 미치고 측은히 생각하며 절실하게 여기지 않는 것이 없으니, 어떻게 정조와 원근과 내외의 차이가 있겠는가.

29 진덕수업(進德修業) : 덕을 향상시키고 학업을 닦는다는 뜻으로, 《주역》〈건괘(乾卦) 문언(文言)〉에 나오는 말이다.

30 처심행사(處心行事) : 마음가짐과 일 처리라는 뜻으로, 여기에서는 《맹자》〈양혜왕 상(梁惠王上)〉 첫 장에서 맹자가 지적한 양혜왕의 마음가짐과 일 처리를 염두에 두고 말한 것이다.

동중서(董仲舒)는 "의리를 바르게 하되 이익은 꾀하지 않으며, 도를 밝히되 공은 따지지 않는다."라고 하였으니, 이것은 분명히 《맹자》의 수장(首章)에서 배운 것이리라. 범 문정(范文正 범중엄(范仲淹))은 "천하 사람들이 근심하기 전에 내가 근심하고, 천하 사람들이 즐거워한 뒤에 내가 즐거워할 것이다."라고 하였으니, 이것은 분명히 《맹자》의 제2장(第二章)에서 배운 것이리라. 선비는 먼저 이런 큰 목표를 세워야만 한다.

지극히 작은 것은 형기(形氣)이니 미세한 먼지와 같고, 지극히 큰 것은 성명(性命)이니 천지와 같다. 내가 어떻게 인심(人心)과 도심(道心)의 구분을 알겠는가. 작은 것과 큰 것의 차이일 뿐이니, 그 큰 것을 세우면 작은 것이 따른다.

인심은 나이고 도심은 하늘이다. 비록 천하를 고루 이롭게 하는 훌륭한 일이라 하더라도 만약 털끝만큼이라도 자신의 이익을 생각하는 마음이 있으면 이것은 역시 나이며, 비록 스스로 배고파서 밥을 먹고 목말라서 물을 마시더라도 만약 모두 천리를 따르고 여기에서 벗어나지 않는다면 이것은 역시 하늘이다.

나의 몸은 본래 천지의 공공(公共)한 기(氣)가 엉기고 모여서 이루어진 것이고, 나의 성명은 본래 천지의 공공한 이(理)가 나에게 품부되어 생겨난 것이며, 나의 마음은 바로 이 기(氣)의 정수(精粹)로서 이 이(理)와 하나인 존재이다. 이와 같다면 나의 성명과 몸과 마음은 모두 천지의 공공한 물건이 아닌 것이 없으니, 이 때문에 사람이 마음을 정립하는 데에는 반드시 천지의 공공한 마음을 위주로 하여야 한다.

몸은 참으로 봉양하지 않을 수 없지만 나만 이와 같을 뿐 아니라 남도 역시 이와 같고, 성명은 참으로 다 발휘하지 않을 수 없지만 나만 이와 같을 뿐 아니라 남도 역시 이와 같으니, 사람마다 모두 몸을 봉양받게 하고 사람마다 모두 스스로 성명을 다 발휘할 수 있게 한 다음에야 비로소 나의 공공한 마음이 어떤 부족함도 없게 될 것이다.

일상에서 걱정하고 생각하는 것이 대체로 나 자신을 위한 일이 대부분이니, 심하구나, 나의 사사로움이.

유아(有我)의 사사로움은 버리고 또 버리되 오히려 다 버리지 못하는 것이 있는 것처럼 하고, 심체(心體)의 큰 그릇은 채우고 또 채우되 오히려 다 채우지 못하는 것이 있는 것처럼 하여야 한다.

스스로 이미 능하다고 여기는 데에 오히려 능하지 못한 점이 있고, 스스로 이미 잘 안다고 여기는 데에 오히려 잘 알지 못하는 점이 있다. 이것은 스스로 이미 능하다고 여기면 게을리하여 힘쓰지 않게 되고, 힘쓰지 않으므로 도리어 능하지 못하게 되며, 스스로 이미 잘 안다고 여기면 게을리하여 생각을 하지 않게 되고, 생각을 하지 않으므로 도리어 잘 알지 못하게 되기 때문이다. 이에 생각하는 것과 힘쓰는 것은 배우는 자가 종신토록 해야 할 일로, 성(聖)과 신(神)의 경지[31]에 이른

31 성(聖)과 신(神)의 경지 : 사람이 이를 수 있는 최고의 단계를 가리키는 말이다. 《맹자》 〈진심 하(盡心下)〉에 "사람들이 좋아할 만한 사람을 선인이라 하고, 자기 몸에 선을 소유한 사람을 신인이라 하고, 선을 충실히 보유한 사람을 미인이라 하고, 충실하

사람이 아니고는 버릴 수 없음을 알 수 있다.

이욕(利欲)에 대한 생각을 가져서는 안 되니, 이 생각이 있으면 그것을 없애야 한다. 이 생각이 없어지면 찌꺼기가 완전히 정화되어 천지와 그 크기를 같이하게 된다. 도의(道義)의 기(氣)가 없어서는 안 되니, 이 기가 없으면 그것을 있게 하여야 한다. 이 기가 있게 되면 성대하게 유행하여 천하 사람의 으뜸이 되고 만물의 위에 뛰어나게 된다.

욕망을 끊는 것은 급한 일이고 기(氣)를 기르는 것은 중요한 일이지만, 이 두 가지는 반드시 용기를 가진 후에야 할 수 있다. 교만함을 꺾고 인색함을 깨뜨리며 사사로움을 극복하고 자신을 버리는 것이 용기가 아니겠으며, 도의 분한(分限)을 다하고 죽어도 흔들리지 않는 것이 용기가 아니겠는가. 용기는 다른 것이 없으니, 이런 생각을 확고하게 지키고 끝까지 궁구하여 반드시 극진히 하고야 마는 것, 이것이 바로 용기이다.

부정한 여색은 원래 예가 아니거니와 부정한 여색을 보는 것 역시 예가 아니니 '비례(非禮)' 두 글자는 안과 밖을 함께 일컫는 말이다. 다만 부정한 여색은 그것을 예가 아니라고는 할 수 있지만 자기의 사욕이라고는 할 수 없으며, 반드시 예가 아닌 여색을 보는 것이라야 자기의 사욕이라고 할 수 있는 것이다.

여 빛남이 있는 사람을 대인이라 하고, 대인이면서 저절로 화한 사람을 성인이라 하고, 성인이어서 측량할 수 없는 사람을 신인이라 한다.〔可欲之謂善, 有諸己之謂信, 充實之謂美, 充實而有光輝之謂大, 大而化之之謂聖, 聖而不可知之之謂神.〕"라고 하였다.

신미년(1691, 숙종17)

辛未

부모의 마음을 자신의 마음으로 삼을 수 있는 사람으로서 그 형제를 사랑하지 않는 사람은 없을 것이며, 선조의 마음을 자신의 마음으로 삼을 수 있는 사람으로서 그 친족을 사랑하지 않는 사람은 없을 것이며, 임금의 마음을 자신의 마음으로 삼을 수 있는 사람으로서 그 백성을 사랑하지 않는 사람은 없을 것이며, 천지의 마음을 자신의 마음으로 삼을 수 있는 사람으로서 만물을 사랑하지 않는 사람은 없을 것이다.

모든 일을 자신에게 저절로 갖추어져 있는 지각(知覺)을 따라서 행하면 안배(按排)하고 계교(計較)할 필요가 없다.

말은 진실함이 있는 것을 귀하게 여기니, 말할 때 반드시 사물의 이치의 지극한 곳까지 살피고 나서 한다면 허물이 적을 것이다.

말을 하는 것은 모두 사물에 기인하는 것으로 반드시 주안점을 둘 곳이 있으니, 비록 일상적인 말을 할 때라도 모두 그 사물의 이치를 잘 살펴야 한다.

생각이 미치는 곳이면 그 안에 이치가 없는 법이 없으니, 비록 한가하고 가벼운 생각을 할 때라도 모두 자세히 살펴야 한다.

형체가 있은 다음에 기질과 물욕이 있지만, 형체가 있을 때나 없을 때나 한결같은 것은 본성이다. 마음이 발한 다음에 사사로운 생각과 악한 기미가 있지만, 발하기 전에나 발한 다음에나 뚜렷한 것은 진심(眞心)이다.

뉘우침이 비록 선(善)으로 향하는 계기이기는 하지만, 뉘우치면 능히 고쳐서 그 잘못을 되풀이하지 않아야 선이 이를 것이며, 막혔는데도 풀지 않아서 도리어 마음의 거리낌이 되면 그 해로움이 클 것이다. 의심이 비록 사리를 밝히고자 하는 일이기는 하지만 의심하면 능히 생각하여 반드시 안타까워하지 않을 수 없어야 밝음에 이를 수 있을 것이며, 쌓였는데도 터 주지 않으면 단지 기(氣)를 주리게 할 뿐이다. 겸퇴(謙退)는 참으로 아름다운 것이지만 만약 정진(精進)하는 실질적인 노력이 없다면 겸퇴가 아니라 바로 자포자기이고, 화순(和順)은 참으로 좋은 것이지만 만약 올바름을 고집하는 기풍이 없다면 화순이 아니라 바로 아부하여 따르는 것이다.

비록 책을 읽는 때가 아니더라도 항상 의리에 긴요한 곳을 몸소 궁구하면, 이것이 책을 읽을 때보다 공부에 훨씬 더 좋다.

이로움이 없는 말은 하지 말아야 하고, 이로움이 없는 일은 하지 않아야 한다.

사색이 끝내 지극한 경지에 이르면 사사로운 욕심이 저절로 사라진다.

옛날에 쓰던 책 상자를 조사하다가 거기에 들어 있는 조숙(趙叔)[32]의 편지를 보니, 깨우쳐 주고 이끌어 주는 말에 참으로 사람의 마음을 격발하는 내용이 있었다. 당시에 이를 결연히 실천하여 전일하게 힘쓰지 못하고 지금까지 변변찮게도 세상에 드러낸 것이 없으니, 정말 애통하다. 대체로 '사(思)'라는 한 글자는 바로 그 편지에서 그동안 충고하고 권면하였던 말로, 이것으로 포괄하고 연결하는 것을 공부하는 방법으로 삼고, 이것으로 행하고 머물고 앉고 눕는 것을 공부하는 바탕으로 삼으라는 것이었으니, 이는 궁리격물(窮理格物) 공부에서 정말 실제로 경험한 말인 것이다. 근래에 《대학》을 외우면서 격물(格物)과 치지(致知)에 대한 공부가 크게 부족하고 이 때문에 학문의 바탕이 전혀 미비하여 전일하게 성취할 가망이 없다는 것을 매번 깨달았으니, 조숙의 이러한 뜻에 이제 마땅히 마음을 다하여 종사해야겠다.

어저께 무척 '사(思)'의 공부에 힘쓰고 싶었으나, 아득하게 근거할 곳이 없어서 밤새 마음이 편치 못하였다. 그런데 아침에 일어나 양잠(兩箴)[33]을 조용히 외워 자세가 단정하게 유지되고 마음이 오롯이 또렷해지니, 평소 지식과 생각으로 알던 도리의 단서가 때때로 눈앞으로 모여들어 마치 이 공부에 나아가 추구할 힘이 있는 것 같았고, 거경(居敬)

32 조숙(趙叔) : 창계의 외숙 조성기(趙聖期, 1638~1689)인 듯하다. 조성기는 본관이 임천(林川), 자는 성경(成卿), 호는 졸수재(拙修齋)로, 창계와 학문적으로 깊이 교유하였다.

33 양잠(兩箴) : 어떤 잠을 말한 것인지 분명치 않다. 두 개의 잠이라고 말할 때는 보통 진백(陳柏)의 〈숙흥야매잠(夙興夜寐箴)〉과 주희(朱熹)의 〈경재잠(敬齋箴)〉을 가리키는 경우가 많다.

과 궁리(窮理)를 모두 극진히 하는 것이야말로 덕에 나아가는 두 다리임을 비로소 알게 되었다. 성현의 말씀이 비록 수없이 쌓여 있고 하루 동안 마음에 깨닫는 것 또한 한 가지뿐만이 아니더라도 마땅히 이 거경과 궁리를 안신입명(安身立命)의 바탕으로 삼아서 한순간 한 생각도 여기에 있지 않을 때가 없어야 하리라.

도(道)가 비록 고원하여 행하기 어려운 것은 아니라 하더라도 역시 만만하게 보아서는 안 되며, 사람이 비록 함부로 스스로를 높게 여겨서는 안 된다 하더라도 역시 구차히 폄하해서는 안 된다. 나는 늘 나의 병통이 대부분 도를 만만하게 보는 데에 있다고 생각하지만 병통이 스스로를 구차히 폄하하는 데에도 있으며, 만만히 보기 때문에 스스로를 높게 여기는 마음이 간혹 생기지만 구차히 폄하하기 때문에 행하기를 어렵게 여기는 마음 역시 몰래 자라니, 이 점을 또 깊이 살피지 않을 수 없다.

호연(浩然)의 기와 혈기(血氣)의 기는 원래 두 가지 기가 있는 것이 아니라 혈기에 기인하면 객기(客氣)가 되고 도의에 부합하면 호연의 기일 뿐이니, 이것은 바로 인심(人心)과 도심(道心)의 관계와 비슷하다. 인심이 이기면 도심이 없어지고, 객기가 세지면 호연지기가 주리게 되니, 소장(消長)하는 계기 또한 비슷하다.

남과 나는 괴로워하고 즐거워하고 기뻐하고 싫어하는 것이 털끝만큼도 다르지 않고 다만 몸이 서로 다를 뿐이니, 자신을 사랑하는 마음으로 남을 사랑하는 것은 곧 이치상 이와 같아야 한다.

염불하는 사람은 아침이나 저녁이나 어제나 오늘이나 한 가지 일에 오로지 마음을 기울이는데, 나는 스스로 학문에 나아간다고 하면서도 마음으로 전일하게 힘쓰는 데가 없어서 아침에 마음에 둔 것을 저녁에는 벌써 잊어버리고 어제 생각한 것이 오늘에는 이미 없으니, 내가 도리어 저 염불하는 사람보다 못하구나. 오직 경(敬)으로써 이치를 따르는 한 가지 일을 잊지 말고 때맞추어 익혀야만 저 염불하는 사람의 전일함에 거의 대적할 수 있으리라.

은덕과 위엄은 집안에서나 향리에서나 역시 없어서는 안 된다. 지극히 공정하고 지극히 바르며 이치에 합당한 것만을 귀하게 여겨서, 단지 흙덩이처럼 자신을 지킬 뿐이라면 이것은 바로 이단(異端)인 고목사회(枯木死灰)의 학문[34]이니, 인심과 천리가 어쩌면 거의 없어져 버릴 것이다.

좋아하고 미워하고 근심하고 즐거워하는 감정은 사람마다 모두 있지만, 오직 선을 좋아하고 불선을 미워하며 천하 사람이 즐거워하는 것을 즐거워하고 천하 사람이 근심하는 것을 근심하여야 한다.

34 고목사회(枯木死灰)의 학문 : 불학(佛學)을 지칭한다. 고목사회는 아무런 가치가 없는 사람의 몸을 가리키는 말이다. 《근사록집해》 권13 〈변이단(辨異端)〉에 정호(程顥)의 말을 인용하여 "석씨는 이러한 이치를 알지 못하였다. 그 몸에서 생각을 일으켜 이 몸을 어찌할 수가 없으므로 싫어하고 미워하여 육근과 육진을 모두 제거하려 하였고, 마음의 근원이 안정되지 못하므로 마른 나무나 꺼진 재와 같아지려고 한 것이다.〔釋氏以不知此, 去他身上起意思, 奈何那身不得, 故却厭惡, 要得去盡根塵, 爲心源不定, 故要得如枯木死灰.〕"라고 하였다.

사람이 수만 가지의 말을 하고 일이 수만 가지로 변하여도 모두 성(性)에서 벗어나지 않는다. 성(性) 바깥에 물(物)이 없고 물 바깥에 성이 없으므로, 물에 나아가 성을 알고 성을 보존하여 물에 응하면 물 또한 성이고 성 또한 물이니, 반드시 먼저 타고난 성(性)을 바탕으로 기준을 세워야 한다.

재주와 정성이 비록 같은 것은 아니지만 정성이 지극하면 재주가 진보하고, 진보하여 그치지 않으면 역시 지극한 경지에 이른다.

뜻이 이르는 곳에는 반드시 기(氣)가 이르는 법이다. 지금 심신의 검속이 쉬이 해이해지고 학업에 부지런하지 못한 것을 비록 기가 부족한 탓으로 돌리지만, 기실은 모두 뜻이 굳세지 못한 데에 말미암은 것이므로, 단지 뜻을 다그쳐야 할 뿐이다. 뜻을 다그치는 것은 범범하게 해서는 안 되고, 어느 때나 어느 곳에서나 끊임없이 생각하면서 다그쳐야 한다.

내가 스스로 이것을 즐거워하여 지치지 않는 것은 마음이 진실로 이것을 좋아하여 힘든 줄을 모르기 때문이다. 모든 일이 그러하니, 옛사람이 이 때문에 '진실함을 세우는 것〔立誠〕'[35]을 귀하게 여겼다.

35 진실함을 세우는 것 : 《주역》 〈건괘(乾卦) 문언(文言)〉의 "군자는 덕을 진취시키고 학업을 닦으니, 충과 신이 덕을 진취시키는 것이요, 말을 함에 그 진실함을 세움이 학업을 보유하는 것이다.〔君子進德修業, 忠信, 所以進德也, 修辭立其誠, 所以居業也.〕"라는 구절에 있는 '입기성(立其誠)'을 말하는 듯하다.

한번 보거나 듣거나 한번 말하거나 움직일 때도 모두 정신을 가다듬어 이치를 알고서 행하여야 한다.

생각이 멋대로 치달릴 때는 수행할 과정의 원근(遠近)과 난이(難易)를 살펴야 하고, 생각이 나태할 때는 반드시 타고난 성(性)의 고명함과 광대함을 헤아려야 한다.

"이르는 곳마다 깨달음을 극진히 하여 그것에 의거해 지킨 것이 안자(顔子)가 마음에 새겨서 잃어버리지 않았던 까닭이다."[36]라고 한 것-여조겸(呂祖謙)의 말이다.-과 "말 없는 가운데 터득하고 마음으로 깨달아 닿는 곳마다 환히 통하여 저절로 조리가 있었던 것이 안자가 종일토록 공자의 말씀을 어기지 않았던 까닭이다."[37]라고 한 것-연평(延平) 이동(李侗)의 말이다.-은 항상 유념해야 할 것이다.

비록 심성(心性)의 정미함에 관한 신묘한 이론이라도 깨치지 못하면 곧바로 한갓 말하고 듣는 재료가 될 뿐이며, 비록 사물의 절목에 관한 번잡한 글이라도 실제로 묵묵히 깨달을 수 있으면 모두 성리(性理)의 학이 아닌 것이 없다.

이전에 처신하거나 남을 대할 적에 모든 일이 혼미하여 마치 흐릿한 꿈속 같았으며, 꿈을 꿀 때에 그래도 그것이 꿈이라는 생각이 전혀

36 이르는……까닭이다 : 《중용혹문(中庸或問)》 권상(卷上)에 나오는 말이다.

37 말……까닭이다 : 《연평답문(延平答問)》에 나오는 말이다.

없지는 않았지만 끝내 스스로 깨어나지 못하였다. 지금 비록 그것이 꿈이라는 것을 알기는 하지만 아직도 계속 임시변통으로 둘러대려는 마음이 있으니, 여전히 깨어나지 못한 것인가. 꿈에서 깨어난 뒤 그대로 꿈에 얽매이는 경우는 없는데, 아직도 임시변통으로 둘러대려고 하는 것은 꿈을 꾸는 것인가, 깨어난 것인가. 이와 같을 뿐인 것인가.

사물과 나는 같은 이(理)를 가지고 있고 가르치는 것과 배우는 것은 같은 일이니, 이 모두에 마음을 다하여 모든 힘을 기울여야 한다.

도(道) 바깥에는 일이 없고 일 바깥에는 도가 없으니, 일은 선하지 않은 것이 없고 도는 미치지 않는 데가 없다.

순식(瞬息) 간에도 존양(存養)하고 언동(言動) 간에도 성찰(省察)하여야 한다.

옛것을 익히면서 새것을 알고, 정(靜)을 위주로 하면서 동(動)을 신중히 하여야 한다.

박학(博學)은, 한 가지 일 한 가지 물건으로부터 만 가지 일 만 가지 물건에 이르기까지의 이치에 대해 궁구하지 않은 것이 없어야 박학이다. 저 한가한 말과 근거 없는 설처럼 비록 천만 개를 쌓아도 실제로 한 가지 일 한 가지 물건의 이치도 확실하게 드러내지 못하는 것은 군자가 눈과 귀에 두지 않는다.

넓어서 한계가 없는 것이 참으로 마음의 영역이지만, 털끝처럼 세세한 삼라만상은 모습이 각기 다르다. 이 때문에 군자의 학문은 그 큰 것을 보고 나서는 반드시 그 세밀한 것을 살펴야 하고, 그 큰 것을 체득하고 나서는 반드시 그 세밀한 것을 신중히 하여야 하니, 세밀함에 미진한 점이 있으면 큰 것도 속이 빈 큰 것이 된다. 큰 것을 들면서 세밀한 것을 갖추고 세밀한 것을 쌓으면서 큰 것을 채우면, 인의(仁義)의 도가 거의 행해질 것이다.

지금 눈을 뜨면 곧 천지만물이 한 몸이라는 견해가 참으로 옳다는 것을 알 수 있지만, 또 모든 사물마다에 각각 갖추어져 있는 당연한 이치 또한 매우 분명하다는 것을 반드시 깨달아야 한다. 그러므로 말하고 움직이고 사물을 다룰 때는 비록 항상 큰 도리를 묵묵히 체득하더라도 더욱 반드시 각각의 상황에 대해서 그 의리를 정밀하게 살펴야 할 것이다.

마땅히 해야 할 일을 모두 여전히 하지 못하고 있으니 이 때문에 마음의 거리낌이 심하고, 그저 매일 《논어》 대문 몇 구절을 대략 암송하는 것을 학업에 종사하는 계책으로 삼고 있으니 이 또한 너무나 엉성하다. 지금은 의당 이러한 일상생활에 나아가서 도리를 몸소 실천하여 현재의 집안일을 바로잡아야 하니, 이것은 가장 절실하게 필요한 것으로 그만둘 수가 없다. 그리고 밀린 편지들과 쓰지 못한 글들을 모두 반드시 차례로 씀으로써 내 마음이 탁 트여 다시 마음에 걸리는 곳이 없도록 하는 일은 비단 눈앞의 사리로 볼 때 당연할 뿐만 아니라 또한 학문에 나아가는 데에 도움이 된다.

어떤 일에 생각이 미치면 당장 이 일을 행하여 한 가지 일을 생각할 때마다 한 가지 일을 행한다면 무슨 일인들 거행하지 못하겠는가. 예컨대 친구 간에 편지를 주고받으면서 한번 생각이 들자마자 그날로 편지를 쓴다면 어찌 밀리는 일이 있겠는가. 의리가 정밀하여 한 번의 생각으로는 알 수가 없어서 반드시 오래 생각하고서야 통하는 일의 경우에는 또한 이 한 번의 생각으로부터 생각하고 또 생각하여 완전히 환하게 이해하는 데에 이르러 그 이치가 실제로 일에서 드러나는 곳이 있게 한 뒤에야 그치는 것을 이 한 번의 생각이 완료되는 것으로 해야지, 매양 예전처럼 소홀히 하여 생각이 사라지게 두어서는 안 된다. 간혹 생각한 것을 써 놓아 살피고 익히는 데 대비하는 것도 좋겠다.

정좌법(靜坐法)은 가장 근거할 데가 있고 가장 묘미가 있으니, 수렴(收斂)과 전일(專一)은 마땅히 이 방법에 따라 이루어야 한다.

수렴을 하면 몸과 마음이 단정하게 될 뿐만 아니라 무릇 천지간의 수많은 의리가 자기가 아는 대로 여기에 저절로 모여든다.

전일하다는 것은 한 가지 일에 대응할 때 이 한 가지 일에 대응하는 데에만 집중하여 마치 다시 다른 일이 있음을 알지 못하는 것처럼 하고, 한 사람을 접대할 때 이 사람을 접대하는 데에만 집중하여 마치 다시 다른 사람이 있음을 알지 못하는 것처럼 하는 것이니, 독서와 궁리도 모두 이와 같이 하여야 한다. 어떤 사람이 이와 같이 하면 한쪽으로 치우치는 병통이 있어서 고루 미칠 수 없지 않느냐고 의심하므로, 내가 말하기를 "이와 같이 하는 것은 참으로 치우치지 않는 것으로,

곧 참으로 고루 미칠 수 있는 방법이다. 만약 이 일에 대응할 때 이 일에 대응하기를 전일하게 하지 않는다면, 이것은 틀림없이 다른 일에 이 생각을 나누는 것이니, 이것이 그 일에 치우치는 것이 아니겠는가. 또 이 사람을 접대할 때 이 사람을 접대하기를 전일하게 하지 않는다면, 이것은 틀림없이 다른 사람에게 이 생각을 나누는 것이니, 어찌 그 사람에게 치우치는 것이 아니겠는가. 오직 이 일에 나아가는 데 집중하여 그 당연한 도리를 다한다면, 고루 미치지 못하는 일이 저절로 없어질 것이다." 하였다.

무릇 사람에게 공통된 병통은 모두가 '바르지 못한 것〔不直〕'이다. 삶의 이치는 본디 바르므로 '도를 바르게 하여 행하는 것〔直道而行〕'이 원래 사람의 본분이지만, 사람에게 몸이 있어서 이 때문에 자신의 사사로움에 얽매이게 되고 이 때문에 바를 수 없는 것이다. 마음이 바르고 움직임이 바르고 말이 바르고 행실이 바른 것은 입덕(入德)의 요체이며 양기(養氣)의 근본이니, 어느 것도 '바른 것'만 한 것이 없다. 따지고 비틀고 대충대충 하고 그냥 지나치는 것은 모두가 '바르지 못한 것'이다.

앎과 실천이 비록 두 가지 일이기는 하지만 앎은 실천에 일관되며, 마음과 일이 비록 두 가지 이름을 가지기는 했지만 마음은 일 안에 들어 있으며, 움직임과 고요함이 비록 두 가지의 때로 구분되기는 하지만 고요함은 움직임의 근본이 된다. 그러므로 군자는 그 앎을 지극히 하여 실천하고, 그 마음을 바르게 하여 일에 응하고, 고요함을 주로 하여 움직임을 주재한다.

해야 할 때를 놓쳐서도 안 되고 해야 할 일을 하지 않아서도 안 된다. 때를 놓치고 일을 하지 않는 것은 모두 즐기는 것에 빠지고 게으름을 피우기 때문이니, 항상 경계하고 반성하여 그냥 지나치지 않아야 한다.

한 시점에 반드시 가장 긴요하게 해야 할 일이 있으니, 그 긴요한 일을 먼저 해야만 한다.

천지는 사물을 살리는 것을 마음으로 삼으니, 사물로서 혈기(血氣)와 지각(知覺)을 가진 존재는 모두 이것을 얻어서 마음으로 삼는다. 사람은 그 온전한 것을 체(體)로 삼았지만 다른 사물은 그중의 어떤 부분에만 통할 뿐이다. 초목의 종류는 비록 지각이 없어서 스스로 통하지는 못하지만 천지의 마음이 또한 여기에도 깃들어 있다.

언제나 책을 볼 때 책 안에 있는 긴요한 대의를 이해하고 체득하여 마음에서 잊지 않으면, 그중의 미세한 절목들은 점차 녹아서 통할 수 있게 된다.

천지간의 수많은 도리 중에 자신에게 절실하지 않은 것은 없다. 사람들이 스스로 범연히 보고서 자신에게 절실한 것으로 여기지 않다가도 한번 생각이 일깨워져 여기에 이르면 곧 자신에게 절실하지 않은 것이 없음을 알게 되고, 자신에게 절실한 것으로 여기지 않았던 것은 바로 자신의 마음이 보존되지 않았던 때임을 비로소 알게 된다.

글자를 쓸 때, 점을 찍고 획을 긋는 것은 경건하게 해야 하고, 결합하고 꾸미는 것은 의에 맞게 해야 한다. 점을 찍고 획을 긋는 것이 비뚤어지고 흐트러지고 꽉 막히고 꼬부라지는 것은 모두 사사로운 생각이 있기 때문으로 곧 경건하지 못한 것이며, 결합하고 꾸미는 것이 기울어지고 협소해지고 난잡해지고 허술해지는 것은 모두 어지러운 마음이 있기 때문으로 곧 의에 맞지 않는 것이다.

글씨는 침착하게 쓰고 시원스럽게 쓰는 것을 귀하게 여기며, 경망스럽게 쓰거나 꾸며서 쓰는 것을 절대로 금한다. 배우기를 잘하는 사람이 이 방법으로 스스로 수양하여도 좋을 것이다.

잠시 모든 방법을 버려두고, 먼저 전일하게 하고 독실하게 하는 데 힘써야겠다.

한 곳에라도 사사로운 마음이 있으면, 모든 일에 시원스러운 곳이 없다.

천지 만물의 이치가 모두 변함없이 오래가니 사람의 마음도 변함없이 오래갈 것이 당연한데, 어째서 생각에서부터 수족의 움직임에 이르기까지가 모두 변함없이 오래가지 못하겠는가. 제사를 지낼 때에는 스스로 일깨우기를 이와 같이 하여 생각을 가두는 울타리를 무너뜨리고 생각을 얽매는 그물을 찢는다.

사람 몸속의 오장(五臟)은 정기(精氣)가 생겨나는 곳이지만, 이는 대수롭지 않은 것들이 엉기어 이루어진 것일 뿐이다. 지금 피부가 감싸고 있어서 비록 볼 수는 없지만, 짐승의 내장을 보기만 하여도 이것이 어떤 물건인지, 또 어떻게 그 사이에 사사로움이 끼어드는지를 알 수 있다. 나의 몸이 이와 같고 다른 사람의 몸도 이와 같으니, 억울한 것과 친한 것과 사랑하는 것과 미워하는 것이 모두 한 번의 웃음거리에 지나지 않는다.

작은 일을 할 때도 역시 선(善)을 택하여 행해야 한다. 일이 비록 작더라도 그 선을 택하는 마음은 온전한 체(體)가 아닌 경우가 없으므로, 이와 같이 하기를 거듭 익히면 저절로 순전(純全)해질 것이다.

큰 뜻을 보며, 작은 일을 신중히 하며, 믿음을 독실히 하며, 지킴을 단단히 하며, 실행을 과감히 하여야 한다.

일에 응하고 사물을 접하는 일에서부터 시를 짓고 글씨를 쓰는 일 등에 이르기까지, 모두 반드시 스스로 하나의 규범을 세우고 이 규범을 빠짐없이 실천하는 데 힘써야 하며, 남을 따라 임기응변으로 구차히 하여서는 안 된다. 사람에 대해 논하고 일에 대해 논하며 시속의 저술 같은 것을 평가하는 일에 이르러서는 모두 반드시 확실하여 의심할 것이 없을 정도로 스스로 알아야 하며 여러 사람을 따라서 대충대충 하여서는 안 된다.

사람의 마음에 괴로움이 많은 것은 외물에 구애되기 때문이고, 외물에 구애되는 것은 자신에게 사사로움이 있기 때문이며, 자신에게 사사로움이 있는 것은 이치에 혼미하기 때문이고, 이치에 혼미한 것은 생각을 하지 않기 때문이다. 그러므로 생각을 철저히 하면 저절로 이치에 혼미하지 않게 될 것이니, 이치에 혼미하지 않게 되면 자신에게 무슨 사사로움이 있겠으며, 자신에게 사사로움이 있지 않게 되면 외물에 무슨 구애됨이 있겠으며, 구애됨이 없게 되면 또 무슨 괴로움이 있겠는가.

이 몸이 생기지 않았을 때와 이 몸이 없어지고 난 뒤에 어디에 사욕(私欲)이 있겠는가. 이 몸이 지금 존재하고 있을 때에도 단지 하나의 기(氣)가 하나의 이(理)를 싣고 있을 뿐이지 특별히 다른 것은 없다.

모든 일은 스스로 터득하고 다시 물어서 분명히 알아야 한다.

마음이 차분하게 안정되면 온갖 선(善)이 시내처럼 흐른다.

오늘부터라도 다시는 지난 일을 생각하거나 뒷일을 기다리는 일이 없도록 하겠다.

용모를 단정하게 하는 것[38]은 가장 확실하게 근거할 바가 있으며, 이 단계를 지나서는 밝게 보는 것과 밝게 듣는 것[39]과 말을 진실하게 하는

38 용모를……것 : 이른바 '구용(九容)'을 가리켜 말한 듯하다. 《예기》 〈옥조(玉藻)〉에 "걸음걸이는 무게가 있어야 하고, 손놀림은 공손해야 하고, 눈은 단정해야 하고, 입은 조용해야 하고, 목소리는 고요해야 하고, 머리 모양은 곧아야 하고, 기상은 엄숙해야 하고, 서 있는 모습은 덕스러워야 하고, 얼굴빛은 장엄해야 한다.〔足容重, 手容恭, 目容端, 口容止, 聲容靜, 頭容直, 氣容肅, 立容德, 色容莊.〕"라고 하였다.

39 밝게 보는……것 : 《논어》 〈계씨(季氏)〉에 있는 군자의 이른바 '구사(九思)' 가운데 앞에 나오는 '명백히 볼 것〔視思明〕'과 '총명하게 들을 것〔聽思聰〕'을 말한 것이다.

것과 말을 충성스럽고 미덥게 하는 것과 말을 엄하게 하는 것이 긴요하게 지켜야 할 항목들이다.

모든 사람을 평등하게 대하고, 모든 사람의 말을 공평하게 들으며, 그 말을 온화하게 하는 것, 이것은 삼사(三事)[40]가 인(仁)에 귀의하는 행위이다.

공자께서는 어린 시절 장난하며 놀 적에 항상 제기(祭器)를 진설하고 예를 행하는 모습을 갖추셨고, 맹자께서는 학궁(學宮) 옆으로 이사를 한 뒤에 제사 지내는 일을 익히셨으니, 생지(生知)와 학지(學知)[41]의 다름이 이와 같다.

석 달 만에 노(魯)나라가 매우 잘 다스려졌으니, 성인(聖人)이 하시는 일이 이와 같다.

공자께서 벼슬하지 않고 물러나 시(詩), 서(書), 예(禮), 악(樂)을 정리한 때가 43세였고, 《서(書)》와 《예(禮)》를 편찬하고 《시(詩)》를 산정(刪定)하고 음악을 바로잡고 《역(易)》을 서술한 때가 이미 68세였으

40 삼사(三事) : 하늘을 섬기고 땅을 섬기고 사람을 다스리는 일을 맡은 신하라는 의미로 삼공(三公)과 육경(六卿)을 말한다.

41 생지(生知)와 학지(學知) : 생이지지(生而知之)와 학이지지(學而知之)를 뜻한다. 《중용장구》 제20장에 "어떤 이는 태어나면서부터 이치를 알고 어떤 사람은 배워서 알고 어떤 사람은 애를 태운 뒤에 알기도 하나, 그 앎에 미쳐서는 똑같다.〔或生而知之, 或學而知之, 或困而知之, 及其知之一也.〕"라고 하였다.

며, 《춘추(春秋)》를 지은 때가 70세였다. 이것을 《논어》의 지학장(志學章)[42]과 대조하여 보면, 공부는 느슨하게 하여서는 안 되고 저술은 함부로 하여서는 안 된다.

항상 마음으로 경계하고 두려워해야 할 것이 '지경(持敬)'의 의미이다. 심신을 다잡고 엄숙하게 하여 겉과 속이 일치하고, 보고 듣고 말하고 움직일 때에 반드시 이치를 살핀다면, 그 대공지정(大公至正)을 어찌 의심하겠는가.-동짓날 새벽에 스스로 경계하였다.-

지각(知覺)이 깨어 있을 때 눈을 뜨면, 바로 천지 만물이 마치 보여 주고 알려 주려는 것처럼 각기 스스로를 환하게 드러내고 있는 것을 보게 된다.

예를 지켜 즐거움을 절제하며, 자신에 돌이켜 노여움을 다스리며, 이(理)를 밝혀 근심을 없애며, 기(氣)를 길러 두려워하지 않는 것, 이 네 가지는 반드시 각각에 대한 방법을 수립하고 각각을 위한 공부를 할 필요가 있는 것이 아니라 단지 사사로움을 잊고 도리를 실천하는 데에 달려 있을 뿐이다. 항상 천하를 공변되게 하는 것을 위주로 하여 천하의 일로써 즐거워하고 천하의 일로써 노여워하며 천하의 일로써

42 지학장(志學章) : 《논어》 〈위정(爲政)〉에 "공자께서 말씀하시기를 '내가 15세에 학문에 뜻을 두었고, 30세에 자립하였고, 40세에는 의혹하지 않았고, 50세에 천명을 알았고, 60세에 귀로 들으면 그대로 이해되었고, 70세에 마음속에서 하고 싶은 것을 다 해도 법도를 넘지 아니하였다.' 하였다.〔子曰: 吾十有五而志于學, 三十而立, 四十而不惑, 五十而知天命, 六十而耳順, 七十而從心所欲, 不踰矩.〕"라고 한 장을 말한다.

근심하고 천하의 일로써 두려워한다면, 자연히 얽매임이 없을 것이다.

볼 때〔視〕-형태와 색깔과 모습에 모두 이치가 있으니, 그것을 살펴야 한다.- 들을 때〔聽〕-옳은지 그른지와 선한지 악한지를 모두 알아야 한다.- 말할 때〔言〕-법도에 맞는지 저속한지와 참인지 거짓인지를 모두 구별하여야 한다.- 용모를 갖출 때〔貌〕-경건한지 방자한지와 치우치는지 똑바른지를 모두 생각하여야 한다.- 생각할 때〔思〕-공정한지 사사로운지와 이로운지 해로운지를 모두 잘 살펴야 한다.-

안과 밖을 합하고 사물과 나를 통하게 하며, 하늘과 사람을 하나로 여기고 옛날과 지금에 관통한다.-이것은 규모를 말한 것이다.- 전체를 체득하고 나서 한 분야에 힘쓰며, 먼 것을 이해하고 나서 가까운 것을 공략하며, 거친 것을 거론하고 나서 정밀한 것에 힘쓰며, 옛것에 의거하고 나서 새로운 것에 나아간다.-이것은 과정을 말한 것이다.-

도(道)는 하나이며, 천차만별의 다름이 모두 하나의 도에 갖추어져 있다. 비록 한 번 생각하는 사이에 한 가닥의 길을 보더라도 모두 반드시 그 전체를 파악하여야 하니, 이것이 오래되면 접하는 것마다 환하게 통하게 된다. 접하는 것마다 환하게 통하면 천차만별의 다름에 각각 혼연하게 조리가 있게 되니, 이 모두가 단지 하나의 도일 뿐이다.

인(仁)을 구하고 의(義)를 정밀하게 하는 것은 체(體)를 보존하고 용(用)에 통달하는 것이니, 인과 의는 실제의 일이고 체와 용은 담당하는 역할이다.

재주는 가볍고 맑고 미세하고 신묘한 것으로, 언제나 반드시 제대로 발양(發揚)된 다음에야 거리낌 없이 운용할 수 있으니, 만약 일념으로 보살피고 지키기만 한다면 곧 걸리는 바가 있어 그것을 끝까지 쓸 수 없을 것이다. 나아갈 목표가 대략 정해지면, 이른바 재주라는 것은 결국 모두 선을 행하는 것일 뿐이니, 붙잡고 있어서는 안 되고 반드시 확충이 되도록 하여야 한다.

평소의 단편적인 지식과 견해가 모두 융합되어 하나의 결실을 이루면, 이때야말로 힘써 일을 수행해 나가기에 좋을 때이다.

성(性) 바깥에 마음이 없어서 천만 가지의 생각들이 이 하나의 성에서 벗어나지 못하니, 사람은 마땅히 마음이 타고난 성 안에 있음을 편안히 여기고 어떤 처지에서도 스스로 마음을 다할 뿐이요, 성을 하나의 물건으로 보고서 자신이 마음으로 이러쿵저러쿵 헤아려서는 안 된다. 이 뜻은 단지 잠깐 사이에도 볼 수 있으니, 예를 들어 한 가지 일을 도리에 의거하여 행하고 나서 바로 계교(計較)하는 마음이 뒤따라 일어나거나 그 일을 돌아보며 점검하는 것을 혹시라도 저쪽에 있으면서 이쪽을 보는 것과 같이 한다면, 이것은 성(性) 밖에 마음이 있는 것에 가깝다. 게다가 또 한 가지 일을 이치에 합당하게 하고서 곧바로 만족하여 한가롭게 지내는 것은 더욱 성(性) 밖에서 노닥거리는 것에 가깝다.

계유년(1693, 숙종19)
癸酉

1월에 홍역을 앓았다. 병을 앓는 동안 오로지 주일(主一) 공부에 힘썼더니, 다른 생각은 별로 들지 않았고 단지 해수(咳嗽)의 여러 증상 때문에 마음이 흔들리는 것을 느꼈다. 병이 나은 뒤에는 이렇게 흔들리는 일이 없어졌으니, 또 어떻게 된 것인지 모르겠다.

주일은 오로지 한 가지 일만을 하는 것이 아니며 오로지 한 가지 생각만을 지키는 것도 아니니, 비록 만 가지 일에 응하고 백 가지 생각이 일어나더라도 그 하나하나에 집중하는 것이 바로 주일이다. 무엇보다도 이 일을 그만두고 저 일을 하거나 이 생각에서 옮겨 저 생각을 할 때, 그 사이 전환되는 곳에서 더욱 반드시 주의 깊게 스스로를 살펴서 중단되고 잊어버리지 않게 해야 하는 것이 핵심일 듯하다.

한 곳이라도 사사로운 생각을 내려놓지 못하면 곧 전체가 시원스럽지 못함을 느끼게 된다.

한칼에 끊는 것이 바로 극기(克己)에서 가장 중요한 점이며, 끊는다는 것은 한번 끊어서 다시 그것을 계속하지 않는 것을 말한다. 임시방편으로 한번 끊는 것은 그래도 가능하지만 다시 계속하지 않기는 더욱 어렵다. 계속하면 참으로 끊은 것이 아니니, 끊었으면 계속하는 일이 아예 없어야 한다. 힘쓸지어다.

모든 사람이 능히 징계하지 못하는 것을 징계할 수 있는 것이 바로 '징(懲)'이고, 모든 사람이 능히 억제하지 못하는 것을 억제할 수 있는 것이 바로 '질(窒)'이다.[43]

《정암집(靜菴集)》의 〈계심잠(戒心箴)〉을 읽고 천지의 큰 변화 및 인심의 체(體)와 용(用)을 말한 대목에서 깊은 감동을 받았다. 이로부터 요사이는 존양성찰(存養省察)에 대한 견해와 논의를 낼 때, 모두 당연히 이 뜻에 근거하고 그 대강(大綱)이 먼저 거론되도록 하였다.-〈계심잠〉 가운데 "의는 일에 드러나고 인은 물에 두루 미친다.〔義形於事 仁溥於物〕"라는 한 구가 매우 좋으니, 의가 드러난 뒤에 인이 두루 미치는 것이리라.-

천덕(天德), 왕도(王道), 근독(謹獨)은 배우는 자의 마음가짐이 마땅히 이것을 위주로 해야 하니, 이것은 《대학》의 강령과 대략 비슷하다. 선생[44]의 학술은 여기에서 정립되었다.

〈대책(對策)〉[45]에서 인의예지(仁義禮智)를 격식과 실행의 기본으로 삼고 불견불문(不見不聞)[46]을 기강과 법도의 요체로 삼은 것이 참으로

43 모든 사람이 능히 징계하지……질(窒)이다 : 여기서의 '징(懲)'과 '질'은 《주역》 〈손괘(損卦) 상(象)〉에 있는 "군자가 이 괘를 보고서 분노를 징계하고 욕망을 억제한다.〔君子以懲忿窒欲.〕"라는 구절의 '징분(懲忿)'과 '질욕(窒欲)'의 의미로 말한 듯하다.

44 선생 : 〈계심잠〉을 지은 정암(靜菴) 조광조(趙光祖)를 가리킨다.

45 대책(對策) : 조광조가 을해년(1515, 중종10) 성균관에 있을 때 올린 〈알성시책(謁聖試策)〉을 가리킨다. 《정암집》 권2에 실려 있다.

46 불견불문(不見不聞) : '부도불문(不睹不聞)'과 같은 말로 '신독(愼獨)'의 의미로

왕좌(王佐)의 말답다. 게다가 "우선 대신을 공경하여 정사를 맡김으로써 기강을 대강 세우고 법도를 대강 정하여 후일에 큰 근본이 세워지고 큰 법이 시행될 기초를 닦으십시오."라고 하였으니, 변화에 대응하고 시무를 아는 데에 또한 넉넉하게 여유가 있다.

〈소격서에 대해 논한 소〉[47]에서 "옳고 그름을 아는 것을 총(聰)이라 하고, 간사함과 바름을 살피는 것을 명(明)이라 하고, 유혹하여 마음을 변하게 할 수 없는 것을 강(剛)이라 하고, 확고하여 의심함이 없는 것을 단(斷)이라 하니, 무릇 이 네 가지는 모두 임금이 사용하여야 할 것으로, 하루도 여기에서 떠날 수 없습니다."라고 하였으니, 아, 이 말은 참으로 임금의 마음을 바로잡는 요론(要論)이다. 또 "천지의 도는 순일(純一)함에 근본을 두며, 사계절을 운행하고 만 가지 변화를 이루는 것이 하나의 기(氣)가 아닌 것이 없습니다. 이 때문에 성왕(聖王)은 도가 전일한 데에 쌓여서 순수함을 바탕으로 정사를 행하고 응접하고 시행하는 일을 하나의 이치로 관통함으로써 마침내 황극(皇極)을 세울 수 있었습니다."라고 하였으니, 아, 이 말은 참으로 이(理)를 밝히

썼다. 《중용장구(中庸章句)》 제1장에 "도라는 것은 잠시도 떠날 수 없는 것이니, 떠날 수 있다고 한다면 그것은 도가 아니다. 그렇기 때문에 군자는 보이지 않아도 조심하는 것이요, 들리지 않아도 두려워하는 것이다.〔道也者, 不可須臾離也, 可離非道. 是故君子戒愼乎其所不睹, 恐懼乎其所不聞.〕"라고 하였고, 바로 뒤에 "은미한 것보다 더 확연히 드러날 수가 없는지라, 그래서 군자는 홀로 있을 때를 삼가는 것이다.〔莫見乎隱, 莫顯乎微, 故君子愼其獨也.〕"라고 하였다.

47 소격서에……소 : 조광조가 1518년(중종13) 홍문관 부제학으로 있을 때 올린 〈홍문관청파소격서소(弘文館請罷昭格署疏)〉를 말한다. 《정암집》 권2에 실려 있다.

는 지언(至言)이다.

〈송숙부서(送叔父序)〉[48]에 "'학문'이라는 이름은 한갓 장구(章句)나 문사(文辭)만을 가리키는 것이 아니니, 배워서 사물의 이치를 알고 처함에 그 마땅함을 얻는 것을 말합니다."라고 하였다. 아, 지금 스스로 학문을 우러러 받든다고 하면서도 생각은 대부분 장구와 문사에 있으니, 이것이 어찌 학문을 말하는 것이겠는가. 요컨대 이 점을 통렬히 반성하여 실제의 학문에 오로지 힘을 써야만 옳을 듯하다.

〈송숙부서〉에 또 "덕은 하루에 이루어지는 것이 아니니, 하는 일이 모두 진실함〔誠〕에서 나오고 털끝만큼의 가식과 허위가 없어야 인심을 감동시킬 수 있습니다."라고 하였으니, 이 말이 참으로 훌륭하다. 그렇다면 지금 저 성(誠)과 불성(不誠)을 어떻게 시험할 것인가? 선(善)을 좋아하기를 여색을 좋아하는 것처럼 하고 홀로 있을 때 삼가기를 여러 사람과 함께 있을 때처럼 하며, 임금을 사랑하기를 아버지를 사랑하는 것처럼 하고 나라를 걱정하기를 집안을 걱정하는 것처럼 하는 것, 이와 같은 것이 성이고 이와 같지 않은 것이 불성이다. 만일 불성이 있으면 깊이 연구하여 밝혀야 하니, 밝아지면 성해진다.

〈춘부(春賦)〉[49]에서 "저 하늘이 텅 비어 그저 온화한 바람에 마음을

48 송숙부서(送叔父序) : 조광조의 숙부 조원기(趙元紀)가 경원 부사(慶源府使)로 부임할 때 조광조가 쓴 〈송숙부부경원진(送叔父赴慶源鎭)〉을 말한다. 《정암집》 권1에 실려 있다.

부치네.〔彼蒼天之寥廓 徒付心於和風〕"라고 한 구절은 기상이 좋다.

〈화병(畫屛)〉 시[50]에 있는 "고고한 향기는 그대로이다.〔危香郁自如〕"라는 구와 "그윽한 절개는 끝내 시들겠네.〔幽貞恐卒萎〕"라는 구는 그대로 참화(慘禍)[51]의 예언과 같으니, 슬프다.

게으른 생각이 한번 일어나자 온갖 욕망이 침노하여 궁리(窮理)와 거경(居敬)의 좋은 의미가 점점 옅어지고 흩어지니, 이로부터 방만해지는 것이 장차 끝이 없을 것이다. 여기에서 심신을 수습하면 그래도 궁리와 거경을 이어 나갈 수 있을 것이니, 반드시 이러할 때 기력을 배로 발휘하여 만회해야 하리라.

지극히 훌륭한 행실은 모두 평범한 것이며, 위대한 업적은 애초에 크게 드러나는 일이 없다.

인심(人心)과 기질(氣質)과 물성(物性), 이 세 가지는 모두 지극한 이(理)에 바탕을 두고 있지만 이(理)의 본체를 다 드러낼 수는 없는 것들이다.

49 춘부(春賦) : 조광조가 응시한 1510년(중종5)의 진사시에서 지은 글이다. 《정암집》 권1에 실려 있다.

50 화병(畫屛) 시 : 《정암집》 권1에 실려 있는 〈제강청로난죽병(題姜淸老蘭竹屛)〉을 가리킨다.

51 참화(慘禍) : 조광조가 죽음을 당한 1519년의 기묘사화(己卯士禍)를 뜻한다.

요즈음 방만한 행동이 그전보다 점점 심하고, 그런 행동을 한 뒤에는 마음이 매우 유쾌하지 못하다. 《중용》을 열심히 읽을 때면 문득 마음속의 찌꺼기가 깨끗이 다 없어졌다는 생각이 들지만, 실제로 찌꺼기가 깨끗이 다 없어졌다는 것이 어찌 쉽게 할 수 있는 말이겠는가. 마땅히 성질이 편벽되어 극복하기 어려운 곳에 백배의 노력을 쏟아야만 하리라.

크게 유익한 것으로는 궁리(窮理)만 한 것이 없고, 크게 손해되는 것으로는 욕심을 따르는 것보다 심한 것이 없다.

고요하면 태허(太虛)와 몸을 같이하고, 움직이면 만화(萬化)와 흐름을 같이한다.-《정몽(正蒙)》을 보고 알았다.-

움직일 때나 고요할 때나 한마음으로 이어서 잠깐의 끊어짐도 없도록 하여야 한다.

마음이 고요하면 항상 본성(本性)을 보존하고 있을 뿐이니, 이것은 원래 순일(純一)함을 지키는 것이지만, 마음이 움직여 온갖 생각이 일어나더라도 한 생각에 나아가 마음이 전일하고 안정되면 이 또한 순일함을 지키는 것이다.

가장 억측해서 안 되는 것은 사사롭고 좁은 마음을 가지고 다른 사람의 마음을 헤아리는 것이다. 다른 사람이 비록 그렇게 하지 않더라도 나는 오직 공평하고 정대한 마음으로 미루어서 헤아려야 하니, 이런 마음이 쌓이면 역시 남보다 먼저 깨닫지 못하는 것을 근심하지 않을 것이다.[52]

도리가 이러하다는 것을 알면, 크고 작고 어렵고 쉽고를 불문하고 곧바로 행하여야 한다. 머뭇거리며 행하지 않는 것은 모두 용기가 없는 것이다.

광명정대한 사람은 침착하고 세심하니, 침착하므로 생각이 심후하고 세심하므로 시행이 정밀하다.

침착함은 비록 마음을 위주로 하지만 시행하는 일에서 기상이 저절로 다르고, 세심함은 비록 시행하는 일에 나타나지만 마음속에 도리가 저절로 갖추어져 있다.

허물을 뉘우치는 것 또한 사람을 진보하게 하는 것이니, 이것을 기회로 경계하고 분발하여야 할 뿐 이것 때문에 물러나고 움츠러들어서는 안 된다.

남의 의혹을 풀어 주지 못하거나 남의 마음을 돌릴 수 없으면, 그것을 말이라고 할 수 없다. 그러니 반드시 먼저 정성을 들여야 하고 또한 반드시 밝게 분별하여야 한다.

52 남보다……것이다 : 여기에서 '먼저 깨닫는다.〔先覺〕'라고 한 것은 《논어》 〈헌문〉에 나오는 "남이 나를 속일 것이라고 미리 짐작하지 않고, 남이 나를 믿어 주지 않을 것이라고 억측하지 않는다. 그러나 또한 먼저 깨닫는 자가 어진 것이다.〔不逆詐, 不億不信, 抑亦先覺者是賢乎.〕"라는 구절의 뜻을 가져와서 말한 듯하다.

모르는 사람과 말을 할 때는 더욱 한마디 한마디 마음을 평온하게 하고 기세를 가라앉혀야 하며, 이치를 밝히고 뜻을 전달하는 것을 위주로 하여야 한다.

'잊어버리지도 말고 조장하지도 마는 것'[53]은 절도를 돌이켜 살피는 것이고 '시동(尸童)처럼 하고 재계하듯이 하는 것'[54]은 준칙을 지켜 검속하는 것이다.

시습(時習)은 비단 한 가지 일을 배우고 한 가지 일을 익히는 것만이 아니라 전에 배웠던 일과 함께 익히는 것이니, 이것은 전체와 한 가지 일이 같은 이치이기 때문이다. 안자(顏子)가 한 가지 선(善)을 가슴에 새긴 것[55] 또한 그가 안 것에 의거하고 그 모두를 지킨 것이지 이 한 가지 선만 오로지 지킨 것이 아니다. 이 뜻을 종전에 알지 못하였던 것은 아니지만 오늘 밤 생각해 보매 더욱더 분명해졌으니, 참으로 마음을 다 바쳐 이 일에 종사하고자 할 뿐이다.

53 잊어버리지도……것 : 《맹자》 〈공손추 상〉에서 호연지기를 설명하면서 "반드시 일삼음이 있으면서도 효과를 미리 기대하지 말며, 마음에 잊지도 말고 조장하지도 말아서, 송나라 사람처럼 하지 말지어다.〔必有事焉而勿正, 心勿忘, 勿助長也, 無若宋人然.〕"라고 하였다.

54 시동(尸童)처럼……것 : 《예기》 〈곡례 상〉에 "앉아 있을 때는 시동처럼 하고, 서 있을 때는 재계하듯이 하여야 한다.〔若夫坐如尸, 立如齋.〕"라는 말이 나온다.

55 안자(顏子)가……것 : 《중용장구》 제8장에 있는 "안회(顏回)의 사람됨은 중용의 길을 택하여 행하면서, 한 가지 선을 얻으면 가슴에 새겨 잃어버리는 일이 없었다.〔回之爲人也, 擇乎中庸, 得一善, 則拳拳服膺而弗失之矣.〕"라는 말을 가리킨다.

《중용》과 《대학》 두 책에 도리가 빠짐없이 갖추어져 있으니, 마음을 오로지하여 가슴에 간직하고 때때로 익혀서 나날이 새롭게 하며 백배의 노력을 기울여 한시도 게으른 생각을 하지 않는다면, 옛사람이 "3년이면 거의 진보가 있을 것이다."[56]라고 한 말을 여기에서 징험할 수 있을 것이다.

옛사람이 '심목지간(心目之間)'이라는 말을 많이 하였는데,[57] 마음은 주재(主宰)이고 눈은 그다음으로, 둘은 서로에 의지하여 작용한다. 예를 들어 아침에 일어나 눈을 떴을 때 접한 것이 단지 이전 그대로의 모습뿐이고 이(理)의 체(體)를 보지 못하였다면, 이것은 심목지간이 이(理)와 접하지 못한 것으로 바로 마음 때문에 이(理)가 어두워진 것이니, 곧 정신을 차려서 마음을 보존하여야 한다. 비단 눈을 뜰 때뿐 아니라 소리를 듣거나 말을 하거나 생각을 하거나 움직일 때에도 모두 정신을 차려야 한다.

크게는 천지와 산천, 작게는 초목과 곤충, 높게는 바람과 번개와 구름

56 3년이면……것이다 : 《근사록》에 실린 장재(張載)의 "책을 읽을 적에 의리를 찾고 책을 엮을 적에 반드시 귀착할 곳이 있음을 이해하며, 그저 써 내려가지 말고 또 전인들의 말씀과 행실을 많이 아는 것이 학문의 유익함이니, 잠시라도 한가히 보내지 말고 날마다 이와 같이 하면 3년이면 거의 진보가 있을 것이다.〔讀書求義理, 編書須理會有所歸著, 勿徒寫過, 又多識前言往行, 此問學上益也, 勿使有俄頃閑度, 逐日似此, 三年庶幾有進.〕"라는 말에서 따왔다.

57 옛사람이……하였는데 : 옛사람은 아마도 주희(朱熹)를 가리키는 듯하다. 주희의 글에 이 '심목지간(心目之間)'이라는 용어가 특히 많이 나온다.

과 비, 낮게는 뜰과 골목, 가깝게는 이웃과 권속, 멀게는 중화와 이적의 풍속에 이르기까지와 중요한 것으로는 예의와 법도, 가벼운 것으로는 문장과 글씨, 드러나는 것으로는 출처와 사업, 미세한 것으로는 순식(瞬息)과 호흡(呼吸)에 이르기까지 각각이 하나의 태극을 갖추어 온전한 체(體)가 아닌 것이 없으니, 보고 듣는 것마다 정밀한 것과 거친 것을 가리지 말고 모두 이 마음을 보존하여 그 이치를 살펴야 한다.

어느 날 밤 다른 사람의 말에 마음이 석연치 않아 뒤척이며 잠을 이루지 못하였으니, 불온(不慍)의 뜻[58]과 크게 어긋난다. 이것은 필시 평상시의 마음씀이 대부분 남이 알아주기를 바라는 데에 있었기 때문이니, 통렬히 반성해야 할 일이다.

풍호(楓湖)에 이르러 스스로 깨우치기를 '말 한마디를 경솔하게 하면 후회해도 소용이 없는데, 말을 할 때 조급함과 경망함을 금하는 것이 참으로 어려워 남을 대할 때 역시 몇 번이나 경솔하였던 적이 있었으니, 반드시 마음에 깊이 반성하여 한꺼번에 천 길 만 길을 뛰어올라야만 훌륭한 경지에 이르러서 천지에 부끄러움이 없이 언행이 태연해질 수 있을 것이다.' 하였다.

백배로 노력을 하여야 성취가 있을 수 있는데, 병과 게으름이 이와 같으니 어찌할 것인가. 이에 대해서 마땅히 깊이 생각하고, 반드시

58 불온(不慍)의 뜻 : 《논어》 〈학이(學而)〉에 있는 "남이 알아주지 않아도 노여워하지 않는다.〔人不知而不慍.〕"라는 구절의 뜻을 가리킨다.

재주를 다하는 데 힘써야 하리라.

일이 이르기 전에 미리 헤아리는 것이 소용이 있을 것 같지만 일이 지나고 나서 돌이켜 생각해 보면 역시 스스로 깨닫게 되니, 미리 헤아리는 것은 단지 일을 만나서 일이 잘못될까 봐 매번 근심하는 것일 뿐이며, 반드시 그 일에 해당되는 도리를 확실하게 이해하여야 한다는 것이다.

감춰진 것이나 드러난 것이나 이치는 같으니, 은미한 가운데 만약 사욕(私慾)이 조금이라도 남아 있으면 진퇴를 정하거나 일을 행할 때 반드시 또한 조금이라도 선하지 못한 점이 있게 된다. 실제의 이치가 저절로 그러하여 조금도 어긋남이 없는데, 하물며 사욕이 조금 있을 뿐만이 아닌 자의 경우이겠는가.

이치에는 크고 작음이 없으니, 작은 일에 할 바를 다하지 못하면서 큰일에 어찌 할 바를 다할 수 있겠는가. 반드시 눈앞의 한 가지 말과 한 가지 행동부터 크고 작고를 따지지 말고 모두 할 바를 다하여야 할 것이다.

격노하여 말을 내뱉는 것을 가장 깊이 경계하여야 한다.

비록 친근한 사이라도 말을 많이 하는 것은 과묵한 것보다 못하다.

과(過)와 불급(不及)의 모습이 드러나면 중(中)을 볼 수 있고, 과(過)

로써 비교하면 불급한 쪽의 병통이 더욱 잘 드러난다. 지나친 이단(異端)이 몇 년 동안 자리 잡고 있는 것도 있고 며칠 사이에 발돋움하는 것도 있는데도 지금 마음과 몸을 한순간도 단속할 수 없으니, 어찌 이다지도 심히 용감하지 못한가.

이른바 백배로 노력한다는 것은 눈썹을 치켜세우고 눈을 부릅떠서 기력을 크게 쓰는 것이 아니라, 단지 볼 때는 환하게 보려 하고 행할 때는 극진히 행하려 하며 참으로 잊지도 않고 조장하지도 않으면서 오래 지속되는 본연의 이치를 알아내는 것일 뿐이다.

형이상(形而上)과 형이하(形而下)의 미묘한 관계를 항상 자세히 살펴야 한다.

시습(時習)하는 노력과 일이관지(一以貫之)[59]하는 의지가 끊겨서는 안 된다.

사의(私意)를 없애고 자신이 그 처지에 있는 것같이 생각하기만 하면, 인(仁)을 미처 다 쓸 수 없을 것이다.

무릇 사람이 바라는 것은 모두 가능한 일들이니, 스스로 돌이켜 그것을

59 일이관지(一以貫之) : 모든 이치가 하나의 이치로 관통된다는 뜻이다. 공자가 증자(曾子)에게 "우리 도는 하나로써 모든 것을 꿴다.〔吾道一以貫之.〕"라고 하였다. 《論語 里仁》

실천하면 어디를 가든지 의를 행하지 않을 일이 없을 것이다.

마음은 활동하고자 하니 활동하면 죽지 않으며, 몸은 멈추어 있고자 하니 멈추어 있으면 항상 정숙하다. 이것이 하늘은 움직이고 땅은 정지해 있는 이치이다.

게으르고 사사로운 병통이 없으면 성인의 경지에 가까울 것이다.

자신의 재주를 드러내지 않는 일은 천근하게 보아서도 안 되지만 너무 추켜올려서도 안 된다.

마음을 수렴하여 안정되기만 하면, 위로 나랏일에서부터 집안끼리의 일과 친족의 일과 한번 말하고 한번 움직이는 일에 이르기까지 모두 수습되고 날로 새로워진다.

한 물건을 안정시키는 데에는 모두 일정한 자리가 있어야 한다. 만물로 하여금 각각 제자리를 얻게 한다는 것은 단지 여기에서 미루어 간 것일 뿐이니, 한 물건이나 만물이나 이치는 같을 뿐이기 때문이다.

'사(私)' 자를 없애고 '경(敬)' 자를 배울 뿐이다.

생각을 하면 밝아지고, 부지런히 하면 성실해진다. 생각하는 것은 격물(格物)과 치지(致知)의 요체이고, 부지런히 하는 것은 성의(誠意)와 정심(正心)의 일이다.

〈경재잠(敬齋箴)〉의 '대월상제(對越上帝)'[60]는 바로 천명(天命)을 두려워한다는 뜻으로 '수길패흉(修吉悖凶)'[61]의 의미가 그 안에 들어 있다. '표리교정(表裏交正)'[62]에서의 '교정(交正)'은 비단 안과 밖을 모두 바르게 함을 말한 것일 뿐만이 아니니, 안을 바르게 하여 밖을 방정하게 하고 밖을 다스려 안을 기르는 것이 이른바 '교정'이다.

〈사물잠(四勿箴)〉의 '폐교어전(蔽交於前)'[63]에서, 단지 물건만을 보고 이(理)를 보지 못하는 것이 바로 '폐(蔽)'이다.

듣는 것이 사람의 뜻을 가장 잘 바뀌게 하므로, 많이 듣고 쉽게 미혹되는 것을 가장 경계하여야 하니, 반드시 항상 이(理)를 위주로 판단하여야 한다.

조급함과 경망함이 억제되면 말이 간략해질 것이다.

60 대월상제(對越上帝) : 주희(朱熹)의 〈경재잠〉에 "의관을 바르게 하고 시선을 존엄하게 하며 마음을 고요히 가라앉혀 거처하고 상제를 대하듯 경건한 자세를 가지라.〔正其衣冠, 尊其瞻視, 潛心以居, 對越上帝.〕"라고 하였다.

61 수길패흉(修吉悖凶) : 주돈이(周敦頤)의 《태극도설(太極圖說)》에 나오는 "군자는 인의를 닦기 때문에 길하고 소인은 이를 어기기 때문에 흉하다.〔君子修之吉, 小人悖之凶.〕"라는 말을 줄인 것이다.

62 표리교정(表裏交正) : 주희의 〈경재잠〉에 "동하고 정함에 어긋남이 없게 하고, 안과 밖이 서로 바르게 되도록 해야 한다.〔動靜弗違, 表裏交正.〕"라고 하였다.

63 폐교어전(蔽交於前) : 정이(程頤)의 〈사물잠〉에 "외물이 눈앞에서 가려 교차하면, 마음 또한 옮겨 가게 마련이다.〔蔽交於前, 其中則遷.〕"라고 하였다.

생각은 행위가 숨어 있는 것이고 행위는 생각이 드러난 것이다.

숨어 있든 드러났든, 크든 작든 모든 일에 극진히 하지 않음이 없는 것이 바로 역행(力行)이니, 이른바 백배로 노력한다는 것도 이와 같을 뿐이다.

생각이 자질구레해질 때에는 광대한 도리를 생각하고,-이른바 도리는 옛 사람이 말한 것과 자신이 평소 알고 있는 것이 모두 이것이다.- 생각이 유약해질 때에는 강건한 도리를 생각하고, 생각이 비루하고 암울해질 때에는 고명한 도리를 생각하여 때와 장소에 따라 유사한 상황별로 깊이 성찰하여 마음속에서 융회(融會)하게 되면, 혼연한 하나의 이(理)가 각각 조리를 가지게 된다.

일상의 행동과 말은 바로 마음의 용(用)이며, 외물에 감응하지 않은 적연(寂然)함은 바로 마음의 체(體)이다. 용이 아니면 체이고 체가 아니면 용이므로, 아무리 짧은 순간이라도 체도 아니고 용도 아닌 것으로 지나칠 수 있는 시간은 없으니, 이 점을 하루 24시간 동안 늘 꼼꼼하게 살펴야 한다.

계헌(季獻)[64]이 "약 복용을 게을리하는 것은 바로 공부를 게을리하는 것과 같은 병통이니, 이 두 가지에 모두 마음을 써야 한다."라고 하였는데, 이 말이 참으로 옳으니 깊이 염두에 두어야겠다.

64 계헌(季獻) : 창계 지인의 자(字)인 듯하지만, 어떤 인물인지 알 수 없다.

지난 수십 년 동안 나를 얽어맨 게으름의 병통을 통렬히 반성하고, 벌떡 자리에서 일어나니 크게 놀랍고 두려운 마음이 들었다. 밤중에 또 지난 20년 동안 나의 학문이 추락하고 퇴보하였던 까닭을 깊이 살펴보니, 그 이유는 모두 사사로운 생각을 결연히 끊지 못하고 또 괴로움을 견디며 부지런히 노력하지 못한 데 있었다. 지금부터는 깊이 경계하여야겠다.

학문은 다른 것이 없으니, 마땅히 해야 하는 모든 일에 번거로움을 견디면서 부지런히 애쓰는 것이 바로 요체이다.

마음을 기울이고 정신을 차리기를, 하는 일마다 변함없이 오래 지속하고자 한다.

담백하게 욕심이 없고 꼿꼿이 움직이지 않는다. 본심(本心)은 원래 이와 같으니, 조금이라도 이와 같지 않으면 이것은 곧 마음이 흩어져 버린 것이다.

〈출사표(出師表)〉는 진(秦), 한(漢) 이래 아첨으로 임금을 섬기는 자들이 능히 미칠 수 없는 글로, 충성스러우면서도 아첨하지 않고, 곧으면서도 방자하지 않으며, 상세하면서도 번잡하지 않다. 임금에게 진언(進言)하는 자는 의당 이것을 모범으로 삼아야 한다.

신체는 바르고 안색은 온화하며, 마음은 순수하고 기세는 호방하여야 한다.

산록
散錄

'한 번 음이 되고 한 번 양이 되게 하는 것〔一陰一陽〕'[65]에는 건순(健順)[66]뿐만이 아니라 청탁(淸濁)도 있다. 건순으로부터는 원(元), 형(亨), 이(利), 정(貞)의 구분이 생기고 청탁으로부터는 인(人), 물(物), 현(賢), 우(愚)의 구분이 생기지만, 건순이 일음일양의 바른 뜻이다.

"이는 같고 기는 다르다.〔理同氣異〕"[67]라고 한 것은 천리(天理)를 다 같이 품부(稟賦)받았기 때문에 '이동(理同)'이라고 한 것이지, 인(人)과 물(物)의 성(性)과 이(理)가 곧장 같다고 말한 것이 아니다.

65 한 번 음이……것 : 《주역》 〈계사전 상(繫辭傳上)〉에 "한 번 음이 되고 한 번 양이 되게 하는 것을 도라고 하니, 계속하는 것은 선이고 갖추어져 있음은 성이다.〔一陰一陽之謂道, 繼之者善也, 成之者性也.〕"라고 하였다.

66 건순(健順) : 《주역》 〈건괘(乾卦)〉의 덕인 건(健)과 〈곤괘(坤卦)〉의 덕인 순(順)을 말한 것으로, 음양(陰陽)의 덕을 가리킨다. 《중용장구(中庸章句)》 제1장의 주에 "사람과 물이 태어날 때 각기 부여받은 이를 얻음으로써 건순 오상의 덕으로 삼으니, 이른바 성이라는 것이다.〔人物之生, 因各得其所賦之理, 以爲健順五常之德, 所謂性也.〕"라는 구절이 있다.

67 이(理)는……다르다 : 《주자어류》 권4 〈성리(性理) 1〉에 있는 "만물의 근원이 하나라는 점에서 논하면 이는 같고 기는 다르다. 그러나 체가 다른 만물을 살펴보면 기는 그나마 서로 비슷하지만 이는 판연히 다르다.〔萬物之一原, 則理同而氣異. 觀萬物之異體, 則氣猶相近, 而理絶不同.〕"라는 구절에서 따온 말인 듯하다.

인과 물의 성은 본래 하나의 근원에서 나왔기 때문에 '동(同)'이고 귀하고 천함이 만 가지로 다르기 때문에 '이(異)'이지만, 비록 '만 가지로 다르다.〔萬殊〕'라고 하더라도 그 쓰임은 하나로 귀결된다.-예를 들어 사람이 물(物)보다 귀하여 물이 사람을 위해서 일하고 많은 사람 가운데서 또 성인(聖人)을 종주(宗主)로 삼는 것은 다른 이유가 있어서가 아니라 이 이(理)를 얻은 것이 온전하고도 빠짐없기 때문이니, 그 쓰임이 어찌 하나로 귀결되지 않겠는가.-

"그것을 성이라고 말하지 않는다.〔不謂之性〕"[68]라고 한 것에 대하여 초목과 금수의 기질지성(氣質之性)은 바로 본연의 성이니, 대체로 그 기질은 이미 변화할 길이 없으므로 그 기질의 분수가 바로 천성(天性)으로, 다시 본성에 대해 말할 것이 없다. 오직 사람은 같이 사람이 되어 같이 인성을 얻었지만 기질의 정조(精粗)가 사람마다 다르니, 그 사람마다 다른 이(理)를 '기질지성'이라고 하고, 사람이 같이 얻은 이(理)를 '본성'이라고 한 것이다. 사람은 모두 이 두 가지를 갖추고 있기 때문에 곧 이 두 가지 성(性)을 나타내는 이름이 있는 것이다.-오직 성인은 그 기질지성과 본성이 하나이므로 다시 이 둘을 구분할 수가 없다.- 그러나 사람은 스스로를 다스릴 수 있으므로 기질지성은 사람에 따라 변화하며, 그 어렵고 쉽고 빠르고 느린 것은 단지 힘씀이 어떠한가에 달려 있을 뿐이다. 그러므로 군자는 그것을 성(性)이라고 일컫지 않는 것이다.

68 그것을……않는다 : 《맹자》〈진심 하(盡心下)〉에 "입이 맛에 있어서와 눈이 색깔에 있어서와 귀가 음악에 있어서와 코가 냄새에 있어서와 사지가 안일에 있어서는 본성이다. 그러나 명(命)에 달려 있기 때문에 군자는 그것을 성(性)이라 말하지 않는다.〔口之於味也, 目之於色也, 耳之於聲也, 鼻之於臭也, 四肢之於安佚也, 性也, 有命焉, 君子不謂性也.〕"라고 하였다.

"선과 악은 모두 천리이다.〔善惡皆天理〕"[69]라고 한 것은 본래는 모두 선이지만 악도 있기 때문에 그렇게 말한 것으로, 선에는 선의 이(理)가 있고 악에는 악의 이(理)가 있다고 말한 것이 아니다. 만일 그렇다면 천리도 순선(純善)하지 않은 것이리라.

무릇 시문(詩文)을 지을 때 뜻을 얻고 나서 말이 뒤따르는 경우가 있고, 말을 다듬고 나서 뜻이 드러나는 경우가 있는데, 마땅히 뜻을 얻는 것을 위주로 하여야 한다.

정신을 집중하여 내면을 향하면 마음이 곧 전일하게 된다.

어린아이는 하루에 그래도 몇 글자를 새로 아는데, 어른은 하루에 아는 것이 몇 가지나 되는가.

어떠한 것이 참된 마음인가? 공변되어 사사롭지 않고, 밝아서 어리석지 않으며, 곧아서 굽어지지 않는 것이 참된 마음이다.

명(命)이 있음을 알아서 굳게 믿고, 또 인사(人事)를 잘 닦아야만 한다.

69 선과……천리이다 : 《이정유서(二程遺書)》 권2상에 정호(程顥)가 "천하의 선과 악은 모두 천리이다. 악이라고 말한 것은 본래 악한 것이 아니라, 다만 지나치거나 미치지 못하면 문득 이와 같으니, 양주와 묵적의 부류와 같다.〔天下善惡皆天理. 謂之惡者, 非本惡, 但或過或不及, 便如此, 如楊墨之類.〕"라고 하였다.

오늘 살면서 내일 죽을 것을 근심할 필요가 없고, 오늘 음식을 먹으면서 내일 굶주릴 것을 근심할 필요가 없다.

사(私)는 사특함이니, 사사로운 마음이 있으면 곧 끝없이 사특하고 망녕된 생각을 하게 되며, 사사로운 마음을 내려놓지 않으면 천리(天理)를 깨달을 때가 영원히 없게 된다.

물(物)과 나 사이에 틈이 있고 근심하고 즐거워하는 것이 공변되지 못하면, 혹 사특한 생각과 망녕된 생각과 치우침과 음험함이 생기게 되니, 이것을 가장 통렬히 응징하여야 한다.

모든 것에는 기상(氣象)이 있다. 사람으로 말하면 덕용(德容)과 사업과 시문과 자획으로부터 한마디 말과 한 가지 행동에 이르기까지 각각에 기상이 있지 않은 것이 없고, 물(物)로 말하면 천지와 산천과 일성(日星)과 풍운(風雲)으로부터 한 포기 풀과 한 그루 나무에 이르기까지 역시 각각에 기상이 있지 않은 것이 없으니, 무엇을 대하든지 마음과 정신이 융합되면 덕을 기를 수 있고 문장을 이룰 수 있다.

학도들을 모아 강학하는 일은 높은 식견을 가진 옛날 사람은 그것이 명예를 가까이하는 것일까 하여 꺼렸는데, 말폐(末弊)[70]를 본 지금 사람은 그것이 화를 부를까 하여 꺼리니, 이 역시 그럴 만한 일이다.

70 말폐(末弊) : 학문적 사승 관계에 관련된 붕당(朋黨)과 사화(士禍)의 폐단을 가리키는 듯하다.

그러나 도(道)를 들어서 학문이 스스로 믿을 만한 경지에 이른 사람은 작은 혐의를 피하느라 큰 도리를 폐하여서는 안 되며, 이 경지에 미치지 못한 사람은 우선 스스로를 닦는 데 힘써야만 한다.

무릇 책을 읽을 때는 한 장(章) 한 절(節)에 각각 큰 주제(主題)가 있으니 먼저 그 큰 주제를 이해해야만 그 세밀한 부분의 뜻이 모일 수 있다. 예를 들어 〈경재잠(敬齋箴)〉을 읽을 때는 먼저 '경(敬)' 자의 의미를 마음에 간직하고, 〈시잠(視箴)〉을 읽을 때는 먼저 '비례물시(非禮勿視)'의 의미를 마음에 간직해야 비로소 문구마다 글자마다 모두 맞아떨어지는 곳이 있음을 깨닫게 된다.

우연히 화담(花潭 서경덕(徐敬德))의 〈태허설(太虛說)〉[71]을 살펴보니, 그 설에서 "태허는 허(虛)하면서도 허하지 않다. 허(虛)가 바로 기(氣)이므로 이것은 이미 기이며, 이 때문에 허하면서도 허하지 않은 것이다. 만약 기가 없다면 곧바로 이것을 무(無)라고 할 수 있을 것이다."[72] 라고 하였다.-그 아랫글에 인용된 노자의 설에서는 허를 곧바로 무(無)라고 하였다.- 이는 이(理)의 본체는 끝도 없고 바깥도 없고 형체도 없고 색깔도 없으므로 그것을 태허라고 이름하였으나, 유독 이(理)만 그런 것이 아니라 기(氣)의 본체 역시 원래 끝도 없고 바깥도 없고 형체도 없고 색깔도 없으므로 태허를 말하면 기 역시 본래 그 안에 있다는 것이다. 화담의 이런 주장은 이(理)와 기(氣)의 근본에 대해 그것이 없을 수도

71 태허설(太虛說) : 《화담집(花潭集)》 권2에 실려 있는 글이다.

72 태허는……것이다 : 창계가 서경덕의 〈태허설(太虛說)〉을 요약한 것이다.

없고 나누어질 수도 없으면서 만화(萬化)와 만물(萬物)의 근원이 될 수 있음을 실제로 안 것이니, 그의 견식이 역시 높다. 그러나 이(理)의 체(體)는 본래 허하지만 또 매우 실하며, 허하기 때문에 무극(無極)이라 하고 실하기 때문에 태극(太極)이라 한 것으로, 무극과 태극은 하나의 체(體)일 뿐 그 사이를 한순간도 선후로 나눌 수 없고 털끝만큼도 아래위로 구별할 수 없으므로, 단지 태허를 가지고 이(理)를 설명한 것에 대해서는 선현들이 이미 한쪽으로 치우쳤다고 말하였다. 지금 태허가 허하지 않은 것이 단지 그 허가 바로 기(氣)이기 때문이라고 말하였으니, 태허는 기를 겸하여 확실히 허하면서도 무(無)로 빠지지 않을 수 있겠지만, 만약 '태허의 이(理)'만을 말한다면 그것을 무라고 하는 것 역시 괜찮을 것이다. 또 기(氣)는 음양(陰陽)이 아닌 것이 없으니, 태허가 음양을 낳는다고 말하면 이것은 음양의 밖에 또 기(氣)가 있다는 것이다. 또 이른바 기(氣)가 끝도 없고 시작도 없다는 것은 기가 이(理)와 더불어 체가 됨으로써 생겨나고 생겨남이 끝이 없다는 것이니, 이것이 어찌 하나의 기가 오래 머물러서 생기지도 않고 없어지지도 않는 것이라고 말한 것이겠는가. 대체로 화담은 기의 본체가 이(理)와 꼭 같다고 여겨 "생겨나지도 않고 없어지지도 않고 시작도 없고 끝도 없으며, 그것이 모였다가 흩어질 때 그 기의 본체로서 잠시 사람과 사물에 모였던 것은 끝까지 또한 흩어지지 않는다."라고 하였으니, 그 뜻의 핵심은 단지 기와 이가 꼭 같다는 데에 있을 뿐이다. 만일 여기에서 환히 깨닫는다면, 그 나머지는 읽는 대로 어려움 없이 이해할 수 있을 것이다.

학술에서의 공통된 병통은 원래 마음이 끊어지는 데에 있는데, 나는 천성이 혼약(昏弱)하여 이 병통이 더욱 심하다. 마음이 보존되어 있을 때는 이(理)와 의(義)의 온전한 체가 흡사 밝게 구비된 듯하고, 보고 듣고 먹고 숨 쉴 때에 천지와 서로 통하는 것을 느껴서 털끝만큼도 사사롭거나 탐하는 마음이 생기지 않았다. 그런 가운데서 성현의 언행을 묵묵히 생각할 때는 친절함을 깊이 느껴서, 해야 할 것이 무엇인지 알겠다는 생각이 들기도 하였고, 아직 할 수 없는 것이라도 한번 떨쳐 나서면 이를 수 있는 기회가 있다고 느꼈다. 그런데 잠시라도 끊김이 생기면 이런 생각이 한꺼번에 없어지고 모든 세속의 범상하고 편협하고 더러운 생각이 또 생기지 않는 것이 없어서, 세상의 한 가지 곧은 절개와 한 가지 뛰어난 행실이 있는 사람에게도 크게 미치지 못하게 된다. 이 병통이 없어지지 않으면 마침내 형편없는 소인의 경지로 떨어질는지도 알 수 없고, 이 병통이 실제로 없어지면 비록 성현의 경지라도 역시 배워서 이를 수 있는 방도가 없지 않을 것이니, 나의 일생의 성패는 단연코 여기에 달려 있는 것이리라. 내가 처음 배움에 뜻을 두었을 때 이미 이 병통을 자각하여, 주자의 "이 마음과 이 이치는 원래 끊어짐과 이지러짐이 없다."[73]라는 말과 "하루 24시간 동안 항상 제대로 살펴야 한다."[74]라는 말 등을 깊이 음미하여 여기에 몸을 맡기고 마음에 새기고자 하였으며, 그 뒤에 장자(張子)가 "'삼월불위(三月不違)'와 '일월지언(日月至焉)'의 내외와 빈주의 구분을 알아 여기에 힘쓰고 정진하여 그치지 않게 해야 하며, 이것을 지난 단계는 거의 자신에게 달려 있는 것이 아니다."[75]라고 한 말을 보고는 더욱 깊이 감발되었

73 이 마음과……없다 : 《회암집(晦庵集)》 권60 〈답주남중(答周南仲)〉에 나온다.
74 하루……한다 : 《회암집》 권52 〈답이숙문(答李叔文)〉에 나온다.

다. 그러나 끝내 이 병통이 여전히 남아 있어서 스스로 병통의 근원을 살펴보니, 원래 이것은 나의 혼약함으로 인한 것이며, 또한 집 안에서 골몰하면서 듣고 보고 응접하는 것들이 속된 일이 아닌 것이 없었기 때문에 근본이 확립되지 못하고 쉽게 세속의 일에 휩쓸리어 그리된 것이었다. 사람이 처한 상황은 각각 다르지만 역시 배우지 못할 상황은 없으니, 중요한 것은 '배우기를 투철하게 할 수 있는가.'일 뿐이다. 그 중간에 오로지 한 가지 일에 나아가 거기에 집중하는 것을 익히고자 머리를 곧게 세우는 것을 규칙으로 삼아 이로부터 이 규칙을 완고하게 지켰으나, 역시 오래 계속할 수 없었으니 요컨대 이 병통을 없애는 것이 매우 어려웠다. 이 병통을 없애려고 할 때에는 이 마음이 굳게 보존됨이 전일하지 않은 것이 아니지만, 이 마음에 끊어짐이 있게 되면 매양 깜빡 소홀히 하는 사이에 병통을 없애고자 하는 마음조차도 없어지니, 비록 미리 방도를 강구하고자 하더라도 역시 어찌할 수가 없다. 오직 이 마음의 끊어짐이 늘 무슨 일 때문에 생기는지를 깊이 생각하고, 그중에서도 가장 중대하고 자주 해가 되는 일에 나아가 그 잘못된 점을 찾아내어 힘써 바로잡아야 하며, 비록 지금 당장은 그런 일이 없더라도 또한 미리 다스려야 하니, 이것은 극기(克己)의 일이다. 또 마음이 보존되어 있을 때는 다시 반드시 이 마음에 참으로 털끝만큼의 얽매임도 없는가를 깊이 성찰하여야 한다. 실제로 털끝만큼도 얽매임이 없으면 곧 한순간도 끊어짐이 없는 것은 원기(元氣)가 끝이 없기 때문에 곧 시작과 끝이 없는 것과 같으니, 이것은 모두 같은 이치이다.

75 삼월불위(三月不違)와……아니다 : 《근사록(近思錄)》 권4 〈존양(存養)〉에 실려 있다.

지금 스스로 털끝만큼도 사사로움과 탐욕이 없다고 여기면서 도리어 허다한 끊어짐이 있는 것은 사실은 이른바 사사로움과 탐욕이라는 것이 없었던 적이 없고 단지 숨어 있어서 아직 드러나지 않았을 뿐이니, 이 부분에 대해서 더욱 정밀하게 살피고 굳게 지켜야 할 것이다.

극기라는 것은 한결같이 사욕을 이겨 영구히 끊어지게 하는 것인데, 지금 사욕이 없어졌다가도 다시 생겨나서 발본색원할 수 없으니, 이것이 어찌 이른바 극기라는 것이겠는가.

마음은 잠깐이라도 한가하게 두어서는 안 된다. 비록 남과의 교제에 분주할 때라도 반드시 사사건건 정밀하게 살펴 일일이 천리의 본체를 찾아내야 하니, 이것이 곧 마음을 한가하게 두지 않는 방법이다. 저술이나 서찰을 독송하거나 훑어보는 것같이 자기 자신이 마땅히 하여야 하는 일도 매일 적당하게 과정을 세워야 하며, 비록 남을 응접하는 때라도 반드시 틈나는 대로 정밀하게 살피는 일을 병행하여 이 일이 폐해지거나 느슨해지지 않도록 해야 한다. 굳이 마음을 다하여 모시고 받드느라 해야 할 일을 버려두는 것을 공경을 다하는 도리로 삼는다면, 이와 같은 차질이 하루하루 반복되면서 모든 일이 망가져서 할 수 있는 일이 없게 될 것이다. 근세의 선배들 중 조금이라도 업적을 이룬 분들은 사람을 대할 때 이 일을 하지 않았던 적이 없었으니, 이것을 법도로 삼을 만하다.

마음을 잡아 지키면서 이치를 사색하는 것을 잠시도 잊지 않고 한 걸음마다 반드시 이것을 생각하는 것이야말로 실제의 공부인데, 지금은 바깥으로 출입하기만 하면 마음이 한층 느슨해져서 사물을 응접할 때마다 번번이 사물에 얽매이니, 이와 같은 사람을 어찌 학문에 뜻을 두었다고 할 수 있겠는가.

한 몸으로부터 만사에 이르기까지 모든 것에 정리(定理)가 있다. 정리를 아는 것이 정견(定見)이고 정견을 지키는 것이 정력(定力)이다.

이리저리 흔들려서 마음이 정해지지 않는 것이 나의 가장 절박한 병통이다.

《시(詩)》 300편에는 천도(天道)와 인사(人事)가 빠짐없이 들어 있으니, 시란 원래 이와 같은 것이다. 그러니 시를 어찌 한갓 소리의 조화로움과 문장의 아름다움만을 가지고 짓겠는가.

《맹자》를 읽고서, 무릇 글을 지음에 기록하는 내용은 이치를 다 드러내는 것을 귀하게 여기고 말은 뜻을 전달하는 것을 위주로 하며 내용이 이치에 맞으면 말은 그 뒤를 따르니, 옛말을 주워 모으고도 자기가 말하고자 하는 바를 다 드러내지 못한 것은 이른바 달의(達意)가 아니라는 것을 깨달았다.

《맹자》를 암송할 때마다 기운찬 의지가 있음을 느꼈으니, 이것은 그 말의 뜻이 준엄하여 저절로 나를 분발시키고 격동시키기 때문이다. 그러나 이것은 비단 맹자의 기상이 그러해서일 뿐만 아니라 그 시대 사람들이 종횡가(縱橫家)의 변설로 마구 달려가서 이렇게 하지 않고서는 그들의 마음을 복종시킬 수 없었기 때문이니, 주자가 "만일 공자께서 전국(戰國)의 시기에 태어나셨다면 역시 좀 더 준엄하셨을 것이 틀림없다."라고 하신 것이 참으로 옳다.

천하가 어지러워진 뒤에 성현(聖賢)의 작용이 드러나는데, 지금 시대를 살펴보매 이것이 다스려지는 것인가, 어지러운 것인가? 걱정하고 두려워하면서도 고개를 숙이고 입을 다무는 것은 도(道)와 크게 어긋나지만, 나의 역량과 분수가 역시 이와 같을 뿐이다.

천지 사이에서 보고 듣는 것은 모두 사물〔物〕인데, 사물의 이치를 궁구하였는가, 하지 않았는가? 영험하게 깨우치는 것이 앎〔知〕인데, 앎을 지극히 하였는가, 하지 않았는가? 발하여 움직이는 것이 뜻〔意〕인데, 뜻을 성실하게 하였는가, 하지 않았는가? 주재하는 것이 마음〔心〕인데, 마음을 바르게 하였는가, 하지 않았는가? 도리와 거취, 언행의 모습과 내용, 일상의 응대는 모두 몸〔身〕이 하는 일인데, 몸을 닦았는가, 닦지 않았는가? 부자(父子)와 형제, 부부와 장유(長幼), 상하와 내외는 모두 집안〔家〕에 갖추어져 있는 것인데, 집안을 가지런히 하였는가, 하지 않았는가? 이것을 가지고 스스로 돌아보고 여기에 힘을 쓴다면, 비록 잠깐 동안에라도 역시 의거하여 노력할 데가 있을 것이다. 나라〔國〕가 다스려지는가와 천하(天下)가 평안하게 되는가에 이르기까지는 역시 한 몸과 한 집안의 도리를 미루어 나간 것에 불과할 뿐이며, 그 사이 조정 안팎의 일과 백관(百官), 서사(庶司)의 일과 번곤(藩閫), 주진(州鎭)[76]의 일과 서리(胥吏), 백성(百姓)의 일과 군정(軍政), 변경(邊境)의 일과 조근(朝覲), 회동(會同)의 일과 예악(禮

樂), 형정(刑政)의 일에 대한 일체의 조건은 모두 눈앞에 원래 있는 것으로, 단지 치란(治亂)과 득실(得失)을 분별하여 저것을 버리고 이것을 택할 뿐이니, 술수(術數)가 어찌 여러 가지이겠으며, 도(道)가 어찌 멀리 있겠는가.

마음에 바르지 않은 것이 없고 하는 일이 모두 마땅하면 바로 천리(天理)와 하나가 되니, 이 경지에 이르지 못하였으면 성찰과 존양(存養)을 하고, 이미 이 경지에 이르렀으면 세상을 쓸어서 깨끗하게 하는 일을 담당하여야 한다. 한 사람이 천하에 횡행하는 것을 무왕이 부끄럽게 여겼으니,[77] 선각자들이 도를 자임하고 사도(邪道)를 물리친 것은 그 뜻이 또한 이와 같다.

맹자가 세상을 떠나고 나서는 도(道)가 경서(經書)에 있었는데, 하락(河洛)[78]이 크게 드러내고 고정(考亭)[79]이 주(註)를 내고 풀이한 것은 그 공이 지대하다. 그러나 선비들이 여전히 말을 가지고 도를 밝히지 못하는 것은 어째서인가? 그 까닭은 알기가 어렵지 않으니, 《논어》와

76 번곤(藩閫), 주진(州鎭) : 번곤은 한 도의 통치권과 병권을 맡은 감사(監司), 병사(兵使), 수사(水使)를 뜻하고, 주진은 그 아래 고을과 진을 다스리는 지방관을 뜻한다.

77 한……여겼으니 : 《맹자》 〈양혜왕 하(梁惠王下)〉에 나오는 구절로, 맹자가 무왕(武王)의 용기를 일컬은 말이다.

78 하락(河洛) : 원래는 하남성(河南省) 낙양(洛陽) 지방을 뜻하는데, 여기서는 이곳 출신인 정자(程子), 즉 정호(程顥)와 정이(程頤)를 가리킨다.

79 고정(考亭) : 주희(朱熹)를 지칭한다. 고정은 주희가 만년에 거처하던 곳으로, 1192년 이곳에 고정서원(考亭書院)을 짓고 학문을 강론하였다.

《맹자》를 읽는 법을 보기만 하면 알 수 있다. 《논어》와 《맹자》를 읽으면서 성인(聖人)의 뜻을 알아볼 수 있는 사람이 몇이나 되겠는가. 이것은 모두 독서를 할 줄 모르기 때문일 뿐이다. 성인의 뜻이 말에 실려 있지만 말을 하기 전에 이 뜻이 이미 갖추어져 있는 것이 괘(卦)를 긋기 전의 역(易)[80]과 꼭 같으니, 독서에서 반드시 이 뜻을 찾아내어 털끝만큼의 차이도 없어야 독서를 할 줄 아는 사람이라고 할 수 있다.

《우주두율(虞註杜律)》[81]을 읽으면서 황 태사(黃太史)[82]가 두보의 시에서 뜻이 맞는 곳에는 번번이 몇 마디 말로 찌지를 붙이려 한 것을 보았는데, 이 의도가 매우 좋았다. 송나라의 여러 학자가 경(經)을 해설할 적에, 당시에 역시 이렇게 한 사람이 많았으리라 생각된다.

구용(九容)[83]은 모두 이치상 당연한 것으로 이른바 물칙(物則 사물의 법칙)이다. 생각하거나 살피지 않고서도 저절로 이와 같이 되는 경우는

80 괘(卦)를……역(易) : 《통서(通書)》의 "성인의 정을 괘를 그어서 나타냈다.〔聖人之精, 畫卦以示.〕"라는 구절의 본주(本註)에 있는 "정은 정미한 뜻이니, 괘를 긋기 이전의 역으로 지극히 요약된 이치이다.〔精者, 精微之意, 畫前之易, 至約之理也.〕"라고 한 말에서 인용한 것이다.

81 우주두율(虞註杜律) : 당(唐)나라 시인 두보(杜甫)의 율시를 모아 원(元)나라 우집(虞集)이 주석을 붙인 책이다. 조선에서는 1471년(성종2) 처음 간행된 이래 여러 차례에 걸쳐 다시 간행되었다.

82 황 태사(黃太史) : 송나라의 시인이자 서예가로 태사를 지낸 황정견(黃庭堅, 1045~1105)을 가리킨다. 자는 노직(魯直), 호는 산곡도인(山谷道人)이다.

83 구용(九容) : 군자가 지켜야 할 아홉 가지의 용모를 말한다. 자세한 내용은 317쪽 주38 참조.

이른바 '온몸이 말하지 않아도 저절로 깨달아 행하는 것'[84]이지만, 처음 배우는 사람의 경우에는 반드시 항상 생각하고 살펴야 한다.

구용은 비록 각각 그에 해당하는 준칙이 있지만, 몸과 마음 전체로 미루어 보면 모두가 당연히 그래야 하는 것들이다. 옛사람이 "머리 모양이 곧아야 할 뿐만 아니라 마음도 곧아야 한다."라고 하였으니, 이것을 미루어 보면 모든 것이 그러하다.

구용은 오로지 물칙을 말하였지만, 구사(九思)[85]는 사리(事理)를 겸하여 말하였다. 구사 가운데 '시명(視明)'과 '청총(聽聰)'이 제일 앞에 있는 것은 역시 '족중(足重)'과 '수공(手恭)'이 구용의 처음인 것과 같으니, 걸음걸이에 무게가 없고 손놀림이 공손하지 않은 것은 위의를 갖추는 데에 가장 큰 해가 되고, 볼 때 밝게 보기를 생각하지 않고 들을 때 밝게 듣기를 생각하지 않는 것은 모두 어둠 속에서 다니는 것일

84 온몸이……것 : 군자의 경지를 가리킨다. 《맹자》 〈진심 상(盡心上)〉에 "군자의 본성은 인의예지가 마음에 뿌리박고 있기 때문에, 그것이 밖으로 드러날 때에는 환하게 얼굴에 드러나고 등에 넘쳐흐르며 온몸에 퍼져서 온몸이 말하지 않아도 저절로 깨달아 행한다.〔君子所性, 仁義禮智根於心, 其生色也, 睟然見於面, 盎於背, 施於四體, 四體不言而喩.〕"라고 하였다.

85 구사(九思) : 군자가 생각하는 아홉 가지의 일을 말한다. 《논어》 〈계씨(季氏)〉에서 "볼 때는 밝게 보기를 생각하고, 들을 때는 밝게 듣기를 생각하고, 얼굴빛은 온화하기를 생각하고, 용모는 공손하기를 생각하고, 말할 때는 충실하기를 생각하고, 일할 때는 조심하기를 생각하고, 의심날 때는 묻기를 생각하고, 분노할 때는 어려움을 생각하고, 얻을 것을 보고서는 의리를 생각한다.〔視思明, 聽思聰, 色思溫, 貌思恭, 言思忠, 事思敬, 疑思問, 忿思難, 見得思義.〕"라고 하였다.

뿐이기 때문이다. 눈에 보이는 것은 모두 그것이 참인지 거짓인지를 깊이 살펴야 하고 귀에 들리는 말은 그때마다 그것이 옳은지 그른지를 알아내야 하니, 이른바 밝게 보기를 생각하고 밝게 듣기를 생각한다는 것이 이와 같다.

〈이소(離騷)〉에서 "삼후가 순수하였을 때 많은 아름다운 일들이 있었다."[86]라고 한 것은 바로 이른바 "마음이 순수하였으므로 어질고 재주 있는 사람들이 도왔다."라는 것이다. 경개(耿介)한 것으로 요(堯)와 순(舜)을 칭송한 것[87]은 우물 속에 앉아서 하늘을 본 것과 같지만, 단지 이렇게 요와 순을 억측하고 보아도 나름대로 좋은 뜻은 있으니, 경개가 밝고 깨끗하다는 뜻이므로 요와 순 또한 지극히 밝고 깨끗한 사람에서 벗어나지 않을 뿐이다. "탕(湯)과 우(禹)는 엄숙하고 공경하였고 주(周)나라는 도를 논하여 어긋남이 없었으며, 어질고 재주 있는 자를 등용하고 유능한 자를 제수하였으며, 법도를 따라 치우침이 없었다."라고 한 데에 이르러서는 참으로 다스리는 법도에 밝았다고 할 수 있을 것이니, 엄숙하며 공경하는 것과 도를 논하여 어긋남이 없는 것과 어진 사람을 들어 쓰고 유능한 사람을 제수하는 것과 법도를 닦고 거행하는 것 이외에 또 무슨 다스리는 도가 있겠는가.

86 삼후가……있었다 : 〈이소(離騷)〉에 있는 구절이다. 여기서 삼후(三后)는 우(禹), 탕(湯), 문왕(文王)을 가리킨다.

87 경개(耿介)한……것 : 〈이소〉에 있는 "저 요 임금과 순 임금께서는 밝고 깨끗하시어 정도를 따라 길을 걸으셨네.〔彼堯舜之耿介兮, 旣遵道而得路.〕"라는 구절이다.

옛사람이 시(詩)[88]를 논할 때 격조와 정취에 대해서 많이 품평하였으니, 비록 경전의 글이라도 역시 이와 같이 헤아리는 것이 마땅하다.

'이(理)'라고 하고 '심(心)'이라고 하고 '기(氣)'라고 하는 것은 모두 천지 사이에 꽉 차 있는 것이니, 반드시 그 본래의 모습이 이처럼 크다는 사실을 항상 알고 있어야 하며, 그런 다음에야 자세히 드러내어 살피고 점차 확충해 나갈 수 있을 것이다.

태허(太虛)의 원기는 상하와 사방 모두에 끝없이 퍼져 있고 그 끝없는 크기를 헤아릴 수 없으니, 지금 운행하고 있는 천체(天體)는 바로 그 속의 작은 껍데기들이고 땅은 또 껍데기들 중에서 매우 작은 물건이다. 상하와 사방이 이미 한계가 없으므로 고금(古今)과 시종(始終) 역시 앞과 뒤가 없으며, 한 번 열리고 한 번 닫히는 것을 한 번의 밤낮으로 비유하면 문자가 생기고부터 지금까지 만년(萬年)에 미치지 못하는 세월은 더욱 잠깐의 시간일 뿐이다. 이와 같은 것은 모두 기(氣)이지만, 이(理)는 또 기(氣)가 그러하도록 하는 존재로서 이(理)가 끝이 없기 때문에 기(氣) 역시 끝이 없으니, 이(理)야말로 지극히 크며, 지극히 큰 이(理)가 모두 내 마음에 갖추어져 있으니 내 마음 역시 지극히 크다. 그러니 '마음〔心〕'이라고 하고 '이(理)'라고 하고 '기(氣)'라고 하는 것이 다 같이 끝이 없는 것이다. 사람의 마음속에 이런 대체(大體)와 규모(規模)가 항상 들어 있으니, 작은 껍데기 안의 사물과 잠깐 사이의 일을 포괄하고 융통하지 못할 것이 없으리라.

88 시(詩) : 여기서는 《시경》의 시들을 가리킨다.

사욕을 품고 행하는 것은 가장 해서는 안 될 일이니, 그것이 사욕을 직접 행하는 것보다 도리어 더 나쁜 이유는 남을 속이려는 마음이 있기 때문이다.

《중용》과 《대학》을 읽는 것은 정문(正文)만 익숙하게 외워도 그 공효가 매우 크니, 차기(箚記)를 쓰고자 할 때도 당연히 정문을 먼저 하고 대주(大註)를 그다음으로 하고 소주(小註)를 그다음으로 하여야 비로소 조리가 있게 된다.

'경건함〔敬〕'과 '진실함〔誠〕'은 태극(太極)이라는 글자처럼 의미가 중립적인 반면에 '고요함〔靜〕'은 한쪽을 위주로 말한 것이다. 그러나 지각과 사려가 밝지 않을 때 고요하면 밝아지고, 지기(志氣)가 강하지 않을 때 고요하면 강해지고, 도량이 넓지 않을 때 고요하면 넓어지고, 정력(定力)이 완정(完整)되지 않았을 때 고요하면 완정되니, 주정(主靜)의 공효가 그토록 지극하다.

무릇 도리는 극진하지 않은 것이 없으니, 사람이 마음을 보존하고 일을 처리함에 반드시 인(仁)이 지극하고 의(義)가 다 행해져야만 도리를 따르는 것이 된다. 지금 경전 안에 있는 일구 일어(一句一語)를 보면 모두 사람들로 하여금 이 지극한 도리를 따르도록 가르치지만, 중간에 어느 정도라도 표적으로 삼을 만한 목표가 없다. 이것은 마치 조예의 단계를 논할 때, 비록 한 번 뛰어서 도달할 수 있는 경지가 아니어도 그 지향과 준칙으로는 한 번 생각하고 한 번 행할 때마다 당연히 그 지극함에 나아가기를 구하는 것과 같으니, 이와 같이 노력을 쌓는 것이 바로 실질적인 공부이다. 젊어서 발심(發心)하였을 때, 비록 어쩌다 인(仁)의 체가 구해질 수 있음을 대략 알았고 무릇 선각자들이 가르친 말에서 종종 묵묵히 깨닫는 것이 없지는 않았으나, 결국 헤아림이 미치지 못하였다. 또 일상의 생각과 행동에서 절실하게 체험하고 착실하게 간직하지 못하여 범연한 생각으로 하릴없이 사모하는 데 그쳤으면서도 그것이 내 몸에 간직되기를 바랐으니, 그 역시 잘못된 것이었다.

'극기복례(克己復禮)'에서, 예는 천리이고 예가 아닌 것은 사사로움이니, 한 번 보고 들을 때와 한 번 말하고 행동할 때에도 마땅히 그것이 예인지 아닌지를 분별하여야 한다.

말을 할 때는 중후하고 차분하여야 하며, 일을 수행할 때는 집중하고 정성스러워야 하며, 남을 대할 때는 공손하고 충직하여야 하며, 사물에 대처할 때는 상세하고 타당하여야 하며, 떳떳한 도리를 지키는 것은 확고하여 흔들리지 않아야 하며, 변화에 대응하는 것은 신묘하여 한계가 없어야 하며, 신중히 하는 것은 미세함을 다하여야 하며, 확충하는 것은 지극히 높고 크게 해야 한다. 이것은 순간순간마다 지켜야 하고 걸음걸음마다 생각하여야 할 것들이다.

말을 탈 때 의심과 두려움이 과도한 것은 역시 기(氣)가 충실하지 못한 탓이다. 이치를 밝히고 마음을 안정시키면 기가 저절로 충실해지고, 기가 충실해지면 비록 작은 일이라도 저절로 의심과 두려움이 없게 될 것이다.

모든 일에서 스스로 반성하는 것이 훌륭하니, 스스로 반성하면 마음이 평안해지고 덕이 진보되며, 스스로 반성하지 않으면 분기(忿氣)가 일어나고 의지(意志)가 나태해진다. 이른바 스스로 반성한다는 것은 상대방이 야박하게 하여도 나는 후하게 대하고 상대방이 속여도 나는 진실하게 대하는 것이다.

'체와 용은 근원이 하나〔體用一源〕'라는 이 이치가 매우 좋으니, 체(體) 안에 용(用)이 들어 있고 용은 체와 떨어지지 않는다. 사람이 동(動)하든 정(靜)하든 항상 이 도리를 잘 살피면, 품은 생각이 크게 달라지고 덕이 날로 새로워질 수 있을 것이다.

'엄숙하게 대하고 자애롭게 돌보는 것〔莊莅慈畜〕'[89]은 '미워하지 않으면서 엄격하게 하는 것〔不惡而嚴〕'[90]과 도리가 서로 관통하는 것으로, 결국 '위엄의 길함〔威如之吉〕'[91]이 있게 된다.

89 엄숙하게……것 : 《논어》 〈양화(陽貨)〉에 있는 "여자와 소인은 기르기가 어려우니, 가까이하면 불손하고 멀리하면 원망한다.〔唯女子與小人爲難養也, 近之則不孫, 遠之則怨.〕"라는 구절의 주(註)에서 "군자가 신첩에 대하여 엄숙하게 대하고 자애롭게 돌보면 이 두 가지의 병폐가 없을 것이다.〔君子之於臣妾, 莊以莅之, 慈以畜之, 則無二者之患矣.〕"라고 한 말에서 인용한 것이다.

90 미워하지……것 : 《주역》 〈둔괘(遯卦) 상(象)〉에 "하늘 아래 산이 있는 것이 둔괘이다. 군자는 그것을 본받아 소인을 멀리하되, 미워하지 않으면서 엄격히 한다.〔天下有山, 遯, 君子以遠小人, 不惡而嚴.〕"라고 하였다.

91 위엄의 길함 : 《주역》 〈대유괘(大有卦) 상(象)〉에 "위엄이 있으면 길한 것은 위엄이 없으면 쉽게 여겨 대비함이 없기 때문이다.〔威如之吉, 易而无備也.〕"라고 하였다.

사람을 쓰는 방법은 바르지 못한 사람과 바른 사람을 밝혀내고 어리석은 사람과 지혜로운 사람을 구별하는 것이 정법(正法)이며, 원류와 근본을 살피고 당파와 부류를 구별하는 것은 참고 사항이다. 정법이 이미 사용되었으면 굳이 참고 사항을 번거롭게 쓰지 말아야 하며, 참고 사항이 갖추어져 있더라도 정법이 주가 된다.

한 오라기 사욕의 얽매임도 없게 하는 것이 바로 수심(修心 마음을 닦음)이다. 사욕의 얽매임은 비록 작은 것이더라도 이미 옅은 구름이 맑은 하늘을 더럽히고 해와 달을 가리는 것과 같아서 곧바로 그 본체의 청명함을 잃게 될 것이다. 큰 얽매임으로는 사생(死生)이 중대한 것이고 식색(食色)이 절박한 것인데, 한칼에 끊어 버리고 한번 결정하면 바꾸지 않는 사람이 바로 대장부이다.

몸은 비록 달라도 괴로움과 즐거움을 느끼는 것은 다 같다. 내 마음이 괴로워하는 것을 남에게 가하지 않고 내 마음이 즐거워하는 것을 또한 남이 가지기를 바라는 것은 바로 '물아무간(物我無間)'으로 인자(仁者)의 일이며, 여기에 이르지 못한 경우에, 힘써 노력하여 남의 처지를 이해하고 사사로움을 이겨 이치를 따르는 것 역시 구인(求仁)의 일이니, 비록 도달한 경지에는 차이가 있지만 추구하는 바는 같다. 남이 나를 기쁘게 해 주기를 바라는 마음이 있는 경우에는 비록 기뻐하며 웃는 것이 매우 넉넉하고 베풀어 주는 것이 매우 후하더라도 그것이 실제로는 모두 나를 위하는 것으로 귀착되어 군자의 인서(仁恕)의 뜻과는 천양지차(天壤之差)가 있으니, 여기에 대해서는 통렬히 반성하고 철저히 다스려야 한다.

지은이 **임영(林泳)**

1649년(인조27)~1696년(숙종22). 조선 후기의 문신, 학자이다. 본관은 나주(羅州), 자는 덕함(德涵), 호는 창계(滄溪)이다. 이단상(李端相), 박세채(朴世采)의 문인이다. 1666년(현종7) 사마시에 입격하였고, 1671년 문과에 급제하였다. 호당(湖堂)에 선발되어 사가독서(賜暇讀書)하였다. 이후 이조 정랑, 홍문관 부제학, 사헌부 대사헌, 전라도 관찰사 등을 역임하고 공조 참판에까지 이르렀다. 천인성명설(天人性命說)을 깊이 연구하였고 경사(經史)에 정통하였다. 기호학파의 일원이지만 이기론(理氣論)에 있어서는 이황(李滉)과 이이(李珥)의 학설을 절충하여 독자적인 이기심성설(理氣心性說)을 전개하였다. 나주의 창계서원(滄溪書院), 함평의 수산사(水山祠)에 제향되었다.

옮긴이 **허벽(許檗)**

1949년 대구에서 태어났다. 서울대학교 전자공학과를 졸업하였고, 한국고전번역원 부설 고전번역교육원 연수과정을 졸업하였다. 한국고전번역원 전문역자로 문집 번역에 참여하고 있다.

창계집 7

임영 지음 | 허벽 옮김

2019년 11월 30일 초판 1쇄 발행

발행인 신승운 | 발행처 한국고전번역원
등록 2008. 3. 12. 제25100-2018-000049호
주소 (03310) 서울시 은평구 진관1로 85
전화 02-350-4886 | 팩스 02-350-4899 | 홈페이지 www.itkc.or.kr

연구총괄 김성애 | 연구기획 정미경 | 자문 임정기 정선용

책임편집 이선주 | 편집진행 박정열 김지수
교정 송숙희 유정님 | 조판 정효진 | 제작 김형석
디자인 씨디자인 | 인쇄 (주)대신인쇄

값 20,000원
ISBN 978-89-284-0617-3 94810
978-89-284-0338-7 (세트)
＊이 책은 2019년도 교육부 고전번역사업비로 출간한 것임.